# 파고다 TSC

## 실전 모의고사

10회분

**PAGODA Books**

# 파고다 TSC 실전 모의고사

초판 1쇄 인쇄 2019년 6월 25일
초판 1쇄 발행 2019년 6월 25일
초판 4쇄 발행 2024년 2월 1일

지 은 이 | 파고다교육그룹 언어교육연구소
펴 낸 이 | 박경실
펴 낸 곳 | **PAGODA Books** 파고다북스
출판등록 | 2005년 5월 27일 제 300-2005-90호
주    소 | 06614 서울특별시 서초구 강남대로 419, 19층(서초동, 파고다타워)
전    화 | (02) 6940-4070
팩    스 | (02) 536-0660
홈페이지 | www.pagodabook.com

저작권자 | ⓒ 2019 파고다아카데미, 파고다북스

**ISBN** 978-89-6281-827-7 (13720)

| | |
|---|---|
| 파고다북스 | www.pagodabook.com |
| 파고다 어학원 | www.pagoda21.com |
| 파고다 인강 | www.pagodastar.com |
| 테스트 클리닉 | www.testclinic.com |

Ⅰ 낙장 및 파본은 구매처에서 교환해 드립니다.

# 머리말

## 나만의 차별화된 스펙 TSC!

중국이 세계 경제 대국으로 부상하면서 미국과 더불어 국제 사회에서 가장 영향력 있는 국가로 부각되고 있는 가운데, 국내 대다수의 기업들도 채용 시 중국 전문가를 선호하고 있습니다. 이제는 그저 눈으로 보고 읽는 중국어가 아닌 살아있는 '중국어 회화' 능력이 중시되고 있기 때문에 집필 형식의 시험 뿐만 아니라, 말하기 능력을 측정할 수 있는 TSC의 응시자 수도 해마다 증가하고 있습니다.

## 파고다만의 차별화된 TSC 실전 연습!

TSC는 자기소개 및 취미나 경험 등 일상적인 내용부터 환경 오염이나 개인 정보 문제 같은 사회적인 이슈까지 다양한 주제에 대해 본인의 견해를 이야기하게 됩니다. 그렇기 때문에 일상적인 대화 수준의 회화 실력만으로는 고득점을 받기 어려운 것이 사실입니다. TSC는 유형별 빈출 주제를 얼마나 많이 접하고 학습하느냐가 고득점 획득의 비결입니다. 이에 본서는 최근 1~2년 내의 기출 데이터를 바탕으로 자주 출제되는 주제를 철저히 분석하여 실제 시험과 유사한 문제로 구성하고 급수별 맞춤 답변을 제공함으로써 응시생들이 짧은 시간 동안 효율적으로 공부할 수 있도록 집필하였습니다. 그뿐만 아니라, 실전 모의고사 10회분을 수록하여 실제 시험에서 출제 가능한 모든 문제를 한 권에 담았습니다.

대한민국 어학 콘텐츠를 책임져 온 파고다교육그룹 언어교육연구소는 이 책을 공부하는 응시생 모두 더 빠르고, 더 쉽고, 더 확실하게 'TSC 고득점 획득'이라는 목표를 달성할 수 있기를 바랍니다. 끝으로 본서가 나올 수 있도록 물심양면으로 도와주신 파고다교육그룹의 박경실 회장님과 고루다 대표님께 깊은 감사의 말씀을 전합니다.

2019. 06
파고다교육그룹 언어교육연구소

# 이 책의 특징

이 책은 TSC 4급부터 7급을 준비하는 학습자가 시험 전에 다시 한 번 실전 문제를 통해 실전 감각을 익힐 수 있도록 구성한 교재입니다. 최신 시험에 대한 분석을 토대로 적중률 높은 실전 모의고사와 시험에 꼭 필요한 빈출 어휘 노트까지 합격을 위한 모든 것을 한 권에 담았습니다.

## 특장점 1. 실전 감각 극대화 "模拟考试" 10회분

최근 1~2년 내의 기출 데이터를 근거로, 정확하고 철저한 분석을 통해서 최신 출제 경향을 100% 반영한 실전 모의고사 10회분을 수록함으로써, 충분한 연습을 통해 학습자들이 TSC 최신 경향을 익히고 실제 시험에 완벽하게 대비할 수 있도록 구성하였습니다.

## 특장점 2. 목표 급수에 따른 "맞춤 답변 제시"

각 문제마다 4-5급과 6-7급으로 답변을 나누어 제시함으로써, 학습자들이 원하는 급수에 맞게 답변을 숙지하고 암기할 수 있도록 하였습니다.

## 특장점 3. 핵심 단어만 뽑아 놓은 "어휘 노트"

회화 시험의 완성은 어휘! 각 파트 주제별로 답변 시 꼭 필요한 빈출 어휘들을 정리하여 제공함으로써, 학습자들의 어휘 학습에 대한 부담감을 최소화시켜 보다 효율적으로 시험을 준비할 수 있게 도왔습니다. 시험 직전에 마무리 학습 용도로 사용한다면 좀 더 고급스러운 어휘와 표현을 실제 시험에서 사용할 수 있게 될 것입니다.

### 시험당일 Tips!

| | |
|---|---|
| **시험장으로 출발 전** | ● TSC홈페이지(www.ybmtsc.co.kr)의 \<Testing Center\>메뉴에서 약도를 확인하세요.<br>● 시험 시작(09:30) 후에는 입실이 금지되므로 도착시간을 엄수하세요.<br>● 주민등록증, 운전면허증, 여권 등의 규정 신분증을 반드시 지참하세요.<br>　(컴퓨터로 시험을 치고 노트 테이킹이 허용되지 않으므로 필기도구는 필요하지 않습니다.) |
| **입실 후** | ● 오리엔테이션 시간 OMR 카드 작성 시, 본인의 수험 번호를 정확하게 확인하세요.<br>● 음량 조절 시간을 활용하여 헤드폰과 마이크 음량 조절을 철저히 하세요.<br>● 신분 확인용 사진 촬영 시, 모자와 헤드셋을 벗고, 사진틀 안에 머리와 어깨가 나오는지 확인하세요. |
| **시험 시작 후** | ● 시험 도중 말문이 막히는 경우, 침묵하지 말고 我觉得(내 생각에는), 我对这问题没有仔细想过(저는 이 문제에 대해 자세히 생각해본 적이 없습니다) 등의 표현으로 생각할 시간을 만드세요. |

# 목차

# TSC 소개

## TSC란 무엇인가요?

▶ TSC는 'Test of Spoken Chinese'의 약자로, 중국어 말하기 시험을 뜻합니다.

▶ TSC는 컴퓨터와 헤드셋을 이용하여 응시자가 문제를 듣고 답하는 인터뷰 형식으로 진행됩니다.

## TSC는 어떻게 구성되어 있나요?

▶ TSC는 모두 7개 부분, 총 26문제로 구성되어 있습니다.

▶ 시험 시간은 오리엔테이션 20분과 본시험 30분을 포함하여 총 50분 가량 소요됩니다.

▶ 오리엔테이션 시작 후에는 입실이 불가능하며, 오리엔테이션과 본시험 사이에 쉬는 시간은 없습니다.

▶ 시험 종료 후 TSC에 대한 소감을 30초 동안 이야기합니다. 이는 참고 자료일 뿐 시험 점수에 영향을 주지 않습니다.

| 구분 | 문제 유형 | 문제 수 | 준비 시간(초) | 답변 시간(초) | 그림 유무 |
|---|---|---|---|---|---|
| 제1부분 | **自我介绍** 자기소개하기<br>'이름, 생년월일, 가족, 소속'을 묻는 4개의 질문이 고정적으로 출제됩니다. | 4 | 0 | 10 | X |
| 제2부분 | **看图回答** 그림 보고 대답하기<br>제시된 그림을 보고 질문에 답하는 문제가 출제됩니다. | 4 | 3 | 6 | ○ |
| 제3부분 | **快速回答** 빠르게 대답하기<br>제시된 그림의 상황에서 벌어지는 대화를 완성하는 문제가 출제됩니다. | 5 | 2 | 15 | ○ |
| 제4부분 | **简短回答** 간단하게 대답하기<br>응시자의 습관, 취미, 경험, 주변사람 등 일상적인 내용을 묻거나 특정 주제에 대한 응시자의 견해를 묻는 문제가 출제됩니다. | 5 | 15 | 25 | X |
| 제5부분 | **拓展回答** 논리적으로 대답하기<br>사회적인 이슈나 특정 주제에 대한 응시자의 견해를 묻는 문제가 출제됩니다. | 4 | 30 | 50 | X |
| 제6부분 | **情景应对** 상황에 맞게 대답하기<br>주어진 상황에 맞게 대화하듯 자연스럽게 답하는 문제가 출제됩니다. | 3 | 30 | 40 | ○ |
| 제7부분 | **看图说话** 그림 보고 이야기 만들기<br>제시된 4개의 그림을 보고, 하나의 이야기로 만들어 답하는 문제가 출제됩니다. | 1 | 30 | 90 | ○ |

## TSC의 등급은 어떻게 되나요?

▶ TSC는 시험 성적에 따라 가장 낮은 1급에서 가장 높은 10급까지 총 10개의 등급으로 나뉘어 평가됩니다.

| 등급 | 회화 능력 정도 |
|:---:|---|
| 1 | 암기한 단어와 짧은 구 등을 이용하여 이름, 나이 등의 자기 소개 및 간단한 인사말 표현이 가능합니다. |
| 2 | 자주 접하는 질문에 대해 학습한 단어와 구를 이용하여 제한적이고 기초적인 답변이 가능합니다. |
| 3 | 쉬운 단어와 기초적인 어법에 맞춰 간단한 문장을 만들 수 있고, 제한적이고 기초적인 대화가 가능합니다. |
| 4 | 자주 쓰는 단어와 기본적인 어법을 사용하여 쉬운 주제에 대해 느리지만 기본적인 대화가 가능합니다. |
| 5 | 익숙한 화제나 경험에 대해 짧지만 구체적으로 설명할 수 있고, 기초적인 사회 활동에 필요한 대화가 가능합니다. |
| 6 | 기본적인 어법을 명확히 이해하고, 일반적인 주제에 대해 비교적 상세하고 구체적인 답변이 가능합니다. |
| 7 | 일반적인 주제는 물론, 익숙하지 않은 화제 혹은 분야에 대해서도 중·고급 수준의 회화로 답변이 가능합니다. |
| 8 | 대부분의 주제에 대해 비교적 폭넓은 어휘력과 고급 수준의 어법 실력을 통해 설득력을 갖추고 자신의 의견을 분명하게 전달 가능합니다. |
| 9 | 대부분의 주제에 대해 적극적으로 대처하고 참여하며 자세하게 설명할 수 있고, 필요에 따라 문형과 표현 방법을 바꾸는 등 유창한 대화가 가능합니다. |
| 10 | 사자성어와 관용어 등의 풍부한 어휘력을 갖추고 복잡한 문형을 자유자재로 구사하며, 모든 주제에 대해 논리적이고 유창한 답변이 가능합니다. |

학교 및 기업에서 인정하는 최소 급수는 3급이지만, 취업 시에는 보통 4급부터 인정하고 있습니다.


## TSC의 평가 및 채점은 어떻게 하나요?

▶ TSC는 4가지 평가 영역을 3단계에 걸쳐 채점합니다.

**1단계 (Level 부여)**
답변 파일을 들으며 이해도, 반응도, 정확도 등 발화의 전반적인 수준을 측정하여 Level을 부여

➡

**2단계 (4 skills 평가)**
4가지 평가 영역 '유창성, 문법, 어휘, 발음' 별로 나누어 성취도 평가

➡

**3단계 (Quality Control)**
모든 답변 파일의 채점 결과가 동일기준으로 산출되었가를 조사하기 위한 QC실시

QC는 Quality Control의 약자로, 채점된 답변을 무작위로 골라 채점된 Level과 비교하는 최종 검토 작업을 말하며, 이를 통해 채점 결과의 신뢰성을 확인할 수 있습니다.

# Test of Spoken Chinese

# 실전 모의고사 01

## 시험소개

这是由YBM开发的汉语口语能力考试。

通过本考试可以测试你听到问题以后，能否使用恰当的汉语来回答的能力。请完整、详细地回答所有问题。请不要只用单词，尽量用完整的句子来回答。请听到提示音后开始回答。回答得越详细，得分将会越高。未作任何回答的话，将不会得到分数。如果你不能理解问题的内容，请回答"我不知道"。

## 第1部分: 自我介绍

在这部分考试中，你将听到四个简单的问句。

请听到提示音之后开始回答。

每道题的回答时间是10秒。

下面开始提问。

## TSC 중국어 말하기 시험
### Test of Spoken Chinese

### 第1部分: 自我介绍-第1题

볼륨

你叫什么名字?

| 回答 |
| --- |
| 00:10 |

## TSC 중국어 말하기 시험
### Test of Spoken Chinese

### 第1部分: 自我介绍-第2题

볼륨

请说出你的出生年月日。

| 回答 |
| --- |
| 00:10 |

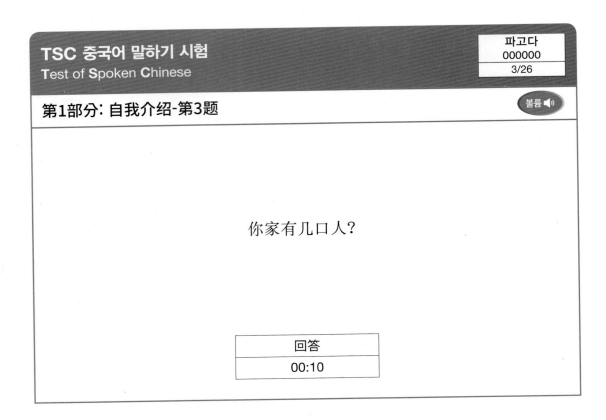

**第1部分: 自我介绍-第3题**

볼륨 ◀))

你家有几口人？

| 回答 |
|------|
| 00:10 |

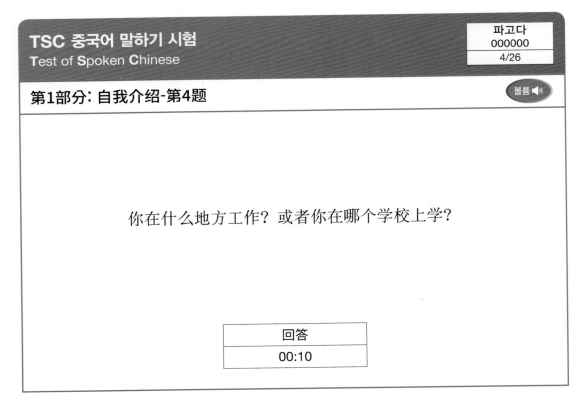

**第1部分: 自我介绍-第4题**

볼륨 ◀))

你在什么地方工作？或者你在哪个学校上学？

| 回答 |
|------|
| 00:10 |

### 第2部分: 看图回答

在这部分考试中，你将看到提示图，请看图回答下列问题。

请听到提示音之后，准确地回答出来。

每道题的回答时间是6秒。

下面开始提问。

---

### 第2部分: 看图回答-第1题

| 思考 |
| --- |
| 00:03 |

➡

| 回答 |
| --- |
| 00:06 |

第2部分: 看图回答-第2题

| 思考 | | 回答 |
|---|---|---|
| 00:03 | | 00:06 |

第2部分: 看图回答-第3题

| 思考 | | 回答 |
|---|---|---|
| 00:03 | | 00:06 |

**TSC** 중국어 말하기 시험
Test of **S**poken **C**hinese

## 第2部分: 看图回答-第4题

불륨

| 思考 | | 回答 |
|---|---|---|
| 00:03 | ➡ | 00:06 |

---

**TSC** 중국어 말하기 시험
Test of **S**poken **C**hinese

## 第3部分: 快速回答

불륨 🔊

在这部分考试中，你需要完成五段简单的对话。
这些对话出自不同的日常生活情景，在每段对话前，你将看到提示图。
请尽量用完整的句子来回答，句子的长短和用词将影响你的分数。
请听例句。

问题 ：老张在吗?
回答1：不在。
回答2：他现在不在，您有什么事儿吗? 要给他留言吗?

两种回答都可以，但第二种回答更完整更详细，你将得到较高的分数。
请听到提示音之后开始回答问题。
每道题的回答时间是15秒。
下面开始提问。

## 第3部分: 快速回答-第1题

볼륨

| 思考 | | 回答 |
|---|---|---|
| 00:02 | ➡ | 00:15 |

## 第3部分: 快速回答-第2题

볼륨

| 思考 | | 回答 |
|---|---|---|
| 00:02 | ➡ | 00:15 |

## TSC 중국어 말하기 시험
Test of Spoken Chinese

### 第3部分: 快速回答-第3题

| 思考 | | 回答 |
|---|---|---|
| 00:02 |  | 00:15 |

## TSC 중국어 말하기 시험
Test of Spoken Chinese

### 第3部分: 快速回答-第4题

| 思考 | | 回答 |
|---|---|---|
| 00:02 |  | 00:15 |

### 第3部分: 快速回答-第5题

볼륨 🔊

| 思考 |
| :---: |
| 00:02 |

➡️

| 回答 |
| :---: |
| 00:15 |

---

### 第4部分: 简短回答

볼륨 🔊

在这部分考试中，你将听到五个问题。
请尽量用完整的句子来回答，句子的长短和用词将影响你的分数。
请听例句。

问题 ： 周末你常常做什么?
回答1： 看电影。
回答2： 我有时候在家看电视，有时候和朋友一起见面，聊天、看电影什么的。

两种回答都可以，但第二种回答更完整更详细，你将得到较高的分数。
请听到提示音之后开始回答问题。
每道题请你用15秒思考，回答时间是25秒。
下面开始提问。

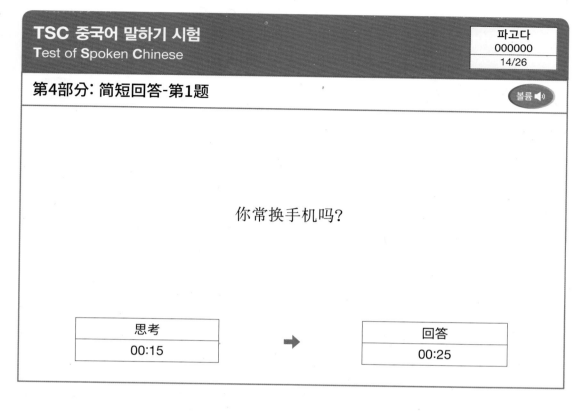

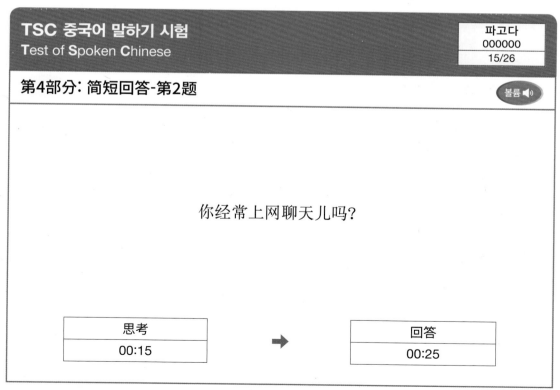

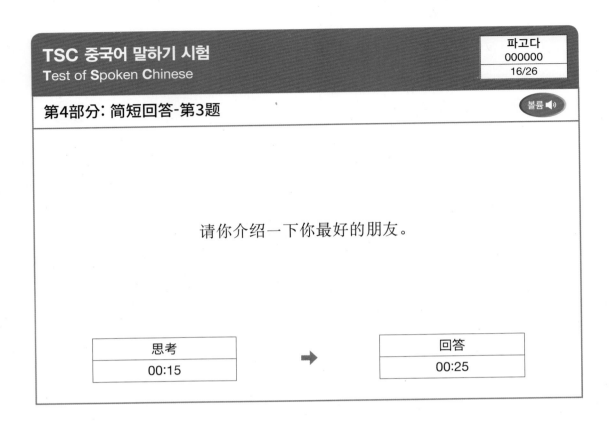

第4部分: 简短回答-第3题

볼륨 🔊

请你介绍一下你最好的朋友。

| 思考 |
|---|
| 00:15 |

➡

| 回答 |
|---|
| 00:25 |

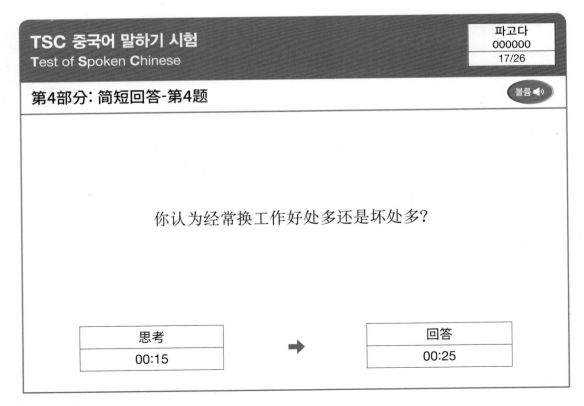

第4部分: 简短回答-第4题

볼륨 🔊

你认为经常换工作好处多还是坏处多?

| 思考 |
|---|
| 00:15 |

➡

| 回答 |
|---|
| 00:25 |

## TSC 중국어 말하기 시험
Test of Spoken Chinese

### 第4部分: 简短回答-第5题

家长和孩子之间总会有一些矛盾。你认为造成这些矛盾的原因是什么?

| 思考 |
| --- |
| 00:15 |

➡

| 回答 |
| --- |
| 00:25 |

## TSC 중국어 말하기 시험
Test of Spoken Chinese

### 第5部分: 拓展回答

在这部分考试中，你将听到四个问题。
请尽量用完整的句子来回答，句子的长短和用词将影响你的分数。
请听例句。

问题 : 你怎么看待减肥?
回答1: 我觉得减肥不太好。
回答2: 我认为减肥是件好事，不但可以使身体更健康，而且还能让自己看起来更漂亮，减肥还要注意选择适当的方法，比如通过适当的运动和调整饮食来达到减肥的目的。

两种回答都可以，但第二种回答更完整更详细，你将得到较高的分数。
请听到提示音之后开始回答问题。
每道题请你用30秒思考，回答时间是50秒。
下面开始提问。

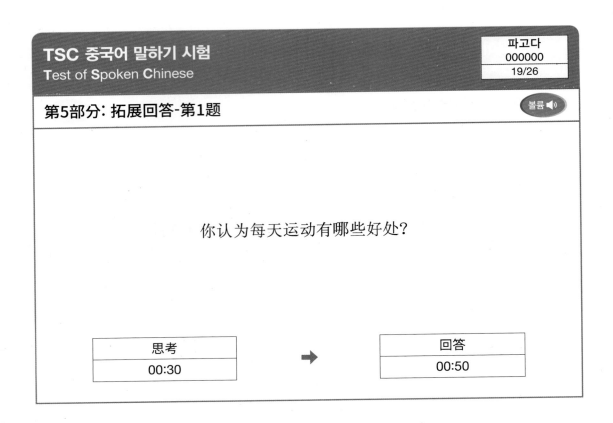

第5部分: 拓展回答-第1题

볼륨 🔊

你认为每天运动有哪些好处?

| 思考 |
|---|
| 00:30 |

➡

| 回答 |
|---|
| 00:50 |

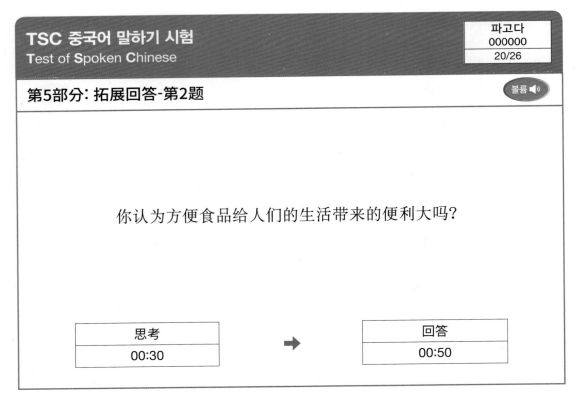

第5部分: 拓展回答-第2题

볼륨 🔊

你认为方便食品给人们的生活带来的便利大吗?

| 思考 |
|---|
| 00:30 |

➡

| 回答 |
|---|
| 00:50 |

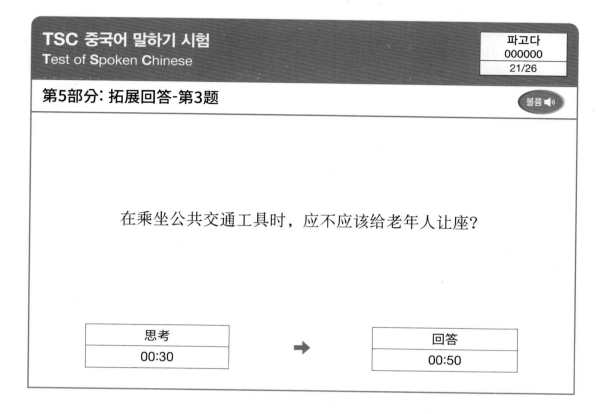

第5部分: 拓展回答-第3题

볼륨 ◀))

在乘坐公共交通工具时，应不应该给老年人让座?

| 思考 |
|---|
| 00:30 |

| 回答 |
|---|
| 00:50 |

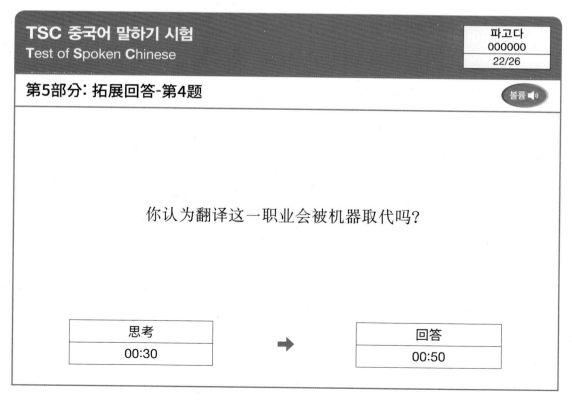

第5部分: 拓展回答-第4题

볼륨 ◀))

你认为翻译这一职业会被机器取代吗?

| 思考 |
|---|
| 00:30 |

| 回答 |
|---|
| 00:50 |

## 第6部分: 情景应对

在这部分考试中，你将看到提示图，同时还将听到中文的情景叙述。
假设你处于这种情况之下，你将如何应对。
请尽量用完整的句子来回答，句子的长短和用词将影响你的分数。
请听到提示音之后开始回答问题。
每道题请你用30秒思考，回答时间是40秒。
下面开始提问。

## 第6部分: 情景应对-第1题

你跟朋友约好周六去爬山，但天气预报说那天会下雨。
请跟朋友说明情况，并提出一些能在室内做的活动。

| 思考 |  | 回答 |
|:---:|:---:|:---:|
| 00:30 | | 00:40 |

第6部分: 情景应对-第2题

你为妈妈在蛋糕店定制了生日蛋糕，但蛋糕店却把名字写错了。
请你向蛋糕店说明情况，并要求解决问题。

| 思考 |
|---|
| 00:30 |

| 回答 |
|---|
| 00:40 |

第6部分: 情景应对-第3题

你马上要上班了，但是你们家突然停水了。
请你给物业管理处打电话，要求解决问题。

| 思考 |
|---|
| 00:30 |

| 回答 |
|---|
| 00:40 |

## 第7部分: 看图说话

在这部分考试中，你将看到四幅连续的图片。请你根据图片的内容讲述一个完整的故事。请认真看下列四幅图片。(30秒)

## 第7部分: 看图说话-第1题

现在请根据图片的内容讲述故事，请尽量完整、详细。讲述时间是90秒。请听到提示音之后开始回答。

| 思考 |
|---|
| 00:30 |

→

| 回答 |
|---|
| 00:90 |

**TSC 중국어 말하기 시험**
Test of Spoken Chinese

코멘트

考试结束。

最后，如果您对我们的考试有什么感想的话，请说出来。

请听到提示音之后开始发言。发言时间是30秒。

| 回答 |
| --- |
| 00:30 |

**TSC 중국어 말하기 시험**
Test of Spoken Chinese

코멘트

谢谢您参加我们的考试！

# Test of Spoken Chinese

# 실전 모의고사 02

## 시험소개

这是由YBM开发的汉语口语能力考试。

通过本考试可以测试你听到问题以后，能否使用恰当的汉语来回答的能力。请完整、详细地回答所有问题。请不要只用单词，尽量用完整的句子来回答。请听到提示音后开始回答。回答得越详细，得分将会越高。未作任何回答的话，将不会得到分数。如果你不能理解问题的内容，请回答"我不知道"。

## 第1部分: 自我介绍

在这部分考试中，你将听到四个简单的问句。

请听到提示音之后开始回答。

每道题的回答时间是10秒。

下面开始提问。

## TSC 중국어 말하기 시험
Test of Spoken Chinese

### 第1部分: 自我介绍-第1题

볼륨 🔊

你叫什么名字?

| 回答 |
|------|
| 00:10 |

## TSC 중국어 말하기 시험
Test of Spoken Chinese

### 第1部分: 自我介绍-第2题

볼륨 🔊

请说出你的出生年月日。

| 回答 |
|------|
| 00:10 |

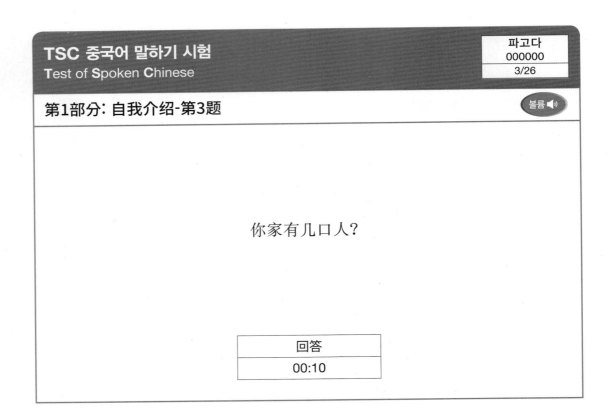

第1部分: 自我介绍-第3题

볼륨 🔊

你家有几口人？

| 回答 |
| --- |
| 00:10 |

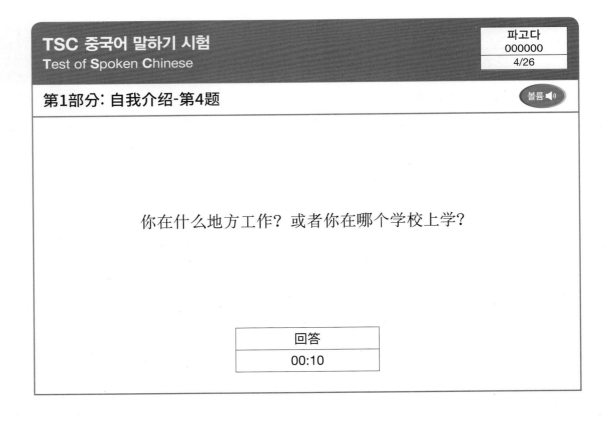

第1部分: 自我介绍-第4题

볼륨 🔊

你在什么地方工作？ 或者你在哪个学校上学？

| 回答 |
| --- |
| 00:10 |

## TSC 중국어 말하기 시험
Test of Spoken Chinese

### 第2部分: 看图回答

볼륨

在这部分考试中，你将看到提示图，请看图回答下列问题。

请听到提示音之后，准确地回答出来。

每道题的回答时间是6秒。

下面开始提问。

---

## TSC 중국어 말하기 시험
Test of Spoken Chinese

### 第2部分: 看图回答-第1题

볼륨

| 思考 |  | 回答 |
|------|--|------|
| 00:03 |  | 00:06 |

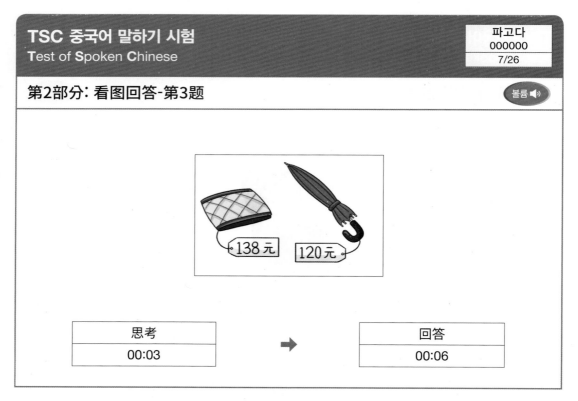

# TSC 중국어 말하기 시험
**T**est of **S**poken **C**hinese

## 第2部分: 看图回答-第4题

볼륨 🔊

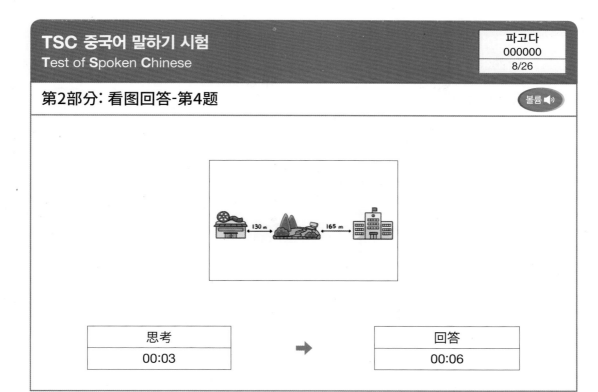

| 思考 |
|---|
| 00:03 |

➡

| 回答 |
|---|
| 00:06 |

# TSC 중국어 말하기 시험
**T**est of **S**poken **C**hinese

## 第3部分: 快速回答

볼륨 🔊

在这部分考试中，你需要完成五段简单的对话。
这些对话出自不同的日常生活情景，在每段对话前，你将看到提示图。
请尽量用完整的句子来回答，句子的长短和用词将影响你的分数。
请听例句。

问题 ：老张在吗?
回答1：不在。
回答2：他现在不在，您有什么事儿吗? 要给他留言吗?

两种回答都可以，但第二种回答更完整更详细，你将得到较高的分数。
请听到提示音之后开始回答问题。
每道题的回答时间是15秒。
下面开始提问。

### 第3部分: 快速回答-第1题

| 思考 |
|------|
| 00:02 |

➡

| 回答 |
|------|
| 00:15 |

### 第3部分: 快速回答-第2题

| 思考 |
|------|
| 00:02 |

➡

| 回答 |
|------|
| 00:15 |

# TSC 중국어 말하기 시험
Test of Spoken Chinese

## 第3部分: 快速回答-第3題

볼륨

| 思考 |
| --- |
| 00:02 |

→

| 回答 |
| --- |
| 00:15 |

---

# TSC 중국어 말하기 시험
Test of Spoken Chinese

## 第3部分: 快速回答-第4題

볼륨

| 思考 |
| --- |
| 00:02 |

→

| 回答 |
| --- |
| 00:15 |

## 第3部分: 快速回答-第5题

| 思考 |
| --- |
| 00:02 |

| 回答 |
| --- |
| 00:15 |

---

## 第4部分: 简短回答

在这部分考试中，你将听到五个问题。
请尽量用完整的句子来回答，句子的长短和用词将影响你的分数。
请听例句。

问题 ：周末你常常做什么？
回答1：看电影。
回答2：我有时候在家看电视，有时候和朋友一起见面，聊天、看电影什么的。

两种回答都可以，但第二种回答更完整更详细，你将得到较高的分数。
请听到提示音之后开始回答问题。
每道题请你用15秒思考，回答时间是25秒。
下面开始提问。

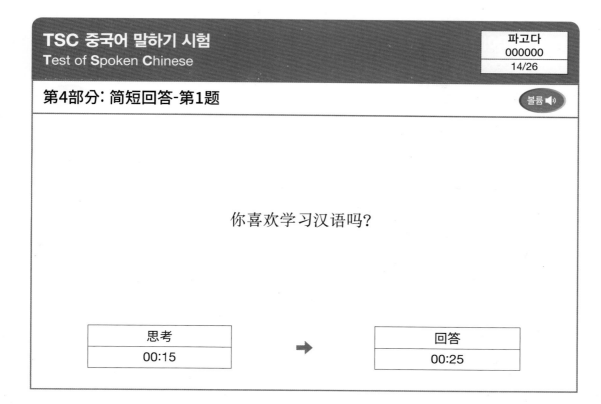

第4部分: 简短回答-第1题

볼륨 ◀»

你喜欢学习汉语吗?

| 思考 |
|---|
| 00:15 |

| 回答 |
|---|
| 00:25 |

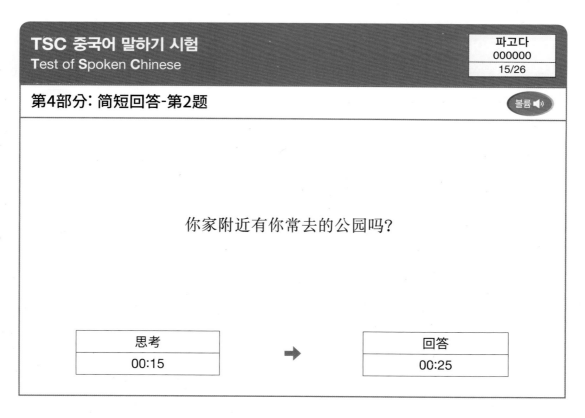

第4部分: 简短回答-第2题

볼륨 ◀»

你家附近有你常去的公园吗?

| 思考 |
|---|
| 00:15 |

| 回答 |
|---|
| 00:25 |

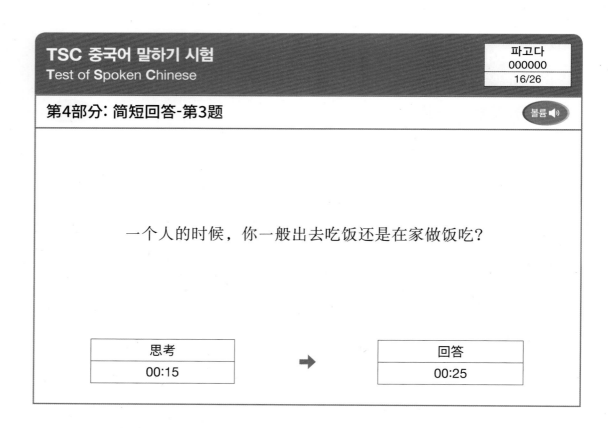

第4部分: 简短回答-第3题

볼륨 🔊

一个人的时候，你一般出去吃饭还是在家做饭吃？

| 思考 |
|------|
| 00:15 |

➡

| 回答 |
|------|
| 00:25 |

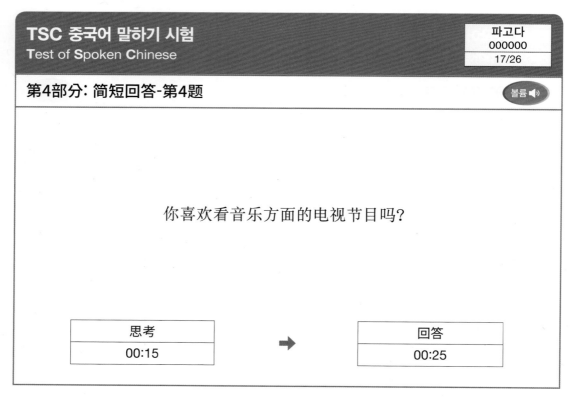

第4部分: 简短回答-第4题

볼륨 🔊

你喜欢看音乐方面的电视节目吗？

| 思考 |
|------|
| 00:15 |

➡

| 回答 |
|------|
| 00:25 |

**TSC 중국어 말하기 시험**
Test of Spoken Chinese

| 파고다 |
|---|
| 000000 |
| 18/26 |

**第4部分：简短回答-第5题**

볼륨

你在平时的生活中，注意环保吗？

| 思考 |
|---|
| 00:15 |

➡

| 回答 |
|---|
| 00:25 |

**TSC 중국어 말하기 시험**
Test of Spoken Chinese

| 파고다 |
|---|
| 000000 |

**第5部分：拓展回答**

볼륨

在这部分考试中，你将听到四个问题。
请尽量用完整的句子来回答，句子的长短和用词将影响你的分数。
请听例句。

问题 ： 你怎么看待减肥？
回答1： 我觉得减肥不太好。
回答2： 我认为减肥是件好事，不但可以使身体更健康，而且还能让自己看起来更漂亮，减肥还要注意选择适当的方法，比如通过适当的运动和调整饮食来达到减肥的目的。

两种回答都可以，但第二种回答更完整更详细，你将得到较高的分数。
请听到提示音之后开始回答问题。
每道题请你用30秒思考，回答时间是50秒。
下面开始提问。

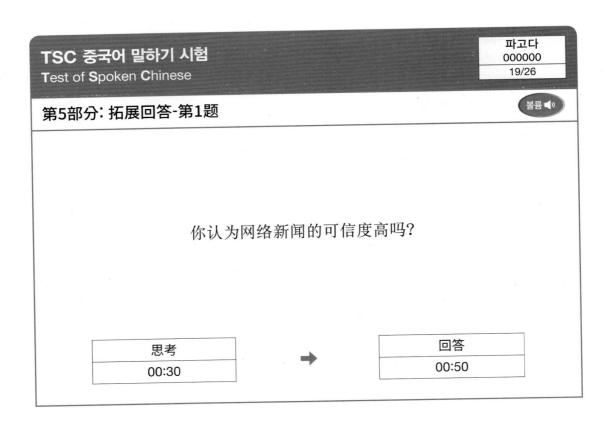

볼륨 🔊

第5部分: 拓展回答-第1题

你认为网络新闻的可信度高吗？

| 思考 |
|---|
| 00:30 |

➡

| 回答 |
|---|
| 00:50 |

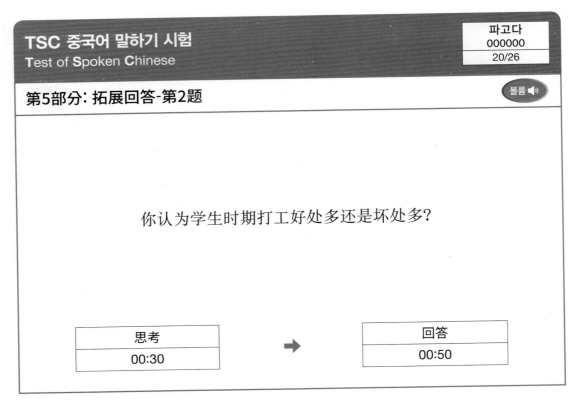

볼륨 🔊

第5部分: 拓展回答-第2题

你认为学生时期打工好处多还是坏处多？

| 思考 |
|---|
| 00:30 |

➡

| 回答 |
|---|
| 00:50 |

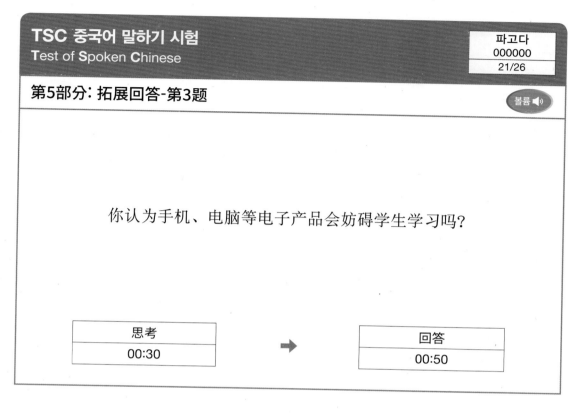

第5部分: 拓展回答-第3题

볼륨 🔊

你认为手机、电脑等电子产品会妨碍学生学习吗?

| 思考 |
|---|
| 00:30 |

➡

| 回答 |
|---|
| 00:50 |

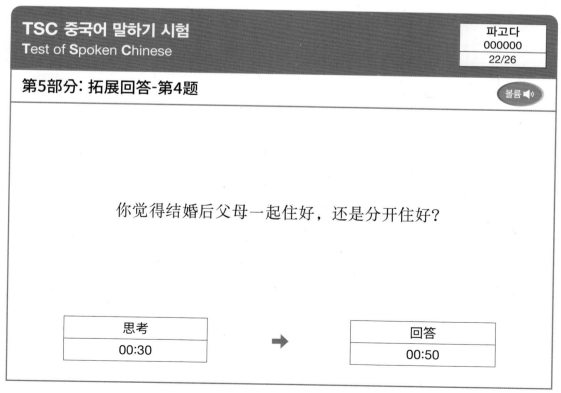

第5部分: 拓展回答-第4题

볼륨 🔊

你觉得结婚后父母一起住好,还是分开住好?

| 思考 |
|---|
| 00:30 |

➡

| 回答 |
|---|
| 00:50 |

## 第6部分: 情景应对

在这部分考试中，你将看到提示图，同时还将听到中文的情景叙述。
假设你处于这种情况之下，你将如何应对。
请尽量用完整的句子来回答，句子的长短和用词将影响你的分数。
请听到提示音之后开始回答问题。
每道题请你用30秒思考，回答时间是40秒。
下面开始提问。

## 第6部分: 情景应对-第1题

你本来跟朋友约好一起去看篮球比赛，但是突然有急事不能去了。
请你给朋友打电话说明一下情况。

| 思考 |
|---|
| 00:30 |

| 回答 |
|---|
| 00:40 |

## 第6部分: 情景应对-第2题

你家的冰箱坏了，你给售后服务中心打电话说明情况并要求派人来修理。

| 思考 |
|---|
| 00:30 |

| 回答 |
|---|
| 00:40 |

## 第6部分: 情景应对-第3题

你想和朋友一起去动物园玩儿，请你邀请他跟你一块儿去。

| 思考 |
|---|
| 00:30 |

| 回答 |
|---|
| 00:40 |

## 第7部分: 看图说话

在这部分考试中，你将看到四幅连续的图片。请你根据图片的内容讲述一个完整的故事。请认真看下列四幅图片。(30秒)

## 第7部分: 看图说话-第1题

现在请根据图片的内容讲述故事，请尽量完整、详细。讲述时间是90秒。请听到提示音之后开始回答。

| 思考 |
| --- |
| 00:30 |

➡️

| 回答 |
| --- |
| 00:90 |

**TSC** 중국어 말하기 시험
Test of Spoken Chinese

파고다
000000

코멘트

볼륨 🔊

考试结束。
最后，如果您对我们的考试有什么感想的话，请说出来。
请听到提示音之后开始发言。发言时间是30秒。

| 回答 |
| --- |
| 00:30 |

**TSC** 중국어 말하기 시험
Test of Spoken Chinese

파고다
000000

코멘트

볼륨 🔊

谢谢您参加我们的考试！

# Test of Spoken Chinese

# 실전 모의고사 03

## 시험소개

这是由YBM开发的汉语口语能力考试。

通过本考试可以测试你听到问题以后，能否使用恰当的汉语来回答的能力。请完整、详细地回答所有问题。请不要只用单词，尽量用完整的句子来回答。请听到提示音后开始回答。回答得越详细，得分将会越高。未作任何回答的话，将不会得到分数。如果你不能理解问题的内容，请回答"我不知道"。

## 第1部分: 自我介绍

在这部分考试中，你将听到四个简单的问句。

请听到提示音之后开始回答。

每道题的回答时间是10秒。

下面开始提问。

## TSC 중국어 말하기 시험
Test of Spoken Chinese

### 第1部分: 自我介绍-第1题

볼륨 🔊

你叫什么名字?

| 回答 |
|------|
| 00:10 |

## TSC 중국어 말하기 시험
Test of Spoken Chinese

### 第1部分: 自我介绍-第2题

볼륨 🔊

请说出你的出生年月日。

| 回答 |
|------|
| 00:10 |

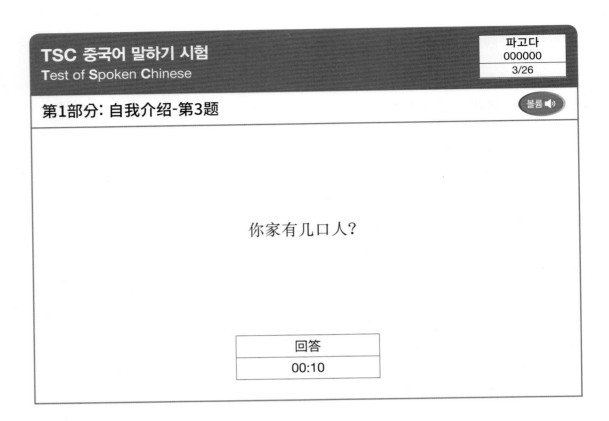

**TSC** 중국어 말하기 시험
**T**est of **S**poken **C**hinese

第1部分: 自我介绍-第3题

볼륨 🔊

你家有几口人?

| 回答 |
|------|
| 00:10 |

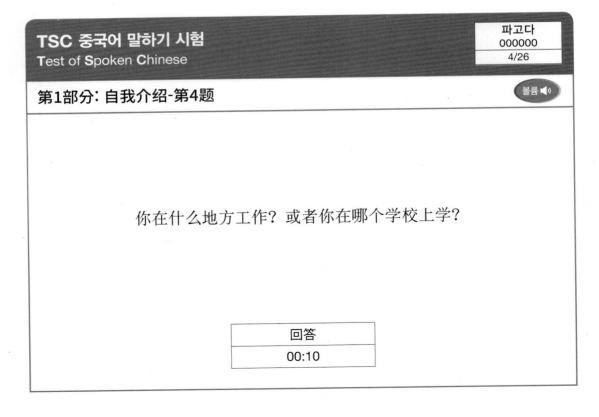

**TSC** 중국어 말하기 시험
**T**est of **S**poken **C**hinese

第1部分: 自我介绍-第4题

볼륨 🔊

你在什么地方工作? 或者你在哪个学校上学?

| 回答 |
|------|
| 00:10 |

## TSC 중국어 말하기 시험
Test of Spoken Chinese

### 第2部分: 看图回答

 볼륨

在这部分考试中，你将看到提示图，请看图回答下列问题。
请听到提示音之后，准确地回答出来。
每道题的回答时间是6秒。
下面开始提问。

---

## TSC 중국어 말하기 시험
Test of Spoken Chinese

### 第2部分: 看图回答-第1题

 볼륨

| 思考 | | 回答 |
|------|---|------|
| 00:03 |  | 00:06 |

## 第2部分: 看图回答-第2题

볼륨 🔊

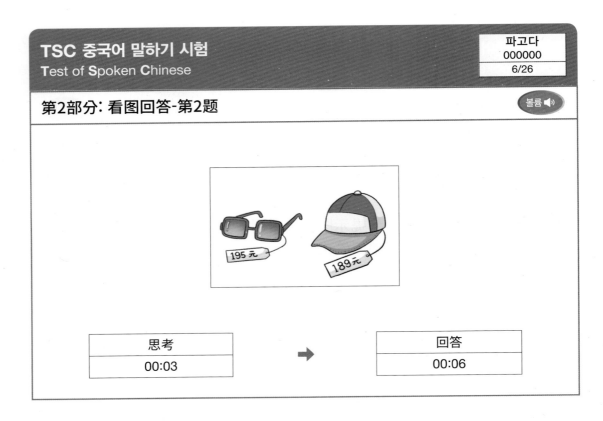

| 思考 | | 回答 |
|---|---|---|
| 00:03 | ➡ | 00:06 |

## 第2部分: 看图回答-第3题

볼륨 🔊

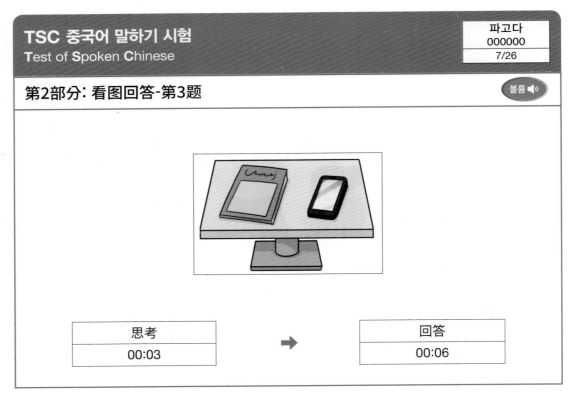

| 思考 | | 回答 |
|---|---|---|
| 00:03 | ➡ | 00:06 |

## 第2部分: 看图回答-第4题

볼륨 🔊

| 思考 |
| :---: |
| 00:03 |

➡️

| 回答 |
| :---: |
| 00:06 |

---

**TSC 중국어 말하기 시험**
Test of Spoken Chinese

파고다
000000

## 第3部分: 快速回答

볼륨 🔊

在这部分考试中，你需要完成五段简单的对话。
这些对话出自不同的日常生活情景，在每段对话前，你将看到提示图。
请尽量用完整的句子来回答，句子的长短和用词将影响你的分数。
请听例句。

问题：老张在吗?
回答1：不在。
回答2：他现在不在，您有什么事儿吗? 要给他留言吗?

两种回答都可以，但第二种回答更完整更详细，你将得到较高的分数。
请听到提示音之后开始回答问题。
每道题的回答时间是15秒。
下面开始提问。

## 第3部分: 快速回答-第1题

| 思考 | | 回答 |
|---|---|---|
| 00:02 | | 00:15 |

## 第3部分: 快速回答-第2题

| 思考 | | 回答 |
|---|---|---|
| 00:02 | | 00:15 |

## TSC 중국어 말하기 시험
Test of Spoken Chinese

### 第3部分: 快速回答-第3题

 볼륨

| 思考 |
|---|
| 00:02 |

| 回答 |
|---|
| 00:15 |

---

## TSC 중국어 말하기 시험
Test of Spoken Chinese

### 第3部分: 快速回答-第4题

 볼륨

| 思考 |
|---|
| 00:02 |

| 回答 |
|---|
| 00:15 |

## 第3部分: 快速回答-第5题

| 思考 |
|---|
| 00:02 |

| 回答 |
|---|
| 00:15 |

---

## 第4部分: 简短回答

在这部分考试中，你将听到五个问题。
请尽量用完整的句子来回答，句子的长短和用词将影响你的分数。
请听例句。

问题 ： 周末你常常做什么？
回答1： 看电影。
回答2： 我有时候在家看电视，有时候和朋友一起见面，聊天、看电影什么的。

两种回答都可以，但第二种回答更完整更详细，你将得到较高的分数。
请听到提示音之后开始回答问题。
每道题请你用15秒思考，回答时间是25秒。
下面开始提问。

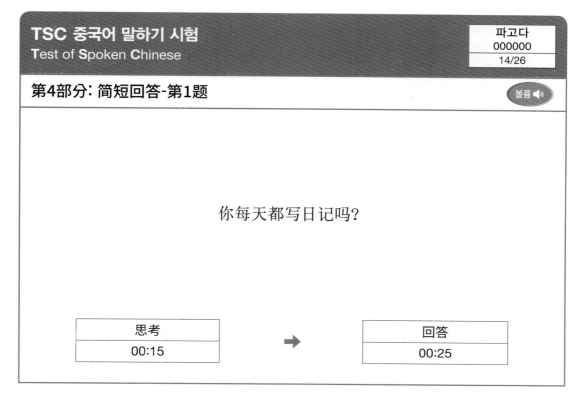

第4部分: 简短回答-第1题

볼륨 🔊

你每天都写日记吗?

| 思考 |
| --- |
| 00:15 |

➡️

| 回答 |
| --- |
| 00:25 |

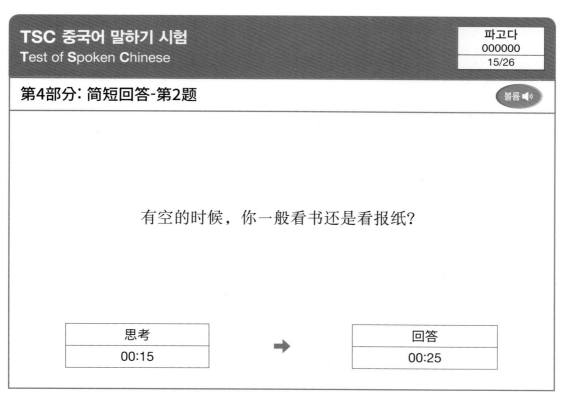

第4部分: 简短回答-第2题

볼륨 🔊

有空的时候，你一般看书还是看报纸?

| 思考 |
| --- |
| 00:15 |

➡️

| 回答 |
| --- |
| 00:25 |

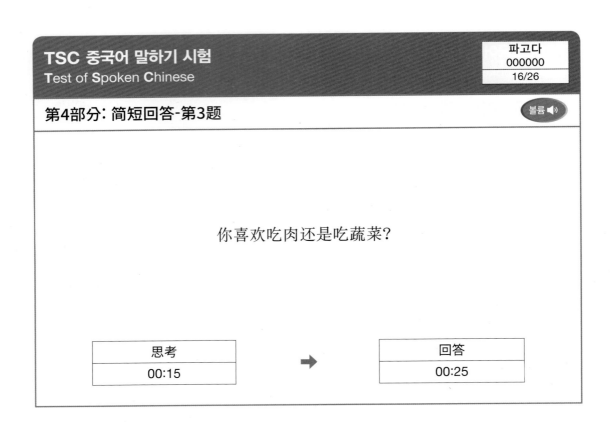

第4部分: 简短回答-第3题

볼륨 🔊

你喜欢吃肉还是吃蔬菜?

| 思考 |
|---|
| 00:15 |

➡

| 回答 |
|---|
| 00:25 |

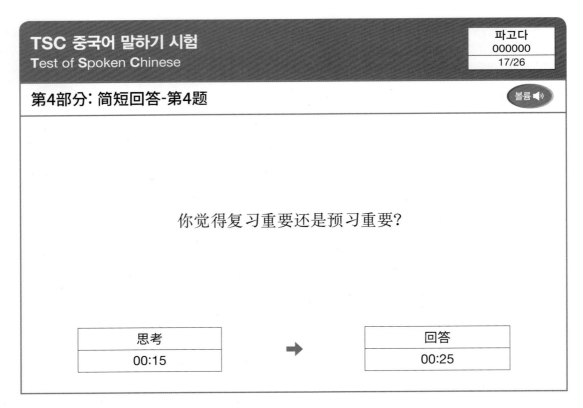

第4部分: 简短回答-第4题

볼륨 🔊

你觉得复习重要还是预习重要?

| 思考 |
|---|
| 00:15 |

➡

| 回答 |
|---|
| 00:25 |

## TSC 중국어 말하기 시험
Test of Spoken Chinese

파고다
000000
18/26

### 第4部分：简短回答-第5题

볼륨

你觉得一日三餐中，哪一顿最重要?

| 思考 | | 回答 |
| --- | --- | --- |
| 00:15 | → | 00:25 |

## TSC 중국어 말하기 시험
Test of Spoken Chinese

파고다
000000

### 第5部分：拓展回答

볼륨

在这部分考试中，你将听到四个问题。
请尽量用完整的句子来回答，句子的长短和用词将影响你的分数。
请听例句。

问题 ： 你怎么看待减肥?
回答1： 我觉得减肥不太好。
回答2： 我认为减肥是件好事，不但可以使身体更健康，而且还能让自己看起来更漂亮，减肥还要注意选择适当的方法，比如通过适当的运动和调整饮食来达到减肥的目的。

两种回答都可以，但第二种回答更完整更详细，你将得到较高的分数。
请听到提示音之后开始回答问题。
每道题请你用30秒思考，回答时间是50秒。
下面开始提问。

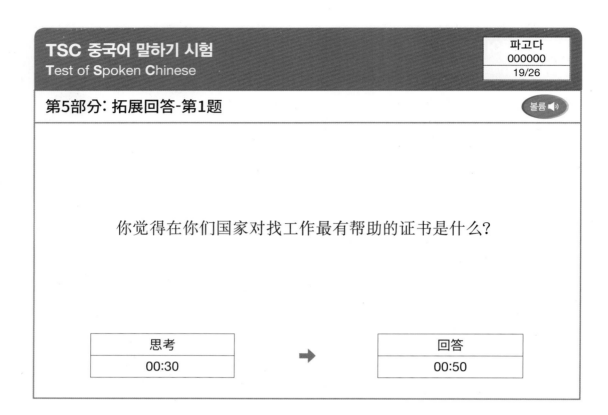

第5部分: 拓展回答-第1题

볼륨

你觉得在你们国家对找工作最有帮助的证书是什么?

| 思考 |
|---|
| 00:30 |

| 回答 |
|---|
| 00:50 |

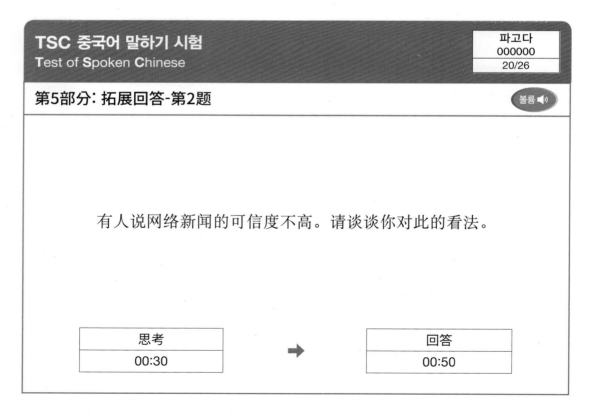

第5部分: 拓展回答-第2题

볼륨

有人说网络新闻的可信度不高。请谈谈你对此的看法。

| 思考 |
|---|
| 00:30 |

| 回答 |
|---|
| 00:50 |

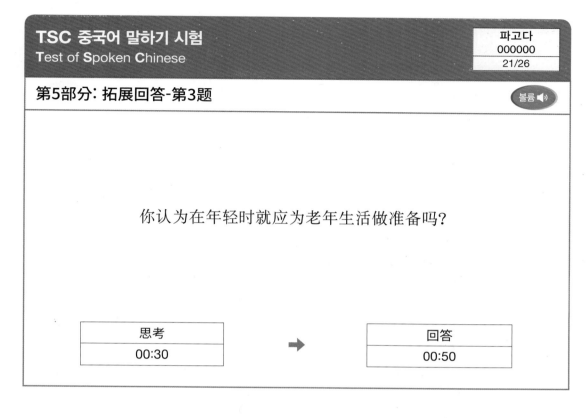

第5部分: 拓展回答-第3题

볼륨

你认为在年轻时就应为老年生活做准备吗?

| 思考 |
|---|
| 00:30 |

→

| 回答 |
|---|
| 00:50 |

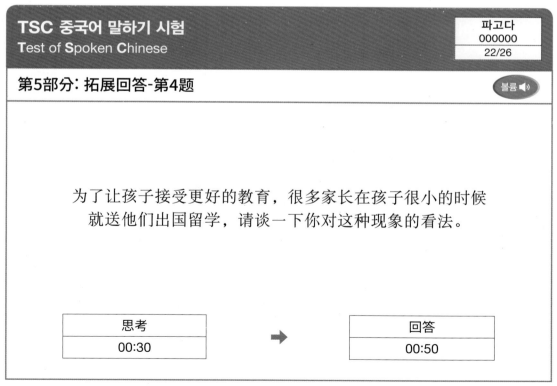

第5部分: 拓展回答-第4题

볼륨

为了让孩子接受更好的教育，很多家长在孩子很小的时候
就送他们出国留学，请谈一下你对这种现象的看法。

| 思考 |
|---|
| 00:30 |

→

| 回答 |
|---|
| 00:50 |

## 第6部分: 情景应对

在这部分考试中，你将看到提示图，同时还将听到中文的情景叙述。
假设你处于这种情况之下，你将如何应对。
请尽量用完整的句子来回答，句子的长短和用词将影响你的分数。
请听到提示音之后开始回答问题。
每道题请你用30秒思考，回答时间是40秒。
下面开始提问。

## 第6部分: 情景应对-第1题

你和朋友决定去国外旅游。你想跟团游，但你朋友想自助游。
请你说服朋友跟你一起跟团游。

| 思考 |
|---|
| 00:30 |

| 回答 |
|---|
| 00:40 |

**TSC 중국어 말하기 시험**
Test of Spoken Chinese

## 第6部分: 情景应对-第2题

你的朋友喜欢吃快餐。
请你向朋友说明常吃快餐的害处，劝他吃健康食品。

| 思考 |
|:---:|
| 00:30 |

| 回答 |
|:---:|
| 00:40 |

---

**TSC 중국어 말하기 시험**
Test of Spoken Chinese

## 第6部分: 情景应对-第3题

你的室友是一个中国留学生，他向你咨询宿舍附近的交通情况。
请你向他介绍一下。

| 思考 |
|:---:|
| 00:30 |

| 回答 |
|:---:|
| 00:40 |

第7部分: 看图说话

在这部分考试中，你将看到四幅连续的图片。请你根据图片的内容讲述一个完整的故事。请认真看下列四幅图片。(30秒)

---

第7部分: 看图说话-第1题

现在请根据图片的内容讲述故事，请尽量完整、详细。讲述时间是90秒。请听到提示音之后开始回答。

| 思考 |
| --- |
| 00:30 |

➡

| 回答 |
| --- |
| 00:90 |

# TSC 중국어 말하기 시험
Test of Spoken Chinese

파고다
000000

## 코멘트

볼륨

考试结束。

最后，如果您对我们的考试有什么感想的话，请说出来。

请听到提示音之后开始发言。发言时间是30秒。

| 回答 |
| --- |
| 00:30 |

# TSC 중국어 말하기 시험
Test of Spoken Chinese

파고다
000000

## 코멘트

볼륨

谢谢您参加我们的考试！

# Test of Spoken Chinese

# 실전 모의고사 04

## 시험소개

这是由YBM开发的汉语口语能力考试。
通过本考试可以测试你听到问题以后，能否使用恰当的汉语来回答的能力。请完整、详细地回答所有问题。请不要只用单词，尽量用完整的句子来回答。请听到提示音后开始回答。回答得越详细，得分将会越高。未作任何回答的话，将不会得到分数。如果你不能理解问题的内容，请回答"我不知道"。

## 第1部分: 自我介绍

在这部分考试中，你将听到四个简单的问句。
请听到提示音之后开始回答。
每道题的回答时间是10秒。
下面开始提问。

第1部分: 自我介绍-第1题

볼륨 🔊

你叫什么名字?

| 回答 |
|---|
| 00:10 |

第1部分: 自我介绍-第2题

볼륨 🔊

请说出你的出生年月日。

| 回答 |
|---|
| 00:10 |

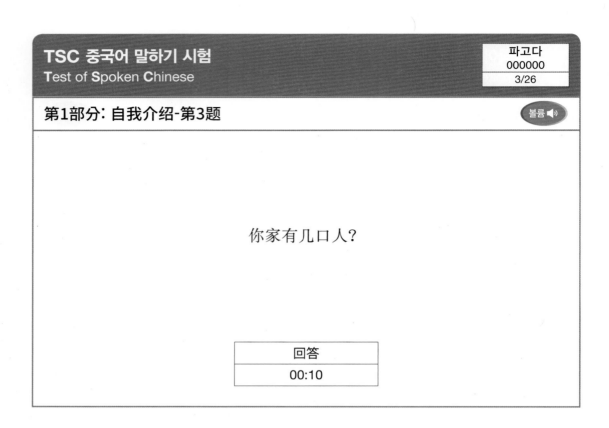

볼륨 🔊

第1部分: 自我介绍-第3题

你家有几口人?

| 回答 |
| --- |
| 00:10 |

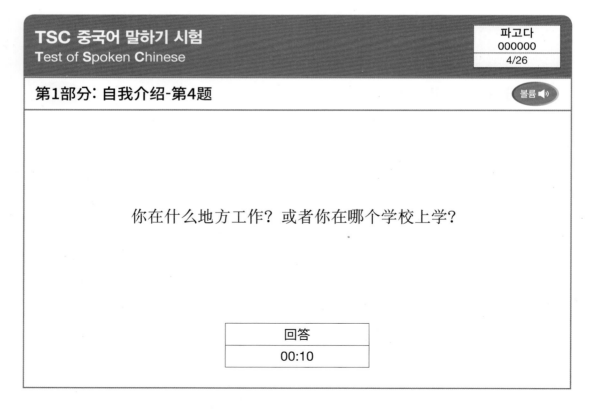

볼륨 🔊

第1部分: 自我介绍-第4题

你在什么地方工作? 或者你在哪个学校上学?

| 回答 |
| --- |
| 00:10 |

## TSC 중국어 말하기 시험
**T**est of **S**poken **C**hinese

### 第2部分: 看图回答

볼륨

在这部分考试中，你将看到提示图，请看图回答下列问题。

请听到提示音之后，准确地回答出来。

每道题的回答时间是6秒。

下面开始提问。

## TSC 중국어 말하기 시험
**T**est of **S**poken **C**hinese

### 第2部分: 看图回答-第1题

볼륨

| 思考 | | 回答 |
|---|---|---|
| 00:03 |  | 00:06 |

## 第2部分: 看图回答-第2题

| 思考 | | 回答 |
|---|---|---|
| 00:03 |  | 00:06 |

## 第2部分: 看图回答-第3题

| 思考 | | 回答 |
|---|---|---|
| 00:03 |  | 00:06 |

## 第2部分: 看图回答-第4题

| 思考 |
|---|
| 00:03 |

| 回答 |
|---|
| 00:06 |

---

**TSC** 중국어 말하기 시험
Test of Spoken Chinese

파고다
000000

## 第3部分: 快速回答

在这部分考试中，你需要完成五段简单的对话。
这些对话出自不同的日常生活情景，在每段对话前，你将看到提示图。
请尽量用完整的句子来回答，句子的长短和用词将影响你的分数。
请听例句。

问题 ： 老张在吗?
回答1： 不在。
回答2： 他现在不在，您有什么事儿吗? 要给他留言吗?

两种回答都可以，但第二种回答更完整更详细，你将得到较高的分数。
请听到提示音之后开始回答问题。
每道题的回答时间是15秒。
下面开始提问。

## 第3部分: 快速回答-第1题

| 思考 |
|---|
| 00:02 |

| 回答 |
|---|
| 00:15 |

## 第3部分: 快速回答-第2题

| 思考 |
|---|
| 00:02 |

| 回答 |
|---|
| 00:15 |

## 第3部分: 快速回答-第3题

| 思考 | | 回答 |
|------|------|------|
| 00:02 | | 00:15 |

**TSC 중국어 말하기 시험**
Test of Spoken Chinese

파고다
000000
12/26

## 第3部分: 快速回答-第4题

| 思考 | | 回答 |
|------|------|------|
| 00:02 | | 00:15 |

# TSC 중국어 말하기 시험
**T**est of **S**poken **C**hinese

## 第3部分: 快速回答-第5题

| 思考 |
|------|
| 00:02 |

➡

| 回答 |
|------|
| 00:15 |

파고다
000000

# TSC 중국어 말하기 시험
**T**est of **S**poken **C**hinese

## 第4部分: 简短回答

在这部分考试中，你将听到五个问题。
请尽量用完整的句子来回答，句子的长短和用词将影响你的分数。
请听例句。

问题 ： 周末你常常做什么?
回答1: 看电影。
回答2: 我有时候在家看电视，有时候和朋友一起见面，聊天、看电影什么的。

两种回答都可以，但第二种回答更完整更详细，你将得到较高的分数。
请听到提示音之后开始回答问题。
每道题请你用15秒思考，回答时间是25秒。
下面开始提问。

## TSC 중국어 말하기 시험
Test of Spoken Chinese

### 第4部分: 简短回答-第1题

볼륨 🔊

你有丢东西的经历吗?

| 思考 |
| --- |
| 00:15 |

| 回答 |
| --- |
| 00:25 |

---

## TSC 중국어 말하기 시험
Test of Spoken Chinese

### 第4部分: 简短回答-第2题

볼륨 🔊

你一般去书店买书看还是去图书馆借书看?

| 思考 |
| --- |
| 00:15 |

| 回答 |
| --- |
| 00:25 |

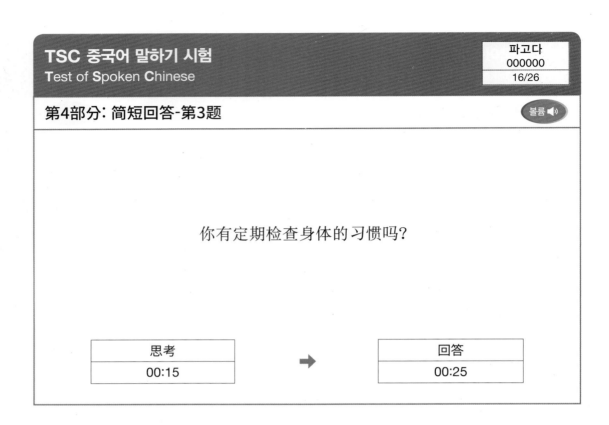

**第4部分: 简短回答-第3题**

볼륨 🔊

你有定期检查身体的习惯吗?

| 思考 |
|------|
| 00:15 |

➡

| 回答 |
|------|
| 00:25 |

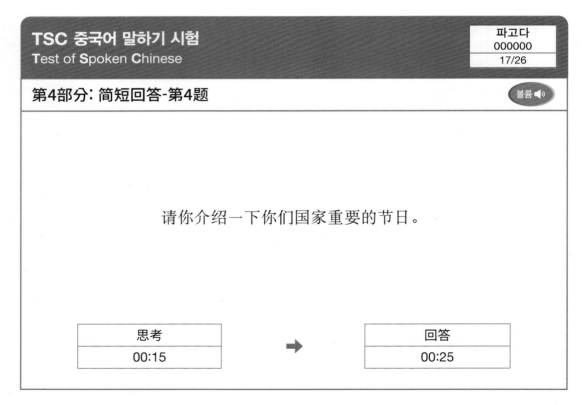

**第4部分: 简短回答-第4题**

볼륨 🔊

请你介绍一下你们国家重要的节日。

| 思考 |
|------|
| 00:15 |

➡

| 回答 |
|------|
| 00:25 |

## TSC 중국어 말하기 시험
Test of Spoken Chinese

### 第4部分: 简短回答-第5题

볼륨

学生时期，你有过转学的经历吗？

| 思考 |
| --- |
| 00:15 |

➡️

| 回答 |
| --- |
| 00:25 |

---

## TSC 중국어 말하기 시험
Test of Spoken Chinese

### 第5部分: 拓展回答

볼륨 🔊

在这部分考试中，你将听到四个问题。
请尽量用完整的句子来回答，句子的长短和用词将影响你的分数。
请听例句。

问题 : 你怎么看待减肥？
回答1: 我觉得减肥不太好。
回答2: 我认为减肥是件好事，不但可以使身体更健康，而且还能让自己看起来更
　　　 漂亮，减肥还要注意选择适当的方法，比如通过适当的运动和调整饮食来
　　　 达到减肥的目的。

两种回答都可以，但第二种回答更完整更详细，你将得到较高的分数。
请听到提示音之后开始回答问题。
每道题请你用30秒思考，回答时间是50秒。
下面开始提问。

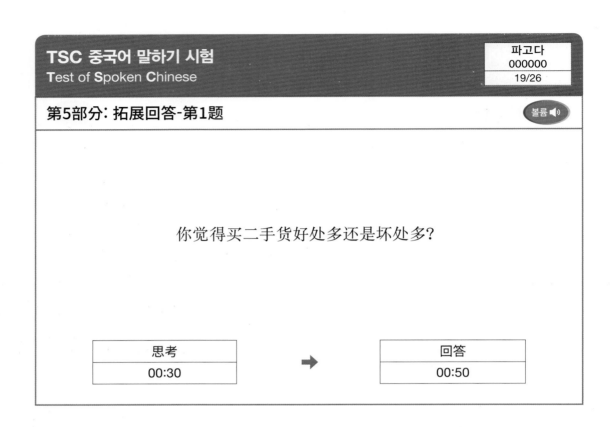

第5部分: 拓展回答-第1题

볼륨 ◀))

你觉得买二手货好处多还是坏处多?

| 思考 |
|---|
| 00:30 |

| 回答 |
|---|
| 00:50 |

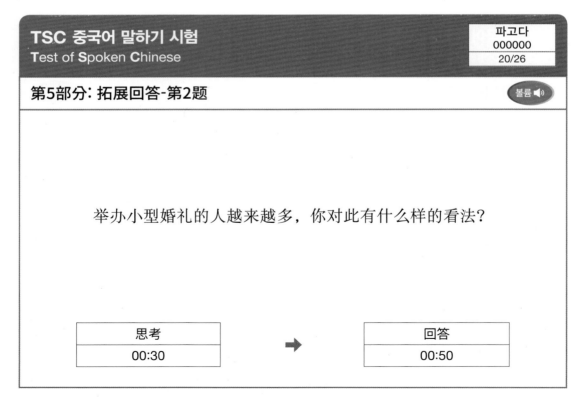

第5部分: 拓展回答-第2题

볼륨 ◀))

举办小型婚礼的人越来越多, 你对此有什么样的看法?

| 思考 |
|---|
| 00:30 |

| 回答 |
|---|
| 00:50 |

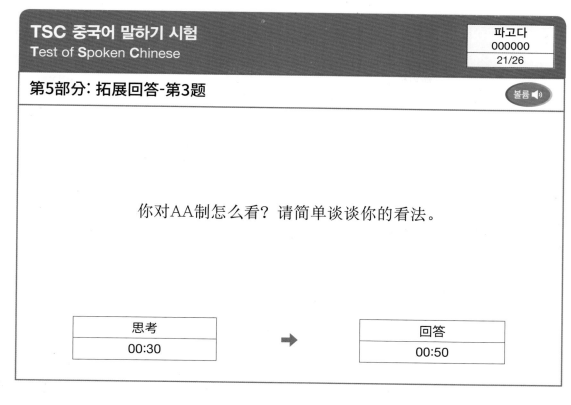

第5部分: 拓展回答-第3题

볼륨 🔊

你对AA制怎么看？请简单谈谈你的看法。

| 思考 |
|------|
| 00:30 |

➡️

| 回答 |
|------|
| 00:50 |

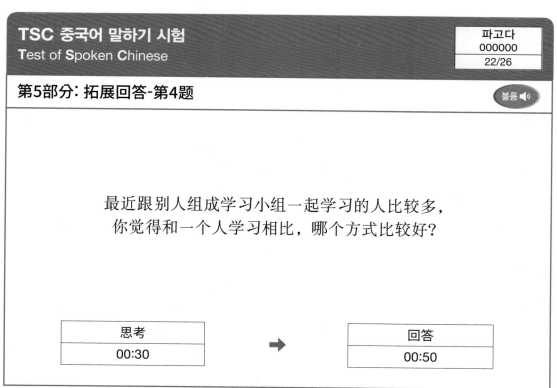

第5部分: 拓展回答-第4题

볼륨 🔊

最近跟别人组成学习小组一起学习的人比较多，
你觉得和一个人学习相比，哪个方式比较好？

| 思考 |
|------|
| 00:30 |

➡️

| 回答 |
|------|
| 00:50 |

第6部分: 情景应对

在这部分考试中，你将看到提示图，同时还将听到中文的情景叙述。
假设你处于这种情况之下，你将如何应对。
请尽量用完整的句子来回答，句子的长短和用词将影响你的分数。
请听到提示音之后开始回答问题。
每道题请你用30秒思考，回答时间是40秒。
下面开始提问。

第6部分: 情景应对-第1题

你的朋友邀你周末一起去博物馆，但是你觉得天气很适合做户外活动，
请跟朋友建议改一下计划。

| 思考 |
| --- |
| 00:30 |

| 回答 |
| --- |
| 00:40 |

## 第6部分: 情景应对-第2题

你的同屋不爱打扫，影响你的生活。请你劝朋友改掉这个坏习惯。

| 思考 |
|------|
| 00:30 |

| 回答 |
|------|
| 00:40 |

## 第6部分: 情景应对-第3题

你不小心把新买的衣服落在百货商店的洗手间里了，
请跟职员说明情况并请他帮你找衣服。

| 思考 |
|------|
| 00:30 |

| 回答 |
|------|
| 00:40 |

## 第7部分: 看图说话

在这部分考试中，你将看到四幅连续的图片。请你根据图片的内容讲述一个完整的故事。请认真看下列四幅图片。(30秒)

## 第7部分: 看图说话-第1题

现在请根据图片的内容讲述故事，请尽量完整、详细。讲述时间是90秒。请听到提示音之后开始回答。

| 思考 |   | 回答 |
|------|---|------|
| 00:30 | → | 00:90 |

**TSC 중국어 말하기 시험**
Test of Spoken Chinese

코멘트

볼륨 ◀)

考试结束。
最后，如果您对我们的考试有什么感想的话，请说出来。
请听到提示音之后开始发言。发言时间是30秒。

| 回答 |
|------|
| 00:30 |

**TSC 중국어 말하기 시험**
Test of Spoken Chinese

코멘트

볼륨 ◀)

谢谢您参加我们的考试！

# Test of Spoken Chinese

# 실전 모의고사 05

## 시험소개

这是由YBM开发的汉语口语能力考试。
通过本考试可以测试你听到问题以后，能否使用恰当的汉语来回答的能力。请完整、详细地回答所有问题。请不要只用单词，尽量用完整的句子来回答。请听到提示音后开始回答。回答得越详细，得分将会越高。未作任何回答的话，将不会得到分数。如果你不能理解问题的内容，请回答"我不知道"。

## 第1部分: 自我介绍

在这部分考试中，你将听到四个简单的问句。
请听到提示音之后开始回答。
每道题的回答时间是10秒。
下面开始提问。

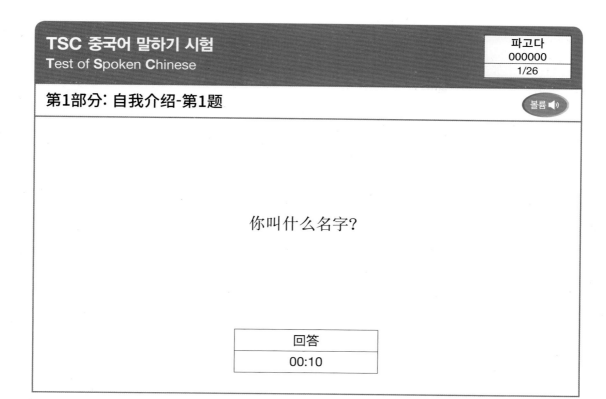

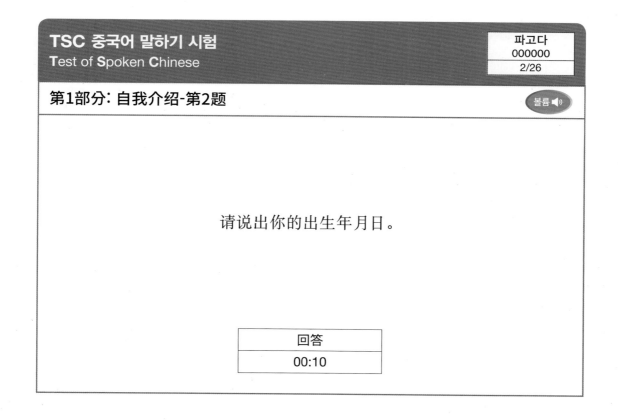

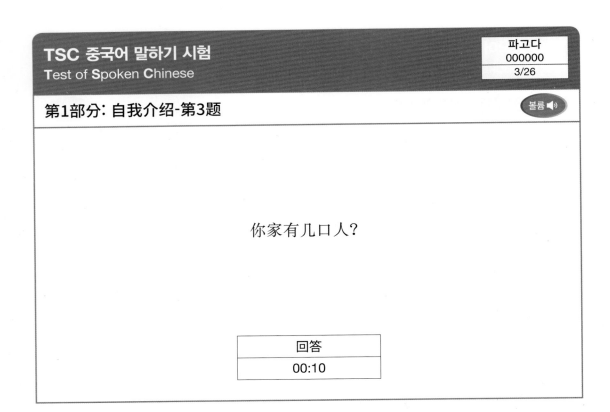

第1部分: 自我介绍-第3题

볼륨 ◀»

你家有几口人?

| 回答 |
|------|
| 00:10 |

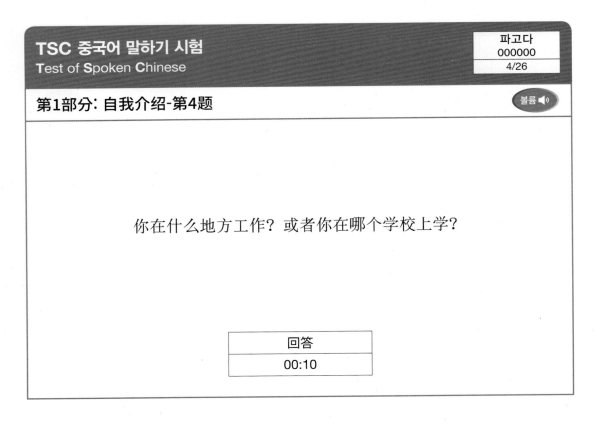

第1部分: 自我介绍-第4题

볼륨 ◀»

你在什么地方工作? 或者你在哪个学校上学?

| 回答 |
|------|
| 00:10 |

# TSC 중국어 말하기 시험
**T**est of **S**poken **C**hinese

## 第2部分: 看图回答

볼륨

在这部分考试中，你将看到提示图，请看图回答下列问题。
请听到提示音之后，准确地回答出来。
每道题的回答时间是6秒。
下面开始提问。

---

# TSC 중국어 말하기 시험
**T**est of **S**poken **C**hinese

## 第2部分: 看图回答-第1题

볼륨

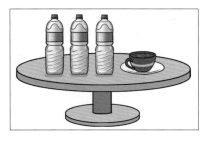

| 思考 | | 回答 |
|------|------|------|
| 00:03 | ➡ | 00:06 |

## 第2部分: 看图回答-第2题

| 思考 | | 回答 |
|---|---|---|
| 00:03 | → | 00:06 |

## 第2部分: 看图回答-第3题

| 思考 | | 回答 |
|---|---|---|
| 00:03 | → | 00:06 |

### 第2部分: 看图回答-第4题

볼륨 🔊

| 思考 | | 回答 |
|------|------|------|
| 00:03 | ➡ | 00:06 |

---

## TSC 중국어 말하기 시험
Test of Spoken Chinese

파고다
000000

### 第3部分: 快速回答

볼륨 🔊

在这部分考试中，你需要完成五段简单的对话。
这些对话出自不同的日常生活情景，在每段对话前，你将看到提示图。
请尽量用完整的句子来回答，句子的长短和用词将影响你的分数。
请听例句。

问题 ： 老张在吗?
回答1： 不在。
回答2： 他现在不在，您有什么事儿吗? 要给他留言吗?

两种回答都可以，但第二种回答更完整更详细，你将得到较高的分数。
请听到提示音之后开始回答问题。
每道题的回答时间是15秒。
下面开始提问。

## 第3部分: 快速回答-第1题

| 思考 | | 回答 |
|---|---|---|
| 00:02 | ⇒ | 00:15 |

## 第3部分: 快速回答-第2题

| 思考 | | 回答 |
|---|---|---|
| 00:02 | ⇒ | 00:15 |

# TSC 중국어 말하기 시험
Test of Spoken Chinese

## 第3部分: 快速回答-第3题

| 思考 | | 回答 |
|---|---|---|
| 00:02 | | 00:15 |

---

# TSC 중국어 말하기 시험
Test of Spoken Chinese

## 第3部分: 快速回答-第4题

| 思考 | | 回答 |
|---|---|---|
| 00:02 | | 00:15 |

## 第3部分: 快速回答-第5题

| 思考 |
| --- |
| 00:02 |

| 回答 |
| --- |
| 00:15 |

## 第4部分: 简短回答

在这部分考试中，你将听到五个问题。
请尽量用完整的句子来回答，句子的长短和用词将影响你的分数。
请听例句。

问题 ： 周末你常常做什么?
回答1: 看电影。
回答2: 我有时候在家看电视，有时候和朋友一起见面，聊天、看电影什么的。

两种回答都可以，但第二种回答更完整更详细，你将得到较高的分数。
请听到提示音之后开始回答问题。
每道题请你用15秒思考，回答时间是25秒。
下面开始提问。

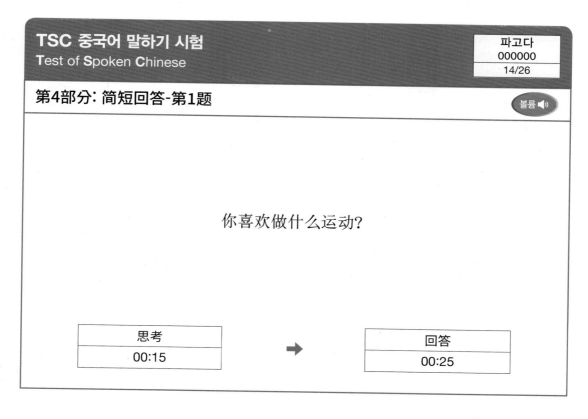

**第4部分: 简短回答-第1题**

볼륨

你喜欢做什么运动?

| 思考 |
|---|
| 00:15 |

| 回答 |
|---|
| 00:25 |

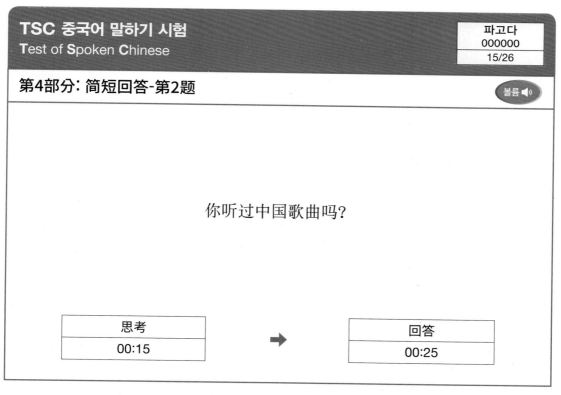

**第4部分: 简短回答-第2题**

볼륨

你听过中国歌曲吗?

| 思考 |
|---|
| 00:15 |

| 回答 |
|---|
| 00:25 |

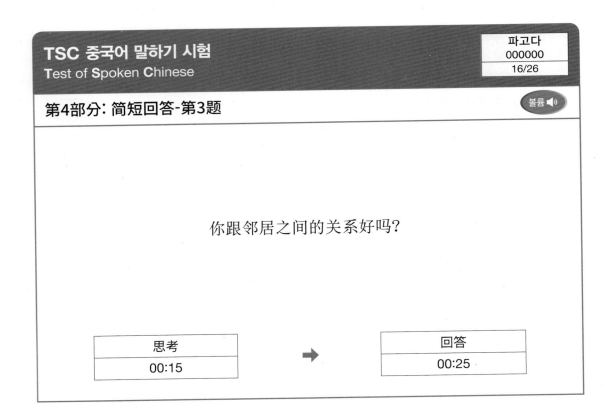

**TSC 중국어 말하기 시험**
Test of Spoken Chinese

볼륨

第4部分: 简短回答-第3题

你跟邻居之间的关系好吗?

| 思考 |
| --- |
| 00:15 |

➡

| 回答 |
| --- |
| 00:25 |

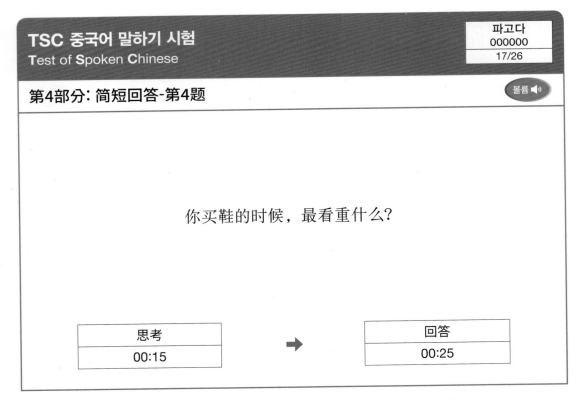

**TSC 중국어 말하기 시험**
Test of Spoken Chinese

볼륨

第4部分: 简短回答-第4题

你买鞋的时候,最看重什么?

| 思考 |
| --- |
| 00:15 |

➡

| 回答 |
| --- |
| 00:25 |

**TSC 중국어 말하기 시험**
Test of Spoken Chinese

파고다
000000
18/26

실전모의고사

## 第4部分: 简短回答-第5题

볼륨 🔊

请介绍一下你的饮食习惯。

| 思考 | | 回答 |
|------|---|------|
| 00:15 | → | 00:25 |

## 第5部分: 拓展回答

볼륨 🔊

在这部分考试中，你将听到四个问题。
请尽量用完整的句子来回答，句子的长短和用词将影响你的分数。
请听例句。

问题 : 你怎么看待减肥?
回答1: 我觉得减肥不太好。
回答2: 我认为减肥是件好事，不但可以使身体更健康，而且还能让自己看起来更漂亮，减肥还要注意选择适当的方法，比如通过适当的运动和调整饮食来达到减肥的目的。

两种回答都可以，但第二种回答更完整更详细，你将得到较高的分数。
请听到提示音之后开始回答问题。
每道题请你用30秒思考，回答时间是50秒。
下面开始提问。

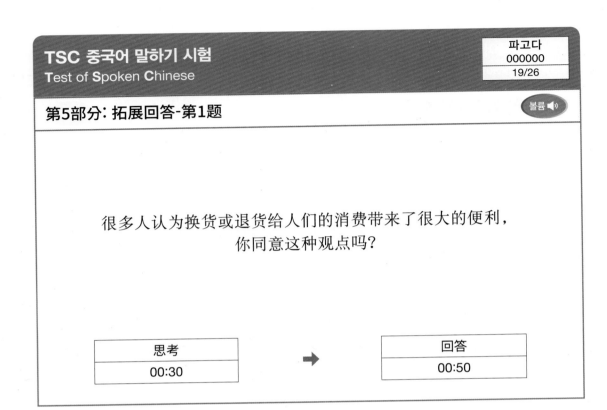

第5部分: 拓展回答-第1题

볼륨 🔊

很多人认为换货或退货给人们的消费带来了很大的便利,
你同意这种观点吗?

| 思考 |
|---|
| 00:30 |

➡

| 回答 |
|---|
| 00:50 |

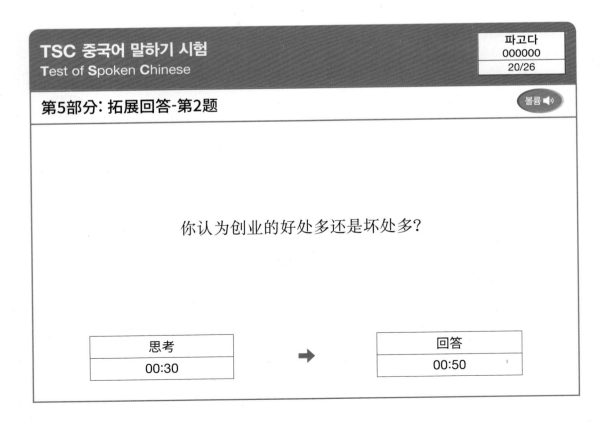

第5部分: 拓展回答-第2题

볼륨 🔊

你认为创业的好处多还是坏处多?

| 思考 |
|---|
| 00:30 |

➡

| 回答 |
|---|
| 00:50 |

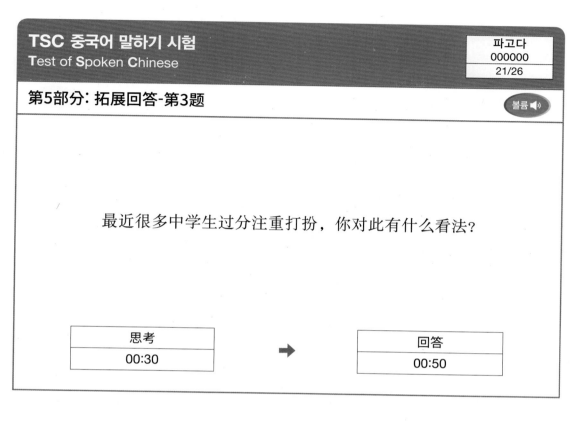

**第5部分: 拓展回答-第3题**

볼륨

最近很多中学生过分注重打扮，你对此有什么看法？

| 思考 |
|---|
| 00:30 |

➡

| 回答 |
|---|
| 00:50 |

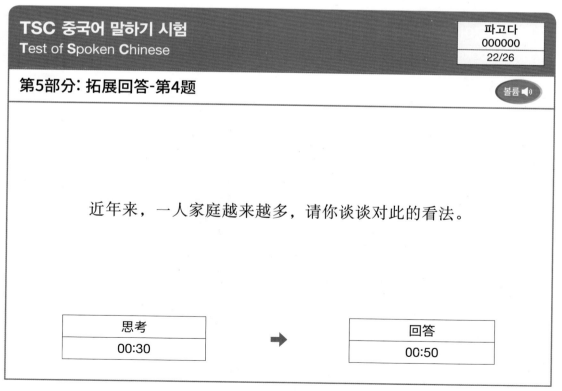

**第5部分: 拓展回答-第4题**

볼륨

近年来，一人家庭越来越多，请你谈谈对此的看法。

| 思考 |
|---|
| 00:30 |

➡

| 回答 |
|---|
| 00:50 |

## 第6部分: 情景应对

在这部分考试中，你将看到提示图，同时还将听到中文的情景叙述。
假设你处于这种情况之下，你将如何应对。
请尽量用完整的句子来回答，句子的长短和用词将影响你的分数。
请听到提示音之后开始回答问题。
每道题请你用30秒思考，回答时间是40秒。
下面开始提问。

## 第6部分: 情景应对-第1题

你有两张免费的话剧票，请给朋友打电话邀请她一起去看话剧。

| 思考 |
| --- |
| 00:30 |

| 回答 |
| --- |
| 00:40 |

## 第6部分: 情景应对-第2题

你住的酒店房间突然上不了网了,
请你给前台打电话说明情况并要求解决问题。

| 思考 | | 回答 |
|------|---|------|
| 00:30 |  | 00:40 |

---

## 第6部分: 情景应对-第3题

你在健身房办了六个月的会员卡,但是你突然要长期出差。
请你给健身房打电话说明情况,并要求退款。

| 思考 | | 回答 |
|------|---|------|
| 00:30 |  | 00:40 |

## 第7部分: 看图说话

在这部分考试中，你将看到四幅连续的图片。请你根据图片的内容讲述一个完整的故事。请认真看下列四幅图片。(30秒)

## 第7部分: 看图说话-第1题

现在请根据图片的内容讲述故事，请尽量完整、详细。讲述时间是90秒。请听到提示音之后开始回答。

| 思考 | | 回答 |
|------|------|------|
| 00:30 | → | 00:90 |

## TSC 중국어 말하기 시험
Test of Spoken Chinese

파고다
000000

### 코멘트

볼륨

考试结束。

最后，如果您对我们的考试有什么感想的话，请说出来。

请听到提示音之后开始发言。发言时间是30秒。

| 回答 |
|------|
| 00:30 |

## TSC 중국어 말하기 시험
Test of Spoken Chinese

파고다
000000

### 코멘트

볼륨

谢谢您参加我们的考试！

# Test of Spoken Chinese

# 실전 모의고사 06

## 시험소개

这是由YBM开发的汉语口语能力考试。

通过本考试可以测试你听到问题以后，能否使用恰当的汉语来回答的能力。请完整、详细地回答所有问题。请不要只用单词，尽量用完整的句子来回答。请听到提示音后开始回答。回答得越详细，得分将会越高。未作任何回答的话，将不会得到分数。如果你不能理解问题的内容，请回答"我不知道"。

**TSC 중국어 말하기 시험**
Test of Spoken Chinese

파고다
000000

## 第1部分: 自我介绍

在这部分考试中，你将听到四个简单的问句。

请听到提示音之后开始回答。

每道题的回答时间是10秒。

下面开始提问。

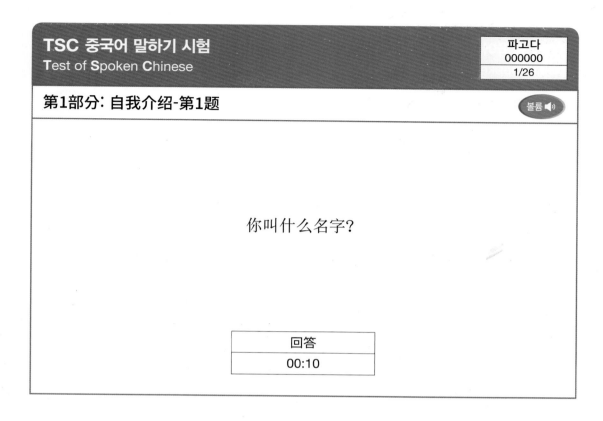

**TSC 중국어 말하기 시험**
Test of Spoken Chinese

파고다
000000
1/26

볼륨 🔊

### 第1部分: 自我介绍-第1题

你叫什么名字?

| 回答 |
|---|
| 00:10 |

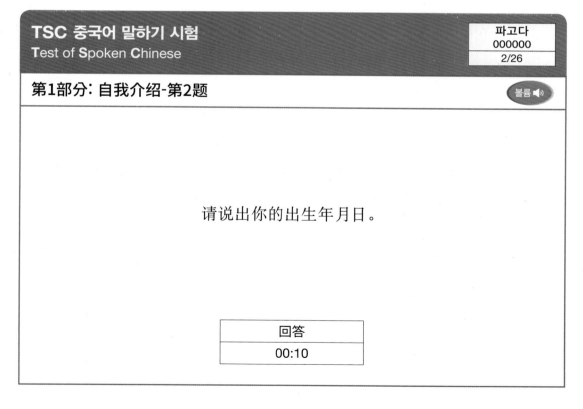

**TSC 중국어 말하기 시험**
Test of Spoken Chinese

파고다
000000
2/26

볼륨 🔊

### 第1部分: 自我介绍-第2题

请说出你的出生年月日。

| 回答 |
|---|
| 00:10 |

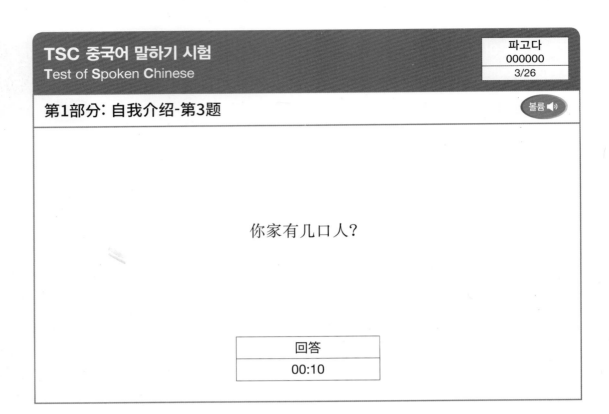

第1部分: 自我介绍-第3题

볼륨 🔊

你家有几口人？

| 回答 |
|---|
| 00:10 |

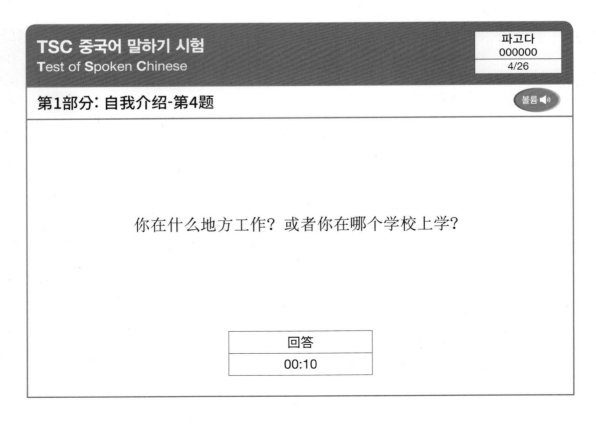

第1部分: 自我介绍-第4题

볼륨 🔊

你在什么地方工作？ 或者你在哪个学校上学？

| 回答 |
|---|
| 00:10 |

## TSC 중국어 말하기 시험
Test of Spoken Chinese

파고다
000000

### 第2部分: 看图回答

在这部分考试中，你将看到提示图，请看图回答下列问题。

请听到提示音之后，准确地回答出来。

每道题的回答时间是6秒。

下面开始提问。

---

## TSC 중국어 말하기 시험
Test of Spoken Chinese

### 第2部分: 看图回答-第1题

볼륨 🔊

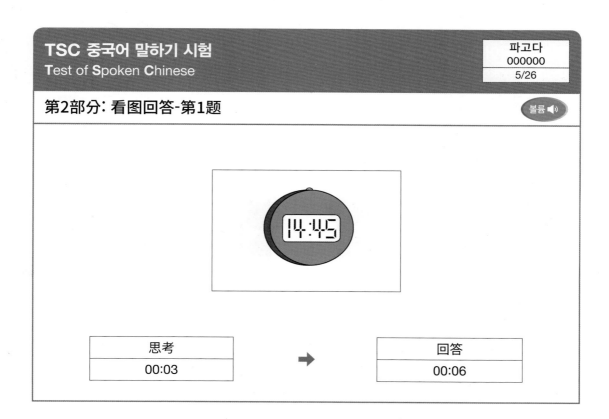

| 思考 | | 回答 |
|---|---|---|
| 00:03 | ➡ | 00:06 |

第2部分: 看图回答-第2题

볼륨

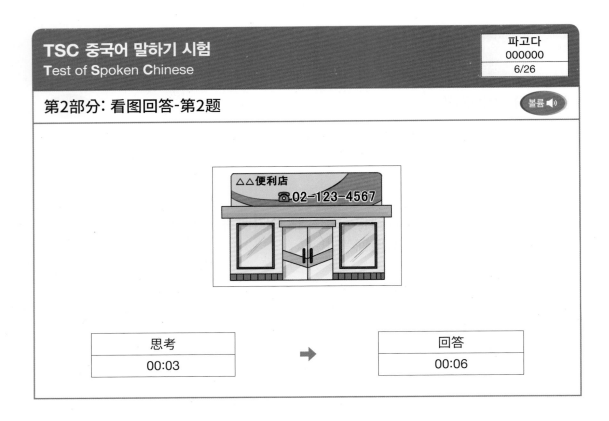

| 思考 | | 回答 |
|---|---|---|
| 00:03 | ➡ | 00:06 |

第2部分: 看图回答-第3题

볼륨

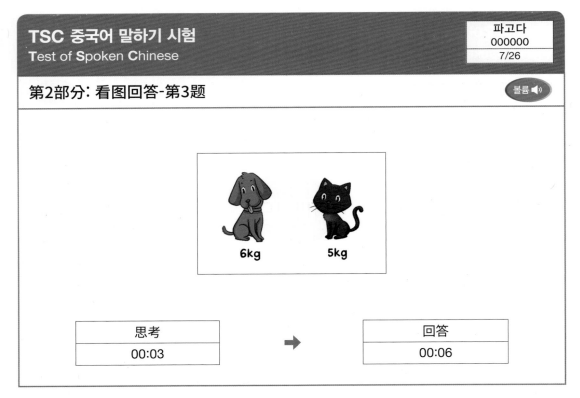

| 思考 | | 回答 |
|---|---|---|
| 00:03 | ➡ | 00:06 |

# TSC 중국어 말하기 시험
Test of Spoken Chinese

## 第2部分: 看图回答-第4题

볼륨

| 思考 | | 回答 |
|------|---|------|
| 00:03 | → | 00:06 |

---

# TSC 중국어 말하기 시험
Test of Spoken Chinese

파고다
000000

## 第3部分: 快速回答

볼륨

在这部分考试中，你需要完成五段简单的对话。
这些对话出自不同的日常生活情景，在每段对话前，你将看到提示图。
请尽量用完整的句子来回答，句子的长短和用词将影响你的分数。
请听例句。

问题：老张在吗?
回答1：不在。
回答2：他现在不在，您有什么事儿吗? 要给他留言吗?

两种回答都可以，但第二种回答更完整更详细，你将得到较高的分数。
请听到提示音之后开始回答问题。
每道题的回答时间是15秒。
下面开始提问。

第3部分: 快速回答-第1题

볼륨 🔊

| 思考 | | 回答 |
|---|---|---|
| 00:02 | ➡ | 00:15 |

第3部分: 快速回答-第2题

볼륨 🔊

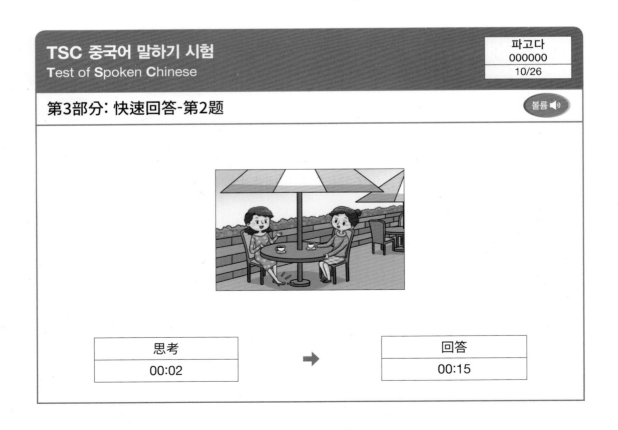

| 思考 | | 回答 |
|---|---|---|
| 00:02 | ➡ | 00:15 |

# TSC 중국어 말하기 시험
Test of Spoken Chinese

## 第3部分: 快速回答-第3題

볼륨

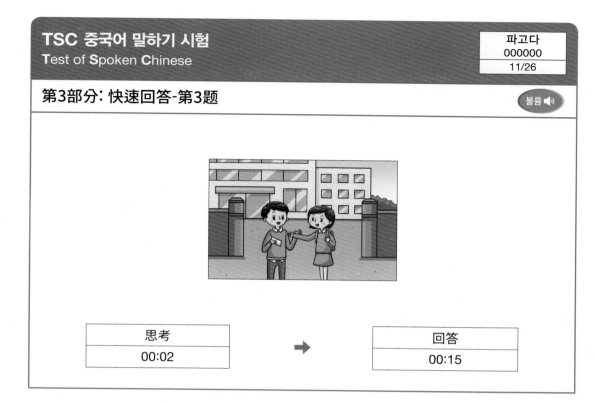

| 思考 | | 回答 |
|------|---|------|
| 00:02 | → | 00:15 |

파고다
000000
12/26

# TSC 중국어 말하기 시험
Test of Spoken Chinese

## 第3部分: 快速回答-第4題

볼륨

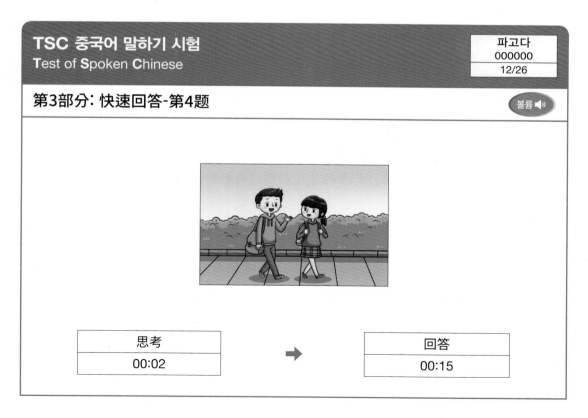

| 思考 | | 回答 |
|------|---|------|
| 00:02 | → | 00:15 |

## 第3部分: 快速回答-第5题

| 思考 |
| --- |
| 00:02 |

| 回答 |
| --- |
| 00:15 |

---

**TSC 중국어 말하기 시험**
Test of Spoken Chinese

파고다
000000

## 第4部分: 简短回答

在这部分考试中，你将听到五个问题。
请尽量用完整的句子来回答，句子的长短和用词将影响你的分数。
请听例句。

问题 ： 周末你常常做什么？
回答1： 看电影。
回答2： 我有时候在家看电视，有时候和朋友一起见面，聊天、看电影什么的。

两种回答都可以，但第二种回答更完整更详细，你将得到较高的分数。
请听到提示音之后开始回答问题。
每道题请你用15秒思考，回答时间是25秒。
下面开始提问。

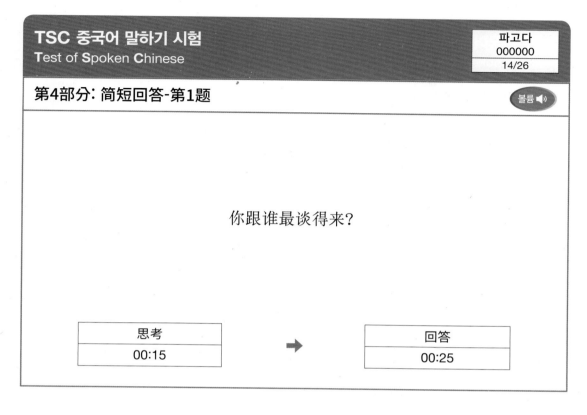

**TSC 중국어 말하기 시험**
Test of Spoken Chinese

第4部分: 简短回答-第1题

볼륨 🔊

你跟谁最谈得来?

| 思考 |
|---|
| 00:15 |

➡

| 回答 |
|---|
| 00:25 |

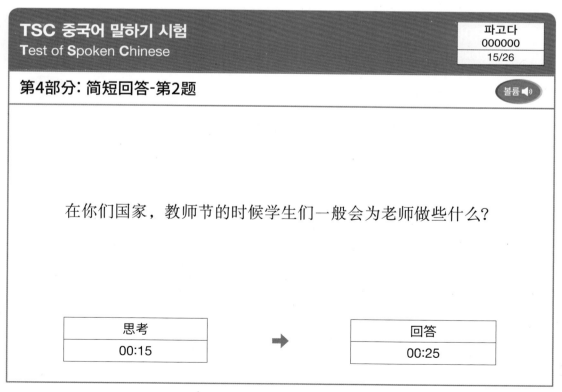

**TSC 중국어 말하기 시험**
Test of Spoken Chinese

第4部分: 简短回答-第2题

볼륨 🔊

在你们国家，教师节的时候学生们一般会为老师做些什么?

| 思考 |
|---|
| 00:15 |

➡

| 回答 |
|---|
| 00:25 |

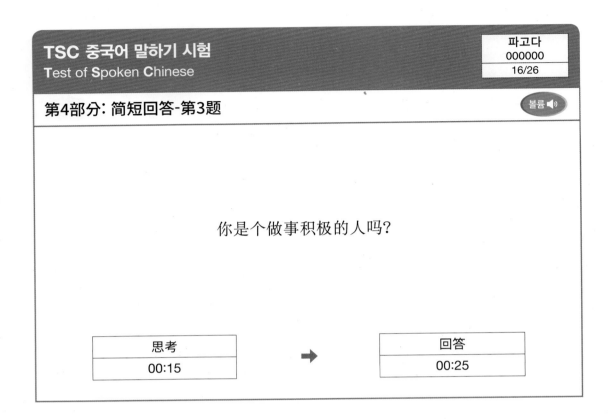

第4部分: 简短回答-第3题

볼륨 ◀◎

你是个做事积极的人吗?

| 思考 |
|---|
| 00:15 |

➡

| 回答 |
|---|
| 00:25 |

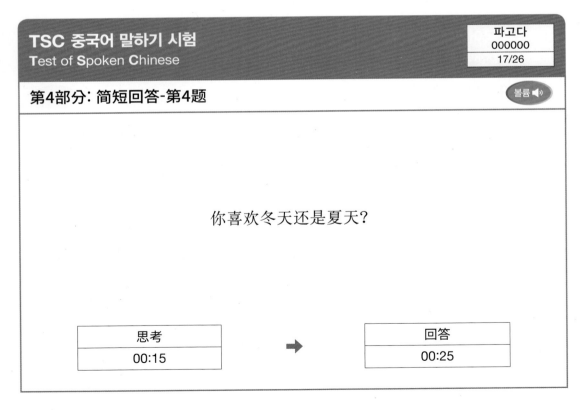

第4部分: 简短回答-第4题

볼륨 ◀◎

你喜欢冬天还是夏天?

| 思考 |
|---|
| 00:15 |

➡

| 回答 |
|---|
| 00:25 |

**TSC 중국어 말하기 시험**
Test of Spoken Chinese

| 파고다 |
|---|
| 000000 |
| 18/26 |

## 第4部分: 简短回答-第5题

볼륨

你在意别人对你的看法吗?

| 思考 | → | 回答 |
|---|---|---|
| 00:15 | | 00:25 |

**TSC 중국어 말하기 시험**
Test of Spoken Chinese

| 파고다 |
|---|
| 000000 |

## 第5部分: 拓展回答

볼륨

在这部分考试中，你将听到四个问题。
请尽量用完整的句子来回答，句子的长短和用词将影响你的分数。
请听例句。

问题 ：你怎么看待减肥?
回答1：我觉得减肥不太好。
回答2：我认为减肥是件好事，不但可以使身体更健康，而且还能让自己看起来更漂亮，减肥还要注意选择适当的方法，比如通过适当的运动和调整饮食来达到减肥的目的。

两种回答都可以，但第二种回答更完整更详细，你将得到较高的分数。
请听到提示音之后开始回答问题。
每道题请你用30秒思考，回答时间是50秒。
下面开始提问。

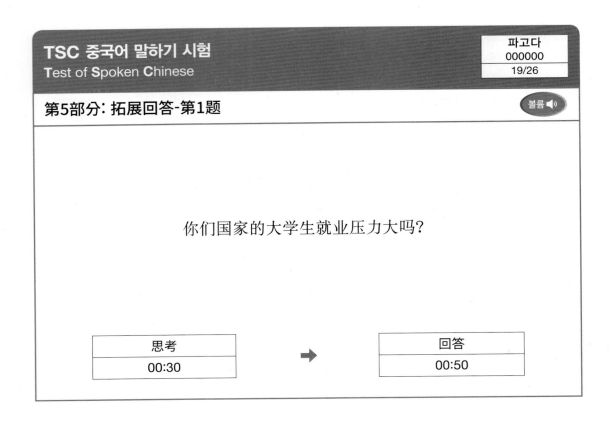

볼륨 🔊

第5部分: 拓展回答-第1题

你们国家的大学生就业压力大吗?

| 思考 |
| --- |
| 00:30 |

➡

| 回答 |
| --- |
| 00:50 |

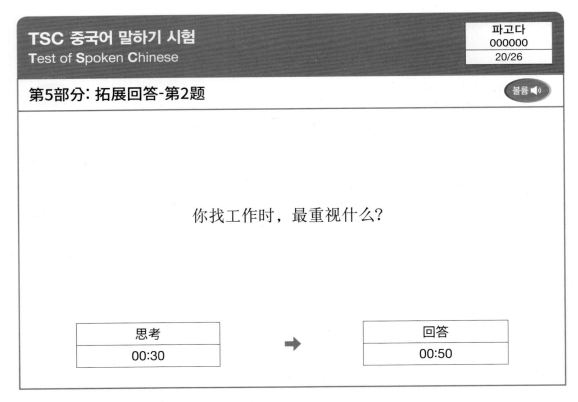

볼륨 🔊

第5部分: 拓展回答-第2题

你找工作时，最重视什么?

| 思考 |
| --- |
| 00:30 |

➡

| 回答 |
| --- |
| 00:50 |

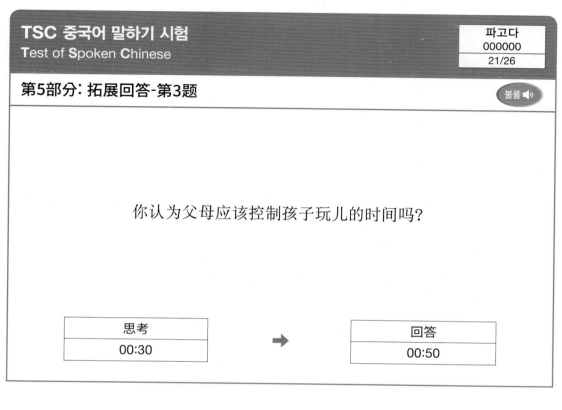

**TSC 중국어 말하기 시험**
Test of Spoken Chinese

파고다
000000
21/26

볼륨 🔊

第5部分: 拓展回答-第3题

你认为父母应该控制孩子玩儿的时间吗?

| 思考 |
|------|
| 00:30 |

➡

| 回答 |
|------|
| 00:50 |

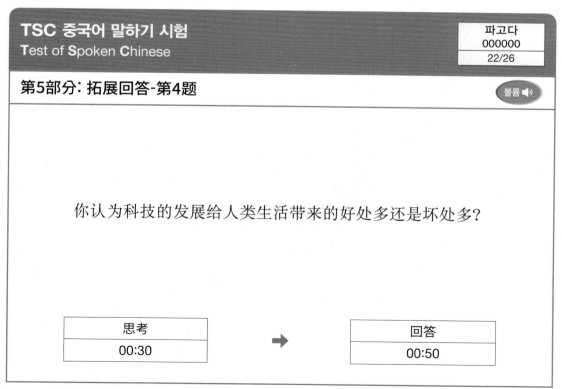

**TSC 중국어 말하기 시험**
Test of Spoken Chinese

파고다
000000
22/26

볼륨 🔊

第5部分: 拓展回答-第4题

你认为科技的发展给人类生活带来的好处多还是坏处多?

| 思考 |
|------|
| 00:30 |

➡

| 回答 |
|------|
| 00:50 |

## 第6部分: 情景应对

在这部分考试中，你将看到提示图，同时还将听到中文的情景叙述。
假设你处于这种情况之下，你将如何应对。
请尽量用完整的句子来回答，句子的长短和用词将影响你的分数。
请听到提示音之后开始回答问题。
每道题请你用30秒思考，回答时间是40秒。
下面开始提问。

## 第6部分: 情景应对-第1题

你想去打保龄球，但是你的朋友想去看电影。
请你说服朋友一起去打保龄球。

| 思考 |
|------|
| 00:30 |

| 回答 |
|------|
| 00:40 |

第6部分: 情景应对-第2题

你的朋友邀你一起去看棒球比赛，但是你正要去图书馆复习。
请你跟朋友说明情况并委婉地拒绝他。

| 思考 |
| --- |
| 00:30 |

| 回答 |
| --- |
| 00:40 |

第6部分: 情景应对-第3题

为了举办同学聚会，你预订了一家餐厅，但是聚会突然取消了。
请你给餐厅打电话说明情况。

| 思考 |
| --- |
| 00:30 |

| 回答 |
| --- |
| 00:40 |

第7部分: 看图说话

在这部分考试中，你将看到四幅连续的图片。请你根据图片的内容讲述一个完整的故事。请认真看下列四幅图片。(30秒)

第7部分: 看图说话-第1题

现在请根据图片的内容讲述故事，请尽量完整、详细。讲述时间是90秒。请听到提示音之后开始回答。

| 思考 | | 回答 |
|------|---|------|
| 00:30 | | 00:90 |

## TSC 중국어 말하기 시험
Test of Spoken Chinese

### 코멘트

考试结束。

最后，如果您对我们的考试有什么感想的话，请说出来。

请听到提示音之后开始发言。发言时间是30秒。

| 回答 |
|------|
| 00:30 |

## TSC 중국어 말하기 시험
Test of Spoken Chinese

### 코멘트

谢谢您参加我们的考试！

# Test of Spoken Chinese

# 실전 모의고사 07

## 시험소개

这是由YBM开发的汉语口语能力考试。

通过本考试可以测试你听到问题以后，能否使用恰当的汉语来回答的能力。请完整、详细地回答所有问题。请不要只用单词，尽量用完整的句子来回答。请听到提示音后开始回答。回答得越详细，得分将会越高。未作任何回答的话，将不会得到分数。如果你不能理解问题的内容，请回答"我不知道"。

## 第1部分: 自我介绍

在这部分考试中，你将听到四个简单的问句。

请听到提示音之后开始回答。

每道题的回答时间是10秒。

下面开始提问。

**TSC 중국어 말하기 시험**
Test of Spoken Chinese

### 第1部分: 自我介绍-第1题

볼륨 ◀»

你叫什么名字?

| 回答 |
|------|
| 00:10 |

**TSC 중국어 말하기 시험**
Test of Spoken Chinese

### 第1部分: 自我介绍-第2题

볼륨 ◀»

请说出你的出生年月日。

| 回答 |
|------|
| 00:10 |

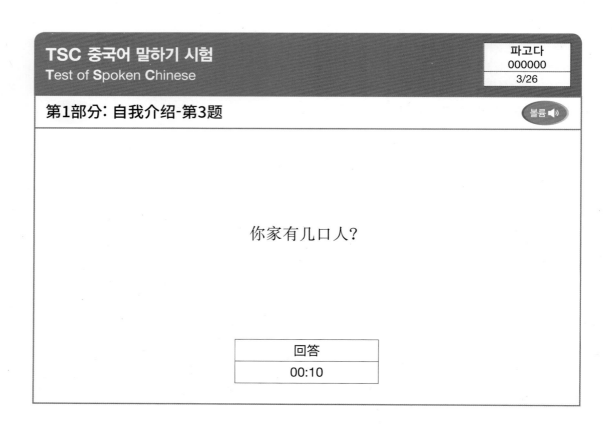

**TSC 중국어 말하기 시험**
Test of Spoken Chinese

第1部分: 自我介绍-第3题

볼륨

你家有几口人?

| 回答 |
|---|
| 00:10 |

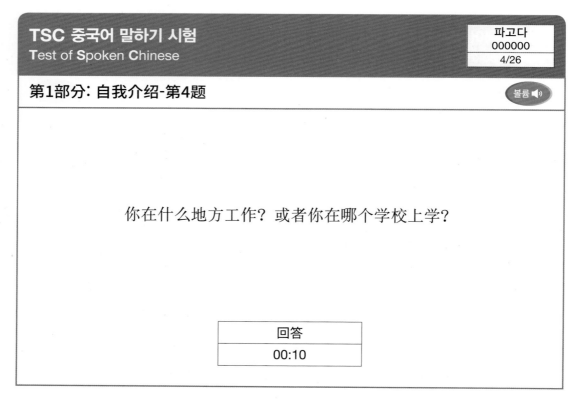

**TSC 중국어 말하기 시험**
Test of Spoken Chinese

第1部分: 自我介绍-第4题

볼륨

你在什么地方工作? 或者你在哪个学校上学?

| 回答 |
|---|
| 00:10 |

## TSC 중국어 말하기 시험
**T**est of **S**poken **C**hinese

### 第2部分: 看图回答

在这部分考试中，你将看到提示图，请看图回答下列问题。

请听到提示音之后，准确地回答出来。

每道题的回答时间是6秒。

下面开始提问。

## TSC 중국어 말하기 시험
**T**est of **S**poken **C**hinese

### 第2部分: 看图回答-第1题

| 思考 |
| :---: |
| 00:03 |

➡

| 回答 |
| :---: |
| 00:06 |

第2部分: 看图回答-第2题

볼륨 🔊

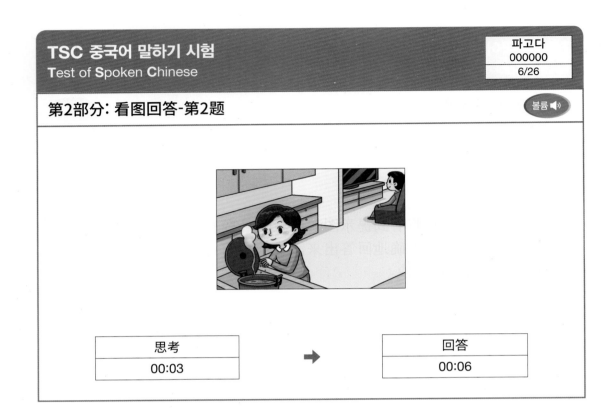

| 思考 |
|---|
| 00:03 |

➡

| 回答 |
|---|
| 00:06 |

第2部分: 看图回答-第3题

볼륨 🔊

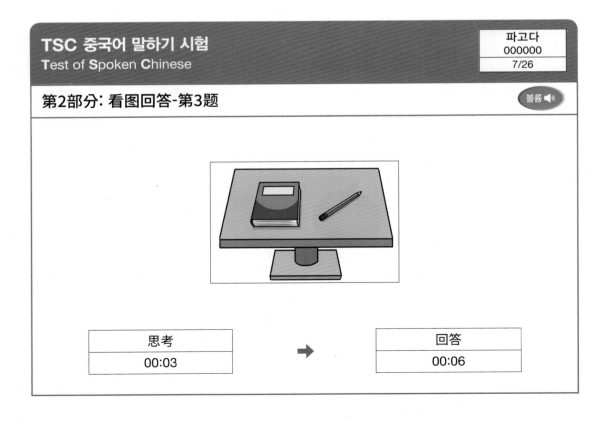

| 思考 |
|---|
| 00:03 |

➡

| 回答 |
|---|
| 00:06 |

# TSC 중국어 말하기 시험
## Test of Spoken Chinese

## 第2部分: 看图回答-第4题

볼륨

| 思考 |
|---|
| 00:03 |

➡

| 回答 |
|---|
| 00:06 |

# TSC 중국어 말하기 시험
## Test of Spoken Chinese

## 第3部分: 快速回答

볼륨

在这部分考试中，你需要完成五段简单的对话。
这些对话出自不同的日常生活情景，在每段对话前，你将看到提示图。
请尽量用完整的句子来回答，句子的长短和用词将影响你的分数。
请听例句。

问题 ：老张在吗?
回答1：不在。
回答2：他现在不在，您有什么事儿吗? 要给他留言吗?

两种回答都可以，但第二种回答更完整更详细，你将得到较高的分数。
请听到提示音之后开始回答问题。
每道题的回答时间是15秒。
下面开始提问。

## 第3部分: 快速回答-第1题

볼륨 🔊

| 思考 | | 回答 |
|---|---|---|
| 00:02 | ➡ | 00:15 |

## 第3部分: 快速回答-第2题

볼륨 🔊

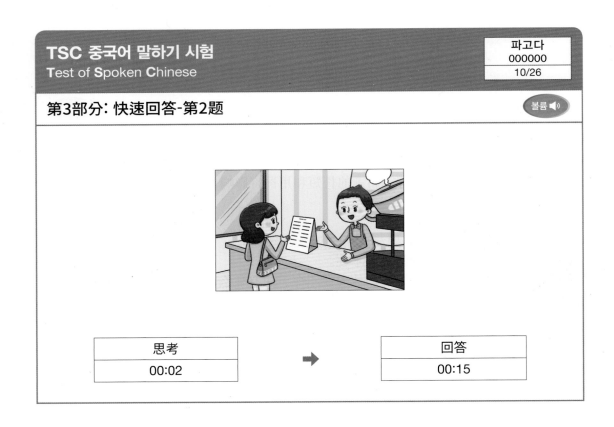

| 思考 | | 回答 |
|---|---|---|
| 00:02 | ➡ | 00:15 |

# TSC 중국어 말하기 시험
Test of Spoken Chinese

## 第3部分: 快速回答-第3题

| 思考 | | 回答 |
|------|---|------|
| 00:02 | | 00:15 |

# TSC 중국어 말하기 시험
Test of Spoken Chinese

## 第3部分: 快速回答-第4题

| 思考 | | 回答 |
|------|---|------|
| 00:02 | | 00:15 |

## 第3部分: 快速回答-第5题

| 思考 |
|---|
| 00:02 |

| 回答 |
|---|
| 00:15 |

## 第4部分: 简短回答

在这部分考试中，你将听到五个问题。
请尽量用完整的句子来回答，句子的长短和用词将影响你的分数。
请听例句。

问题 : 周末你常常做什么?
回答1: 看电影。
回答2: 我有时候在家看电视，有时候和朋友一起见面，聊天、看电影什么的。

两种回答都可以，但第二种回答更完整更详细，你将得到较高的分数。
请听到提示音之后开始回答问题。
每道题请你用15秒思考，回答时间是25秒。
下面开始提问。

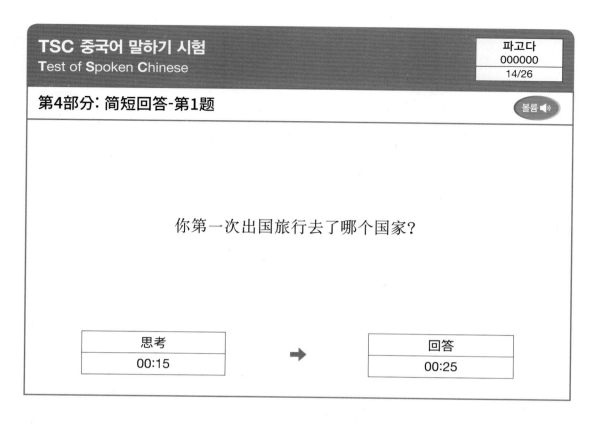

**TSC 중국어 말하기 시험**
Test of Spoken Chinese

파고다
000000
14/26

第4部分: 简短回答-第1题

볼륨 🔊

你第一次出国旅行去了哪个国家?

| 思考 |
| :---: |
| 00:15 |

➡

| 回答 |
| :---: |
| 00:25 |

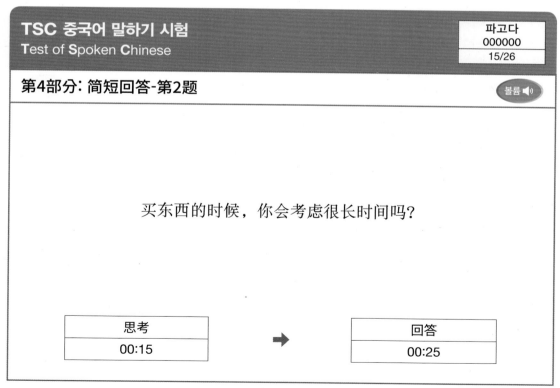

**TSC 중국어 말하기 시험**
Test of Spoken Chinese

파고다
000000
15/26

第4部分: 简短回答-第2题

볼륨 🔊

买东西的时候, 你会考虑很长时间吗?

| 思考 |
| :---: |
| 00:15 |

➡

| 回答 |
| :---: |
| 00:25 |

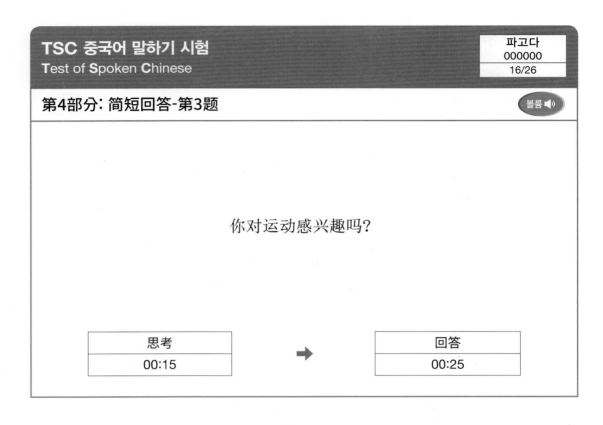

**TSC 중국어 말하기 시험**
Test of Spoken Chinese

볼륨

第4部分: 简短回答-第3题

你对运动感兴趣吗?

| 思考 |
| --- |
| 00:15 |

| 回答 |
| --- |
| 00:25 |

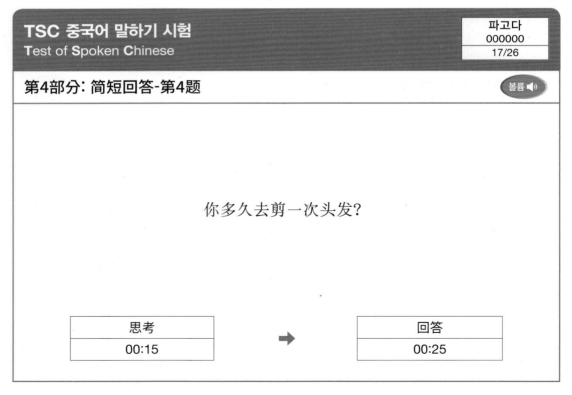

**TSC 중국어 말하기 시험**
Test of Spoken Chinese

볼륨

第4部分: 简短回答-第4题

你多久去剪一次头发?

| 思考 |
| --- |
| 00:15 |

| 回答 |
| --- |
| 00:25 |

## 第4部分: 简短回答-第5题

볼륨 🔊

请你介绍一下你的父亲。

| 思考 |
|---|
| 00:15 |

➡️

| 回答 |
|---|
| 00:25 |

---

**TSC 중국어 말하기 시험**
Test of Spoken Chinese

파고다
000000

## 第5部分: 拓展回答

볼륨 🔊

在这部分考试中，你将听到四个问题。
请尽量用完整的句子来回答，句子的长短和用词将影响你的分数。
请听例句。

问题： 你怎么看待减肥?

回答1： 我觉得减肥不太好。

回答2： 我认为减肥是件好事，不但可以使身体更健康，而且还能让自己看起来更漂亮，减肥还要注意选择适当的方法，比如通过适当的运动和调整饮食来达到减肥的目的。

两种回答都可以，但第二种回答更完整更详细，你将得到较高的分数。
请听到提示音之后开始回答问题。
每道题请你用30秒思考，回答时间是50秒。
下面开始提问。

**第5部分: 拓展回答-第1题**

 볼륨

近年来高中毕业后直接找工作的人越来越多了，你对此有什么看法？

| 思考 | | 回答 |
|---|---|---|
| 00:30 | → | 00:50 |

**第5部分: 拓展回答-第2题**

 볼륨

如何才能建立良好的人际关系，请你谈谈你的看法。

| 思考 | | 回答 |
|---|---|---|
| 00:30 | → | 00:50 |

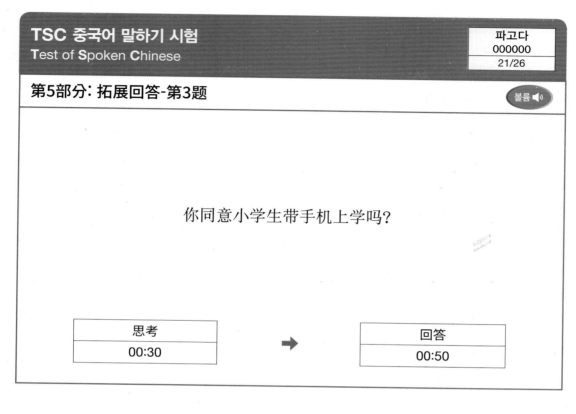

第5部分: 拓展回答-第3题

볼륨 🔊

你同意小学生带手机上学吗?

| 思考 |
| --- |
| 00:30 |

➡️

| 回答 |
| --- |
| 00:50 |

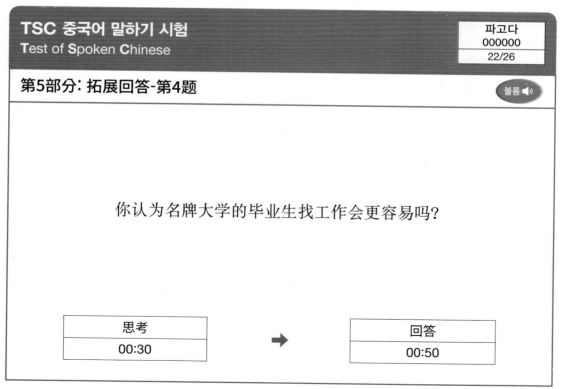

第5部分: 拓展回答-第4题

볼륨 🔊

你认为名牌大学的毕业生找工作会更容易吗?

| 思考 |
| --- |
| 00:30 |

➡️

| 回答 |
| --- |
| 00:50 |

## 第6部分: 情景应对

在这部分考试中，你将看到提示图，同时还将听到中文的情景叙述。
假设你处于这种情况之下，你将如何应对。
请尽量用完整的句子来回答，句子的长短和用词将影响你的分数。
请听到提示音之后开始回答问题。
每道题请你用30秒思考，回答时间是40秒。
下面开始提问。

## 第6部分: 情景应对-第1题

你的朋友来你居住的城市旅游，
请你向她介绍一下你家附近有哪些景点。

| 思考 |
| --- |
| 00:30 |

| 回答 |
| --- |
| 00:40 |

第6部分: 情景应对-第2题

你的朋友因为生病，考试没考好，
作为他最好的朋友，你来安慰安慰他。

| 思考 |
|---|
| 00:30 |

| 回答 |
|---|
| 00:40 |

第6部分: 情景应对-第3题

你在书店买了本书，但是回家后发现内页有几张破了。
请你给书店打电话说明情况并要求解决问题。

| 思考 |
|---|
| 00:30 |

| 回答 |
|---|
| 00:40 |

第7部分: 看图说话

在这部分考试中，你将看到四幅连续的图片。请你根据图片的内容讲述一个完整的故事。请认真看下列四幅图片。(30秒)

第7部分: 看图说话-第1题

现在请根据图片的内容讲述故事，请尽量完整、详细。讲述时间是90秒。请听到提示音之后开始回答。

| 思考 |
|------|
| 00:30 |

➡️

| 回答 |
|------|
| 00:90 |

**TSC 중국어 말하기 시험**
Test of Spoken Chinese

코멘트

考试结束。

最后，如果您对我们的考试有什么感想的话，请说出来。

请听到提示音之后开始发言。发言时间是30秒。

| 回答 |
| --- |
| 00:30 |

**TSC 중국어 말하기 시험**
Test of Spoken Chinese

코멘트

谢谢您参加我们的考试！

# Test of Spoken Chinese

# 실전 모의고사 08

## 시험소개

这是由YBM开发的汉语口语能力考试。

通过本考试可以测试你听到问题以后，能否使用恰当的汉语来回答的能力。请完整、详细地回答所有问题。请不要只用单词，尽量用完整的句子来回答。请听到提示音后开始回答。回答得越详细，得分将会越高。未作任何回答的话，将不会得到分数。如果你不能理解问题的内容，请回答"我不知道"。

## 第1部分: 自我介绍

在这部分考试中，你将听到四个简单的问句。

请听到提示音之后开始回答。

每道题的回答时间是10秒。

下面开始提问。

**TSC 중국어 말하기 시험**
Test of Spoken Chinese

第1部分: 自我介绍-第1题

볼륨

你叫什么名字?

| 回答 |
| --- |
| 00:10 |

**TSC 중국어 말하기 시험**
Test of Spoken Chinese

第1部分: 自我介绍-第2题

볼륨

请说出你的出生年月日。

| 回答 |
| --- |
| 00:10 |

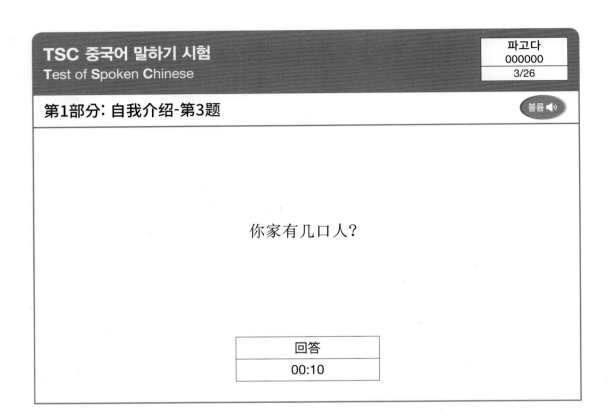

第1部分: 自我介绍-第3题

볼륨 🔊

你家有几口人?

回答
00:10

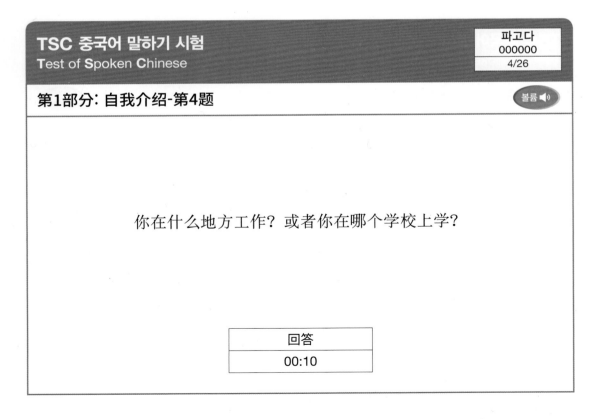

第1部分: 自我介绍-第4题

볼륨 🔊

你在什么地方工作? 或者你在哪个学校上学?

回答
00:10

## 第2部分: 看图回答

在这部分考试中，你将看到提示图，请看图回答下列问题。
请听到提示音之后，准确地回答出来。
每道题的回答时间是6秒。
下面开始提问。

## 第2部分: 看图回答-第1题

| 思考 | | 回答 |
|---|---|---|
| 00:03 | | 00:06 |

第2部分: 看图回答-第2题

볼륨 🔊

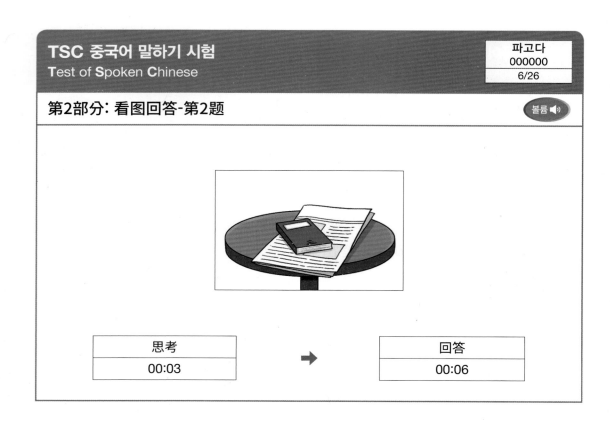

| 思考 | | 回答 |
|------|---|------|
| 00:03 | ➡ | 00:06 |

第2部分: 看图回答-第3题

볼륨 🔊

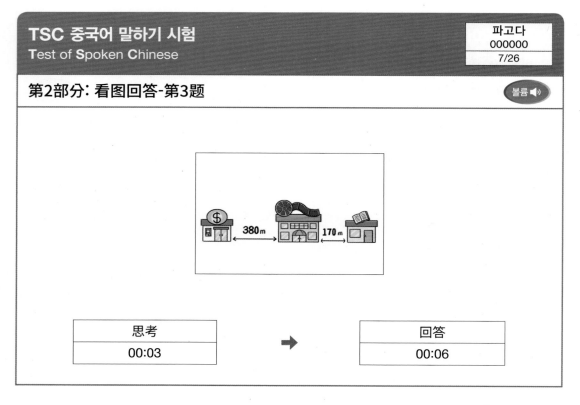

| 思考 | | 回答 |
|------|---|------|
| 00:03 | ➡ | 00:06 |

## 第2部分: 看图回答-第4题

볼륨 ◀))

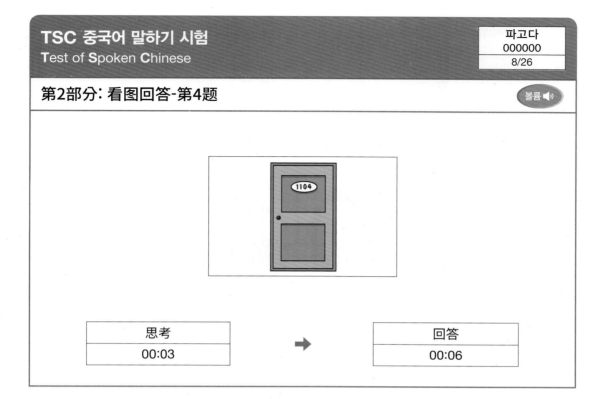

| 思考 |
| --- |
| 00:03 |

➡

| 回答 |
| --- |
| 00:06 |

---

TSC 중국어 말하기 시험
Test of Spoken Chinese

파고다
000000

## 第3部分: 快速回答

볼륨 ◀))

在这部分考试中，你需要完成五段简单的对话。
这些对话出自不同的日常生活情景，在每段对话前，你将看到提示图。
请尽量用完整的句子来回答，句子的长短和用词将影响你的分数。
请听例句。

问题 : 老张在吗？
回答1: 不在。
回答2: 他现在不在，您有什么事儿吗？要给他留言吗？

两种回答都可以，但第二种回答更完整更详细，你将得到较高的分数。
请听到提示音之后开始回答问题。
每道题的回答时间是15秒。
下面开始提问。

第3部分: 快速回答-第1题

| 思考 |
|---|
| 00:02 |

| 回答 |
|---|
| 00:15 |

第3部分: 快速回答-第2题

| 思考 |
|---|
| 00:02 |

| 回答 |
|---|
| 00:15 |

## TSC 중국어 말하기 시험
Test of Spoken Chinese

### 第3部分: 快速回答-第3题

| 思考 | | 回答 |
|---|---|---|
| 00:02 | → | 00:15 |

## TSC 중국어 말하기 시험
Test of Spoken Chinese

### 第3部分: 快速回答-第4题

| 思考 | | 回答 |
|---|---|---|
| 00:02 | → | 00:15 |

### 第3部分: 快速回答-第5题

| 思考 | | 回答 |
|---|---|---|
| 00:02 | → | 00:15 |

### 第4部分: 简短回答

在这部分考试中，你将听到五个问题。
请尽量用完整的句子来回答，句子的长短和用词将影响你的分数。
请听例句。

问题 : 周末你常常做什么？
回答1： 看电影。
回答2： 我有时候在家看电视，有时候和朋友一起见面，聊天、看电影什么的。

两种回答都可以，但第二种回答更完整更详细，你将得到较高的分数。
请听到提示音之后开始回答问题。
每道题请你用15秒思考，回答时间是25秒。
下面开始提问。

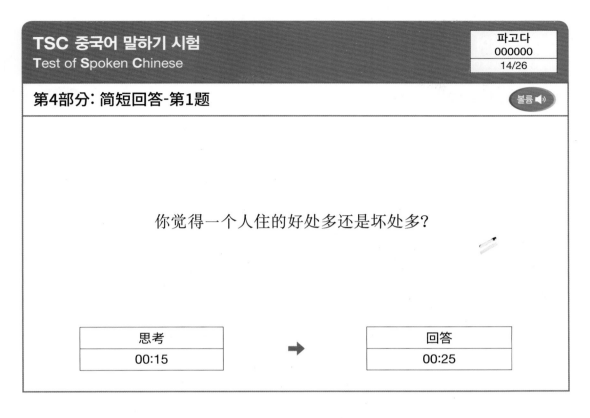

### 第4部分: 简短回答-第1题

볼륨 🔊

你觉得一个人住的好处多还是坏处多?

| 思考 |
| --- |
| 00:15 |

➡️

| 回答 |
| --- |
| 00:25 |

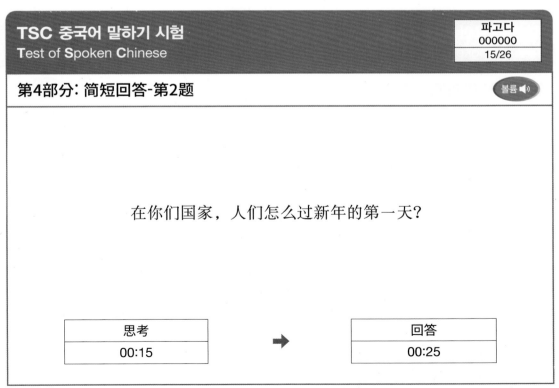

### 第4部分: 简短回答-第2题

볼륨 🔊

在你们国家, 人们怎么过新年的第一天?

| 思考 |
| --- |
| 00:15 |

➡️

| 回答 |
| --- |
| 00:25 |

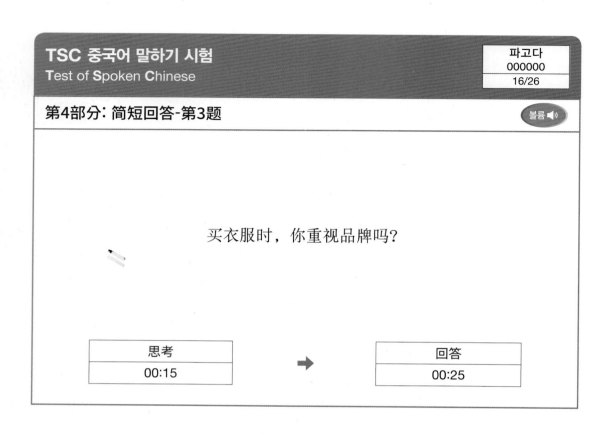

第4部分: 简短回答-第3题

볼륨 ◀ঠ

买衣服时，你重视品牌吗？

| 思考 |
| --- |
| 00:15 |

➡

| 回答 |
| --- |
| 00:25 |

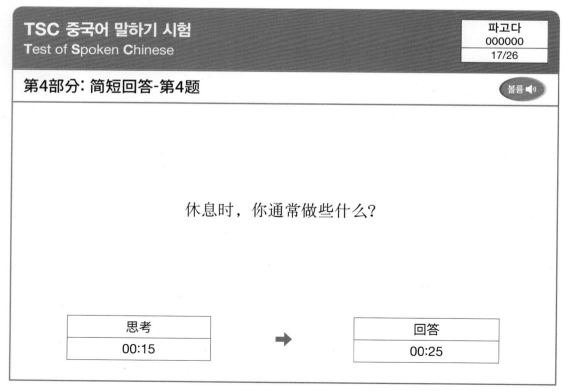

第4部分: 简短回答-第4题

볼륨 ◀ঠ

休息时，你通常做些什么？

| 思考 |
| --- |
| 00:15 |

➡

| 回答 |
| --- |
| 00:25 |

## TSC 중국어 말하기 시험
Test of Spoken Chinese

### 第4部分: 简短回答-第5题

 볼륨

碰到困难时，你会自己解决还是会找人帮忙？

| 思考 |
|---|
| 00:15 |

➡

| 回答 |
|---|
| 00:25 |

---

## TSC 중국어 말하기 시험
Test of Spoken Chinese

### 第5部分: 拓展回答

볼륨

在这部分考试中，你将听到四个问题。
请尽量用完整的句子来回答，句子的长短和用词将影响你的分数。
请听例句。

问题：你怎么看待减肥？

回答1：我觉得减肥不太好。

回答2：我认为减肥是件好事，不但可以使身体更健康，而且还能让自己看起来更
　　　 漂亮，减肥还要注意选择适当的方法，比如通过适当的运动和调整饮食来
　　　 达到减肥的目的。

两种回答都可以，但第二种回答更完整更详细，你将得到较高的分数。
请听到提示音之后开始回答问题。
每道题请你用30秒思考，回答时间是50秒。
下面开始提问。

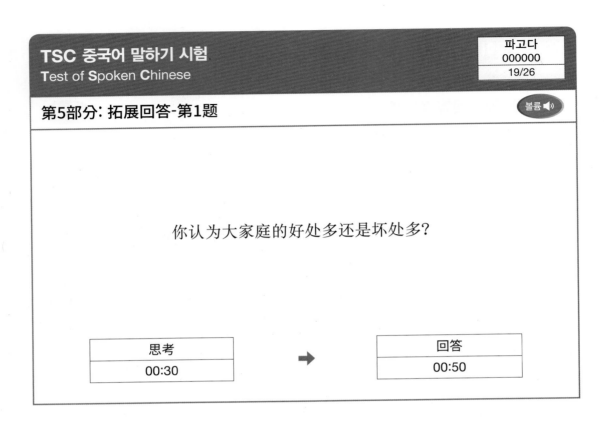

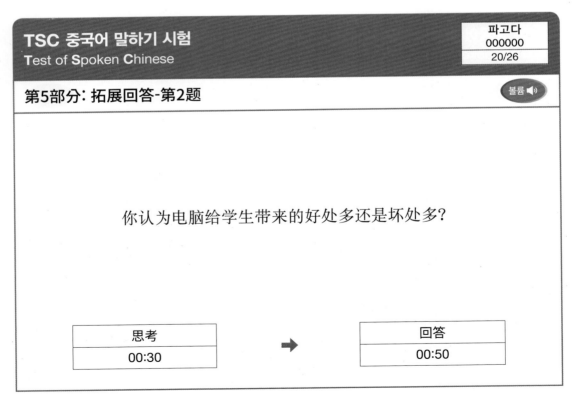

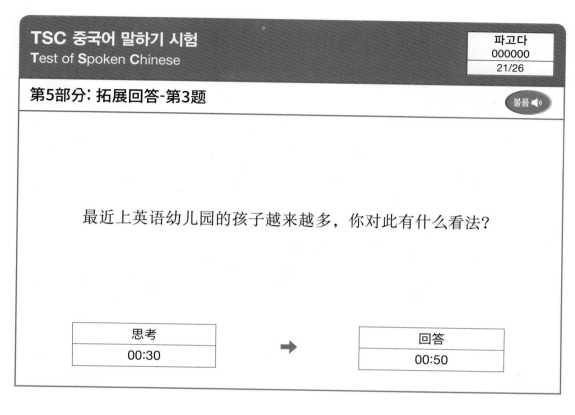

第5部分: 拓展回答-第3题

볼륨 ◀»

最近上英语幼儿园的孩子越来越多，你对此有什么看法？

| 思考 |
| --- |
| 00:30 |

➡

| 回答 |
| --- |
| 00:50 |

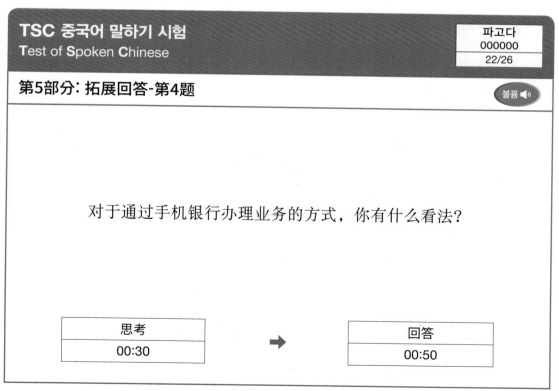

第5部分: 拓展回答-第4题

볼륨 ◀»

对于通过手机银行办理业务的方式，你有什么看法？

| 思考 |
| --- |
| 00:30 |

➡

| 回答 |
| --- |
| 00:50 |

## 第6部分: 情景应对

在这部分考试中，你将看到提示图，同时还将听到中文的情景叙述。

假设你处于这种情况之下，你将如何应对。

请尽量用完整的句子来回答，句子的长短和用词将影响你的分数。

请听到提示音之后开始回答问题。

每道题请你用30秒思考，回答时间是40秒。

下面开始提问。

## 第6部分: 情景应对-第1题

你的好朋友新开了家咖啡厅，请打电话向他表示祝贺。

| 思考 |
|---|
| 00:30 |

| 回答 |
|---|
| 00:40 |

第6部分: 情景应对-第2题

你买了一台冰箱，请向职员询问送货时间以及相关事宜。

| 思考 | 回答 |
|------|------|
| 00:30 | 00:40 |

第6部分: 情景应对-第3题

你的室友常常很晚才回宿舍，影响了你的生活。
请劝她早点儿回来。

| 思考 | 回答 |
|------|------|
| 00:30 | 00:40 |

## 第7部分: 看图说话

在这部分考试中，你将看到四幅连续的图片。请你根据图片的内容讲述一个完整的故事。请认真看下列四幅图片。(30秒)

## 第7部分: 看图说话-第1题

现在请根据图片的内容讲述故事，请尽量完整、详细。讲述时间是90秒。请听到提示音之后开始回答。

| 思考 |
|------|
| 00:30 |

➡

| 回答 |
|------|
| 00:90 |

**TSC 중국어 말하기 시험**
Test of Spoken Chinese

파고다
000000

코멘트

考试结束。

最后，如果您对我们的考试有什么感想的话，请说出来。

请听到提示音之后开始发言。发言时间是30秒。

| 回答 |
| --- |
| 00:30 |

---

**TSC 중국어 말하기 시험**
Test of Spoken Chinese

파고다
000000

코멘트

谢谢您参加我们的考试！

# Test of Spoken Chinese

# 실전 모의고사 09

## 시험소개

볼륨

这是由YBM开发的汉语口语能力考试。

通过本考试可以测试你听到问题以后，能否使用恰当的汉语来回答的能力。请完整、详细地回答所有问题。请不要只用单词，尽量用完整的句子来回答。请听到提示音后开始回答。回答得越详细，得分将会越高。未作任何回答的话，将不会得到分数。如果你不能理解问题的内容，请回答"我不知道"。

**TSC** 중국어 말하기 시험
Test of Spoken Chinese

파고다
000000

## 第1部分: 自我介绍

볼륨

在这部分考试中，你将听到四个简单的问句。

请听到提示音之后开始回答。

每道题的回答时间是10秒。

下面开始提问。

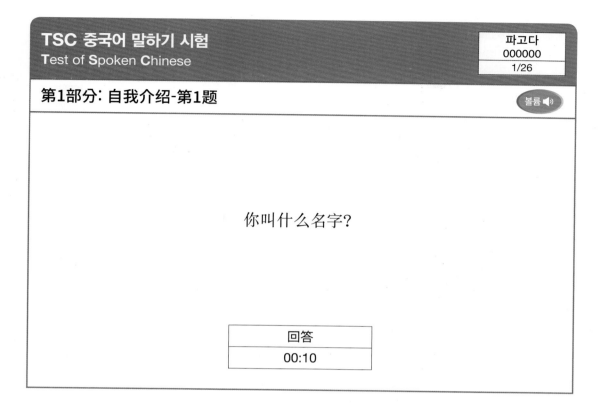

**TSC 중국어 말하기 시험**
Test of Spoken Chinese

파고다
000000
1/26

第1部分: 自我介绍-第1题

볼륨 🔊

你叫什么名字?

回答
00:10

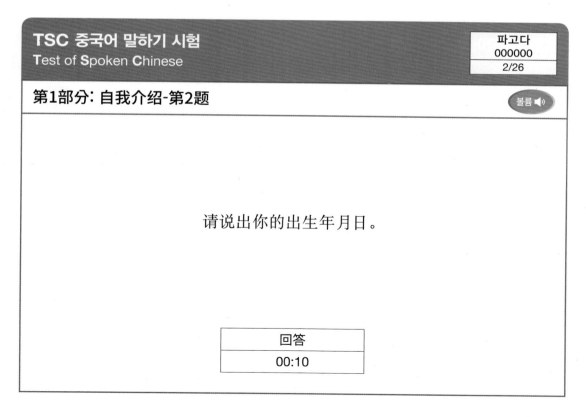

**TSC 중국어 말하기 시험**
Test of Spoken Chinese

파고다
000000
2/26

第1部分: 自我介绍-第2题

볼륨 🔊

请说出你的出生年月日。

回答
00:10

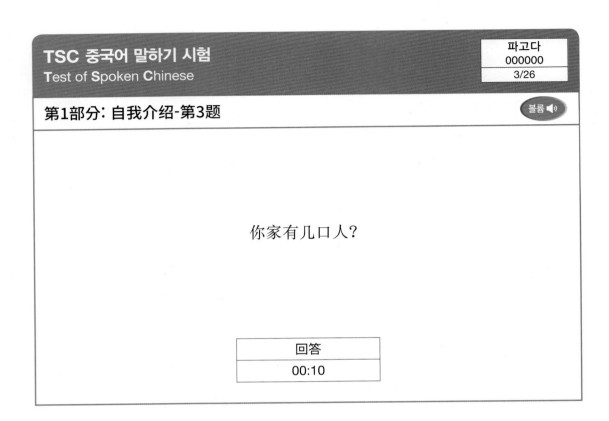

第1部分: 自我介绍-第3题

볼륨 🔊

你家有几口人？

| 回答 |
|------|
| 00:10 |

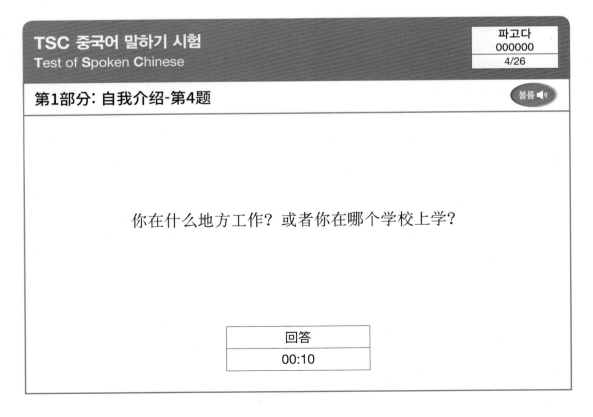

第1部分: 自我介绍-第4题

볼륨 🔊

你在什么地方工作？或者你在哪个学校上学？

| 回答 |
|------|
| 00:10 |

## TSC 중국어 말하기 시험
**T**est of **S**poken **C**hinese

### 第2部分: 看图回答

在这部分考试中，你将看到提示图，请看图回答下列问题。

请听到提示音之后，准确地回答出来。

每道题的回答时间是6秒。

下面开始提问。

## TSC 중국어 말하기 시험
**T**est of **S**poken **C**hinese

### 第2部分: 看图回答-第1题

| 思考 |
| --- |
| 00:03 |

| 回答 |
| --- |
| 00:06 |

第2部分: 看图回答-第2题

볼륨

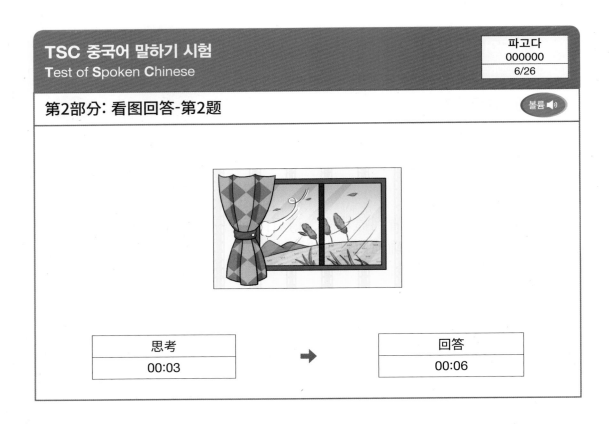

| 思考 |
|---|
| 00:03 |

➡

| 回答 |
|---|
| 00:06 |

第2部分: 看图回答-第3题

볼륨

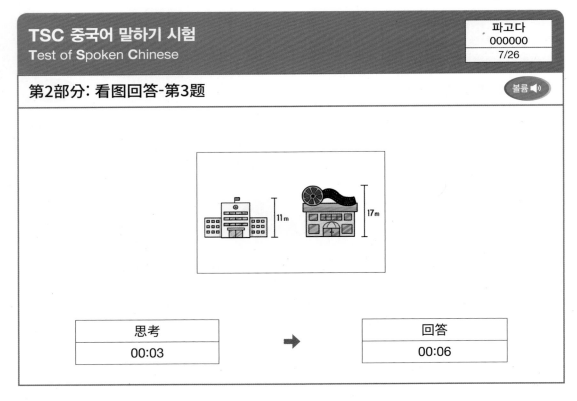

| 思考 |
|---|
| 00:03 |

➡

| 回答 |
|---|
| 00:06 |

## TSC 중국어 말하기 시험
Test of Spoken Chinese

### 第2部分: 看图回答-第4题

볼륨 🔊

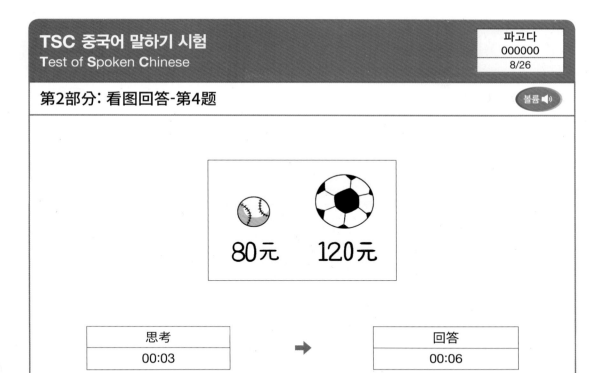

| 思考 | | 回答 |
|------|---|------|
| 00:03 | ➡ | 00:06 |

## TSC 중국어 말하기 시험
Test of Spoken Chinese

파고다
000000

### 第3部分: 快速回答

볼륨 🔊

在这部分考试中，你需要完成五段简单的对话。
这些对话出自不同的日常生活情景，在每段对话前，你将看到提示图。
请尽量用完整的句子来回答，句子的长短和用词将影响你的分数。
请听例句。

问题： 老张在吗?
回答1： 不在。
回答2： 他现在不在，您有什么事儿吗? 要给他留言吗?

两种回答都可以，但第二种回答更完整更详细，你将得到较高的分数。
请听到提示音之后开始回答问题。
每道题的回答时间是15秒。
下面开始提问。

## 第3部分: 快速回答-第1題

| 思考 | | 回答 |
|:---:|:---:|:---:|
| 00:02 | → | 00:15 |

## 第3部分: 快速回答-第2題

| 思考 | | 回答 |
|:---:|:---:|:---:|
| 00:02 | → | 00:15 |

# TSC 중국어 말하기 시험
Test of Spoken Chinese

## 第3部分: 快速回答-第3題

볼륨 🔊

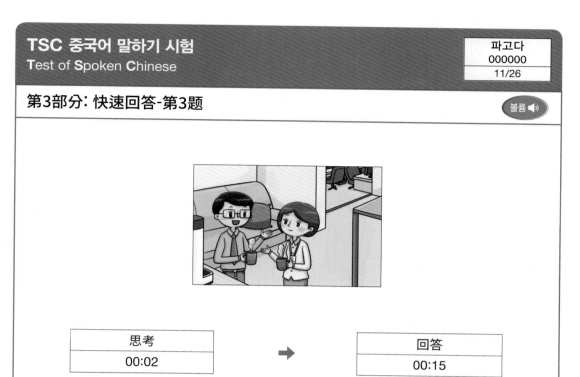

| 思考 | | 回答 |
|---|---|---|
| 00:02 | ➡ | 00:15 |

# TSC 중국어 말하기 시험
Test of Spoken Chinese

## 第3部分: 快速回答-第4題

볼륨 🔊

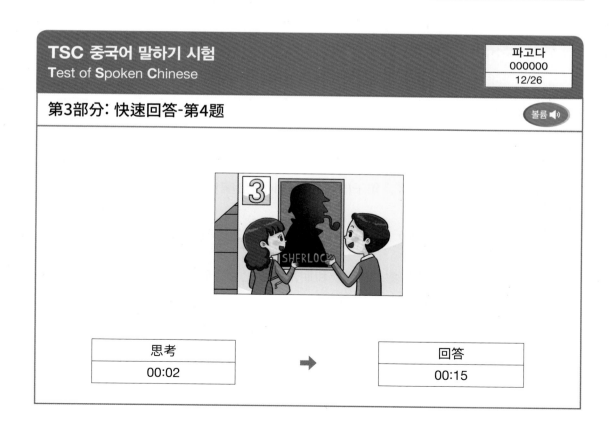

| 思考 | | 回答 |
|---|---|---|
| 00:02 | ➡ | 00:15 |

### 第3部分: 快速回答-第5题

| 思考 |
| :---: |
| 00:02 |

➡

| 回答 |
| :---: |
| 00:15 |

## TSC 중국어 말하기 시험
Test of Spoken Chinese

파고다
000000

### 第4部分: 简短回答

在这部分考试中，你将听到五个问题。
请尽量用完整的句子来回答，句子的长短和用词将影响你的分数。
请听例句。

问题 ：周末你常常做什么?
回答1：看电影。
回答2：我有时候在家看电视，有时候和朋友一起见面，聊天、看电影什么的。

两种回答都可以，但第二种回答更完整更详细，你将得到较高的分数。
请听到提示音之后开始回答问题。
每道题请你用15秒思考，回答时间是25秒。
下面开始提问。

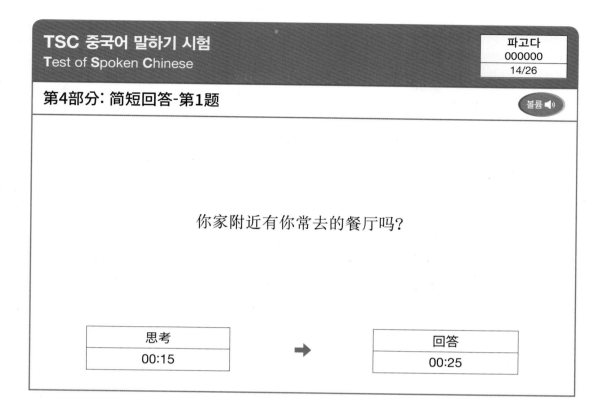

第4部分: 简短回答-第1题

볼륨 ◀))

你家附近有你常去的餐厅吗?

| 思考 |
|---|
| 00:15 |

➡

| 回答 |
|---|
| 00:25 |

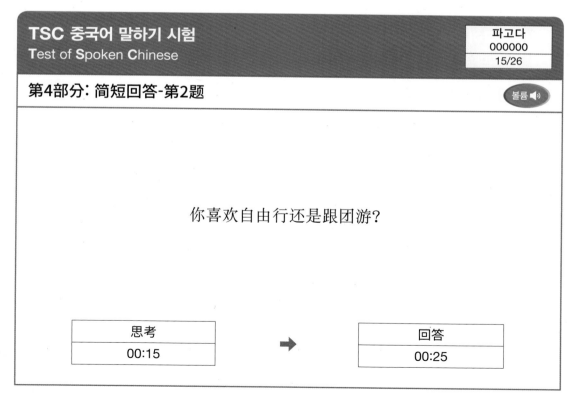

第4部分: 简短回答-第2题

볼륨 ◀))

你喜欢自由行还是跟团游?

| 思考 |
|---|
| 00:15 |

➡

| 回答 |
|---|
| 00:25 |

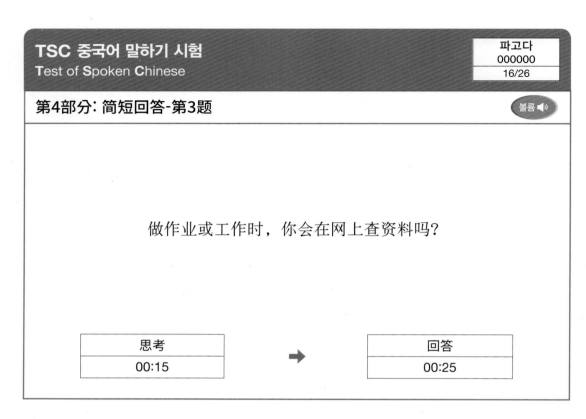

第4部分: 简短回答-第3题

볼륨 🔊

做作业或工作时，你会在网上查资料吗?

| 思考 |
|---|
| 00:15 |

➡

| 回答 |
|---|
| 00:25 |

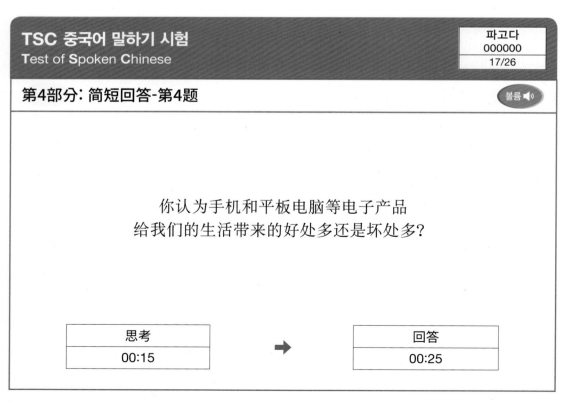

第4部分: 简短回答-第4题

볼륨 🔊

你认为手机和平板电脑等电子产品
给我们的生活带来的好处多还是坏处多?

| 思考 |
|---|
| 00:15 |

➡

| 回答 |
|---|
| 00:25 |

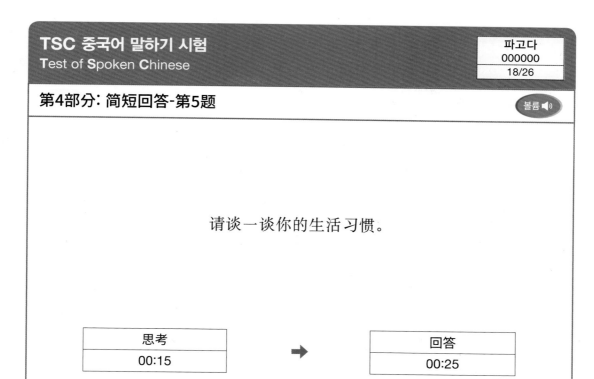

**TSC 중국어 말하기 시험**
Test of Spoken Chinese

**第4部分: 简短回答-第5题**

볼륨

请谈一谈你的生活习惯。

| 思考 |
|---|
| 00:15 |

| 回答 |
|---|
| 00:25 |

---

**TSC 중국어 말하기 시험**
Test of Spoken Chinese

**第5部分: 拓展回答**

볼륨

在这部分考试中，你将听到四个问题。
请尽量用完整的句子来回答，句子的长短和用词将影响你的分数。
请听例句。

问题 : 你怎么看待减肥?
回答1: 我觉得减肥不太好。
回答2: 我认为减肥是件好事，不但可以使身体更健康，而且还能让自己看起来更
漂亮，减肥还要注意选择适当的方法，比如通过适当的运动和调整饮食来
达到减肥的目的。

两种回答都可以，但第二种回答更完整更详细，你将得到较高的分数。
请听到提示音之后开始回答问题。
每道题请你用30秒思考，回答时间是50秒。
下面开始提问。

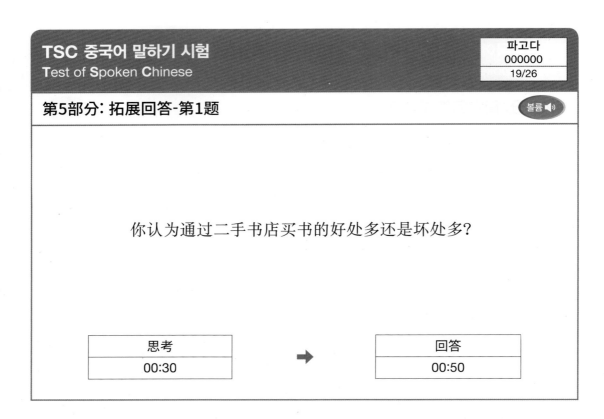

第5部分: 拓展回答-第1题

볼륨 🔊

你认为通过二手书店买书的好处多还是坏处多?

| 思考 |
|:---:|
| 00:30 |

➡

| 回答 |
|:---:|
| 00:50 |

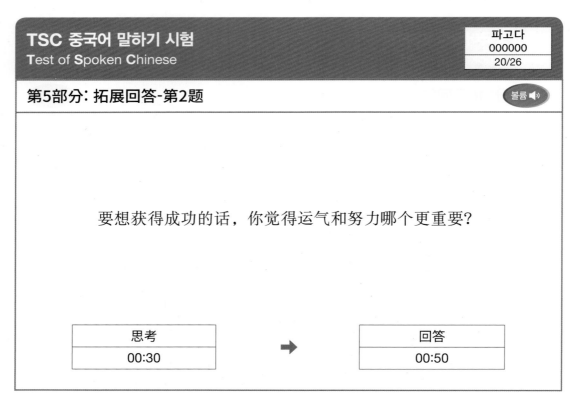

第5部分: 拓展回答-第2题

볼륨 🔊

要想获得成功的话，你觉得运气和努力哪个更重要?

| 思考 |
|:---:|
| 00:30 |

➡

| 回答 |
|:---:|
| 00:50 |

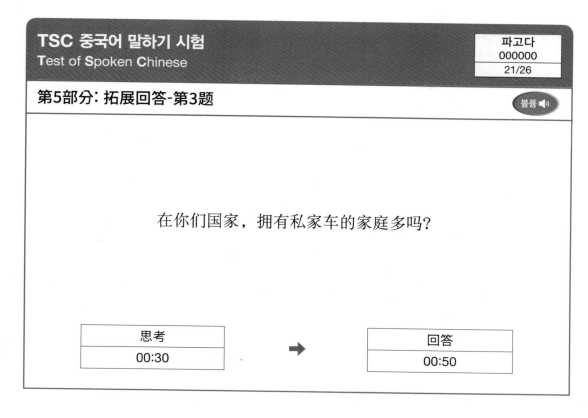

第5部分: 拓展回答-第3题

볼륨 🔊

在你们国家，拥有私家车的家庭多吗？

| 思考 |
| --- |
| 00:30 |

➡

| 回答 |
| --- |
| 00:50 |

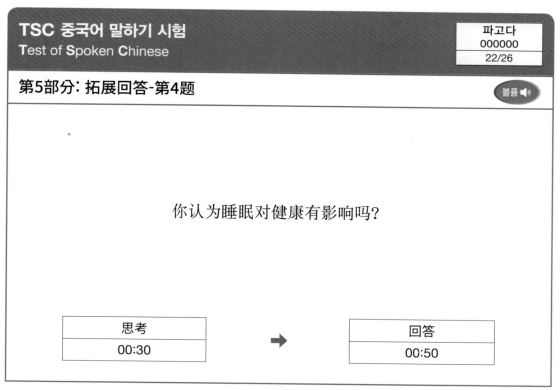

第5部分: 拓展回答-第4题

볼륨 🔊

你认为睡眠对健康有影响吗？

| 思考 |
| --- |
| 00:30 |

➡

| 回答 |
| --- |
| 00:50 |

## 第6部分: 情景应对

在这部分考试中，你将看到提示图，同时还将听到中文的情景叙述。
假设你处于这种情况之下，你将如何应对。
请尽量用完整的句子来回答，句子的长短和用词将影响你的分数。
请听到提示音之后开始回答问题。
每道题请你用30秒思考，回答时间是40秒。
下面开始提问。

## 第6部分: 情景应对-第1题

你想去中国餐厅吃饭，请你邀请朋友跟你一块儿去。

| 思考 |
|---|
| 00:30 |

| 回答 |
|---|
| 00:40 |

**第6部分: 情景应对-第2题**

这个星期六是你的生日。
请你给朋友打电话说明情况并邀请他们来你家玩儿。

| 思考 |
| :---: |
| 00:30 |

| 回答 |
| :---: |
| 00:40 |

**第6部分: 情景应对-第3题**

你想在补习班学习汉语，请你给补习班打电话询问上课时间和费用。

| 思考 |
| :---: |
| 00:30 |

| 回答 |
| :---: |
| 00:40 |

第7部分: 看图说话  볼륨

在这部分考试中，你将看到四幅连续的图片。请你根据图片的内容讲述一个完整的故事。请认真看下列四幅图片。(30秒)

第7部分: 看图说话-第1题  볼륨

现在请根据图片的内容讲述故事，请尽量完整、详细。讲述时间是90秒。请听到提示音之后开始回答。

| 思考 |
|------|
| 00:30 |

➡

| 回答 |
|------|
| 00:90 |

## TSC 중국어 말하기 시험
Test of Spoken Chinese

### 코멘트

考试结束。

最后，如果您对我们的考试有什么感想的话，请说出来。

请听到提示音之后开始发言。发言时间是30秒。

| 回答 |
| --- |
| 00:30 |

---

## TSC 중국어 말하기 시험
Test of Spoken Chinese

### 코멘트

谢谢您参加我们的考试！

# Test of Spoken Chinese

# 실전 모의고사 10

### 시험소개

这是由YBM开发的汉语口语能力考试。

通过本考试可以测试你听到问题以后，能否使用恰当的汉语来回答的能力。请完整、详细地回答所有问题。请不要只用单词，尽量用完整的句子来回答。请听到提示音后开始回答。回答得越详细，得分将会越高。未作任何回答的话，将不会得到分数。如果你不能理解问题的内容，请回答"我不知道"。

### 第1部分: 自我介绍

在这部分考试中，你将听到四个简单的问句。

请听到提示音之后开始回答。

每道题的回答时间是10秒。

下面开始提问。

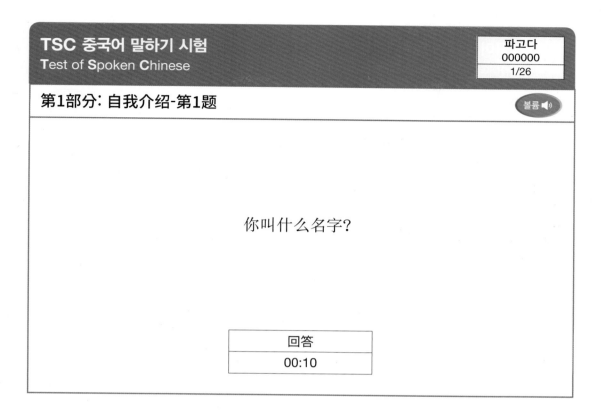

**第1部分: 自我介绍-第1题**

볼륨

你叫什么名字?

| 回答 |
|------|
| 00:10 |

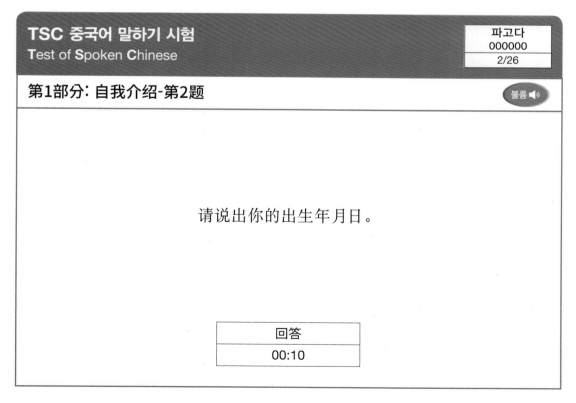

**第1部分: 自我介绍-第2题**

볼륨

请说出你的出生年月日。

| 回答 |
|------|
| 00:10 |

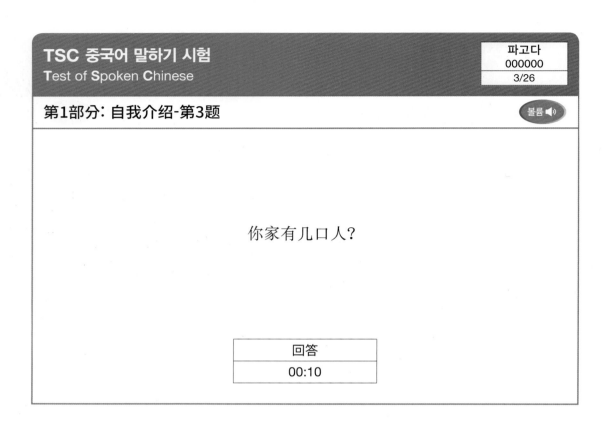

第1部分: 自我介绍-第3题

볼륨 ◀》

你家有几口人?

| 回答 |
| --- |
| 00:10 |

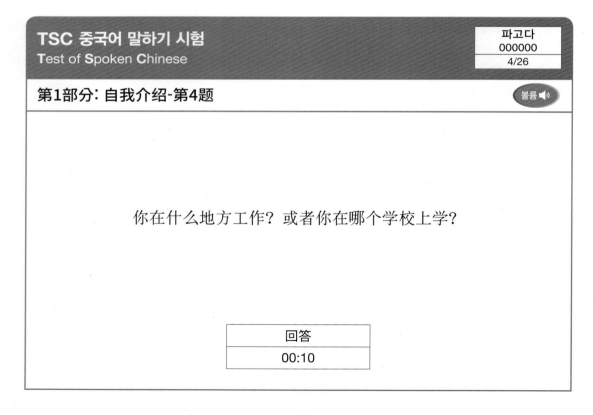

第1部分: 自我介绍-第4题

볼륨 ◀》

你在什么地方工作? 或者你在哪个学校上学?

| 回答 |
| --- |
| 00:10 |

## TSC 중국어 말하기 시험
### Test of Spoken Chinese

### 第2部分: 看图回答

在这部分考试中，你将看到提示图，请看图回答下列问题。

请听到提示音之后，准确地回答出来。

每道题的回答时间是6秒。

下面开始提问。

## TSC 중국어 말하기 시험
### Test of Spoken Chinese

### 第2部分: 看图回答-第1题

| 思考 |
| --- |
| 00:03 |

| 回答 |
| --- |
| 00:06 |

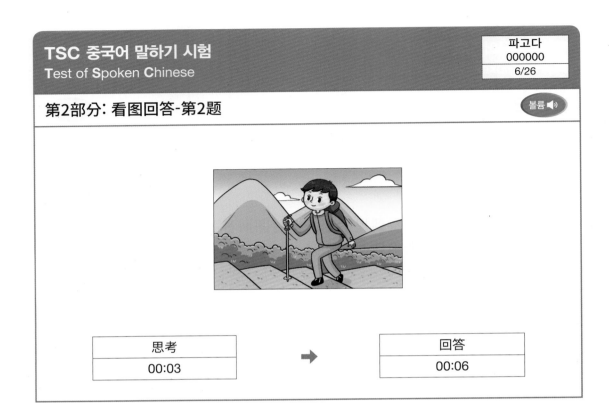

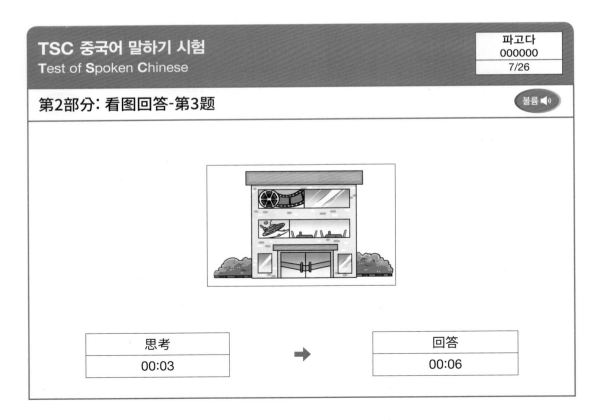

## TSC 중국어 말하기 시험
Test of **S**poken **C**hinese

### 第2部分: 看图回答-第4题

🔊 볼륨

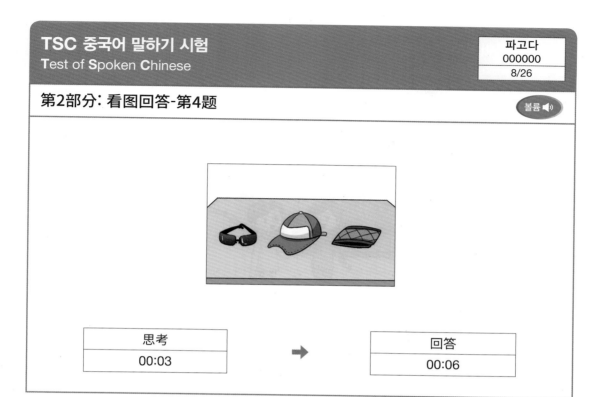

| 思考 |
|---|
| 00:03 |

➡

| 回答 |
|---|
| 00:06 |

## TSC 중국어 말하기 시험
Test of **S**poken **C**hinese

### 第3部分: 快速回答

🔊 볼륨

在这部分考试中，你需要完成五段简单的对话。

这些对话出自不同的日常生活情景，在每段对话前，你将看到提示图。

请尽量用完整的句子来回答，句子的长短和用词将影响你的分数。

请听例句。

问题 ： 老张在吗?

回答1： 不在。

回答2： 他现在不在，您有什么事儿吗? 要给他留言吗?

两种回答都可以，但第二种回答更完整更详细，你将得到较高的分数。

请听到提示音之后开始回答问题。

每道题的回答时间是15秒。

下面开始提问。

## 第3部分: 快速回答-第1题

볼륨

| 思考 |
|---|
| 00:02 |

➡

| 回答 |
|---|
| 00:15 |

## 第3部分: 快速回答-第2题

볼륨

| 思考 |
|---|
| 00:02 |

➡

| 回答 |
|---|
| 00:15 |

## TSC 중국어 말하기 시험
Test of Spoken Chinese

### 第3部分: 快速回答-第3题

볼륨 🔊

| 思考 | | 回答 |
|------|------|------|
| 00:02 | ➡ | 00:15 |

## TSC 중국어 말하기 시험
Test of Spoken Chinese

### 第3部分: 快速回答-第4题

볼륨 🔊

| 思考 | | 回答 |
|------|------|------|
| 00:02 |  | 00:15 |

**第3部分: 快速回答-第5题**

| 思考 |
| --- |
| 00:02 |

→

| 回答 |
| --- |
| 00:15 |

**第4部分: 简短回答**

在这部分考试中，你将听到五个问题。
请尽量用完整的句子来回答，句子的长短和用词将影响你的分数。
请听例句。

问题 ： 周末你常常做什么?
回答1： 看电影。
回答2： 我有时候在家看电视，有时候和朋友一起见面，聊天、看电影什么的。

两种回答都可以，但第二种回答更完整更详细，你将得到较高的分数。
请听到提示音之后开始回答问题。
每道题请你用15秒思考，回答时间是25秒。
下面开始提问。

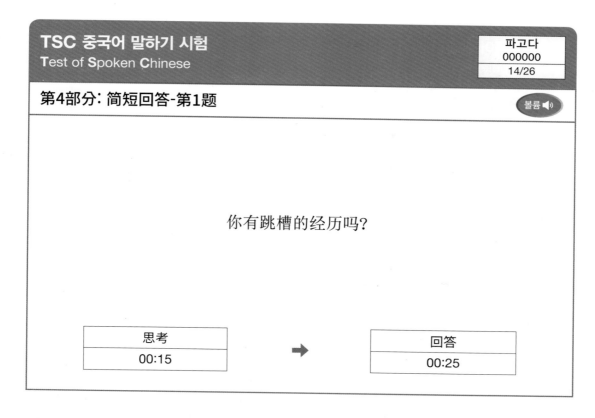

第4部分: 简短回答-第1题

볼륨 🔊

你有跳槽的经历吗？

| 思考 |
| --- |
| 00:15 |

| 回答 |
| --- |
| 00:25 |

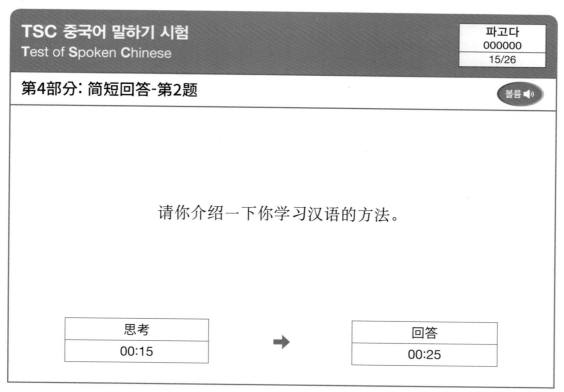

第4部分: 简短回答-第2题

볼륨 🔊

请你介绍一下你学习汉语的方法。

| 思考 |
| --- |
| 00:15 |

| 回答 |
| --- |
| 00:25 |

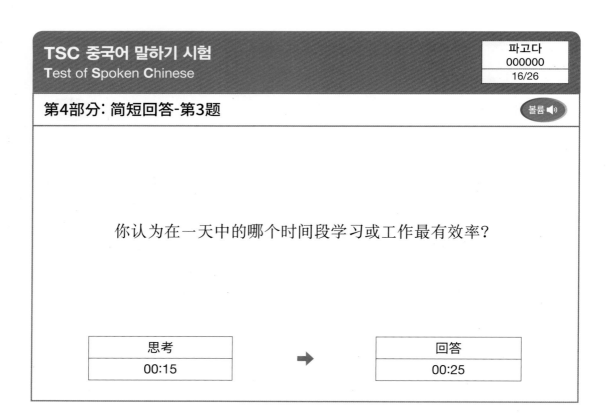

第4部分: 简短回答-第3题

볼륨 🔊

你认为在一天中的哪个时间段学习或工作最有效率?

| 思考 |
| --- |
| 00:15 |

➡️

| 回答 |
| --- |
| 00:25 |

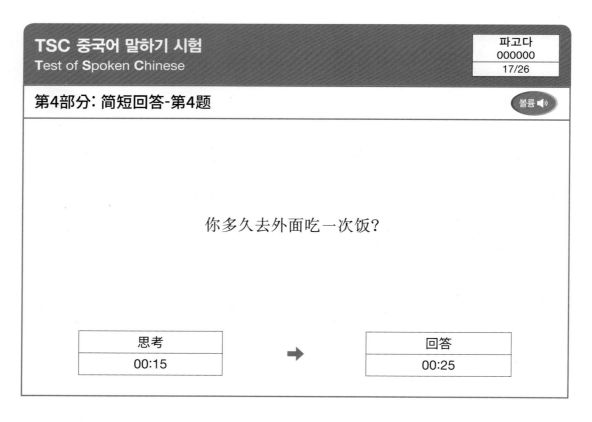

第4部分: 简短回答-第4题

볼륨 🔊

你多久去外面吃一次饭?

| 思考 |
| --- |
| 00:15 |

➡️

| 回答 |
| --- |
| 00:25 |

## TSC 중국어 말하기 시험
Test of Spoken Chinese

### 第4部分: 简短回答-第5题

볼륨

你是个性格外向的人吗?

| 思考 | | 回答 |
|------|---|------|
| 00:15 | ➡ | 00:25 |

## TSC 중국어 말하기 시험
Test of Spoken Chinese

### 第5部分: 拓展回答

볼륨

在这部分考试中，你将听到四个问题。
请尽量用完整的句子来回答，句子的长短和用词将影响你的分数。
请听例句。

问题 : 你怎么看待减肥?
回答1: 我觉得减肥不太好。
回答2: 我认为减肥是件好事，不但可以使身体更健康，而且还能让自己看起来更
　　　 漂亮，减肥还要注意选择适当的方法，比如通过适当的运动和调整饮食来
　　　 达到减肥的目的。

两种回答都可以，但第二种回答更完整更详细，你将得到较高的分数。
请听到提示音之后开始回答问题。
每道题请你用30秒思考，回答时间是50秒。
下面开始提问。

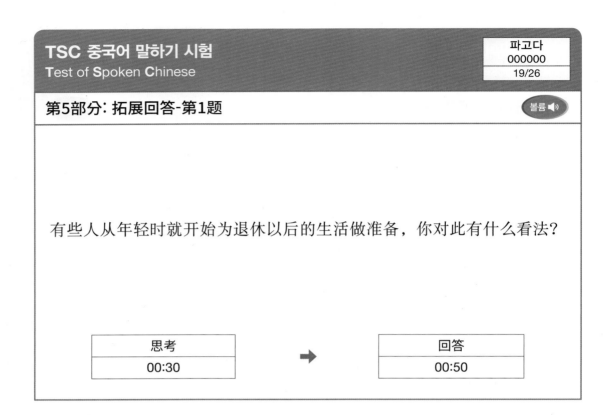

第5部分: 拓展回答-第1题

볼륨

有些人从年轻时就开始为退休以后的生活做准备，你对此有什么看法？

| 思考 |
| --- |
| 00:30 |

| 回答 |
| --- |
| 00:50 |

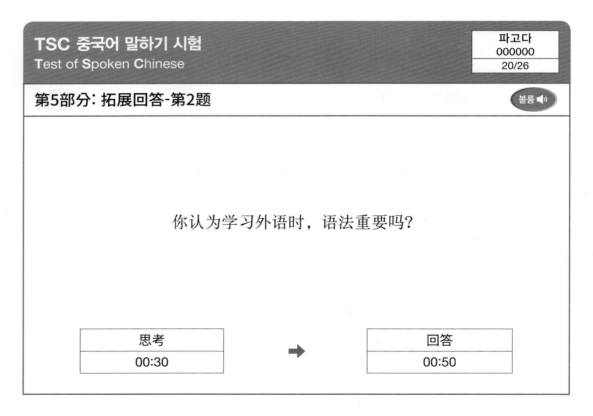

第5部分: 拓展回答-第2题

볼륨

你认为学习外语时，语法重要吗？

| 思考 |
| --- |
| 00:30 |

| 回答 |
| --- |
| 00:50 |

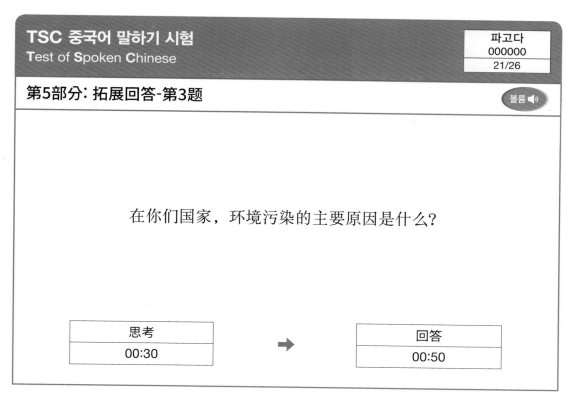

**TSC 중국어 말하기 시험**
Test of Spoken Chinese

第5部分: 拓展回答-第3题

볼륨 🔊

在你们国家，环境污染的主要原因是什么？

| 思考 |
|---|
| 00:30 |

➡

| 回答 |
|---|
| 00:50 |

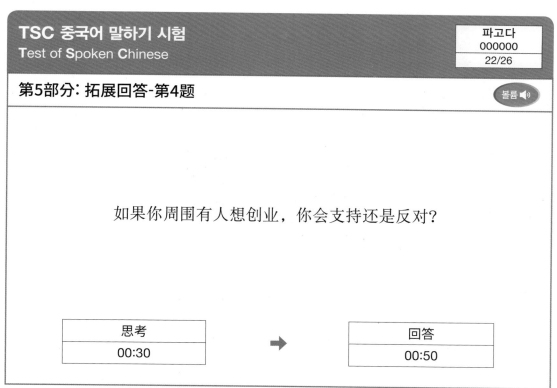

**TSC 중국어 말하기 시험**
Test of Spoken Chinese

第5部分: 拓展回答-第4题

볼륨 🔊

如果你周围有人想创业，你会支持还是反对？

| 思考 |
|---|
| 00:30 |

➡

| 回答 |
|---|
| 00:50 |

## 第6部分: 情景应对

在这部分考试中，你将看到提示图，同时还将听到中文的情景叙述。
假设你处于这种情况之下，你将如何应对。
请尽量用完整的句子来回答，句子的长短和用词将影响你的分数。
请听到提示音之后开始回答问题。
每道题请你用30秒思考，回答时间是40秒。
下面开始提问。

## 第6部分: 情景应对-第1题

你不小心把手机落在游乐场的咖啡厅里了，
请跟职员说明情况并请他帮你找到手机。

| 思考 |
| --- |
| 00:30 |

| 回答 |
| --- |
| 00:40 |

**第6部分: 情景应对-第2题**

你们办公室的复印机突然停了，
请你给售后服务中心打电话说明情况并要求解决问题。

| 思考 |
| :---: |
| 00:30 |

| 回答 |
| :---: |
| 00:40 |

**第6部分: 情景应对-第3题**

你妹妹天天吃方便食品。
请你向她说明吃方便食品的害处，劝她吃健康食品。

| 思考 |
| :---: |
| 00:30 |

| 回答 |
| :---: |
| 00:40 |

### 第7部分: 看图说话

在这部分考试中，你将看到四幅连续的图片。请你根据图片的内容讲述一个完整的故事。请认真看下列四幅图片。(30秒)

---

### 第7部分: 看图说话-第1题

现在请根据图片的内容讲述故事，请尽量完整、详细。讲述时间是90秒。请听到提示音之后开始回答。

| 思考 |
|------|
| 00:30 |

➡

| 回答 |
|------|
| 00:90 |

## TSC 중국어 말하기 시험
Test of Spoken Chinese

### 코멘트

 볼륨

考试结束。

最后，如果您对我们的考试有什么感想的话，请说出来。

请听到提示音之后开始发言。发言时间是30秒。

| 回答 |
| --- |
| 00:30 |

## TSC 중국어 말하기 시험
Test of Spoken Chinese

### 코멘트

 볼륨

谢谢您参加我们的考试！

# 파고다 TSC

## 어휘 노트

PAGODA Books

# 자기소개하기

## 이름

| | | |
|---|---|---|
| 叫 | jiào | ~(이)라고 부르다 |
| 起名字 | qǐ míngzi | 이름을 짓다 |
| 外号 | wàihào | 별명 |
| 姓 | xìng | 성이 ~이다 |

## 생년월일

| | | |
|---|---|---|
| 出生 | chūshēng | 태어나다, 출생하다 |
| 属 | shǔ | (십이지의) ~띠이다 |
| 岁 | suì | 살, 세(나이를 세는 단위) |
| 于 | yú | ~에, ~에서 (시간, 장소를 나타냄) |

## 가족

| | | |
|---|---|---|
| 爱人 | àiren | 배우자 (남편 또는 아내) |
| 弟弟 | dìdi | 남동생 |
| 独生女 | dúshēngnǚ | 외동딸 |

| | | |
|---|---|---|
| 独生子 | dúshēngzǐ | 외아들 |
| 儿子 | érzi | 아들 |
| 哥哥 | gēge | 오빠, 형 |
| 关系 | guānxi | 사이, 관계 |
| 和睦 | hémù | 화목하다 |
| 姐姐 | jiějie | 언니, 누나 |
| 口 | kǒu | 명(식구를 세는 단위) |
| 老大 | lǎodà | 첫째, 맏이 |
| 老小 | lǎoxiǎo | 막내 |
| 妹妹 | mèimei | 여동생 |
| 奶奶 | nǎinai | 할머니 |
| 女儿 | nǚ'ér | 딸 |
| 妻子 | qīzi | 아내 |
| 双胞胎 | shuāng bāotāi | 쌍둥이 |
| 新婚夫妇 | xīnhūn fūfù | 신혼부부 |

| 幸福 | xìngfú | 행복하다 |
|---|---|---|
| 爷爷 | yéye | 할아버지 |
| 丈夫 | zhàngfu | 남편 |

| 毕业 | bì yè | 졸업하다 |
|---|---|---|
| 补习班 | bǔxíbān | 학원 |
| 打工 | dǎ gōng | 아르바이트 하다 |
| 打算 | dǎsuàn | ～할 계획이다 |
| 读书 | dú shū | 공부하다 |
| 对～感兴趣 | duì ～ gǎn xìngqu | ～을 좋아하다, ～에 관심이 있다 |
| 刚 | gāng | 막, 방금 |
| 公司 | gōngsī | 회사 |
| 几乎 | jīhū | 거의 |
| 加班 | jiā bān | 야근하다 |
| 经常 | jīngcháng | 자주 |

| 每天 | měitiān | 매일 |
|---|---|---|
| 难 | nán | 어렵다 |
| 年级 | niánjí | 학년 |
| 平时 | píngshí | 평소, 평상시 |
| 实习 | shíxí | 실습하다, 인턴 |
| 图书馆 | túshūguǎn | 도서관 |
| 系 | xì | 학과, 과 |
| 已经 | yǐjīng | 이미 |
| 一边A, 一边B | yìbiān A, yìbiān B | A하면서 (동시에) B하다 |
| 找 | zhǎo | 찾다 |
| 职业 | zhíyè | 직업 |
| 专业 | zhuānyè | 전공 |
| 最近 | zuìjìn | 요즘, 최근 |

**동작**

| 爱好 | àihào | 취미 |
|---|---|---|
| 看报纸 | kàn bàozhǐ | 신문을 보다 |
| 看起来 | kànqǐlai | ~해 보이다, 보아하니 |
| 看小说 | kàn xiǎoshuō | 소설책을 보다 |
| 看杂志 | kàn zázhì | 잡지를 보다 |
| 聊天(儿) | liáo tiān(r) | 수다 떨다, 이야기를 나누다 |
| 每天 | měitiān | 매일 |
| 爬山 | pá shān | 등산하다 |
| 拍照 | pāi zhào | 사진을 찍다, 촬영하다 |
| 跑步 | pǎo bù | 조깅하다, 달리다 |
| 骑自行车 | qí zìxíngchē | 자전거를 타다 |
| 听音乐 | tīng yīnyuè | 음악을 듣다 |
| 游泳 | yóu yǒng | 수영하다 |
| 做菜 | zuò cài | 요리를 하다 |
| 做饭 | zuò fàn | 밥을 하다, 식사를 준비하다 |

**비교**

| 矮 | ǎi | (키가) 작다, 낮다 |
|---|---|---|
| 比 | bǐ | ~보다 |
| 比较 | bǐjiào | 비교적 |
| 长 | cháng | 길다 |
| 大 | dà | (크기가) 크다, (나이가) 많다 |
| 短 | duǎn | 짧다 |
| 多 | duō | (양이) 많다 |
| 高 | gāo | (키가) 크다, 높다 |
| 贵 | guì | 비싸다 |
| 旁边的 | pángbiān de | 옆(쪽)의 |
| 便宜 | piányi | 저렴하다, 싸다 |
| 轻 | qīng | 가볍다 |

| 少 | shǎo | (양이) 적다 |
|---|---|---|
| 小 | xiǎo | (크기가) 작다, (나이가) 적다 |
| 重 | zhòng | 무겁다 |

위치, 장소

| 餐厅 | cāntīng | 식당 |
|---|---|---|
| 超市 | chāoshì | 마트 |
| 电影院 | diànyǐngyuàn | 영화관 |
| 对面 | duìmiàn | 맞은편 |
| 公园 | gōngyuán | 공원 |
| 咖啡厅 | kāfēitīng | 카페 |
| 楼上 | lóushàng | 위층 |
| 楼下 | lóuxià | 아래층 |
| 上面 | shàngmiàn | 위(쪽) |
| 书店 | shūdiàn | 서점 |
| 银行 | yínháng | 은행 |
| 右边 | yòubian | 오른쪽 |

| 中间 | zhōngjiān | 중간 |
|---|---|---|
| 左边 | zuǒbian | 왼쪽 |

숫자, 단위

| 从A到B | cóng A dào B | A에서 B까지 |
|---|---|---|
| 大概 | dàgài | 대략 |
| 电话号码 | diànhuà hàomǎ | 전화번호 |
| 公交车 | gōngjiāochē | 버스 |
| 公斤 | gōngjīn | 킬로그램(kg) |
| 号 | hào | 호 |
| 近 | jìn | 가깝다 |
| 块 | kuài | 위안(화폐단위) |
| 楼 | lóu | 층 |
| 路 | lù | 번(노선) |
| 米 | mǐ | 미터(m) |
| 幺 | yāo | 숫자 1(전화번호, 버스노선, 방 호수 등을 말할 때 쓰임) |

| 远 | yuǎn | 멀다 |
|---|---|---|
| 住 | zhù | 살다, 거주하다 |

| 半 | bàn | 반, 30분 |
|---|---|---|
| 点 | diǎn | 시(시간 단위) |
| 分 | fēn | 분(시간 단위) |
| 刮风 | guā fēng | 바람이 불다 |
| 外面 | wàimiàn | 밖, 바깥 |
| 晚上 | wǎnshang | 저녁 |
| 下雪 | xià xuě | 눈이 내리다 |
| 下雨 | xià yǔ | 눈이 내리다 |
| 一刻 | yí kè | 15분 |
| 早上 | zǎoshang | 아침 |

공통

| | | |
|---|---|---|
| 本来 | běnlái | 원래 |
| 比较 | bǐjiào | 비교적 |
| 比如 | bǐrú | 예를 들면 |
| 不错 | búcuò | 좋다, 괜찮다 |
| 不过 | búguò | 하지만 |
| 不仅 | bùjǐn | ~일 뿐만 아니라 |
| 打算 | dǎsuàn | ~할 계획이다 |
| 大概 | dàgài | 대략 |
| ~的话 | ~de huà | ~한다면 |
| 得 | děi | ~해야 한다 |
| 而且 | érqiě | 게다가 |
| 方面 | fāngmiàn | 분야, 방면 |
| 费事 | fèi shì | 번거롭다 |
| 刚 | gāng | 막, 금방 |

| | | |
|---|---|---|
| 还是 | háishi | 아니면 (선택의문문) |
| 好像 | hǎoxiàng | (아마도) ~인 것 같다 |
| 经常 | jīngcháng | 자주 |
| 经验 | jīngyàn | 경험 |
| 看起来 | kànqǐlai | ~해 보이다, 보아하니 |
| 考虑 | kǎolù | 신경쓰다, 고려하다 |
| 空(儿) | kōng(r) | 시간, 여유, 틈 |
| 另外 | lìngwài | 그 밖에 |
| 马上 | mǎshàng | 당장 |
| 每天 | měitiān | 매일 |
| 免费 | miǎn fèi | 무료로 하다 |
| 平时 | píngshí | 평소 |
| 其中 | qízhōng | 그중 |
| 情况 | qíngkuàng | 상황 |
| 然后 | ránhòu | 그런 다음 |

| 如果<br>(〜的话) | rúguǒ<br>(~de huà ) | 만약 (〜한다면) |
|---|---|---|
| 提供 | tígōng | 제공하다 |
| 听说 | tīngshuō | 듣자 하니 |
| 先A,<br>然后B | xiān A,<br>ránhòu B | 먼저 A하고,<br>그런 다음 B하다 |
| 要不 | yàobù | 아니면(선택) |
| 要是<br>(〜的话) | yàoshì<br>(~de huà) | 만약 (〜한다면) |
| 一般 | yìbān | 보통, 일반적으로 |
| 一定 | yídìng | 꼭, 반드시 |
| 以前 | yǐqián | 예전, 이전 |
| 应该 | yīnggāi | 분명히, 응당<br>(확신을 나타냄) |
| 用 | yòng | 쓰다, 사용하다 |
| 最近 | zuìjìn | 요즘 |
| 作为 | zuòwéi | (〜신분, 자격)으로 |

건강

| 不舒服 | bù shūfu | 아프다, 불편하다 |
|---|---|---|

| 锻炼 | duànliàn | 단련하다 |
|---|---|---|
| 发烧 | fā shāo | 열이 나다 |
| 感冒 | gǎnmào | 감기에 걸리다 |
| 缓解 | huǎnjiě | 풀다, 완화시키다 |
| 减肥 | jiǎn féi | 다이어트 하다 |
| 咳嗽 | késou | 기침하다 |
| 脸色 | liǎnsè | 안색 |
| 难受 | nánshòu | 힘들다, 괴롭다 |
| 热量 | rèliàng | 열량 |
| 头疼 | tóuténg | 머리가 아프다 |
| 压力 | yālì | 스트레스 |
| 严重 | yánzhòng | 심하다, 심각하다 |
| 住院 | zhù yuàn | 입원하다 |

제안, 약속

| 比赛 | bǐsài | 경기, 시합 |
|---|---|---|
| 不好意思 | bù hǎo yìsi | 미안하다 |

| | | | | | | |
|---|---|---|---|---|---|---|
| 得 | děi | ~해야 한다 | 分公司 | fēngōngsī | (기업체의) 지사 |
| 电影票 | diànyǐngpiào | 영화표 | 寒假 | hánjià | 겨울방학 |
| 改天 | gǎitiān | 다음, 나중 | 会议 | huìyì | 회의 |
| 门口 | ménkǒu | 입구 | 加班 | jiā bān | 야근하다 |
| 门票 | ménpiào | 입장권 | 结束 | jiéshù | 끝나다 |
| 请客 | qǐng kè | 한턱 내다 | 开学 | kāi xué | 개강하다, 개학하다 |
| 下次 | xià cì | 다음 번 | 难 | nán | 어렵다 |
| 一起 | yìqǐ | 같이, 함께 | 申请 | shēnqǐng | 신청하다 |
| 正好 | zhènghǎo | 마침, 때마침 | 休学 | xiū xué | 휴학하다 |
| | | | 学期 | xuéqī | 학기 |
| | | | 有趣 | yǒuqù | 재미있다 |
| | | | 有意思 | yǒu yìsi | 재미있다 |

**교육, 학교, 일, 직장**

| | | |
|---|---|---|
| 部门 | bùmén | 부서, 팀 |
| 参加 | cānjiā | 참석하다, 참가하다 |
| 出差 | chū chāi | 출장하다 |
| 放 | fàng | (학교나 직장이) 쉬다, 놀다 |
| 放假 | fàng jià | 방학하다, (직장이) 쉬다 |

**쇼핑**

| | | |
|---|---|---|
| 打折 | dǎ zhé | 할인하다, 에누리하다 |
| 费用 | fèiyòng | 비용 |

| | | | |
|---|---|---|---|
| 搞(优惠)活动 | gǎo (yōuhuì) huódòng | (할인) 행사를 하다 | |
| 合适 | héshì | 알맞다, 적당하다 | |
| 划算 | huásuàn | 가격이 합리적이다, 수지가 맞다 | |
| 价格 | jiàgé | 가격 | |
| 款式 | kuǎnshì | 디자인, 스타일 | |
| 麻烦 | máfan | 번거롭다, 귀찮다 | |
| 商品 | shāngpǐn | 상품 | |
| 设计 | shèjì | 디자인 | |
| 试穿 | shì chuān | (옷, 신발 등을) 착용해보다 | |
| 适合 | shìhé | 어울리다, 알맞다 | |
| 时尚 | shíshàng | 세련되다, 스타일리시하다 | |
| 试试 | shìshi | 시도해보다, 입어보다 | |
| 舒服 | shūfu | 편안하다 | |
| 特价 | tèjià | 특가 | |

| | | |
|---|---|---|
| 退货 | tuì huò | 반품하다 |
| 小票 | xiǎopiào | 영수증 |
| 性价比 | xìngjiàbǐ | 가성비 (가격 대비 성능) |
| 修 | xiū | 고치다, 수리하다 |
| 修理 | xiūlǐ | 고치다, 수리하다 |
| 优惠 | yōuhuì | 혜택, 할인, 우대 |

음식, 식당

| | | |
|---|---|---|
| 安排 | ānpái | 배정하다, 안배하다 |
| 尝 | cháng | 먹어 보다, 맛보다 |
| 打包 | dǎ bāo | 포장하다 |
| 代金券 | dàijīnquàn | 쿠폰, 상품권 |
| 服务 | fúwù | 서비스하다 |
| 各种各样 | gè zhǒng gè yàng | 다양하다, 각양각색이다 |
| 果汁 | guǒzhī | 과일주스 |

| | | | | | | |
|---|---|---|---|---|---|---|
| 合~的口味 | hé ~ de kǒuwèi | ~의 입맛에 맞다 | | 自由行 | zìyóuxíng | 자유 여행(을 하다) |
| 渴 | kě | 갈증 나다, 목 마르다 | | 自助游 | zìzhùyóu | 자유 여행(을 하다) |
| 请客 | qǐng kè | 한턱 내다 | | | | |

교통, 길 안내

| | | | | | | |
|---|---|---|---|---|---|---|
| 扔掉 | rēngdiào | 버리다 | | 出租车 | chūzūchē | 택시 |
| 态度 | tàidù | 태도 | | 从A到B | cóng A dào B | A에서부터 B까지 |
| 味道 | wèidao | 맛 | | 地铁 | dìtiě | 지하철 |
| 饮料 | yǐnliào | 음료(수) | | 地铁站 | dìtiězhàn | 지하철역 |
| 预订 | yùdìng | 예약하다 | | 对面 | duìmiàn | 맞은편 |
| | | | | 分钟 | fēnzhōng | 분(시간을 세는 단위) |

여행

| | | | | | | |
|---|---|---|---|---|---|---|
| 跟团 | gēntuán | 패키지로, 단체로 | | 附近 | fùjìn | 근처 |
| 跟团游 | gēntuányóu | 패키지 여행(을 하다) | | 公交车 | gōngjiāochē | 버스 |
| 计划 | jìhuà | 계획 | | 过 | guò | 건너다 |
| 建议 | jiànyì | 권하다, 제안하다 | | 红绿灯 | hónglǜdēng | 신호등 |
| 景点 | jǐngdiǎn | 명소 | | 叫车 | jiào chē | 택시를 부르다 |
| 行程 | xíngchéng | 여정 | | 马路 | mǎlù | 길, 대로 |

| | | |
|---|---|---|
| 门口 | ménkǒu | 입구 |
| 前面 | qiánmiàn | 앞(쪽) |
| 十字路口 | shízì lùkǒu | 사거리 |
| 往右拐 | wǎng yòu guǎi | 우회전하다 |
| 往左拐 | wǎng zuǒ guǎi | 좌회전하다 |
| 需要 | xūyào | (시간이) 걸리다, 필요하다 |
| 一直 | yìzhí | 계속, 쭉 |
| 右转 | yòu zhuǎn | 우회전하다 |
| 自行车 | zìxíngchē | 자전거 |
| 左右 | zuǒyòu | 정도, 쯤 |
| 左转 | zuǒ zhuǎn | 좌회전하다 |

| | | |
|---|---|---|
| 拜年 | bài nián | 새해 인사를 하다, 세배하다 |
| 传统 | chuántǒng | 전통 |
| 春节 | Chūnjié | 설날, 구정 |
| 大方 | dàfang | 시원시원하다, 대범하다 |
| 过节 | guò jié | 명절을 보내다 |
| 害羞 | hàixiū | 부끄러워하다 |
| 活动 | huódòng | 활동(하다) |
| 活泼 | huópo | 활발하다 |
| 积极 | jījí | 적극적이다 |
| 家庭 | jiātíng | 가정 |
| 聚 | jù | 모이다 |
| 开朗 | kāilǎng | 명랑하다 |
| 乐观 | lèguān | 낙관적이다 |

| | | |
|---|---|---|
| 内向 | nèixiàng | 내성적이다 |
| 全家 | quánjiā | 온 가족 |
| 热闹 | rènao | 떠들썩하다, 왁자지껄하다 |
| 热心 | rèxīn | 열정적이다 |
| 团圆 | tuányuán | 한 자리에 모이다 |
| 外向 | wàixiàng | (성격이) 외향적이다 |
| 相似 | xiāngsì | 비슷하다 |
| 相同 | xiāngtóng | 똑같다 |
| 新年 | xīnnián | 새해 |
| 性格 | xìnggé | 성격 |
| 压岁钱 | yāsuìqián | 세뱃돈 |
| 阴历 | yīnlì | 음력 |
| 中秋节 | Zhōngqiūjié | 추석 |

| | | |
|---|---|---|
| 产生 | chǎnshēng | 생기다 |
| 代沟 | dàigōu | 세대 차이 |
| 发生 | fāshēng | 생기다, 발생하다 |
| 感到 | gǎndào | 느끼다 |
| 感谢 | gǎnxiè | 감사하다, 고맙게 생각하다 |
| 沟通 | gōutōng | 소통하다 |
| 关系 | guānxi | 관계, 사이 |
| 互相 | hùxiāng | 서로 |
| 家长 | jiāzhǎng | (학)부모 |
| 交 | jiāo | 사귀다, 교류(하다) |
| 理解 | lǐjiě | 이해하다 |
| 矛盾 | máodùn | 갈등, 모순 |
| 生活 | shēnghuó | 생활(하다) |
| 思维方式 | sīwéi fāngshì | 사고방식 |
| 谈得来 | tándelái | 대화가 통하다 |
| 相处 | xiāngchǔ | (함께) 지내다 |

| | | |
|---|---|---|
| 行为方式 | xíngwéi fāngshì | 행동방식 |
| 原因 | yuányīn | 원인, 이유 |

| | | |
|---|---|---|
| 病情 | bìngqíng | 병(세) |
| 防止 | fángzhǐ | 막다, 방지하다 |
| 缓解 | huǎnjiě | 풀다, 완화시키다 |
| 疾病 | jíbìng | 질병 |
| 减轻 | jiǎnqīng | (정도, 무게 등을) 줄이다, 덜다 |
| 减少 | jiǎnshǎo | (숫자, 정도 등이) 줄다 |
| 健身房 | jiànshēnfáng | 헬스장 |
| 身材 | shēncái | 몸매 |
| 失眠 | shīmián | 수면장애, 잠을 이루지 못하다 |
| 提供 | tígōng | 제공하다 |
| 体力 | tǐlì | 체력 |
| 痛 | tòng | 아프다 |

| | | | | | | |
|---|---|---|---|---|---|---|
| 头疼 | tóuténg | 두통 | 毕业 | bì yè | 졸업하다 |
| 胃 | wèi | 위 | 反复 | fǎnfù | 반복하다 |
| 消除 | xiāochú | 해소하다. 없애다 | 方法 | fāngfǎ | 방법 |
| 消化 | xiāohuà | 소화(하다) | 付出 | fùchū | (노력, 대가 등을) 쏟다. 들이다 |
| 心情 | xīnqíng | 기분. 심정 | 负担 | fùdān | 부담 |
| 压力 | yālì | 스트레스 | 复习 | fùxí | 복습하다 |
| 严重 | yánzhòng | 심각하다. 위급하다 | 获得 | huòdé | 얻다. 획득하다 |
| 引起 | yǐnqǐ | 야기하다 | 获取 | huòqǔ | 얻다. 취득하다 |
| 饮食 | yǐnshí | (음식을) 섭취하다. 먹고 마시다 | 积累 | jīlěi | 쌓다. 축적하다 |
| 营养 | yíngyǎng | 영양 | 集中 | jízhōng | 집중하다 |
| 有效 | yǒuxiào | 효과적이다. 유효하다 | 记忆力 | jìyìlì | 기억력 |
| 有益于 | yǒuyì yú | ~에 좋다. ~에 도움이 되다 | 坚持不懈 | jiānchí bú xiè | 끊임없이 하다. 게으름 없이 끝까지 견지해 나가다 |
| 预防 | yùfáng | 예방하다 | 进步 | jìnbù | 늘다. 발전하다 |
| | | | 经历 | jīnglì | 겪다. 경험(하다) |

교육, 학교, 일, 직장

| | | | | | | |
|---|---|---|---|---|---|---|
| 背 | bèi | 암기하다. 외우다 | 精力 | jīnglì | 에너지 |

| 经验 | jīngyàn | 경험 |
| --- | --- | --- |
| 决定 | juédìng | 결정(하다) |
| 课文 | kèwén | 본문 |
| 任务 | rènwu | 임무 |
| 适合 | shìhé | 알맞다, 적당하다 |
| 提出 | tíchū | 내놓다, 제안하다 |
| 跳槽 | tiàocáo | 이직하다, 직장이나 직업을 바꾸다 |
| 效率 | xiàolǜ | 능률 |
| 信息 | xìnxī | 정보 |
| 有趣 | yǒuqù | 재미있다 |
| 预习 | yùxí | 예습하다 |
| 知识 | zhīshi | 지식 |
| 注意力 | zhùyìlì | 집중력, 주의력 |
| 资料 | zīliào | 자료 |
| 做主 | zuò zhǔ | 결정하다, 책임지다, 주관하다 |

## 여행

| 安排 | ānpái | (스케줄을) 짜다, 배분하다 |
| --- | --- | --- |
| 导游 | dǎoyóu | 가이드 |
| 跟团游 | gēntuányóu | 패키지 여행(을 하다) |
| 旅行 | lǚxíng | 여행하다 |
| 美景 | měijǐng | 아름다운 풍경 |
| 随便 | suíbiàn | 마음대로 |
| 享受 | xiǎngshòu | 즐기다 |
| 行程 | xíngchéng | 여정 |
| 自由行 | zìyóuxíng | 자유 여행(을 하다) |
| 自助游 | zìzhùyóu | 자유 여행(을 하다) |

## 습관(음식, 쇼핑, 생활)

| 保护 | bǎohù | 보호하다 |
| --- | --- | --- |
| 产品 | chǎnpǐn | 제품, 상품 |
| 导购 | dǎogòu | 판매자, 쇼핑가이드 |
| 低廉 | dīlián | 저렴하다 |

| | | | | | | |
|---|---|---|---|---|---|---|
| 服务 | fúwù | 서비스하다 | 网上 | wǎngshàng | 인터넷 |
| 购买 | gòumǎi | 사다, 구매하다 | 味道 | wèidao | 맛 |
| 环保 | huánbǎo | 환경보호 | 卫生 | wèishēng | 위생적이다 |
| 换货 | huàn huò | 교환하다 | 相关 | xiāngguān | 관련되다 |
| 价格 | jiàgé | 가격 | 质量 | zhìliàng | 품질 |
| 节约 | jiéyuē | 절약하다 | 种类 | zhǒnglèi | 종류 |
| 空(儿) | kòng(r) | 시간, 여유, 틈 | | | |
| 牌子 | páizi | 브랜드 | **의견, 견해** | | |
| 品牌 | pǐnpái | 브랜드 | 按照 | ànzhào | ~에 따라 |
| 平板电脑 | píngbǎn diànnǎo | 태블릿PC | 比起 | bǐqǐ | ~보다, ~와 비교하다 |
| 评价 | píngjià | 후기, 평가 | 必不可少 | bì bù kě shǎo | 반드시 필요하다, 없어서는 안 된다 |
| 平时 | píngshí | 평소, 평상시 | 必要 | bìyào | 필요하다 |
| 舒适 | shūshì | 편안하다 | 便利 | biànlì | 편리하다 |
| 推荐 | tuījiàn | 추천하다 | 并 | bìng | 결코, 전혀(예상과 반대됨을 나타냄) |
| 退货 | tuì huò | 반품하다 | 不仅 | bùjǐn | ~일 뿐만 아니라 |
| 网络 | wǎngluò | 인터넷, 네트워크 | 成为 | chéngwéi | ~이/가 되다 |

| | | | | | | |
|---|---|---|---|---|---|---|
| 此外 | cǐwài | 그 밖에 | 随着 | suízhe | ~에 따라 |
| 到~为止 | dào ~ wéizhǐ | ~까지 | 通常 | tōngcháng | 보통 |
| 得 | děi | ~해야 한다 | 通过 | tōngguò | ~을 통해서 |
| 好处 | hǎochù | 장점 | 也许 | yěxǔ | 어쩌면, 아마도 |
| 坏处 | huàichù | 단점 | 意见 | yìjiàn | 의견 |
| 尽量 | jǐnliàng | 최대한, 되도록 | 因此 | yīncǐ | 그래서 |
| 看法 | kànfǎ | 생각, 견해 | 有助于 | yǒuzhù yú | ~에 도움이 되다 |
| 看重 | kànzhòng | 중시하다 | 越来越 | yuèláiyuè | 점점, 갈수록 |
| 考虑 | kǎolǜ | 신경쓰다, 고려하다 | 赞成 | zànchéng | 찬성하다 |
| 例如 | lìrú | 예를 들면 | 值得 | zhídé | ~할 만한 가치가 있다 |
| 另外 | lìngwài | 이 외에, 그 밖에 | 只要 | zhǐyào | ~하기만 하면 |
| 麻烦 | máfan | 귀찮다, 번거롭다 | 重视 | zhòngshì | 중시하다 |
| 其中 | qízhōng | 그중 | | | |
| 缺点 | quēdiǎn | 단점 | | | |
| 甚至 | shènzhì | 심지어 | | | |
| 随时随地 | suíshí suídì | 언제 어디서나 | | | |

교육, 학교

| | | |
|---|---|---|
| 安全 | ānquán | 안전 |
| 必要 | bìyào | 필요하다 |
| 毕业 | bì yè | 졸업하다 |
| 初级 | chūjí | 초급 |
| 分散 | fēnsàn | 분산하다 |
| 规定 | guīdìng | 규정하다 |
| 集中 | jízhōng | 집중하다 |
| 加入 | jiārù | 가입하다 |
| 家长 | jiāzhǎng | 부모, 학부모 |
| 坚持不懈 | jiānchí bú xiè | 끊임없이 하다, 게으름 없이 끝까지 견지해 나가다 |
| 交流 | jiāoliú | 사귀다, 교류하다 |
| 教育 | jiàoyù | 교육 |
| 精力 | jīnglì | 에너지 |

| | | |
|---|---|---|
| 快速 | kuàisù | 빠르다, 신속하다 |
| 理解 | lǐjiě | 이해하다 |
| 联系 | liánxì | 연락하다 |
| 了解 | liǎojiě | 알다, 파악하다 |
| 名牌大学 | míngpái dàxué | 명문대학 |
| 视野 | shìyě | 시야 |
| 提升 | tíshēng | 향상시키다, 높이다 |
| 拓展 | tuòzhǎn | 넓히다 |
| 习得 | xídé | 습득하다 |
| 闲聊 | xiánliáo | 수다떨다, 잡담하다 |
| 小组 | xiǎozǔ | 소모임, 동아리 |
| 压力 | yālì | 스트레스 |
| 有趣 | yǒuqù | 재미있다 |
| 幼儿园 | yòu'éryuán | 유치원 |

| | | | | | | |
|---|---|---|---|---|---|---|
| 早期留学 | zǎoqī liú xué | 조기유학 | 激烈 | jīliè | 치열하다 |
| 掌握 | zhǎngwò | 마스터하다, 장악하다 | 兼职 | jiān zhí | 아르바이트 |
| 知识 | zhīshi | 지식 | 简历 | jiǎnlì | 이력서 |
| 注意力 | zhùyìlì | 집중력, 주의력 | 减轻 | jiǎnqīng | (정도, 수량 등을) 줄이다, 덜다 |
| 组成 | zǔchéng | 만들다, 구성하다 | 减少 | jiǎnshǎo | (숫자, 정도 등이) 줄다 |

**일, 직장**

| | | | | | | |
|---|---|---|---|---|---|---|
| 成功 | chénggōng | 성공하다 | 近来 | jìnlái | 최근, 근래 |
| 创业 | chuàngyè | 창업하다 | 经济 | jīngjì | 경제 |
| 打工 | dǎ gōng | 아르바이트 하다 | 经历 | jīnglì | 경험하다, 겪다 |
| 得不偿失 | débùchángshī | 득보다 실이 많다, 얻는 것보다 잃는 것이 많다 | 经验 | jīngyàn | 경험 |
| 福利 | fúlì | 복지 | 竞争 | jìngzhēng | 경쟁(하다) |
| 付出 | fùchū | (노력, 대가 등을) 쏟다 | 就业 | jiù yè | 취업하다 |
| 负担 | fùdān | 부담 | 就业难 | jiùyènán | 취업난 |
| 负责 | fùzé | 책임지다 | 考取 | kǎo qǔ | (시험을 통해) 취득하다, 합격하다 |
| 积累 | jīlěi | 쌓다, 축적하다 | 面试 | miànshì | 면접 |
| | | | 能力 | nénglì | 능력 |

| | | | | | | |
|---|---|---|---|---|---|---|
| 年薪 | niánxīn | 연봉 | 抓住 | zhuāzhù | 잡다 |
| 聘用 | pìnyòng | 채용하다 | 专业 | zhuānyè | 전문, 전공 |
| 企业 | qǐyè | 기업 | 资格证 | zīgézhèng | 자격증 |
| 实习 | shíxí | 인턴 | | | |
| 通过 | tōngguò | 통과하다 | 운동, 건강 | | |
| 相关 | xiāngguān | 관련되다 | 必要 | bìyào | 필요하다 |
| 薪水 | xīnshuǐ | 급여, 봉급 | 便利 | biànlì | 편리하다 |
| 学分 | xuéfēn | 학점 | 补药 | bǔyào | 보약 |
| 学历 | xuélì | 학력 | 方便食品 | fāngbiàn shípǐn | 인스턴트 식품 |
| 压力 | yālì | 스트레스 | 恢复 | huīfù | 회복하다 |
| 拥有 | yōngyǒu | 가지다, 보유하다 | 疾病 | jíbìng | 질병 |
| 越来越 | yuèláiyuè | 갈수록, 점점 | 降低 | jiàngdī | 낮추다 |
| 运气 | yùnqi | 운, 운수 | 慢性病 | mànxìngbìng | 만성 질환 |
| 证书 | zhèngshū | 증서 | 免疫力 | miǎnyìlì | 면역력 |
| 职业 | zhíyè | 직업 | 疲惫 | píbèi | 피곤하다 |
| 重视 | zhòngshì | 중시하다 | 热量 | rèliàng | 열량 |

| 身材 | shēncái | 몸매 | 负担 | fùdān | 부담 |
|------|---------|-----|------|-------|------|
| 生命 | shēngmìng | 생명 | 改变 | gǎibiàn | 변하다, 바뀌다 |
| 睡眠 | shuìmián | 수면 | 合理 | hélǐ | 합리적이다 |
| 体力 | tǐlì | 체력 | 家庭 | jiātíng | 가정 |
| 体重 | tǐzhòng | 체중, 몸무게 | 家务 | jiāwù | 집안일 |
| 效果 | xiàoguǒ | 효과 | 近来 | jìnlái | 최근, 근래 |
| 心情 | xīnqíng | 기분 | 举办 | jǔbàn | 행하다, 개최하다 |
| 预防 | yùfáng | 예방하다 | 老人 | lǎorén | 어르신, 노인 |
| 质量 | zhìliàng | 품질, 질 | 盲目 | mángmù | 무작정, 맹목적인 |

| | | | 矛盾 | máodùn | 갈등 |
|---|---|---|------|-------|------|

### 결혼, 가정

| | | | 年代差异 | niándài chāyì | 세대차이 |
|------|---------|-----|------|-------|------|
| 产生 | chǎnshēng | 생기다, 발생하다 | 人生观 | rénshēngguān | 인생관 |
| 代沟 | dàigōu | 세대차이 | 适当 | shìdàng | 적당하다 |
| 房价 | fángjià | 집값 | 思考方式 | sīkǎo fāngshì | 사고방식 |
| 放弃 | fàngqì | 포기하다 | 小型婚礼 | xiǎoxíng hūnlǐ | 스몰 웨딩 |
| 费用 | fèiyòng | 비용 | | | |

| 照顾 | zhàogù | 돌보다 |
|------|--------|--------|

사회현상, 이슈

| 保障 | bǎozhàng | 보장 |
|------|----------|------|
| 便利 | biànlì | 편리하다 |
| 储蓄 | chǔxù | 저축(하다) |
| 错过 | cuòguò | (기회를) 놓치다, 잃다 |
| 低廉 | dīlián | 저렴하다 |
| AA制 | AA zhì | 더치페이 |
| 二手 | èrshǒu | 중고 |
| 二手货 | èrshǒuhuò | 중고품 |
| 发票 | fāpiào | 영수증 |
| 废气 | fèiqì | 폐기가스 |
| 负担 | fùdān | 부담 |
| 购买 | gòumǎi | 사다, 구입하다 |
| 购物 | gòu wù | 쇼핑하다, 물건을 사다 |

| 合理 | hélǐ | 합리적이다 |
|------|------|----------|
| 环境 | huánjìng | 환경 |
| 换货 | huàn huò | 물건을 교환하다 |
| 价格 | jiàgé | 가격 |
| 减少 | jiǎnshǎo | (숫자, 정도 등이) 줄다 |
| 禁止 | jìnzhǐ | 금지하다, 불허하다 |
| 决定 | juédìng | 결정(하다) |
| 空气 | kōngqì | 공기 |
| 理财 | lǐcái | 재테크 |
| 上涨 | shàngzhǎng | 상승하다, 오르다 |
| 实体店 | shítǐdiàn | 오프라인 매장 |
| 提供 | tígōng | 제공하다 |
| 退货 | tuì huò | 반품하다 |
| 退休 | tuì xiū | 퇴직하다 |
| 网店 | wǎngdiàn | 온라인 상점 |

| | | | | | | |
|---|---|---|---|---|---|---|
| 尾气 | wěiqì | 배기가스 | | 产品 | chǎnpǐn | 제품 |
| 污染 | wūrǎn | 오염 | | 出现 | chūxiàn | 나타나다, 출현하다 |
| 现象 | xiànxiàng | 현상 | | 传播 | chuánbō | 퍼트리다, 전파하다 |
| 相应 | xiāngyìng | 알맞다, 적절하다 | | 电子产品 | diànzǐ chǎnpǐn | 전자제품 |
| 享受 | xiǎngshòu | 누리다 | | 发展 | fāzhǎn | 발전(하다) |
| 严重 | yánzhòng | 심각하다 | | 方便 | fāngbiàn | 편리하다 |
| 养老保险 | yǎnglǎo bǎoxiǎn | 양로보험 | | 妨碍 | fáng'ài | 방해하다 |
| 要求 | yāoqiú | 요청하다, 요구하다 | | 工具 | gōngjù | 도구, 수단 |
| 一次性用品 | yícìxìng yòngpǐn | 일회용품 | | 核实 | héshí | 사실을 확인하다, 실태를 조사하다 |
| 主要原因 | zhǔyào yuányīn | 주요 원인 | | 获取 | huòqǔ | 얻다, 취득하다 |
| | | | | 家电 | jiādiàn | 가전 |
| | | | | 将来 | jiānglái | 미래 |

### 과학기술(인터넷/전자기기)

| | | | | | | |
|---|---|---|---|---|---|---|
| 安全 | ānquán | 안전하다 | | 节省 | jiéshěng | 절약하다 |
| 办理 | bànlǐ | 처리하다 | | 科技 | kējì | 과학 기술 |
| 便利 | biànlì | 편리하다, 편리하게 하다 | | 可信度 | kěxìndù | 신뢰도 |

| 夸大 | kuādà | 과장하다, 과대하다 |
|------|-------|------|
| 媒体 | méitǐ | 매체, 미디어 |
| 人工智能 | réngōng zhìnéng | 인공지능 |
| 省力 | shěng lì | 간편하다, 수고를 덜다 |
| 省时 | shěng shí | 시간을 절약하다 |
| 使用 | shǐyòng | 사용하다 |
| 适当 | shìdàng | 적절하다, 적당하다 |
| 随时随地 | suíshí suídì | 언제 어디서나 |
| 通信 | tōngxìn | 통신 |
| 网络 | wǎngluò | 인터넷, 네트워크 |
| 网站 | wǎngzhàn | 인터넷 |
| 无线网络 | wúxiàn wǎngluò | 무선 인터넷 |
| 信息 | xìnxī | 정보 |
| 虚构 | xūgòu | 날조하다, 지어내다 |

| 业务 | yèwù | 업무 |
|------|------|------|
| 知识 | zhīshi | 지식 |
| 转发 | zhuǎnfā | 전달하다 |
| 资料 | zīliào | 자료 |

# 상황에 맞게 대답하기

제안, 초대, 설득

| | | |
|---|---|---|
| 安排 | ānpái | 스케줄, 일정 |
| 不好意思 | bù hǎo yìsi | 미안하다 |
| 尝 | cháng | 먹어 보다, 맛보다 |
| 趁 | chèn | (시간, 기회 등을) 이용해서, ~을 틈타 |
| 景点 | jǐngdiǎn | 명소 |
| 拒绝 | jùjué | 거절하다 |
| 决定 | juédìng | 결정(하다) |
| 肯定 | kěndìng | 분명히, 틀림없이 |
| 门票 | ménpiào | 입장권 |
| 免费 | miǎnfèi | 공짜이다, 무료로 하다 |
| 免费券 | miǎnfèiquàn | 무료쿠폰 |
| 派对 | pàiduì | 파티 |
| 陪 | péi | 동반하다, 모시다 |

| | | |
|---|---|---|
| 热闹 | rènao | 신나게 놀다, 즐겁게 하다 |
| 说服 | shuōfú | 설득하다 |
| 心情 | xīnqíng | 기분 |
| 邀 | yāo | 초대하다 |
| 邀请 | yāoqǐng | 초대하다 |
| 应该 | yīnggāi | 분명히, 응당(확신을 나타냄) |
| 有趣 | yǒuqù | 재미있다 |
| 正好 | zhènghǎo | 마침, 때마침 |

문제 해결, 요청

| | | |
|---|---|---|
| 拜托 | bàituō | 부탁하다 |
| 发票 | fāpiào | 영수증 |
| 检查 | jiǎnchá | 검사하다, 체크하다 |
| 解决 | jiějué | 해결하다 |

| | | |
|---|---|---|
| 尽快 | jǐnkuài | 최대한 빨리 |
| 聚会 | jùhuì | 모임 |
| 落 | là | (놓아) 두다, 빠뜨리다 |
| 联系 | liánxì | 연락하다 |
| 麻烦 | máfan | 번거롭게 하다, 번거롭다 |
| 派人 | pài rén | 사람을 보내다, 파견하다 |
| 取消 | qǔxiāo | 취소하다 |
| 售后服务中心 | shòuhòu fúwù zhōngxīn | AS 센터 |
| 送货 | sòng huò | 배송하다, 배달하다 |
| 通过 | tōngguò | ~을 통해서 |
| 退款 | tuì kuǎn | 환불하다 |
| 小票 | xiǎopiào | 영수증 |
| 修理 | xiūlǐ | 수리하다 |
| 询问 | xúnwèn | 문의하다 |
| 延期 | yánqī | 연기하다 |

| | | |
|---|---|---|
| 要求 | yāoqiú | 요청하다, 요구하다 |
| 预订 | yùdìng | 예약하다 |
| 预约 | yùyuē | 예약(하다) |
| 原因 | yuányīn | 원인 |
| 咨询 | zīxún | 물어보다, 상담하다 |

## 약속 변경 및 취소

| | | |
|---|---|---|
| 抱歉 | bàoqiàn | 미안하게 생각하다 |
| 本来 | běnlái | 원래, 본래 |
| 得 | děi | ~해야 한다 |
| 改天 | gǎitiān | 다음, 나중 |
| 计划 | jìhuà | 계획 |
| 建议 | jiànyì | 제안하다 |
| 理解 | lǐjiě | 이해하다 |
| 情况 | qíngkuàng | 상황 |
| 说明 | shuōmíng | 설명하다 |

| | | |
|---|---|---|
| 提出 | tíchū | 제시하다, 제안하다 |
| 要不 | yàobù | 아니면(선택) |
| 约 | yuē | 약속하다 |

| | | |
|---|---|---|
| 安慰 | ānwèi | 위로하다 |
| 拜托 | bàituō | 부탁하다 |
| 并 | bìng | 결코, 전혀(예상과 반대됨을 나타냄) |
| 不得不 | bùdébù | 어쩔 수 없이 |
| 否则 | fǒuzé | 그렇지 않으면 |
| 付出 | fùchū | (노력, 대가 등을) 쏟다, 들이다 |
| 改变 | gǎibiàn | 바꾸다 |
| 感到 | gǎndào | 느끼다 |
| 恭喜 | gōngxǐ | 축하하다 |
| 害处 | hàichù | 해로움, 나쁜 점 |
| 好处 | hǎochù | 좋은 점, 장점 |

| | | |
|---|---|---|
| 好像 | hǎoxiàng | (아마도) ~인 것 같다 |
| 肯定 | kěndìng | 분명히, 틀림없이 |
| 困难 | kùnnan | 어렵다, 힘들다 |
| 能力 | nénglì | 능력 |
| 劝 | quàn | 권하다, 충고하다 |
| 伤心 | shāngxīn | 상심하다, 슬퍼하다 |
| 室友 | shìyǒu | 룸메이트 |
| 同屋 | tóngwū | 룸메이트 |
| 约定 | yuēdìng | 약속 |
| 只要 | zhǐyào | ~하기만 하면 |
| 祝贺 | zhùhè | 축하하다 |
| 自责 | zìzé | 자책하다 |
| 遵守 | zūnshǒu | 지키다, 준수하다 |
| 作为 | zuòwéi | (~신분, 자격)으로 |

# 그림 보고 이야기 만들기

## 시간

| | | |
|---|---|---|
| 白天 | báitiān | 낮 |
| 半天 | bàntiān | 한참 동안 |
| 傍晚 | bàngwǎn | 저녁 무렵, 해질 무렵 |
| 不一会儿 | bùyíhuìr | 이윽고, 머지 않아 |
| 第二天 | dì èr tiān | 이튿날, 다음 날 |
| 刚才 | gāngcái | 막, 방금 |
| 刚刚 | gānggāng | 방금 전 |
| 凌晨 | língchén | 새벽 |
| 深夜 | shēnyè | 한밤 중, 깊은 밤 |
| 同时 | tóngshí | 동시에 |
| 下半夜 | xiàbànyè | 새벽 |
| 一整天 | yì zhěng tiān | 하루 종일 |
| 早晨 | zǎochén | 새벽 |
| 这时 | zhè shí | 이때 |

## 감정

| | | |
|---|---|---|
| 抱歉 | bàoqiàn | 미안하게 생각하다 |
| 表情 | biǎoqíng | 표정 |
| 吃惊 | chī jīng | 놀라다 |
| 担心 | dān xīn | 걱정하다 |
| 放心 | fàng xīn | 마음 놓다 |
| 感到 | gǎndào | 느끼다 |
| 鼓励 | gǔlì | 격려하다 |
| 后悔 | hòuhuǐ | 후회하다 |
| 怀 | huái | (마음 속에 감정을) 품다, 갖다 |
| 怀疑 | huáiyí | 의심하다 |
| 激动 | jīdòng | 감격하다 |
| 紧张 | jǐnzhāng | 긴장하다 |
| 惊 | jīng | 놀라다 |

| 惊呆 | jīng dāi | 놀라 어리둥절하다 |
| 惊慌 | jīnghuāng | 당황하다 |
| 惊讶 | jīngyà | 깜짝 놀라다 의아해하다 |
| 开心 | kāixīn | 즐겁다 |
| 可怜 | kělián | 불쌍하다. 불쌍히 여기다 |
| 可惜 | kěxī | 아쉽다. 애석하다 |
| 满意 | mǎnyì | 만족하다 |
| 耐心 | nàixīn | 참을성이 있다. 인내심이 있다 |
| 难过 | nánguò | 괴롭다. 슬프다 |
| 难受 | nánshòu | 힘들다. 괴롭다 |
| 批评 | pīpíng | 혼내다. 꾸짖다 |
| 庆祝 | qìngzhù | 축하하다 |
| 热情 | rèqíng | 열성적이다. 친절하다 |
| 忍不住 | rěn bu zhù | 참지 못하다 |

| 舍不得 | shěbude | 차마 ~하지 못하다. ~하기 아깝다. 아쉽다 |
| 神奇 | shénqí | 신기하다 |
| 生气 | shēng qì | 화나다 |
| 失望 | shīwàng | 실망하다 |
| 提醒 | tíxǐng | 일깨우다 |
| 痛苦 | tòngkǔ | 괴롭다 |
| 无聊 | wúliáo | 무료하다 |
| 喜悦 | xǐyuè | 기쁘다 |
| 羡慕 | xiànmù | 부러워하다 |
| 心情 | xīnqíng | 기분. 마음. 심정 |
| 心疼 | xīnténg | 마음이 아프다. 안타까워하다 |
| 兴奋 | xīngfèn | 흥분하다 |
| 疑惑 | yíhuò | 의아하다. 미심쩍다 |
| 着急 | zháojí | 조급하다 |

Memo

# 파고다
# TSC

파고다교육그룹 언어교육연구소 | 저

## 실전 모의고사

## 해설서

**PAGODA** Books

# 파고다
# TSC

## 실전 모의고사

## 해설서

PAGODA Books

# Test of Spoken Chinese

음원 바로 듣기

# 모범 답안 및 해석 01

## 问题 1

### 你叫什么名字?
당신의 이름은 무엇입니까?

| 4-5급 | 我姓张，叫智敏，是我奶奶给我起的名字。<br>제 성은 장이고, 이름은 지민이며, 할머니께서 저에게 지어주신 이름입니다. |
|---|---|
| 6-7급 | 我叫金秀英，优秀的秀，英国的英。<br>제 이름은 김수영이고, '우수하다'의 '수', '영국'의 '영'입니다. |

**어휘** 　**4-5급** 　★ **姓** xìng 성이 ~이다　|　★ **奶奶** nǎinai 할머니　|　**给** gěi ~에게　|　★ **起名字** qǐ míngzi 이름을 짓다

　　　　　**6-7급** 　**优秀** yōuxiù 우수하다, 뛰어나다　|　**英国** Yīngguó 영국

## 问题 2

### 请说出你的出生年月日。
당신의 생년월일을 말해주세요.

| 4-5급 | 我是1987年5月23号出生的，今年三十三岁，属兔。<br>저는 1987년 5월 23일에 태어났고, 올해 33살로 토끼띠입니다. |
|---|---|
| 6-7급 | 我出生于1989年10月19号，今年三十一岁，属蛇。<br>저는 1989년 10월 19일에 태어났고, 올해 31살로 뱀띠입니다. |

**어휘** 　질문 　★ **出生** chūshēng 태어나다, 출생하다

　　　　　**4-5급** 　★ **属** shǔ (십이지의) ~띠이다　|　**兔** tù 토끼

　　　　　**6-7급** 　★ **于** yú ~에, ~에서(시간 또는 장소를 나타냄)　|　**蛇** shé 뱀

## 问题 3

### 你家有几口人?
당신의 가족은 몇 명입니까?

| 4-5급 | 我家有四口人，爸爸、妈妈、妹妹和我。我非常爱我的家人。 |
| | 우리 가족은 네 명으로, 아빠, 엄마, 여동생 그리고 저입니다. 저는 제 가족을 무척 사랑합니다. |
| 6-7급 | 我家有四口人，爸爸、妈妈、哥哥和我。我爸爸是公司职员，我妈妈是家庭主妇。 |
| | 우리 가족은 네 명으로, 아빠, 엄마, 형 그리고 저입니다. 아빠는 회사원이고, 엄마는 가정 주부입니다. |

**어휘** 질문 ★ 口 kǒu 명(식구를 세는 단위)

4-5급 ★ 妹妹 mèimei 여동생

6-7급 ★ 哥哥 gēge 형, 오빠 | 公司职员 gōngsī zhíyuán 회사원, 직장인 | 家庭主妇 jiātíng zhǔfù 가정 주부

---

**问题 4**

## 你在什么地方工作？或者你在哪个学校上学？
당신은 어느 곳에서 일합니까? 혹은 당신은 어느 학교에 다닙니까?

| | 직장인 | 我在一家贸易公司工作，我是科长。最近工作很多，有点儿累。 |
| | | 저는 무역회사에서 일하고 있고, 과장입니다. 최근 일이 많아서 조금 피곤합니다. |
| 4-5급 | 재학생 | 我在韩国大学读书，我的专业是中文。我有很多中国朋友。 |
| | | 저는 한국대학교에서 공부하고 있고, 전공은 중국어입니다. 저는 중국인 친구가 많습니다. |
| | 졸업생 | 我今年二月份刚毕业，最近在找工作。 |
| | | 저는 올해 2월달에 막 졸업했고, 요즘은 구직 중입니다. |
| | 직장인 | 我在三星电子公司的会计部工作。我平时工作非常忙，经常要加班。 |
| | | 저는 삼성전자 회계팀에서 일합니다. 평상시 일이 매우 바빠서 자주 야근을 해야 합니다. |
| 6-7급 | 재학생 | 我是韩国大学经济系四年级的学生，我平时几乎每天都在图书馆里学习。 |
| | | 저는 한국대학교 경제학과 4학년 학생이고, 평소 거의 매일 도서관에서 공부합니다. |
| | 졸업생 | 我已经毕业了，现在一边打工，一边在补习班学习汉语。 |
| | | 저는 이미 졸업을 했고, 현재는 아르바이트를 하면서 학원에서 중국어를 공부하고 있습니다. |

**어휘** 질문 地方 dìfang 곳, 장소 | 或者 huòzhě 혹은, 아니면 | 上学 shàng xué 학교에 다니다, 등교하다

4-5급 贸易 màoyì 무역 | ★ 公司 gōngsī 회사 | 科长 kēzhǎng 과장 | ★ 读书 dú shū 공부하다 | ★ 专业 zhuānyè 전공 | 中文 Zhōngwén 중국어 | 月份 yuèfèn 월(달) | ★ 刚 gāng 막, 방금 | ★ 毕业 bì yè 졸업하다 | ★ 最近 zuìjìn 요즘 | ★ 找 zhǎo 찾다

6-7급 三星 Sānxīng 삼성(회사명) | 电子 diànzǐ 전자 | 会计部 kuàijì bù 회계팀 | ★ 平时 píngshí 평상시, 평소 | ★ 经常 jīngcháng 자주 | ★ 加班 jiā bān 야근하다 | ★ 经济 jīngjì 경제 | ★ 系 xì 학과, 과 | ★ 年级 niánjí 학년 | ★ 几乎 jīhū 거의 | ★ 每天 měitiān 매일 | ★ 图书馆 túshūguǎn 도서관 | ★ 已经 yǐjīng 이미 | ★ 一边A，一边B yìbiān A, yìbiān B A하면서 (동시에) B하다 | ★ 打工 dǎ gōng 아르바이트 하다 | ★ 补习班 bǔxíbān 학원

## 第2部分

## 问题 1

3元 10元

### 哪种水果比较便宜?
어느 종류의 과일이 비교적 저렴합니까?

| 4-5급 | 橘子比较便宜。<br>귤이 비교적 저렴합니다 |
| 6-7급 | 橘子比西瓜便宜，橘子三块，旁边的西瓜十块。<br>귤이 수박보다 저렴합니다. 귤은 3위안이고, 옆의 수박은 10위안입니다. |

**어휘** 질문 种 zhǒng 종류 | ★ 比较 bǐjiào 비교적 | ★ 便宜 piányi 저렴하다, 싸다

4-5급 橘子 júzi 귤

6-7급 ★ 比 bǐ ~보다 | ★ 旁边 pángbiān 옆(쪽) | 西瓜 xīguā 수박

## 问题 2

### 他在看电视吗?
그는 TV를 보고 있습니까?

| 4-5급 | 不，他在看书。<br>아니요, 그는 책을 보고 있습니다. |
| 6-7급 | 不，他坐在沙发上看书呢，他看的是科幻小说。<br>아니요, 그는 소파에 앉아서 책을 보고 있습니다. 그가 보는 것은 판타지 소설입니다. |

**어휘** 6-7급 沙发 shāfā 소파 | 科幻 kēhuàn 판타지 | 小说 xiǎoshuō 소설

## 问题 3

### 这里不可以做什么?
여기에서는 무엇을 하면 안 됩니까?

| 4-5급 | 这里不能拍照。<br>여기에서는 사진을 찍으면 안 됩니다. |
|---|---|
| 6-7급 | 这里禁止拍照，拍照会被罚款。<br>여기는 사진 찍는 것을 금지합니다. 촬영할 경우 벌금을 내게 됩니다. |

**어휘** ▶ 질문 **这里** zhèli 여기, 이곳 ｜ **可以** kěyǐ ~해도 된다(허가)

4-5급 **不能** bù néng ~하면 안 된다(금지) ｜ ★ **拍照** pāi zhào 사진을 찍다, 촬영하다

6-7급 **禁止** jìnzhǐ 금지하다 ｜ **罚款** fá kuǎn 벌금을 내다

---

**问题 4**

## 照相机旁边有什么?
카메라 옆에는 무엇이 있습니까?

| 4-5급 | 照相机旁边有报纸。<br>카메라 옆에는 신문이 있습니다. |
|---|---|
| 6-7급 | 照相机旁边有一份报纸，那是《韩国经济报》。<br>카메라 옆에는 신문이 한 부 있는데, 그것은《한국경제신문》입니다. |

**어휘** ▶ 질문 **照相机** zhàoxiàngjī 카메라

4-5급 ★ **报纸** bàozhǐ 신문

6-7급 **份** fèn 부(신문, 문서 등을 세는 단위) ｜ ★ **经济** jīngjì 경제

## 第3部分

**问题 1**

### 你以前学过日语吗?
너 예전에 일본어 배운 적 있어?

**4-5급**

我以前学过日语，学了三年。为了保持日语水平，我经常看日本电视节目。你呢? 你会说日语吗?

나 예전에 일본어 배운 적 있어. 3년 배웠어. 일본어 실력을 유지하기 위해서 나는 일본 TV 프로그램을 자주 봐. 너는? 일본어 할 줄 알아?

**6-7급**

我以前学过日语，现在还在学呢。刚学日语的时候觉得很简单，但是学到高级以后觉得太难了。你呢? 学过日语吗?

나 예전에 일본어 배운 적 있고, 지금도 배우고 있어. 막 일본어를 배우기 시작했을 때는 쉽다고 생각했는데, 고급단계가 된 후로는 너무 어려운 것 같아. 너는? 배운 적 있어?

**어휘** | 질문 | ★ **以前** yǐqián 예전, 이전 | **日语** Rìyǔ 일본어

4-5급 | **为了** wèi le ~하기 위하여 | **保持** bǎochí 유지하다 | ★ **水平** shuǐpíng 실력, 레벨 | ★ **经常** jīngcháng 자주 | **日本** Rìběn 일본 | **节目** jiémù 프로그램

6-7급 | ★ **刚** gāng 막, 금방 | ★ **简单** jiǎndān 쉽다, 간단하다 | **高级** gāojí (품질, 수준이) 고급의, 높은 | **以后** yǐhòu 이후 | ★ **难** nán 어렵다

---

**问题 2**

### 你看起来很累，身体不舒服吗?
너 무척 피곤해 보이는데, 몸이 안 좋아?

**4-5급**

我好像感冒了，从昨天晚上开始一直头疼、发烧、咳嗽，太难受了。今天下午我要去医院。

아무래도 감기 걸린 것 같아. 어제 저녁부터 계속 머리 아프고, 열 나고, 기침하고 너무 힘드네. 오늘 오후에 병원에 가볼 거야.

**6-7급**

我昨天睡得很晚，现在太累了，我真想好好儿睡一觉。不过我最近在准备一个很重要的汉语口语考试，没时间休息。

어제 늦게 잤더니 지금 너무 피곤하다. 정말이지 한숨 푹 자고 싶어. 하지만 나는 요즘 중요한 중국어 회화 시험을 준비하고 있어서, 쉴 시간이 없어.

어휘 질문 ★ 看起来 kànqǐlai ~해 보이다, 보아하니 | ★ 不舒服 bù shūfu 안 좋다, 아프다

4-5급 ★ 好像 hǎoxiàng (아마도) ~인 것 같다 | ★ 感冒 gǎnmào 감기에 걸리다 | ★ 一直 yìzhí 계속, 쭉 |
★ 头疼 tóu téng 머리가 아프다 | ★ 发烧 fā shāo 열이 나다 | ★ 咳嗽 késou 기침하다 | ★ 难受 nánshòu
힘들다, 괴롭다

6-7급 ★ 不过 búguò 하지만 | ★ 最近 zuìjìn 요즘 | 重要 zhòngyào 중요하다 | ★ 口语 kǒuyǔ 회화,
말하기

## 问题 3

### 你一般在哪儿买鞋?
너는 보통 어디서 신발을 사니?

4-5급
我一般在我家附近的商场买鞋,那儿经常搞优惠活动。你呢? 你一般在哪儿买鞋?

나는 보통 집 근처 쇼핑몰에서 신발을 사. 거기가 할인 행사를 자주 하거든. 너는? 넌 보통 어디에서 신발을 사니?

6-7급
我一般在网上买鞋。在网上买鞋又便宜又方便,而且款式也很齐全。但是在网上买的话,不能试穿,如果不合适,退货很麻烦。

나는 보통 인터넷에서 신발을 사. 인터넷에서 신발을 사면 저렴하고 편리할 뿐만 아니라, 디자인도 전부 잘 갖춰져 있거든. 하지만 인터넷에서 구입할 경우에는 신어볼 수 없어서, 안 맞을 때 반품하기가 번거로워.

어휘 질문 ★ 一般 yìbān 보통 | 鞋 xié 신발

4-5급 ★ 附近 fùjìn 근처 | 商场 shāngchǎng 쇼핑몰 | ★ 搞 gǎo 하다, 실시하다 | ★ 优惠活动 yōuhuì
huódòng 할인 행사

6-7급 ★ 网上 wǎngshàng 인터넷, 온라인 | ★ 方便 fāngbiàn 편리하다 | ★ 而且 érqiě 게다가 | ★ 款式
kuǎnshì 디자인 | 齐全 qíquán 전부 갖추다 | ★ 试穿 shì chuān (옷, 신발 등을) 착용해 보다 | ★ 如果 rúguǒ
만약 | ★ 合适 héshì 알맞다, 적당하다 | ★ 退货 tuì huò 반품하다 | ★ 麻烦 máfan 번거롭다, 귀찮다

## 问题 4

### 你觉得这家餐厅的饭菜怎么样?
당신은 이 식당의 음식이 어떤 것 같아요?

4-5급
我觉得这家餐厅的饭菜很好吃。尤其是锅包肉,酸酸甜甜的,太好吃了。我以后会常常来。你觉得呢?

저는 이 식당 음식이 맛있는 것 같아요. 특히 궈바오러우가 새콤달콤해서 아주 맛있어요. 앞으로 자주 올 것 같아요. 당신 생각은요?

6-7급
我觉得这家餐厅的饭菜味道真的很不错,也很合我的口味。而且这里的套餐很划算。你呢? 你也喜欢这家的饭菜吗?

전 이 식당 음식 맛이 정말 좋고, 제 입맛에도 잘 맞는 것 같아요. 게다가 이곳의 세트 메뉴는 가격이 합리적이에요. 당신은요? 당신도 이 집 음식이 맘에 들어요?

**어휘** | 질문 | ★ **餐厅** cāntīng 식당 | **饭菜** fàncài 음식, 요리

4-5급 | ★ **尤其** yóuqí 특히 | **锅包肉** guōbāoròu 궈바오러우(중국식 탕수육) | **酸** suān 시다 | **甜** tián 달다

6-7급 | ★ **味道** wèidao 맛 | ★ **不错** búcuò 좋다, 괜찮다 | ★ **合~的口味** hé~de kǒuwèi ~의 입맛에 맞다
| **套餐** tàocān 세트 메뉴 | ★ **划算** huásuàn 가격이 합리적이다, 수지가 맞다

**问题 5**

## 请问，这儿哪儿有药店?

실례지만, 여기 약국이 어디에 있나요?

**4-5급**

您从前面的书店那儿往左拐，然后一直走到银行再往右拐就是。离这儿不远，走五分钟就到。

앞쪽 서점에서 좌회전하세요, 그런 다음 은행까지 쭉 가시다가 다시 우회전하면 바로예요. 여기서 멀지 않아서 걸어서 5분이면 도착해요.

**6-7급**

从这儿一直走，到十字路口往左拐能看到一家花店，花店对面就有一家药店。从这儿到药店走路大概要十五分钟。

여기서 쭉 가시다가 사거리에서 좌회전하면 꽃집이 하나 보일 거예요. 꽃집 맞은편에 바로 약국이 있습니다. 여기서 약국까지 걸어서 대략 15분 정도 걸려요.

**어휘** | 질문 | **药店** yàodiàn 약국

4-5급 | ★ **往左拐** wǎng zuǒ guǎi 좌회전하다 | ★ **然后** ránhòu 그런 다음에 | ★ **银行** yínháng 은행 |
★ **往右拐** wǎng yòu guǎi 우회전하다

6-7급 | ★ **十字路口** shízì lùkǒu 사거리 | **花店** huādiàn 꽃집 | ★ **对面** duìmiàn 맞은편 | ★ **大概** dàgài
대략 | ★ **分钟** fēnzhōng 분(시간을 세는 단위)

## 第4部分

## 问题 1

### 你常换手机吗?

당신은 휴대 전화를 자주 바꿉니까?

**4-5급**

我不常换手机。我是个刚步入社会的新人，经济上不宽裕。而且我觉得手机只是一种通讯工具，有基本功能就可以了。所以我一般三年换一次手机。

저는 휴대 전화를 자주 바꾸지 않습니다. 저는 막 사회에 발을 들인 신참이라, 경제적으로 여유롭지 않습니다. 게다가 휴대 전화는 그저 일종의 통신수단일 뿐이라서 기본 기능만 있으면 된다고 생각합니다. 그래서 저는 보통 3년에 한 번 휴대 전화를 바꿉니다.

**6-7급**

我经常换手机。随着科技的不断发展，手机更新换代的速度也越来越快。很多年轻人频繁地换手机，这甚至成为了一种流行。每当带有新功能的手机上市的时候，我都会想尽办法买到手。

저는 휴대 전화를 자주 바꿉니다. 과학 기술의 끊임없는 발전에 따라, 휴대폰이 업그레이드 되어 새롭게 바뀌는 속도 역시 점점 빨라지고 있습니다. 많은 젊은이들이 빈번하게 휴대 전화를 바꾸고 있으며, 이는 심지어 하나의 유행이 되었습니다. 새로운 기능을 가진 휴대 전화가 출시될 때마다 저는 온갖 방법을 강구하여 손에 넣습니다.

**어휘** **4-5급** ★ **刚** gāng 막, 방금 | **步入** bùrù 발을 들이다, (걸어) 들어오다 | ★ **社会** shèhuì 사회 | ★ **新人** xīnrén 초년생, 신참, 신인 | ★ **经济** jīngjì 경제 | **宽裕** kuānyù 여유롭다 | **只是** zhǐshì 단지, 다만 | ★ **生活** shēnghuó 생활(하다) | **通讯** tōngxùn 통신 | ★ **工具** gōngjù 수단, 도구 | **基本** jīběn 기본 | ★ **功能** gōngnéng 기능

**6-7급** ★ **随着** suízhe ~에 따라 | ★ **科技** kējì 과학 기술 | **不断** bùduàn 끊임없이 | ★ **发展** fāzhǎn 발전하다 | **更新换代** gēngxīn huàndài (제품, 설비, 기술 따위를) 새로운 것으로 바꾸다, 세대교체하다 | **速度** sùdù 속도 | ★ **越来越** yuèláiyuè 점점, 갈수록 | **频繁** pínfán 빈번하다, 잦다 | ★ **甚至** shènzhì 심지어 | ★ **成为** chéngwéi ~이/가 되다 | **流行** liúxíng 유행하다 | **上市** shàng shì 출시되다, 시장에 나오다 | **想尽** xiǎng jìn (온갖 수단과 방법을) 강구하다, 궁리하다

## 问题 2

### 你经常上网聊天儿吗?

당신은 인터넷 채팅을 자주 합니까?

**4-5급**

我经常上网聊天儿。上网聊天儿可以交很多朋友，而且还可以倾诉心事，缓解压力。所以我一有空就会用手机上网聊天儿。

저는 인터넷 채팅을 자주 합니다. 인터넷 채팅을 하면 많은 친구를 사귈 수 있을 뿐만 아니라, 마음 속 고민을 털어 놓고, 스트레스도 풀 수 있습니다. 그래서 저는 시간이 생기면 휴대폰으로 인터넷 채팅을 합니다.

| 6-7급 | 我不常在网上聊天儿。我认为上网聊天儿虽然能打发时间，但是长时间上网聊天儿对眼睛不好，而且晚上用手机聊天儿会影响睡眠，睡眠不足又会影响第二天的生活，所以我很少上网聊天儿。<br><br>저는 인터넷 채팅을 자주 하지 않습니다. 저는 인터넷 채팅이 시간을 때울 수 있기는 하지만, 장시간 할 경우 눈 건강에 좋지 않다고 생각합니다. 또한 저녁에 휴대폰으로 채팅을 하게 되면 수면에 영향을 미치고, 수면부족은 또 이튿날 생활에 영향을 끼칠 수 있기 때문에 저는 인터넷 채팅을 자주 하지 않습니다. |
|---|---|

**어휘** **4-5급** ★ **交** jiāo 사귀다 | **倾诉** qīngsù (속마음을) 털어놓다, 토로하다 | **心事** xīnshì 고민, 걱정 | ★ **缓解** huǎnjiě 풀다, 완화시키다 | ★ **压力** yālì 스트레스 | ★ **空** kòng 시간, 여유, 틈

**6-7급** **打发** dǎfa (시간을) 때우다, 죽이다 | **睡眠** shuìmián 수면 | **不足** bùzú 부족하다

---

## 问题 3

### 请你介绍一下你最好的朋友。
당신의 가장 친한 친구를 소개해 주십시오.

| 4-5급 | 我来介绍一下我最好的朋友。他是我的初中同学，他的性格活泼开朗。他和我的爱好相同，我们都喜欢做运动和听音乐。<br><br>저의 가장 친한 친구를 소개하겠습니다. 그는 제 중학교 동창으로, 성격이 활발하고 명랑합니다. 그와 저의 취미는 같은데, 우리 모두 운동하는 것과 음악 듣는 것을 좋아합니다. |
|---|---|
| 6-7급 | 我最好的朋友是我的高中同学。他姓李，他是个又聪明又热心的人。他总是以乐观的态度面对生活，而且经常帮助我、鼓励我。他和我性格很相似，我们都很外向，活泼好动。<br><br>저의 가장 친한 친구는 고등학교 동창입니다. 성은 이이고, 똑똑하고 열정적인 사람입니다. 그는 늘 낙관적인 태도로 삶을 대하고, 자주 저를 도와주고 격려해줍니다. 그와 저는 성격이 매우 비슷한데, 우리 모두 외향적이고 활발하며 활동적입니다. |

**어휘** **4-5급** **初中** chūzhōng 중학교 | ★ **性格** xìnggé 성격 | ★ **活泼** huópō 활발하다 | ★ **开朗** kāilǎng 명랑하다 | ★ **相同** xiāngtóng 똑같다

**6-7급** **高中** gāozhōng 고등학교 | ★ **热心** rèxīn 열정적이다 | ★ **乐观** lèguān 낙관적이다 | ★ **态度** tàidù 태도 | **面对** miànduì 대하다, 직면하다 | **鼓励** gǔlì 격려하다 | ★ **相似** xiāngsì 비슷하다 | ★ **外向** wàixiàng (성격이) 외향적이다 | **好动** hào dòng 활동적이다

---

## 问题 4

### 你认为经常换工作好处多还是坏处多？
당신은 자주 직장을 바꾸면 장점이 많다고 생각합니까 아니면 단점이 많다고 생각합니까?

---

**4-5급**

我认为经常换工作好处比较多。在换工作的过程中，会接触到不同的人与事，可以通过学习不断地提高自己，还能积累丰富的经验。所以我觉得经常换工作好处比坏处多。

저는 직장을 자주 바꾸는 것은 장점이 비교적 많다고 생각합니다. 이직을 하는 과정에서 서로 다른 사람과 일을 접하게 되고, 배움을 통해서 끊임없이 자신을 발전시킬 수 있으며 풍부한 경험도 쌓을 수 있습니다. 그래서 저는 잦은 이직이 단점보다 장점이 많다고 생각합니다.

**6-7급**

我认为经常换工作弊大于利。经常换工作会给人一种做事很不踏实的印象，而且对每个工作都只能停留在大概了解的水平，很难有更大的发展与进步。因此我觉得经常换工作不好。

저는 잦은 이직은 단점이 장점보다 많다고 생각합니다. 자주 직장을 바꾸는 것은 일을 함에 있어 성실하지 못한 인상을 줄 수 있습니다. 게다가 각각의 업무에 대해 그저 대략적으로 아는 수준에 머물 수 밖에 없기에 더 큰 발전과 향상이 어렵습니다. 그래서 저는 자주 이직하는 것은 좋지 않다고 생각합니다.

**어휘** 질문 ★ **好处** hǎochù 장점 | ★ **坏处** huàichù 단점

4-5급 **过程** guòchéng 과정 | **接触** jiēchù 접촉하다 | ★ **通过** tōngguò ~을 통해서 | ★ **积累** jīlěi 쌓다, 축적하다 | **丰富** fēngfù 풍부하다 | ★ **经验** jīngyàn 경험

6-7급 **弊** bì 단점, 폐해 | **A大于B** A dà yú B A가 B보다 크다(많다) | **利** lì 장점, 이익 | **踏实** tāshi 성실하다, 착실하다 | **印象** yìnxiàng 인상 | **停留** tíngliú 머물다, 정체하다 | ★ **大概** dàgài 대략적으로 | ★ **了解** liǎojiě 알다, 이해하다 | ★ **发展** fāzhǎn 발전하다 | **与** yǔ ~와/과 | ★ **进步** jìnbù 향상(하다), 진보(하다) | ★ **因此** yīncǐ 그래서

---

## 问题 5

### 家长和孩子之间总会有一些矛盾。你认为造成这些矛盾的原因是什么?

부모와 자식 사이에는 항상 약간의 갈등이 있기 마련입니다. 당신은 이런 갈등을 초래하는 원인이 무엇이라고 생각합니까?

**4-5급**

家长和孩子之间总会有一些矛盾，产生矛盾的主要原因就是代沟。随着孩子年龄的增长，他们会产生强烈的独立意识。这使家长和孩子在面对事情的时候想法不同，所以容易发生矛盾。

부모와 자식 사이에는 항상 약간의 갈등이 있는데, 갈등이 생기는 주된 원인은 바로 세대 차이입니다. 아이들이 나이가 들어감에 따라 그들은 강한 독립심이 생겨날 것입니다. 이는 부모와 아이가 어떤 일을 대할 때 생각의 차이를 만드는데, 이 때문에 쉽게 갈등이 생겨납니다.

**6-7급**

家长和孩子之间总会有一些矛盾，产生矛盾的根本原因是代沟。代沟导致家长与孩子的思维方式和行为方式有很大差异，所以双方无法互相理解。同时，这也会导致家长与孩子之间难以有效沟通，因此矛盾日益加深。

부모와 자식 사이에는 항상 약간의 갈등이 있는데, 갈등이 생기는 근본적인 원인은 세대 차이입니다. 세대 차이는 부모와 아이의 사고 방식 및 행동 방식에 있어 커다란 차이를 초래하는데, 그래서 서로 상대방을 이해하지 못합니다. 동시에, 이는 또 부모 자식 간에 효과적인 소통을 어렵게 만들어서 날로 갈등이 깊어지게 됩니다.

**어휘** ▶ 질문 ★ **家长** jiāzhǎng 부모, 학부모 | **之间** zhījiān 사이 | ★ **矛盾** máodùn 갈등, 모순 | **造成** zàochéng 초래하다 | ★ **原因** yuányīn 원인

4-5급 ★ **产生** chǎnshēng 생기다 | ★ **代沟** dàigōu 세대 차이 | **增长** zēngzhǎng 늘어나다, 증가하다 | **强烈** qiángliè 강하다, 강렬하다 | **独立意识** dúlì yìshi 독립심 | **使** shǐ (~로 하여금) ~하게 하다 | ★ **发生** fāshēng 발생하다

6-7급 **根本** gēnběn 근본적인, 결정적인, 주요한 | **导致** dǎozhì 초래하다 | ★ **思维** sīwéi 사고(하다), 생각(하다) | ★ **方式** fāngshì 방식 | ★ **行为** xíngwéi 행동(하다) | **差异** chāyì 차이 | **双方** shuāngfāng 양측, 쌍방 | **无法** wúfǎ ~할 수 없다, ~할 방법이 없다 | ★ **互相** hùxiāng 서로 | ★ **理解** lǐjiě 이해하다 | **难以** nányǐ ~하기 어렵다 | ★ **有效** yǒuxiào 효과적이다, 유효하다 | ★ **沟通** gōutōng 소통하다 | **日益** rìyì 날로 | **加深** jiāshēn 깊어지다, 심화하다

## 问题 1

### 你认为每天运动有哪些好处?
당신은 매일 운동하면 어떤 좋은 점이 있다고 생각합니까?

| 4-5급 | 我认为每天运动有很多好处。第一，可以控制体重。第二，可以预防慢性病。第三，会带来好心情。所以我们要坚持每天运动。<br><br>저는 매일 운동하면 좋은 점이 많다고 생각합니다. 첫째, 체중을 조절할 수 있습니다. 둘째, 만성 질환을 예방할 수 있습니다. 셋째, 기분을 좋게 만들어 줄 것입니다. 따라서 우리는 매일 꾸준히 운동해야 합니다. |
|---|---|
| 6-7급 | 我认为每天运动会受益良多。第一，有助于睡眠。第二，能控制体重，保持身材。第三，能延缓衰老，延长寿命。第四，能提高大脑机能，提升智力。第五，能降低患癌风险。俗话说，生命在于运动，我觉得为了健康运动是必要的。<br><br>저는 매일 운동하면 얻는 바가 아주 많다고 생각합니다. 첫째, 수면에 도움이 됩니다. 둘째, 체중을 조절하여 몸매를 유지할 수 있습니다. 셋째, 노화를 늦추고, 수명을 연장할 수 있습니다. 넷째, 대뇌 기능을 향상시켜 지능을 높여 줍니다. 다섯째, 암에 걸릴 위험을 낮출 수 있습니다. 속담에 이르길, '생명은 운동에 달려있다'고 했는데, 저는 건강을 위해서 운동은 필요하다고 생각합니다. |

**어휘** 질문 ★ **好处** hǎochù 좋은 점

4-5급 **控制** kòngzhì 조절하다, 제어하다 | ★ **体重** tǐzhòng 체중, 몸무게 | ★ **预防** yùfáng 예방하다 | ★ **慢性病** mànxìngbìng 만성 질환 | ★ **心情** xīnqíng 기분 | **坚持** jiānchí 꾸준히 하다, 지속하다

6-7급 **受益** shòu yì 이익을 얻다 | **良多** liáng duō 아주 많다 | ★ **有助于** yǒuzhù yú ~에 도움이 되다 | **睡眠** shuìmián 수면 | **保持** bǎochí 유지하다 | ★ **身材** shēncái 몸매 | **延缓** yánhuǎn 늦추다 | **衰老** shuāilǎo 노화하다, 노쇠하다 | **延长** yáncháng 연장하다 | **寿命** shòumìng 수명 | **大脑** dànǎo 대뇌 | **机能** jīnéng 기능 | **提升** tíshēng 향상시키다 | **智力** zhìlì 지능 | **降低** jiàngdī 낮추다 | **患癌** huàn ái 암에 걸리다 | **风险** fēngxiǎn 위험 | **俗话** súhuà 속담 | ★ **生命** shēngmìng 생명 | ★ **必要** bìyào 필요하다

## 问题 2

### 你认为方便食品给人们的生活带来的便利大吗?
당신은 인스턴트 식품이 사람들의 생활에 가져온 편리함이 크다고 생각합니까?

| 4-5급 | 我认为方便食品给人们的生活带来的便利很大。我是上班族，有时候工作忙，来不及做饭，我就会吃汉堡或方便面。对于上班族来说方便食品是最好的选择。<br><br>저는 인스턴트 식품이 사람들의 생활에 가져온 편리함이 매우 크다고 생각합니다. 저는 직장인인데, 때로는 일이 바쁜 탓에 밥 할 시간이 없으면 햄버거나 라면을 먹습니다. 직장인에게 있어 인스턴트 식품은 최고의 선택이라고 할 수 있습니다. |
|---|---|

| 6-7급 | 我认为方便食品确实给我们的生活带来了很大便利，但是吃多了不利于身体健康。由于方便食品一般都是油炸的，热量高，会导致很多疾病，因此我很少吃。<br><br>저는 인스턴트 식품이 확실히 우리 생활에 많은 편리함을 가져다 주긴 했지만, 많이 먹을 경우 건강에 이롭지 않다고 생각합니다. 인스턴트 식품은 보통 다 튀긴 것이고 열량이 높기 때문에 많은 질병들을 초래할 수 있습니다. 그래서 저는 잘 먹지 않습니다. |
|---|---|

**어휘** 질문 ★ **方便食品** fāngbiàn shípǐn 인스턴트 식품 | ★ **便利** biànlì 편리하다

4-5급 **上班族** shàngbānzú 직장인 | **来不及** láibují (시간이 부족하여) ~할 수 없다 | **汉堡** hànbǎo 햄버거 | **方便面** fāngbiànmiàn 라면 | **对于~来说** duìyú~lái shuō ~의 입장에서 보면

6-7급 ★ **确实** quèshí 확실히 | ★ **不利于** búlì yú ~에 이롭지 않다 | **炸** zhá (기름에) 튀기다 | ★ **热量** rèliàng 열량 | **导致** dǎozhì 초래하다 | ★ **疾病** jíbìng 질병 | ★ **因此** yīncǐ 그래서, 그러므로

---

## 问题 3

### 在乘坐公共交通工具时，应不应该给老年人让座?
대중교통을 탈 때, 노인에게 자리를 양보해야 합니까?

| 4-5급 | 我认为乘坐公共交通工具时，应该给老年人让座。老人身体不好，腿脚不灵活，公交车、地铁的晃动很可能使老人们摔倒受伤，所以每个人都应该帮助老人、尊重老人。<br><br>저는 대중교통을 탈 때 노인에게 자리를 양보해야 한다고 생각합니다. 노인들은 건강이 좋지 않고 다리에 힘이 없어서 버스나 지하철이 흔들리면 넘어져서 다칠 수 있습니다. 그래서 우리는 모두 노인들을 돕고 존중해야 합니다. |
|---|---|
| 6-7급 | 我认为乘坐公共交通工具时给不给老年人让座这个问题，谈不上应该不应该。因为给老年人让座是社会提倡的传统美德，不是强制执行的规范。每个人都有自己做人的标准和原则，让与不让取决于个人的品格，取决于个人的道德观。<br><br>저는 대중교통을 이용할 때 노인에게 자리를 양보할 것인가 말 것인가의 이 문제는 마땅한지 아닌지를 논할 바가 아니라고 생각합니다. 왜냐하면 노인들에게 자리를 양보하는 것은 사회가 장려하는 전통 미덕이지, 강제로 실시하는 규범이 아니기 때문입니다. 사람은 모두 저마다의 기준과 원칙이 있기 때문에, 양보를 하냐 안 하냐는 개인의 인품과 도덕관에 의해 결정되는 것입니다. |

**어휘** 질문 **乘坐** chéngzuò 타다, 탑승하다 | **公共交通** gōnggòng jiāotōng 대중교통 | ★ **工具** gōngjù 수단 | **老年人** lǎoniánrén 노인, 어르신 | **让座** ràng zuò 자리를 양보하다

4-5급 **灵活** línghuó 민첩하다, 원활하다 | **晃动** huàngdòng 흔들리다 | **使** shǐ (~로 하여금) ~하게 하다 | **摔倒** shuāi dǎo 넘어지다 | **受伤** shòu shāng 다치다, 부상을 입다 | **尊重** zūnzhòng 존중하다

6-7급 ★ **社会** shèhuì 사회 | **提倡** tíchàng 제창하다 | ★ **传统** chuántǒng 전통적이다 | **美德** měidé 미덕 | **强制** qiángzhì 강요하다 | **执行** zhíxíng 실시하다 | **规范** guīfàn 규범 | **标准** biāozhǔn 기준 | **原则** yuánzé 원칙 | **取决于** qǔjué yú ~에 의해 결정되다 | **品格** pǐngé 인품, 성품 | **道德观** dàodéguān 도덕관

## 问题 4

### 你认为翻译这一职业会被机器取代吗?

당신은 통번역이라는 이 직업이 기계에 의해 대체될 것이라고 생각합니까?

| | |
|---|---|
| 4-5급 | 我认为翻译这一职业不会被机器取代。因为机器没有情感，只能接收和输出信息，无法代替人脑去思考。同样的话所表达的意思会有所不同，机器无法理解深层的含义。因此机器很难取代人工翻译。<br><br>저는 통번역이라는 이 직업은 기계에 의해 대체되지 않을 것이라고 생각합니다. 왜냐하면 기계는 감정 없이 그저 정보를 받고 내보내는 것만 할 수 있을 뿐, 인간의 뇌를 대신해 사고할 수 없기 때문입니다. 똑같은 말이라도 표현하는 의미는 조금씩 다를 수 있는데, 기계는 (그) 깊은 속뜻을 이해할 방법이 없습니다. 따라서 기계가 사람이 하는 통번역을 대체하기는 힘듭니다. |
| 6-7급 | 我认为翻译这一职业会被机器取代。仅仅两三年的时间，人工智能已经不知不觉地渗透进了所有人的日常生活。例如像PAPAGO这样的智能语音交互产品等。这是现代科技的流行趋势，将来很有可能出现更高级的科技产品取代人工翻译。<br><br>저는 통번역이라는 이 직업이 기계에 의해 대체될 것이라고 생각합니다. 불과 2~3년이라는 시간 동안 인공 지능은 이미 어느새 모든 이들의 일상생활 속으로 스며들었습니다. 예를 들면, '파파고'와 같은 인공지능 음성대화 상품 등이 있습니다. 이는 현대 과학 기술의 트렌드이고, 미래에는 더욱 높은 수준의 과학 기술 제품이 나타나 사람이 하는 통번역을 대체할 가능성이 많습니다. |

**어휘** 질문 **翻译** fānyì 번역하다, 통역하다 ┃ ★**职业** zhíyè 직업 ┃ **机器** jīqì 기계 ┃ **取代** qǔdài 대체하다, 대신하다

4-5급 **情感** qínggǎn 감정, 느낌 ┃ **接收** jiēshōu 받다, 수신하다 ┃ **输出** shūchū 내보내다 ┃ ★**信息** xìnxī 정보 ┃ **无法** wúfǎ ~할 방법이 없다 ┃ **代替** dàtì 대체하다 ┃ **表达** biǎodá 표현하다 ┃ **有所** yǒusuǒ 조금(다소) ~하다 ┃ ★**理解** lǐjiě 이해하다 ┃ **深层** shēncéng 깊은 ┃ **含义** hányì 속뜻

6-7급 **仅仅** jǐnjǐn 불과, 단지 ┃ **人工智能** réngōngzhìnéng 인공 지능 ┃ **不知不觉** bùzhībùjué 어느새, 자기도 모르는 사이에 ┃ **渗透** shèntòu 스며들다, 침투하다 ┃ **所有** suǒyǒu 모든 ┃ ★**例如** lìrú 예를 들면 ┃ **语音交互** yǔyīn jiāohù 음성대화 ┃ ★**产品** chǎnpǐn 제품 ┃ **现代** xiàndài 현대 ┃ ★**科技** kējì 과학 기술 ┃ **流行** liúxíng 유행하다 ┃ **趋势** qūshì 추세 ┃ **将来** jiānglái 미래 ┃ ★**出现** chūxiàn 나타나다, 출현하다 ┃ **高级** gāojí (품질, 수준이) 높은, 고급의

## 第6部分

## 问题 1

你跟朋友约好周六去爬山，但天气预报说那天会下雨。请跟朋友说明情况，并提出一些能在室内做的活动。

당신은 토요일에 등산을 가기로 친구와 약속했습니다. 하지만 일기 예보에서 그날 비가 온다고 합니다. 친구에게 상황을 설명하고, 실내에서 할 수 있는 활동을 제시해 보세요.

**4-5급**

小李，我们本来约好了周六去爬山嘛，但是天气预报说那天会下雨，我们下次再去爬山吧。周六我们去看话剧怎么样？

샤오리, 우리 원래 토요일에 등산 가기로 약속 했었잖아, 그런데 일기예보에서 그날 비 올 거래. 우리 등산은 다음에 가고, 토요일에는 연극 보러 가는 게 어때?

**6-7급**

小李，我们不是约好周六去爬山了嘛！但听天气预报说这周六会下雨，我们改天再去爬山吧。周六我们去吃寿司怎么样？吃完饭后我们还可以一起去喝杯啤酒。

샤오리, 우리 토요일에 등산가기로 약속했잖아! 그런데 일기예보에서 이번 토요일에 비가 올 거라고 하니까 우리 등산은 다음에 가고, 토요일에는 초밥 먹으러 가는 게 어떨까? 밥 먹고 나서 우리 같이 맥주도 마시러 갈 수 있어.

**어휘** 질문 ★ 约 yuē 약속하다 ┃ ★ 预报 yùbào 예보(하다) ┃ ★ 说明 shuōmíng 설명하다 ┃ ★ 情况 qíngkuàng 상황 ┃ 并 bìng 그리고 ┃ ★ 提出 tíchū 제시하다, 제안하다

4-5급 ★ 本来 běnlái 원래, 본래 ┃ 话剧 huàjù 연극

6-7급 ★ 改天 gǎitiān 다음, 후일 ┃ 寿司 shòusī 초밥, 스시

## 问题 2

你为妈妈在蛋糕店定制了生日蛋糕，但蛋糕店却把名字写错了。请你向蛋糕店说明情况，并要求解决问题。

당신이 엄마를 위해서 케이크 가게에서 생일 케이크를 주문 제작했는데, 케이크 가게에서 이름을 잘못 썼습니다. 가게에 상황을 설명하고, 문제 해결을 요청해 보세요.

**4-5급**

您好，我在你们蛋糕店定制了生日蛋糕，但是你们却把上面的名字写错了。我有买蛋糕的小票，请你们尽快帮我解决问题。

안녕하세요, 제가 여기에서 생일 케이크를 주문 제작했는데, 케이크 위에 이름을 잘못 써주셨네요. 케이크 산 영수증을 가지고 있습니다. 최대한 빨리 문제를 해결해 주세요.

**6-7급**

您好，请问您是这里的负责人吗？我在你们蛋糕店定制了生日蛋糕，但是你们却把上面的名字写错了。你们能不能在今天下午三点之前按我的要求重新做一个？

안녕하세요, 실례지만 여기 책임자신가요? 제가 여기서 생일 케이크를 주문 제작했는데, 위에 이름을 잘못 써주셨어요. 오늘 오후 3시 전까지 제가 원한대로 새로 하나 만들어 주실 수 있나요?

**어휘** 질문 **定制** dìngzhì 주문 제작하다, 맞춤 제작하다 | **却** què 뜻밖에도 | ★ **要求** yāoqiú 요청하다, 요구하다 | ★ **解决** jiějué 해결하다

4-5급 ★ **小票** xiǎopiào 영수증 | ★ **尽快** jǐnkuài 최대한 빨리

6-7급 **负责人** fùzérén 책임자 | **之前** zhīqián ~전, 이전 | **按** àn ~대로, ~에 따라서 | **重新** chóngxīn 새로, 다시

---

## 问题 3

你马上要上班了，但是你们家突然停水了。请你给物业管理处打电话，要求解决问题。

당신은 곧 출근을 해야 하는데, 그런데 집에 갑자기 물이 나오지 않습니다. 관리 사무실에 전화를 걸어 문제 해결을 요청해 보세요.

---

**4-5급**

喂，你好，是物业管理处吗？我住在305号，我们家突然停水了。您现在能来检查一下吗？拜托你了。

여보세요, 관리 사무실인가요? 저는 305호에 사는데요, 집에 갑자기 물이 나오지 않아서요. 지금 오셔서 좀 봐주실 수 있나요? 부탁 드립니다.

---

**6-7급**

喂，你好，是物业管理处吗？我住在1104号，我们家突然停水了。我现在着急要洗澡上班。请你马上派人来帮我检查一下是什么原因，并尽快帮我解决问题，谢谢。

여보세요, 관리 사무실인가요? 저는 1104호에 사는데요, 갑자기 집에 물이 나오지 않습니다. 제가 지금 빨리 씻고 출근을 해야 하니까, 바로 사람을 보내서 원인이 무엇인지 확인 좀 부탁 드리겠습니다. 최대한 빨리 해결해 주세요. 감사합니다.

---

**어휘** 질문 **停** tíng 멈추다 | **物业管理处** wùyè guǎnlǐchù 관리 사무소

4-5급 ★ **拜托** bàituō 부탁하다

6-7급 ★ **派人** pài rén 사람을 보내다, 파견하다 | ★ **原因** yuányīn 원인

| 4-5급 | 1 | 今天是老张和孩子们约好去爬山的日子，早上老张很早就起床了，可孩子们还在睡觉。<br>오늘은 라오장은 아이들이 등산가기로 약속한 날입니다. 라오장은 아침 일찍 일어났지만, 아이들은 여전히 자고 있습니다. |
| | 2 | 老张叫醒他们，准备好后就开车出发了。老张看起来很高兴，可是后座上的孩子却困得不得了。<br>라오장은 아이들을 깨워서 준비를 마친 후 운전해서 출발했습니다. 라오장은 매우 즐거워 보이는데, 뒷좌석의 아이들은 굉장히 졸린 것 같습니다. |
| | 3 | 一个多小时后，他们终于来到了山脚下，老张停好车，带着两个一直打哈欠的孩子开始爬山。<br>한 시간이 조금 지난 후 그들은 마침내 산 아래에 도착했습니다. 라오장은 차를 세우고, 계속해서 하품하는 두 아이를 데리고 등산을 시작했습니다. |
| | 4 | 爬到山顶后，老张累得说不出话，两个孩子却一点儿也不困了，他们又跳又叫，高兴极了。<br>산 정상에 오른 후, 라오장은 힘들어서 말이 나오지 않았지만 두 아이는 오히려 조금도 졸리지 않았고, 뛰고 소리지르며 굉장히 즐거워했습니다. |
| 6-7급 | 1 | 周末老张要带孩子们去爬山。为了避开交通堵塞的时间，他一大早就叫醒了正在睡梦中的孩子。准备了一番，三个人就出发了。<br>주말에 라오장은 아이들을 데리고 등산을 가려고 합니다. 차가 막히는 시간을 피하기 위해서 그는 아침 일찍부터 꿈나라에 있는 아이들을 깨웠습니다. 준비를 마치고 세 사람은 출발했습니다. |
| | 2 | 老张心情非常好，他一边哼着小曲儿，一边开车，而两个孩子却在后座上不停地打着哈欠。<br>라오장은 기분이 매우 좋아서 노래를 흥얼대며 운전했습니다, 하지만, 두 아이는 뒷좌석에서 끊임없이 하품을 해댔습니다. |
| | 3 | 一个小时后，他们便到了目的地，老张依然精力充沛，而两个孩子却半梦半醒地下了车，跟在老张后面开始爬山。<br>한 시간 후 그들은 바로 목적지에 도착했습니다. 라오장은 여전히 에너지가 가득했지만, 두 아이는 비몽사몽한 상태로 차에서 내려 아빠 뒤를 따라 등산을 시작했습니다. |

| 4 | 大家经过一番努力，终于爬到了山顶。老张又热又累，完全没有心情去欣赏美丽的风景。相反，孩子们已经睡意全无，一脸兴奋的表情，高兴得不得了。<br><br>모두들 노력 끝에 드디어 산 정상에 올랐습니다. 라오장은 덥고 힘들어서 아름다운 풍경을 감상할 마음이 전혀 없었습니다. 이와 반대로 아이들은 이미 졸음이 완전히 깨서는 얼굴 가득 들뜬 표정으로 아주 즐거워했습니다. |
| --- | --- |

**어휘**  4-5급  ★ **约** yuē 약속하다  |  **叫醒** jiào xǐng 깨우다  |  **出发** chūfā 출발하다  |  ★ **却** què 오히려, 의외로  |  **停** tíng 멈추다  |  **打哈欠** dǎ hāqiàn 하품을 하다  |  **山顶** shāndǐng 산 정상

6-7급  **避开** bìkāi 피하다  |  **堵塞** dǔsè 막히다  |  **睡梦** shuìmèng 꿈나라, 꿈  |  ★ **心情** xīnqíng 기분, 마음  |  **哼** hēng 흥얼거리다  |  **便** biàn 바로  |  **目的地** mùdìdì 목적지  |  **依然** yīrán 여전히  |  **充沛** chōngpèi 가득하다, 왕성하다  |  **半梦半醒** bànmèngbànxǐng 비몽사몽  |  **欣赏** xīnshǎng 감상하다  |  ★ **相反** xiāngfǎn 반대로, 거꾸로  |  **睡意** shuìyì 졸음  |  **全无** quánwú 완전히(전혀) 없다  |  ★ **表情** biǎoqíng 표정

# Test of
# Spoken
# Chinese

# 모범 답안 및 해석 02

## 问题 1

### 你叫什么名字?
당신의 이름은 무엇입니까?

| 4-5급 | 我叫徐多艺，是我父母给我起的名字。 |
|---|---|
| | 저는 서다예라고 하고, 부모님께서 저에게 지어주신 이름입니다. |
| 6-7급 | 我姓李，叫智元。我的外号是红萝卜。 |
| | 제 성은 이이고, 이름은 지원입니다. 저의 별명은 홍당무입니다. |

**어휘**　4-5급　**父母** fùmǔ 부모　|　**给** gěi ~에게　|　★ **起名字** qǐ míngzi 이름을 짓다

　　6-7급　★ **姓** xìng 성이 ~이다　|　★ **外号** wàihào 별명　|　**红萝卜** hóngluóbo 홍당무

## 问题 2

### 请说出你的出生年月日。
당신의 생년월일을 말해주세요.

| 4-5급 | 我是1991年3月19号出生的，今年二十九岁，属羊。 |
|---|---|
| | 저는 1991년 3월 19일에 태어났고, 올해 29살로 양띠입니다. |
| 6-7급 | 我出生于1996年4月2号，今年二十四岁，属鼠。 |
| | 저는 1996년 4월 2일에 태어났고, 올해 24살로 쥐띠입니다. |

**어휘**　질문　★ **出生** chūshēng 태어나다, 출생하다

　　4-5급　★ **属** shǔ (십이지의) ~띠이다　|　**羊** yáng 양

　　6-7급　★ **于** yú ~에, ~에서(시간 또는 장소를 나타냄)　|　**鼠** shǔ 쥐

## 问题 3

### 你家有几口人?
당신의 가족은 몇 명입니까?

| 4-5급 | 我家有三口人，爸爸、妈妈和我。我是独生女。 |
| | 우리 가족은 세 명으로, 아빠, 엄마 그리고 저입니다. 저는 외동딸입니다. |
| 6-7급 | 我家有五口人，爸爸、妈妈、弟弟、妹妹和我。我家很和睦。 |
| | 우리 가족은 다섯 명으로, 아빠, 엄마, 남동생, 여동생 그리고 저입니다. 저희 집은 매우 화목합니다. |

**어휘** ▶ 질문 ★ 口 kǒu 명(식구를 세는 단위)

4-5급 ★ 独生女 dúshēngnǚ 외동딸

6-7급 ★ 弟弟 dìdi 남동생 | ★ 妹妹 mèimei 여동생 | 和睦 hémù 화목하다

---

## 问题 4

### 你在什么地方工作？或者你在哪个学校上学？

당신은 어느 곳에서 일합니까? 혹은 당신은 어느 학교에 다닙니까?

| | 직장인 | 我在医院工作。我是护士，平时工作非常忙，经常要加班。 |
| | | 저는 병원에서 일합니다. 저는 간호사인데, 평소에 일이 굉장히 바빠서 자주 야근을 해야 합니다. |
| 4-5급 | 재학생 | 我在韩国大学读书，我的专业是数学教育。我想当数学老师。 |
| | | 저는 한국대학교에서 공부하고 있고, 전공은 수학 교육입니다. 저는 수학선생님이 되고 싶습니다. |
| | 졸업생 | 我已经毕业了，最近在找工作。 |
| | | 저는 이미 졸업했고, 요즘은 구직 중입니다. |
| | 직장인 | 我在电子公司的采购部工作。我是代理。最近工作比较忙，有点儿累。 |
| | | 저는 전자회사 구매팀에서 일하고 있고, 대리입니다. 최근 일이 좀 바빠서 조금 피곤합니다. |
| 6-7급 | 재학생 | 我是韩国大学幼儿教育系三年级的学生。这个学期我要去幼儿园实习。 |
| | | 저는 한국대학교 유아교육학과 3학년 학생입니다. 이번 학기에 저는 유치원에 가서 실습을 해야 합니다. |
| | 졸업생 | 我已经毕业了。我打算去中国留学，所以最近在补习班学习汉语。 |
| | | 저는 이미 졸업을 했습니다. 저는 중국으로 유학 갈 계획이라서 요즘 학원에서 중국어를 배우고 있습니다. |

**어휘** ▶ 질문 地方 dìfang 곳, 장소 | 或者 huòzhě 혹은, 아니면 | 上学 shàng xué 학교에 다니다, 등교하다

4-5급 护士 hùshi 간호사 | ★ 平时 píngshí 평소, 평상시 | ★ 经常 jīngcháng 자주 | ★ 加班 jiā bān 야근하다 | ★ 读书 dú shū 공부하다 | ★ 专业 zhuānyè 전공 | 数学 shùxué 수학 | 教育 jiàoyù 교육 | 当 dāng ~이 되다 | 月份 yuèfèn 월(달) | ★ 已经 yǐjīng 이미 | ★ 毕业 bì yè 졸업하다 | ★ 最近 zuìjìn 요즘 | ★ 找 zhǎo 찾다

6-7급 电子 diànzǐ 전자 | ★ 公司 gōngsī 회사 | 采购部 cǎigòu bù 구매팀 | 代理 dàilǐ 대리 | 幼儿 yòu'ér 유아 | ★ 系 xì 학과, 과 | ★ 年级 niánjí 학년 | 学期 xuéqī 학기 | 幼儿园 yòu'éryuán 유치원 | 实习 shíxí 실습하다 | ★ 打算 dǎsuàn ~할 계획이다 | 留学 liú xué 유학하다 | 所以 suǒyǐ 그래서 | ★ 补习班 bǔxíbān 학원

## 第2部分

## 问题 1

### 她在做菜吗?
그녀는 요리를 하고 있습니까?

| | |
|---|---|
| 4-5급 | 不，她在听音乐。<br>아니요, 그녀는 음악을 듣고 있습니다. |
| 6-7급 | 不，她坐在沙发上听音乐呢，她在听慢歌。<br>아니요, 그녀는 소파에 앉아서 음악을 듣고 있습니다. 그녀는 발라드를 듣고 있습니다. |

**어휘** 질문 ★ **做菜** zuò cài 요리를 하다

4-5급 ★ **音乐** yīnyuè 음악

6-7급 **沙发** shāfā 소파 | **慢歌** màngē 발라드

## 问题 2

### 中间的是什么动物?
중간(에 있는 것)은 무슨 동물입니까?

| | |
|---|---|
| 4-5급 | 中间的是狗。<br>중간은 개입니다. |
| 6-7급 | 中间的是狗，它很可爱。<br>중간은 개이고, 무척 귀엽습니다. |

**어휘** 질문 ★ **中间** zhōngjiān 중간 | **动物** dòngwù 동물

6-7급 ★ **可爱** kě'ài 귀엽다, 사랑스럽다

## 问题 3

### 钱包多少钱?
지갑은 얼마입니까?

| 4-5급 | 钱包一百三十八块。<br>지갑은 138위안입니다. |
|---|---|
| 6-7급 | 钱包一百三十八块，旁边的雨伞一百二十块。<br>지갑은 138위안이고, 옆의 우산은 120위안입니다. |

**어휘** ▶ 질문 **钱包** qiánbāo 지갑

6-7급 ★ **旁边** pángbiān 옆(쪽) │ **雨伞** yǔsǎn 우산

---

**问题 4**

## 从公园到学校有多远?
공원에서 학교까지 얼마나 멉니까?

| 4-5급 | 从公园到学校有一百六十五米。<br>공원에서 학교까지 165m입니다. |
|---|---|
| 6-7급 | 从公园到学校有一百六十五米，不太远。<br>공원에서 학교까지 165m로, 별로 멀지 않습니다. |

**어휘** ▶ 질문 ★ **从A到B** cóng A dào B A에서 B까지 │ ★ **公园** gōngyuán 공원

4-5급 ★ **米** mǐ 미터(m)

6-7급 ★ **远** yuǎn 멀다

## 第3部分

## 问题 1

### 这周六我们吃汉堡包还是意大利面?

이번 주 토요일에 우리 햄버거 먹을까 아니면 스파게티 먹을까?

**4-5급**

这周六我们吃汉堡包怎么样?听说学校附近新开的汉堡店很不错,我们去那儿吃吧,我请客!

이번 주 토요일에 우리 햄버거 먹는 거 어때? 듣자 하니 학교 근처에 새로 오픈한 햄버거집이 괜찮대. 우리 거기 가서 먹자, 내가 살게!

**6-7급**

我们吃别的吧。我最近在减肥,汉堡包和意大利面的热量太高了。要不我们去吃沙拉怎么样?

우리 다른 거 먹자. 나 요즘 다이어트 중이거든. 햄버거랑 스파게티는 열량이 너무 높아. 아니면 우리 샐러드 먹으러 가는 거 어때?

**어휘** 질문 **汉堡包** hànbǎobāo 햄버거 | ★ **还是** háishi 아니면(선택의문문) | **意大利面** yìdàlìmiàn 스파게티

4-5급 ★ **听说** tīngshuō 듣자 하니 | ★ **附近** fùjìn 근처 | ★ **不错** búcuò 괜찮다, 좋다 | ★ **请客** qǐng kè 한턱 내다

6-7급 **别的** biéde 다른 것 | ★ **最近** zuìjìn 요즘 | ★ **减肥** jiǎn féi 다이어트 하다 | ★ **热量** rèliàng 열량 | **沙拉** shālā 샐러드

## 问题 2

### 你喜欢听音乐吗?

당신은 음악 듣는 것을 좋아하나요?

**4-5급**

我很喜欢听音乐,这是我的爱好。我有时候听韩国歌,有时候听中国歌,你呢?你也喜欢听音乐吗?

저는 음악 듣는 것을 좋아해요, (음악 듣기는) 제 취미예요. 어떨 때는 한국 음악 듣고, 어떨 때는 중국 음악을 들어요. 당신은요? 당신도 음악 듣는 거 좋아해요?

**6-7급**

我非常喜欢听音乐,我最近迷上了电影《我的少女时代》的主题曲《小幸运》。这首歌的旋律和歌词都很好,有空儿你也听听吧。

저는 음악 듣는 것을 굉장히 좋아해요. 제가 요즘 영화 ≪나의 소녀시대≫ 주제곡 '소행운'에 빠져 있는데, 이 노래 멜로디랑 가사가 정말 좋아요. 시간 나면 당신도 한번 들어 보세요.

**어휘** | 질문 ★ 音乐 yīnyuè 음악

4-5급 ★ 爱好 àihào 취미

6-7급 迷上 míshàng 푹 빠지다 | 少女 shàonǚ 소녀 | 时代 shídài 시대 | 主题曲 zhǔtíqǔ 주제곡 | 首 shǒu 곡(노래를 세는 단위) | 旋律 xuánlǜ 멜로디 | 歌词 gēcí 가사 | ★ 空儿 kòngr 시간, 여유, 틈

---

**问题 3**

## 这次出差，你去美国还是中国?
이번 출장 때 당신은 미국 가요 아니면 중국 가요?

| | |
|---|---|
| 4-5급 | 这次我去美国出差，大概得去一个星期，我们部门最近在美国进行一个项目，所以我要去参加很多会议。<br><br>이번에 저는 미국으로 출장 가는데, 대략 일주일 정도 가야 해요. 저희 부서가 요즘 미국에서 프로젝트를 진행 중이거든요, 그래서 저는 여러 회의에 참석하러 가야 해요. |
| 6-7급 | 我去中国出差，这是我第一次去北京分公司，所以有点紧张。这次我要作为讲师对新员工进行培训，你有这方面的经验吗?<br><br>저는 중국으로 출장 가는데, 이번이 베이징 지사 첫 방문이라서 조금 긴장돼요. 이번에 저는 강사로서 신입직원들에게 교육을 진행할 거예요. 당신은 이쪽 분야에 경험이 있나요? |

**어휘** | 질문 ★ 出差 chū chāi 출장하다 | 美国 Měiguó 미국

4-5급 ★ 大概 dàgài 대략, 아마도 | ★ 得 děi ~해야 한다 | ★ 部门 bùmén 부서, 팀 | 进行 jìnxíng 진행하다 | 项目 xiàngmù 프로젝트 | ★ 参加 cānjiā 참석하다, 참가하다 | ★ 会议 huìyì 회의

6-7급 ★ 分公司 fēngōngsī (기업체의) 지사 | 紧张 jǐnzhāng 긴장하다 | ★ 作为 zuòwéi (~신분, 자격)으로 | 讲师 jiǎngshī 강사 | 员工 yuángōng 직원 | 培训 péixùn 교육하다, 훈련하다 | ★ 方面 fāngmiàn 분야, 방면 | ★ 经验 jīngyàn 경험

---

**问题 4**

## 我要上汉语补习班。
나 중국어 학원 다닐거야.

| | |
|---|---|
| 4-5급 | 是吗? 太好了，我也很想学习汉语。你要上哪个补习班? 听说我们学校对面的补习班挺不错，我们一起去那儿报名怎么样?<br><br>그래? 너무 잘됐다. 나도 중국어 너무 배우고 싶거든. 너 어느 학원 다닐 거야? 듣자니까 우리 학교 맞은편에 있는 학원이 아주 좋다던데, 우리 같이 거기에 등록하러 가는 거 어때? |
| 6-7급 | 好主意! 你打算从什么时候开始上? 已经选好补习班了吗? 小李在江南学汉语，听说他上的补习班挺不错的。你可以问问他。<br><br>좋은 생각이네! 언제부터 학원 다닐 계획이야? 학원은 이미 정했어? 샤오리가 강남에서 중국어를 배우는데, 다니는 학원이 굉장히 좋다고 들었거든. 걔한테 한번 물어봐. |

**어휘 ▶ 질문** ★ **补习班** bǔxíbān 학원

**4-5급** ★ **对面** duìmiàn 맞은편 | **挺** tǐng 아주, 굉장히 | ★ **报名** bào míng 등록하다

**6-7급** **主意** zhǔyi 생각, 아이디어 | ★ **打算** dǎsuàn ~할 계획이다 | **选** xuǎn 고르다 | **江南** Jiāngnán 강남

---

**问题 5**

## 您试穿一下这双鞋。
이 신발 한번 신어 보세요.

---

**4-5급** 好的，我觉得这双鞋又漂亮又舒服，我很喜欢。这双鞋是特价商品吗？多少钱？

네, 이 신발은 예쁘고 편한 것 같아서 마음에 드네요. 이 신발은 특가 상품인가요? 얼마예요?

---

**6-7급** 我觉得这双鞋有点儿小，有没有大一号的？我平时穿三八的。对了，听说你们在搞优惠活动，能打七折，对吗？

이 신발은 조금 작은 것 같은데, 한 사이즈 큰 거 있나요? 저는 평소에 38사이즈 신어요. 참, 여기 할인 행사 중이라고 들었는데, 30% 할인되는 거 맞나요?

---

**어휘 ▶ 질문** ★ **试穿** shì chuān (옷, 신발 등을) 착용해 보다 | **双** shuāng 켤레, 쌍(짝을 이루는 물건을 세우는 단위) | **鞋** xié 신발

**4-5급** ★ **舒服** shūfu 편안하다 | ★ **特价** tèjià 특가 | ★ **商品** shāngpǐn 상품

**6-7급** ★ **平时** píngshí 평소 | ★ **搞** gǎo 하다, 실시하다 | ★ **优惠活动** yōuhuì huódòng 할인 행사 | ★ **打折** dǎ zhé 할인하다, 에누리하다

## 第4部分

## 问题 1

### 你喜欢学习汉语吗?

당신은 중국어 공부하는 것을 좋아합니까?

**4-5급**

我喜欢学习汉语。虽然汉语有点儿难，但是很有意思。特别是发音，像音乐一样，很好听。所以我每天下班后都会去补习班学习汉语。

저는 중국어 공부하는 것을 좋아합니다. 비록 중국어는 조금 어렵지만, 재미있습니다. 특히 발음이 음악같고 듣기 좋습니다. 그래서 저는 매일 퇴근 후에 학원에 가서 중국어를 공부합니다.

**6-7급**

我喜欢学习汉语。刚学汉语的时候觉得很难，但是学到高级以后我的汉语有了很大的进步。为了保持汉语水平，我经常看中国电影，看不懂的地方就看字幕查词典。

저는 중국어 공부하는 것을 좋아합니다. 막 중국어를 배우기 시작했을 때는 어렵다고 생각했는데, 고급 단계가 된 후에 중국어가 크게 늘었습니다. 중국어 실력을 유지하기 위해서 저는 중국 영화를 자주 보는데요, 이해가 안 가는 부분은 자막을 보며 사전을 찾아봅니다.

**어휘** **4-5급** 发音 fāyīn 발음

**6-7급** ★ 刚 gāng 막, 방금 ｜ 高级 gāojí (품질, 수준이) 고급의, 높은 ｜ ★ 进步 jìnbù 늘다, 발전하다 ｜ 保持 bǎochí 유지하다 ｜ 字幕 zìmù 자막

## 问题 2

### 你家附近有你常去的公园吗?

집 근처에 당신이 자주 가는 공원이 있습니까?

**4-5급**

我家附近有我常去的公园。那个公园虽然规模不大，但有好几种健身器材，我几乎每天去那儿运动。在公园里运动能帮助我减轻压力，保持愉快的心情。

저희 집 근처에는 제가 자주 가는 공원이 있습니다. 그 공원은 규모는 크지 않지만, 여러 종류의 운동기구가 있어서 저는 거의 매일 거기에 가서 운동합니다. 공원에서 운동하면 스트레스도 줄이고, 상쾌한 기분을 유지할 수 있게 도와줍니다.

**6-7급**

我家附近有一个公园，我经常去那儿。那个公园是我们城区内最大的城市公园，有花、有宽阔的草坪。我每个周末都会跟家人去那儿玩儿，我觉得那个公园是值得去玩儿的地方。

저희 집 근처에 공원이 하나 있는데, 저는 자주 거기에 갑니다. 그 공원은 우리 지역에서 가장 큰 도시 공원으로, 꽃과 넓은 잔디밭이 있습니다. 저는 주말마다 가족들과 그곳에 가서 노는데, 제 생각에 그 공원은 놀러 가볼 만한 곳인 것 같습니다.

**4-5급** 规模 guīmó 규모 | 好几 hǎojǐ 여러, 몇 | 健身器材 jiànshēn qìcái 운동기구 | ★ 减轻 jiǎnqīng (정도, 무게 등) 줄이다, 덜다 | ★ 压力 yālì 스트레스 | 愉快 yúkuài 상쾌하다, 기분 좋다 | ★ 心情 xīnqíng 기분, 심정

**6-7급** 城区 chéngqū 도시, 도심지역 | 宽阔 kuānkuò 넓다 | 草坪 cǎopíng 잔디밭, 초원 | ★ 值得 zhí dé ~할 만하다

---

### 问题 3

## 一个人的时候，你一般出去吃饭还是在家做饭吃?
혼자 있을 때, 당신은 보통 나가서 밥을 먹습니까 아니면 집에서 해서 먹습니까?

---

**4-5급**

一个人的时候，我一般出去吃饭。我平时工作很忙，没有时间去超市买菜，所以常去公司或家附近的餐厅吃饭。

혼자 있을 때 저는 보통 나가서 밥을 먹습니다. 저는 평소 일이 너무 바빠서 마트에 장을 보러 갈 시간이 없습니다. 그래서 회사나 집 근처 식당에 가서 밥을 먹습니다.

---

**6-7급**

一个人的时候，我一般自己在家做饭吃。因为我觉得叫外卖或者出去吃饭不太卫生。而且我很喜欢做菜，也很喜欢自己去超市买菜。也许有人会说我自找麻烦，可对我来说这也是一种缓解压力的方法。因此一个人的时候，我更喜欢在家做饭吃。

혼자 있을 때 저는 보통 집에서 직접 밥을 해서 먹습니다. 왜냐하면 저는 배달 음식을 시키거나 나가서 먹는 것이 그다지 위생적이지 않다고 생각하기 때문입니다. 또한 저는 요리하는 것을 좋아하고, 직접 마트에 장보러 가는 것도 좋아합니다. 어쩌면 누군가는 번거로움을 자처한다고 하겠지만, 제게는 이 역시 일종의 스트레스 해소법입니다. 그러므로 혼자 있을 때 저는 집에서 밥을 해 먹는 것을 더 좋아합니다.

---

**4-5급** ★ 平时 píngshí 평소 | ★ 餐厅 cāntīng 식당
**6-7급** 外卖 wàimài 배달 음식 | ★ 卫生 wèishēng 위생적이다 | ★ 也许 yěxǔ 어쩌면, 아마도 | 自找麻烦 zì zhǎo máfan 번거로움을 자처하다, 귀찮은 일을 사서하다 | 对~来说 duì~lái shuō ~에게는, ~의 입장에서는 | ★ 缓解 huǎnjiě 해소하다, 풀다 | ★ 压力 yālì 스트레스

## 问题 4

### 你喜欢看音乐方面的电视节目吗?

당신은 음악 분야의 TV 프로그램 보는 것을 좋아합니까?

**4-5급**

我喜欢看音乐方面的电视节目。我的爱好是听音乐。每天下班回家后我都会坐在沙发上看音乐方面的节目。

저는 음악 분야의 TV 프로그램 보는 것을 좋아합니다. 제 취미는 음악 감상이고, 매일 퇴근 후 집에 돌아와 소파에 앉아서 음악 분야 프로그램을 시청합니다.

**6-7급**

我不喜欢看音乐方面的电视节目，因为我不喜欢听音乐。我比较喜欢体育，我一有空就看体育类的节目。我有时候还会找朋友去现场看体育比赛，看体育比赛可以消除我的压力。

저는 음악 분야의 TV 프로그램 보는 것을 좋아하지 않는데, 이유는 제가 음악 듣는 것을 좋아하지 않기 때문입니다. 저는 스포츠를 좋아하는 편이라서, 시간만 생기면 스포츠 프로그램을 시청합니다. 가끔씩은 또 친구와 현장에 가서 스포츠 경기를 보는데, 스포츠 경기를 보면 스트레스를 해소할 수 있습니다.

**어휘** **질문** ★ **方面** fāngmiàn 분야, 방면

**4-5급** **沙发** shāfā 소파

**6-7급** ★ **空** kòng 시간, 여유, 틈 | **类** lèi 류, 종류 | **现场** xiànchǎng 현장 | **消除** xiāochú 해소하다

## 你在平时的生活中，注意环保吗?

당신은 평소 생활하면서 환경보호에 신경을 씁니까?

| 4-5급 | 我平时很注意环保。最近几年空气污染比较严重，因此我很少开私家车出门。我每天上下班时都会选择公共交通工具。我觉得为了我们的地球，为了我们的未来，环保是必要的，希望大家一起努力。 |
|---|---|
| | 저는 평상시 환경보호에 매우 신경을 씁니다. 최근 몇 년간 공기오염이 심각하다보니 저는 자가용을 몰고 외출하는 일이 거의 없습니다. 저는 매일 출퇴근 시 대중교통 수단을 선택하고 있습니다. 저는 우리의 지구를 위해서, 우리의 미래를 위해서 환경 보호는 필수라고 생각합니다. 모두가 함께 노력했으면 좋겠습니다. |

| 6-7급 | 我觉得环保对于我们每一个人来说都很重要，因此我在日常生活中非常注意节约资源。例如，尽量不使用纸杯和一次性筷子，打印文件时尽量双面打印等。此外，我也非常注意垃圾分类。环保并不复杂，为了我们的地球和未来，我希望大家增强环保意识，一起努力。 |
|---|---|
| | 저는 환경을 보호하는 일은 우리 모두에게 있어 매우 중요하다고 생각합니다. 그래서 저는 일상 생활 속에서 자원을 절약하는 일에 굉장히 신경을 쓰는 편인데, 예를 들면 최대한 종이컵과 일회용 젓가락 사용을 자제하고 문서 인쇄 시 가능한 양면인쇄를 하고 있습니다. 그 밖에도, 저는 쓰레기 분리 수거에도 굉장히 신경을 씁니다. 환경 보호는 결코 복잡하지 않습니다. 우리의 지구와 미래를 위하여 저는 모두가 환경보호 의식을 강화해서 함께 노력했으면 좋겠습니다. |

**어휘** 질문 ★ **生活** shēnghuó 생활(하다) | ★ **保护** bǎohù 보호하다

4-5급 ★ **空气** kōngqì 공기 | ★ **污染** wūrǎn 오염 | ★ **严重** yánzhòng 심각하다 | ★ **因此** yīncǐ 그래서 | **私家车** sījiāchē 자가용 | **公共交通** gōnggòng jiāotōng 대중교통 | ★ **工具** gōngjù 수단, 도구 | **地球** dìqiú 지구 | **未来** wèilái 미래 | ★ **环保** huánbǎo 환경보호 | ★ **必要** bìyào 필요하다

6-7급 ★ **节约** jiéyuē 절약하다 | **资源** zīyuán 자원 | ★ **例如** lìrú 예를 들면 | **纸杯** zhǐbēi 종이컵 | **文件** wénjiàn 문서 | **打印** dǎyìn 인쇄하다 | **双面** shuāngmiàn 양면 | **垃圾分类** lājī fēnlèi 쓰레기 분리 수거 | **复杂** fùzá 복잡하다 | **增强** zēngqiáng 강화하다, 증강하다 | **意识** yìshi 의식

# 第5部分

## 问题 1

### 你认为网络新闻的可信度高吗?

당신은 인터넷 뉴스의 신뢰도가 높다고 생각합니까?

| | |
|---|---|
| 4-5급 | 我认为网络新闻的可信度不高。因为大部分的网络新闻在没有经过核实的情况下就会持续转发，所以我觉得网络新闻的可信度很低。<br><br>저는 인터넷 뉴스의 신뢰도가 높지 않다고 생각합니다. 왜냐하면 대부분의 인터넷 뉴스는 사실 확인을 거치지 않은 상태에서 계속해서 전달되기 때문입니다. 그래서 저는 인터넷 뉴스의 신뢰도가 매우 낮다고 생각합니다. |
| 6-7급 | 我认为网络新闻的可信度不高。因为某些网络新闻媒体为了博人眼球，以夸大等手段报道新闻，甚至频频报道虚假新闻，所以我对网络新闻持非常谨慎的态度。<br><br>저는 인터넷 뉴스의 신뢰도가 높지 않다고 생각합니다. 왜냐하면 일부 인터넷 뉴스 매체들은 사람들의 이목을 끌기 위해 과장 등의 수법으로 뉴스를 보도하고, 심지어 허위 뉴스도 빈번하게 보도하기 때문입니다. 그래서 저는 인터넷 뉴스에 대해 매우 신중한 입장입니다. |

**어휘** | 질문 | ★ **网络** wǎngluò 인터넷, 네트워크 | ★ **可信度** kěxìndù 신뢰도

4-5급 | ★ **核实** héshí 사실을 확인하다, 실태를 조사하다 | ★ **情况** qíngkuàng 상황 | **持续** chíxù 지속하다 | ★ **转发** zhuǎnfā 전달하다 | **低** dī 낮다

6-7급 | **某些** mǒuxiē 일부 | ★ **媒体** méitǐ 매체 | **博人眼球** bó rén yǎnqiú 사람들의 이목을 끌다 | ★ **夸大** kuādà 과장하다, 과대하다 | **手段** shǒuduàn 수법, 수단 | **报道** bàodào 보도하다 | ★ **甚至** shènzhì 심지어 | **频频** pínpín 빈번히 | **虚假** xūjiǎ 허위의, 거짓의 | **持** chí (생각, 견해 등을) 가지다 | **谨慎** jǐnshèn 신중하다 | **态度** tàidù 태도

## 问题 2

### 你认为学生时期打工好处多还是坏处多?

당신은 학생 때 아르바이트 하는 것이 장점이 많다고 생각합니까 아니면 단점이 많다고 생각합니까?

| | |
|---|---|
| 4-5급 | 我认为学生时期打工坏处更多。因为学生打工会浪费学习时间、消耗体力，时间长了会影响学习成绩，得不偿失。我觉得对学生来说，最重要的任务是好好学习，所以我不太支持学生时期打工。<br><br>저는 학생 시기에 아르바이트 하는 것은 단점이 더 많다고 생각합니다. 학생이 아르바이트를 하면 공부시간 낭비와 체력 소모가 되고, 시간이 오래 지나면 학업 성적에 영향을 미쳐서 득보다 실이 많을 것입니다. 저는 학생에게 있어서 가장 중요한 임무는 열심히 공부하는 것이라고 생각합니다. 그래서 저는 학생 시기에 아르바이트 하는 것을 그다지 지지하지 않습니다. |

我认为学生时期打工好处比坏处更多。学生打工不但可以积累社会经验，而且可以帮助家里减轻经济上的负担。另外，还可以体会到用汗水换来成果的心情。因此在不影响学业的前提下，我支持勤工俭学。

저는 학생 시기에 아르바이트를 하는 것은 단점보다 장점이 더 많다고 생각합니다. 학생이 아르바이트를 하면 사회 경험을 쌓을 수 있을 뿐만 아니라 집안의 경제적인 부담을 줄이는 데에도 도움을 줄 수 있습니다. 그 밖에도, 땀 흘려 얻은 성과를 느껴볼 수도 있습니다. 따라서 학업에 영향을 끼치지 않는다는 전제 하에 저는 열심히 일하며 공부하는 것을 지지합니다.

**어휘** 질문 **时期** shíqī 때, 시기 | ★ **打工** dǎ gōng 아르바이트 하다 | ★ **好处** hǎochù 장점 | ★ **坏处** huàichù 단점

4-5급 **浪费** làngfèi 낭비하다 | **消耗** xiāohào 소모하다, 소비하다 | ★ **体力** tǐlì 체력, 힘 | ★ **得不偿失** débùchángshī 득보다 실이 많다, 얻는 것보다 잃는 것이 많다 | **任务** rènwu 임무 | ★ **支持** zhīchí 지지하다

6-7급 ★ **积累** jīlěi 쌓다, 축적하다 | ★ **社会** shèhuì 사회 | ★ **经验** jīngyàn 경험 | ★ **减轻** jiǎnqīng (정도, 수량 등을) 줄이다, 덜다 | ★ **经济** jīngjì 경제 | ★ **负担** fùdān 부담 | ★ **另外** lìngwài 그 밖에 | **体会** tǐhuì (몸소) 느끼다, 체득하다 | **汗水** hànshuǐ 땀 | **成果** chéngguǒ 성과, 결실 | ★ **心情** xīnqíng 마음 | **前提** qiántí 전제 (조건) | **勤工俭学** qíngōng jiǎnxué 일하며 공부하다

---

**问题 3**

## 你认为手机、电脑等电子产品会妨碍学生学习吗？
당신은 휴대전화와 컴퓨터 등의 전자제품이 학생들의 공부를 방해한다고 생각합니까?

4-5급
我认为手机、电脑等电子产品不会妨碍学生学习。学生用电子产品上网，可以通过网络获取大量的信息，这可以让学生增长知识，丰富生活。所以我觉得电子产品有利于学生学习。

저는 휴대전화와 컴퓨터 등의 전자제품은 학생들의 공부를 방해하지 않는다고 생각합니다. 학생들은 전자제품을 통해 인터넷에 접속하고, 인터넷을 통하여 많은 정보를 얻을 수 있습니다. 이는 학생들의 지식을 넓혀주고, 생활을 풍부하게 만들어 줄 수 있습니다. 그래서 저는 전자제품은 학생들 학업에 도움이 된다고 생각합니다.

6-7급
我认为手机、电脑会妨碍学生学习。现在很多学生都沉迷于网络，把电子产品当做娱乐消遣的工具，不是玩儿游戏就是听音乐，很少有学生把它当做学习的工具。因此我觉得电子产品不利于学生学习。

저는 휴대전화와 컴퓨터가 학생들의 공부를 방해한다고 생각합니다. 현재 많은 학생들이 인터넷에 빠져 전자제품을 오락거리의 수단으로 여기며 게임을 하거나 음악을 듣습니다. 전자 제품을 학습 도구로 여기는 학생들은 매우 적습니다. 따라서 저는 전자제품은 학생들 학업에 도움이 되지 않는다고 생각합니다.

**어휘** 질문 ★ **产品** chǎnpǐn 제품 | ★ **妨碍** fáng'ài 방해하다

4-5급 ★ **通过** tōngguò ~을 통해서 | ★ **获取** huòqǔ 얻다 | ★ **信息** xìnxī 정보 | **增长** zēngzhǎng 늘어나다, 증가하다 | ★ **知识** zhīshi 지식 | **丰富** fēngfù 풍부하게 하다 | ★ **有利于** yǒulì yú ~에 도움이 되다

6-7급 **沉迷于** chénmí yú ~에 깊이 빠지다 | **当做** dāngzuò ~로 여기다, 삼다 | **娱乐** yúlè 오락 | **消遣** xiāoqiǎn 소일거리, 심심풀이 | ★ **工具** gōngjù 도구, 수단 | ★ **不利于** búlì yú ~에 도움이 되지 않다

## 你觉得结婚后和父母一起住好，还是分开住好？

당신은 결혼 후 부모님과 함께 사는 것이 좋다고 생각합니까 아니면 따로 사는 게 좋다고 생각합니까?

| | |
|---|---|
| **4-5급** | 我觉得结婚后和父母一起住比较好。这样父母可以帮忙照顾孩子、做家务，我们就会有更多的时间和精力工作，或做点自己的事情。所以我觉得跟父母一起住好处会很多。<br><br>저는 결혼 후 부모님과 함께 사는 것이 비교적 좋다고 생각합니다. 그렇게 하면 부모님이 아이 돌보기와 집안일 하는 것을 도와주실 수 있어서 우리는 업무나 개인적인 일을 할 수 있는 더 많은 시간과 에너지가 생깁니다. 그래서 저는 부모님과 함께 살면 좋은 점이 많을 것이라고 생각합니다. |
| **6-7급** | 我觉得结婚后和父母分开住比较好。因为年轻人和老人有代沟，生活习惯完全不一样。例如，老人一般习惯早睡早起，但是有很多年轻人习惯晚睡晚起。除此之外还会因为回家的时间、生活方式等差异而发生矛盾，所以我觉得还是跟父母分开住比较好。<br><br>저는 결혼 후 부모님과 따로 사는 것이 비교적 좋다고 생각합니다. 왜냐하면, 젊은이와 노인은 세대 차이가 있고, 생활 습관이 완전히 다르기 때문입니다. 예를 들면, 노인들은 보통 일찍 자고 일찍 일어나는데, 많은 젊은이들은 늦게 자고 늦게 일어나는 편입니다. 이 밖에도 귀가 시간이나 생활 방식 등의 차이로 인해 갈등이 생길 수 있습니다. 그래서 제 생각에는 역시 부모님과 따로 사는 것이 좋은 것 같습니다. |

**어휘** | 질문 **分开** fēn kāi 떨어지다, 분리되다, 헤어지다

4-5급 **家务** jiāwù 집안일 | ★ **精力** jīnglì 에너지

6-7급 ★ **代沟** dàigōu 세대 차이 | ★ **生活** shēnghuó 생활(하다) | **完全** wánquán 완전히 | ★ **例如** lìrú 예를 들면 | **除此之外** chú cǐ zhī wài 이 밖에 | ★ **方式** fāngshì 방식 | **差异** chāyì 차이 | ★ **发生** fāshēng 생기다, 발생하다 | ★ **矛盾** máodùn 갈등 | **分开** fēnkāi 분리되다, 떨어지다

## 第6部分

## 问题 1

你本来跟朋友约好一起去看篮球比赛，但是突然有急事不能去了。请你给朋友打电话说明一下情况。

당신은 원래 친구와 함께 농구 경기를 보러 가기로 약속했습니다. 하지만 갑자기 급한 일이 생겨서 갈 수 없게 되었어요. 친구에게 전화를 걸어 상황을 설명해 보세요.

**4-5급**

喂，东东，是我。我们本来约好了今天一起去看篮球比赛嘛，但是今天我恐怕不能去了。我妹妹从早上开始一直咳嗽、发烧，我爸妈又不在家，我得马上带她去医院。真的不好意思，我们改天再去看比赛吧。

여보세요, 동동, 나야. 우리 원래 오늘 같이 농구 경기 보러 가기로 했잖아, 그런데 오늘 나 못 갈 것 같아. 내 여동생이 아침부터 계속 기침하고 열이 나는데, 부모님은 또 집에 안 계셔서 내가 데리고 병원에 가야 할 것 같아. 진짜 미안하지만, 우리 다음에 다시 경기 보러 가자.

**6-7급**

喂，东东，你已经出发了吗？不好意思，我今天恐怕不能跟你一起去看篮球比赛了。刚才突然有公司通知我今天去面试，我不想错过这个机会。真的很抱歉，我们下周再去看比赛，怎么样？希望你能理解我。

여보세요, 동동, 너 벌써 출발했니? 미안한데, 나 오늘 아무래도 너랑 농구 경기 보러 같이 못 갈 것 같아. 방금 전에 갑자기 어떤 회사에서 오늘 면접 오라고 연락이 왔는데, 난 이 기회를 놓치고 싶지 않거든. 정말 미안하지만, 우리 다음주에 경기 보러 가면 어떨까? 네가 이해해줬으면 좋겠어.

**어휘** 질문 ★ **本来** běnlái 원래 | ★ **约** yuē 약속하다 | **急事** jíshì 급한 일

4-5급 **恐怕** kǒngpà 아마 ~일 것이다(대체로 부정적인 추측) | **咳嗽** késou 기침하다 | ★ **得** děi ~해야 한다 | ★ **改天** gǎitiān 다음, 나중

6-7급 **出发** chūfā 출발하다 | **通知** tōngzhī 연락하다, 통보하다, 알리다 | **面试** miànshì 면접 | **错过** cuòguò (기회를) 놓치다, 잃다 | ★ **抱歉** bào qiàn 미안하게 생각하다 | ★ **理解** lǐjiě 이해하다

## 问题 2

你家的冰箱坏了，你给售后服务中心打电话说明情况并要求派人来修理。

당신 집의 냉장고가 고장 났습니다. AS센터에 전화를 걸어 상황을 설명하고, 사람을 보내 수리해달라고 요청해 보세요.

**4-5급**

喂，你好，是售后服务中心吗？我家里的冰箱坏了，突然不制冷了。希望你们可以派人来检查一下，看看到底是什么问题。谢谢。

여보세요, AS센터인가요? 저희 집 냉장고가 고장 났어요. 갑자기 냉각이 안 되네요. 사람을 보내서 도대체 무슨 문제인지 점검을 좀 해주셨으면 좋겠습니다. 감사합니다.

| | |
|---|---|
| 6-7급 | 喂，你好，是美美售后服务中心吗？一个月前我买了你们公司的冰箱，但从今天早上开始漏水。产品还在保修期内，请你们尽快派人来检查一下是什么问题，谢谢。<br><br>여보세요, 메이메이 AS센터인가요? 한 달 전에 제가 그 회사 냉장고를 샀는데요, 오늘 아침부터 물이 새기 시작했어요. 제품은 아직 품질보증기간 내에 있어요. 최대한 빨리 사람을 보내서 무슨 문제인지 점검 좀 부탁 드리겠습니다. 감사합니다. |

**어휘** **질문** ★ **售后服务** shòuhòu fúwù 애프터 서비스(AS) │ ★ **中心** zhōngxīn 센터 │ ★ **说明** shuōmíng 설명하다 │ ★ **情况** qíngkuàng 상황 │ ★ **并** bìng 그리고, 또 │ ★ **派人** pài rén 사람을 보내다, 파견하다 │ ★ **修理** xiūlǐ 수리하다

4-5급 **制冷** zhì lěng 냉각하다, 냉동시키다 │ **到底** dàodǐ 도대체

6-7급 **漏水** lòu shuǐ 물이 새다 │ ★ **产品** chǎnpǐn 제품 │ **保修期** bǎoxiūqī 보증 수리 기간 │ ★ **尽快** jǐnkuài 최대한 빨리

---

## 问题 3

你想和朋友一起去动物园玩儿，请你邀请他跟你一块儿去。

당신은 친구와 함께 동물원에 놀러 가고 싶습니다. 친구에게 같이 가자고 초대해 보세요.

| | |
|---|---|
| 4-5급 | 小高，这周六我们一起去动物园玩儿吧。你不是也很喜欢动物吗？听说动物园新来了一只熊猫，我们一起去看，怎么样？<br><br>샤오가오, 이번 주 토요일에 우리 같이 동물원에 놀러 가자. 너도 동물 굉장히 좋아하잖아? 듣자 하니 동물원에 판다 한 마리가 새로 왔다는데, 우리 같이 보러 가는 거 어때? |
| 6-7급 | 小高，这个星期日你要是没有其他安排的话，我们一起去动物园玩儿吧。最近你不是心情不好吗？我带你出去散散心吧。我们上午去动物园玩儿，晚上吃火锅怎么样？<br><br>샤오가오, 이번 주 일요일에 만약 너 다른 스케줄 없으면, 우리 같이 동물원에 놀러 가자. 요즘 너 기분 안 좋잖아? 내가 너 데리고 나가서 기분 전환 시켜 줄게. 오전에 동물원 가서 놀고, 저녁에는 훠궈 먹는 거 어때? |

**어휘** **질문** ★ **邀请** yāoqǐng 초대하다 │ **一块儿** yíkuàir 함께

6-7급 ★ **安排** ānpái 스케줄 │ ★ **心情** xīnqíng 기분 │ **散心** sàn xīn 기분 전환 하다, 기분을 풀다 │ **火锅** huǒguō 훠궈(중국식 샤브샤브)

| | | |
|---|---|---|
| 4-5급 | 1 | 有一天，小金的哥哥买了一件外套。小金觉得很好看，他也很想穿这件外套。<br><br>어느 날, 샤오진의 형이 외투를 한 벌 샀습니다. 샤오진은 예쁘다고 생각했고, 그도 이 외투가 무척 입고 싶었습니다. |
| | 2 | 第二天早上，哥哥还在睡觉，小金偷偷地穿上哥哥的外套去公园见朋友了。<br><br>이튿날 아침, 형이 아직 자고 있자, 샤오진은 몰래 형의 새 외투를 입고 공원에 친구를 만나러 갔습니다. |
| | 3 | 小金和朋友坐在公园的椅子上聊天。小金把外套脱下来放在旁边，没想到一只小狗叼着外套到处跑，结果那件外套被弄坏了。<br><br>샤오진은 친구와 공원 의자에 앉아 이야기를 나눴습니다. 샤오진은 외투를 벗어 옆에 두었는데, 뜻밖에도 강아지 한 마리가 외투를 입에 물고 여기저기 뛰어다녔고, 결국 외투가 망가졌습니다. |
| | 4 | 晚上到家后，小金把弄坏的外套还给哥哥，哥哥非常生气，小金觉得很对不起哥哥。<br><br>저녁에 집에 도착한 후, 샤오진이 망가진 외투를 형에게 돌려주자 형은 굉장히 화가 났습니다. 샤오진은 형에게 매우 미안했습니다. |
| 6-7급 | 1 | 昨天是小金哥哥的生日，爸爸妈妈给哥哥买了一件外套。小金很羡慕，心里盘算着什么时候可以拿来穿。<br><br>어제는 샤오진의 형 생일이었습니다. 아빠와 엄마가 형에게 외투를 한 벌 사줬고, 샤오진은 매우 부러워하며 속으로 언제 입어 볼 수 있을까 궁리했습니다. |
| | 2 | 今天早上，他趁哥哥睡觉时走进哥哥的房间，把外套偷偷拿了出来，然后穿着那件外套出门了。<br><br>오늘 아침, 그는 형이 자는 틈을 타 형 방에 들어가서 몰래 외투를 가지고 나왔습니다. 그런 다음 그 외투를 입고 외출했습니다. |
| | 3 | 到了公园，他把外套脱下来放在长椅上跟朋友聊天儿。这时，旁边的小狗跑了过来。它把外套当做玩具，又咬又踩。最后，外套被弄坏了。<br><br>공원에 도착해서 그는 외투를 벤치 위에 벗어 두고 친구와 수다를 떨었습니다. 이때, 옆에 있던 강아지가 뛰어 왔습니다. 강아지는 외투를 장난감으로 여겨 물고 밟았고, 결국 외투는 망가졌습니다. |
| | 4 | 晚上回到家，小金把弄坏的外套摆在哥哥面前，哥哥的脸都气绿了，骂了小金一顿。<br><br>저녁에 집으로 돌아와서 샤오진이 망가진 외투를 형 앞에 내놓았습니다. 형은 화가 나서 얼굴이 새파래졌고, 샤오진을 크게 혼냈습니다. |

**어휘**

**4-5급** 外套 wàitào 외투 | ★ 第二天 dì èr tiān 이튿날 | 偷偷 tōutōu 몰래, 슬쩍 | 脱 tuō 벗다 | ★ 没想到 méixiǎngdào 뜻밖이다, 생각지 못하다 | 叼 diāo (입에) 물다 | 到处 dàochù 여기저기, 곳곳에 | ★ 结果 jiéguǒ 결국 | 弄坏 nòng huài 망가뜨리다

**6-7급** ★ 羡慕 xiànmù 부러워하다 | 盘算 pánsuàn 궁리하다 | ★ 趁 chèn ~을 틈 타 | 出门 chū mén 외출하다 | 长椅 chángyǐ 벤치 | ★ 这时 zhèshí 이때 | 当做 dāngzuò ~로 여기다 | 玩具 wánjù 장난감 | 咬 yǎo 물다, 베물다 | 踩 cǎi (발로) 밟다 | ★ 最后 zuìhòu 결국 | 摆 bǎi 내놓다, 진열하다 | 骂 mà 혼내다, 욕하다 | 顿 dùn 차례, 번 (질책, 권고 등을 세는 단위)

# Test of Spoken Chinese

# 모범 답안 및 해석 03

## 问题 1

### 你叫什么名字?
당신의 이름은 무엇입니까?

**4-5급**
我的名字叫金敏智。我的外号是土豆。
제 이름은 김민지입니다. 저의 별명은 감자입니다.

**6-7급**
我叫李敏哲，敏感的敏，哲学的哲。
저는 이민철이라 하고, '민감하다'의 '민', '철학'의 '철'입니다.

**어휘** **4-5급** ★ **外号** wàihào 별명 | **土豆** tǔdòu 감자
**6-7급** **敏感** mǐngǎn 민감하다 | **哲学** zhéxué 철학

## 问题 2

### 请说出你的出生年月日。
당신의 생년월일을 말해주세요.

**4-5급**
我是1981年11月30号出生的，今年三十九岁，属鸡。
저는 1981년 11월 30일에 태어났고, 올해 39살로 닭띠입니다.

**6-7급**
我出生于1971年5月21号，今年四十九岁，属猪。
저는 1971년 5월 21일에 태어났고, 올해 49살로 돼지띠입니다.

**어휘** **질문** ★ **出生** chūshēng 태어나다, 출생하다
**4-5급** ★ **属** shǔ (십이지) ～띠이다 | **鸡** jī 닭
**6-7급** ★ **于** yú ～에, ～에서(시간 또는 장소를 나타냄) | **猪** zhū 돼지

## 问题 3

### 你家有几口人?
당신의 가족은 몇 명입니까?

| 4-5급 | 我家有三口人，爸爸、妈妈和我。我是独生子。<br>우리 가족은 세 명으로, 아빠, 엄마 그리고 저입니다. 저는 외아들입니다. |
|---|---|
| 6-7급 | 我家有两口人，我爱人和我。明年我要当爸爸了。<br>우리 가족은 두 명으로, 아내와 저입니다. 내년에 저는 아빠가 됩니다. |

**어휘** 질문 ★ 口 kǒu 명(식구를 세는 단위)

4-5급 ★ 独生子 dúshēngzǐ 외아들

6-7급 ★ 爱人 àiren 배우자(남편 또는 아내) | 要~了 yào~le 곧 ~하다 | 当 dāng ~이 되다

---

**问题 4**

## 你在什么地方工作？或者你在哪个学校上学？

당신은 어느 곳에서 일합니까? 혹은 당신은 어느 학교에 다닙니까?

| | | |
|---|---|---|
| 4-5급 | 직장인 | 我在一家航空公司工作，我是空中乘务员。我爱我的工作。<br>저는 항공사에서 일하고, 비행기 승무원입니다. 저는 제 일을 사랑합니다. |
| | 재학생 | 我在韩国大学读书，是一年级的学生。我的专业是经济学。<br>저는 한국대학교에서 공부하고 있고, 1학년 학생입니다. 전공은 경제학입니다. |
| | 졸업생 | 我去年已经毕业了，最近在学习汉语。<br>저는 작년에 이미 졸업했고, 요즘은 중국어를 배우고 있습니다. |
| 6-7급 | 직장인 | 我在免税店工作，是售货员。最近中国客人很多，所以我在学习汉语。<br>저는 면세점에서 일하는 판매원입니다. 요즘 중국손님이 굉장히 많아서, 저는 중국어를 공부하고 있습니다. |
| | 재학생 | 我是韩国大学国际通商系三年级的学生。我对我的专业很满意。<br>저는 한국대학교 국제통상학과 3학년 학생입니다. 저는 제 전공에 만족합니다. |
| | 졸업생 | 我已经毕业了，现在一边找工作，一边在补习班学习汉语。<br>저는 이미 졸업을 했고, 현재는 일자리를 찾으면서 학원에서 중국어를 공부하고 있습니다. |

**어휘** 질문 地方 dìfang 곳, 장소 | 或者 huòzhě 혹은, 아니면 | 上学 shàng xué 학교에 다니다, 등교하다

4-5급 航空 hángkōng 항공 | ★ 公司 gōngsī 회사 | 空中乘务员 kōngzhōng chéngwùyuán 비행기 승무원 |
★ 读书 dú shū 공부하다 | ★ 年级 niánjí 학년 | ★ 专业 zhuānyè 전공 | 经济 jīngjì 경제 | ★ 毕业
bì yè 졸업하다 | ★ 最近 zuìjìn 요즘

6-7급 免税店 miǎnshuìdiàn 면세점 | 售货员 shòuhuòyuán 판매원 | 客人 kèrén 손님 | 所以 suǒyǐ
그래서 | 国际通商 guójì tōngshāng 국제통상 | ★ 系 xì 학과, 과 | 对~满意 duì~mǎnyì ~에 만족하다,
~이 맘에 들다 | ★ 找 zhǎo 찾다 | ★ 一边A，一边B yìbiān A, yìbiān B A하면서 (동시에) B하다 | ★ 补习
班 bǔxíbān 학원

## 第2部分

### 问题 1

**她在做什么?**

그녀는 무엇을 하고 있습니까?

| 4-5급 | 她在吃橘子。<br>그녀는 귤을 먹고 있습니다. |
|---|---|
| 6-7급 | 她在吃橘子，橘子看起来很好吃。<br>그녀는 귤을 먹고 있습니다. 귤이 아주 맛있어 보입니다. |

**어휘** 4-5급 **橘子** júzi 귤

6-7급 ★ **看起来** kànqǐlai ~해 보이다, 보아하니

### 问题 2

**眼镜多少钱?**

안경은 얼마입니까?

| 4-5급 | 眼镜一百九十五块。<br>안경은 195위안입니다. |
|---|---|
| 6-7급 | 眼镜一百九十五块，旁边的帽子一百八十九块。<br>안경은 195위안이고, 옆의 모자는 189위안입니다. |

**어휘** 질문 **眼镜** yǎnjìng 안경

6-7급 ★ **旁边** pángbiān 옆(쪽) | **帽子** màozi 모자

### 问题 3

**杂志在哪儿?**

잡지는 어디에 있습니까?

| 4-5급 | 杂志在桌子上，那是旅游杂志。 |
| | 잡지는 테이블 위에 있고, 그것은 여행잡지입니다. |

| 6-7급 | 杂志在桌子上，旁边还有手机。 |
| | 잡지는 테이블 위에 있고, 옆에는 휴대전화도 있습니다. |

**어휘** | 질문 **杂志** zázhì 잡지

4-5급 **旅游** lǚyóu 여행(하다)

6-7급 ★ **还** hái 또, 더 | ★ **手机** shǒujī 휴대전화

---

### 问题 4

# 书店在几楼?
서점은 몇 층에 있습니까?

| 4-5급 | 书店在三楼。 |
| | 서점은 3층에 있습니다. |

| 6-7급 | 书店在三楼，书店的楼下是咖啡厅。 |
| | 서점은 3층에 있고, 서점 아래층은 카페입니다. |

**어휘** | 질문 ★ **书店** shūdiàn 서점 | ★ **楼** lóu 층

6-7급 ★ **楼下** lóuxià 아래층 | ★ **咖啡厅** kāfēitīng 카페

## 第3部分

## 问题 1

### 我们明天一起去动物园玩儿，怎么样?
우리 내일 같이 동물원에 놀러 가는 거 어때?

**4-5급**

太好了，明天什么时候去好呢? 我们明天先去动物园玩儿，然后去吃寿司吧。

너무 좋아, 내일 언제 가면 좋을까? 우리 내일 먼저 동물원 가서 놀다가, 그런 다음 스시 먹으러 가자.

**6-7급**

不好意思，我明天得去图书馆学习，因为下星期有很重要的汉语口语考试。你下星期六有空吗? 那时候去行吗?

미안하지만, 나 내일 도서관에 가서 공부해야 해. 다음주에 아주 중요한 중국어 회화 시험이 있거든. 너 다음주 토요일에 시간 있어? 그때 가도 될까?

**어휘** ▶ 질문 ★ **动物园** dòngwùyuán 동물원

4-5급 ★ **先A, 然后B** xiān A, ránhòu B 먼저 A하고, 그런 다음 B하다 | **寿司** shòusī 스시, 초밥

6-7급 ★ **得** děi ～해야 한다 | ★ **图书馆** túshūguǎn 도서관 | **重要** zhòngyào 중요하다 | ★ **口语** kǒuyǔ 회화, 말하기 | ★ **空** kòng 시간, 틈, 여유

## 问题 2

### 你要吃蛋糕还是面包?
케이크 먹을래요 아니면 빵 먹을래요?

**4-5급**

我要吃蛋糕，我非常喜欢吃草莓蛋糕和巧克力蛋糕。你要吃什么? 今天我请你吧。

케이크 먹을래요. 제가 딸기 케이크랑 초콜릿 케이크를 굉장히 좋아하거든요. 당신은 뭐 먹을 거예요? 오늘은 제가 살게요.

**6-7급**

我两个都想吃，我们来一个巧克力面包和一块奶油蛋糕吧。除了这些，再来一杯冰美式和一杯热拿铁，怎么样?

둘 다 먹고 싶어요. 우리 초콜릿 빵 하나랑 생크림 케이크 한 조각 시켜요. 이거 말고도 아이스 아메리카노 한 잔이랑 뜨거운 라떼도 한 잔 시키는 거 어때요?

어휘 | 질문 | **蛋糕** dàngāo 케이크 | ★ **还是** háishi 아니면(선택의문문) | **面包** miànbāo 빵

4-5급 **草莓** cǎoméi 딸기 | **巧克力** qiǎokèlì 초콜릿

6-7급 **奶油** nǎiyóu 생크림 | **除了** chúle ～이외에 | **美式** měishì 아메리카노(美式咖啡의 준말) | **拿铁** nátiě 라떼

---

### 问题 3

## 听说你要去北京旅游，你跟谁一起去呢？
듣자 하니 당신 베이징에 여행 간다던데, 누구와 함께 가나요?

| 4-5급 | 这次我一个人去，我的朋友们最近都很忙，所以我只好自己去了。但是听说一个人去也很有意思。你去过北京吗？<br><br>이번에 저 혼자 가요. 친구들이 다 요즘 너무 바빠서, 혼자 갈 수 밖에 없게 되었어요. 하지만 혼자 가는 것도 무척 재미있다고 하더군요. 당신은 베이징에 가본 적 있어요? |
|---|---|
| 6-7급 | 我跟父母一起去。我觉得带着两个老人旅行会比较辛苦，而且自己做行程计划也很麻烦，所以我打算跟团去。<br><br>저는 부모님이랑 같이 가요. 두 어르신 모시고 여행가면 좀 힘들 것 같고, 게다가 혼자 여행 계획을 짜는 일도 무척 번거로울 것 같아서 저는 패키지로 갈 계획이에요. |

어휘 | 질문 | ★ **听说** tīngshuō 듣자 하니

4-5급 | ★ **最近** zuìjìn 요즘 | **只好** zhǐhǎo ～할 수 밖에 없다 | ★ **有意思** yǒu yìsi 재미있다

6-7급 | **老人** lǎorén 어르신, 노인 | **比较** bǐjiào 좀, 비교적 | ★ **辛苦** xīnkǔ 힘들다, 고생스럽다 | ★ **而且** érqiě 게다가 | ★ **行程** xíngchéng 여정 | ★ **计划** jìhuà 계획 | ★ **麻烦** máfan 번거롭다 | ★ **打算** dǎsuàn ～할 계획이다 | ★ **跟团** gēntuán 패키지로, 단체로

---

### 问题 4

## 您预订了吗？
예약 하셨습니까?

| 4-5급 | 没有，现在有座位吗？我们一共五个人，三个大人，两个孩子。请帮我安排靠窗的位置。<br><br>아니요, 지금 자리 있나요? 어른 셋, 아이 둘 해서 총 다섯 명이에요. 창가 자리로 부탁 드릴게요. |
|---|---|
| 6-7급 | 是的，我昨天预订了一个包间，我姓李。我订的是今天下午六点，但是我们早来了三十分钟。可以提前进去用餐吗？<br><br>네, 어제 룸으로 예약했고, 제 성은 이입니다. 제가 예약한 건 오늘 오후 6시인데요, 저희가 30분 일찍 왔어요. 지금 들어가서 식사해도 되나요? |

**어휘 질문** ★ **预订** yùdìng 예약하다

**4-5급** **座位** zuòwèi 자리 | ★ **一共** yígòng 전부, 모두 | ★ **安排** ānpái 배정하다, 안배하다 | **靠窗** kào chuāng 창가 | **位置** wèizhì 자리, 위치

**6-7급** **包间** bāojiān (음식점의) 룸, 독방 | **提前** tíqián 미리, 사전에 | ★ **分钟** fēnzhōng 분(시간을 세는 단위) | **用餐** yòng cān 식사하다

---

## 问题 5

### 我好像感冒了，现在很不舒服。

나 아무래도 감기 걸렸나봐, 지금 너무 아파.

---

**4-5급**

严重吗? 你先吃点儿药，然后休息一下。如果还难受的话，我们就去医院看看吧。

심해? 일단 약 먹고 좀 쉬어. 만약 그래도 힘들다면, 우리 같이 병원에 진찰받으러 가자.

---

**6-7급**

这几天天气冷，你穿得那么少，估计是着凉了。要不，你先吃点儿药，看看情况。实在不行，我陪你去医院。

요 며칠 날이 추웠는데, 네가 옷을 그렇게 적게(얇게) 입어서 감기 걸렸나보다. 일단 약을 좀 먹고 상황을 지켜보자. 정말 안 되겠으면, 내가 같이 병원에 가줄게.

---

**어휘 질문** ★ **好像** hǎoxiàng 아마도 ~인 것 같다 | ★ **感冒** gǎnmào 감기에 걸리다

**4-5급** ★ **严重** yánzhòng 심하다, 심각하다 | ★ **如果~的话** rúguǒ~de huà 만약 ~한다면 | ★ **难受** nánshòu 힘들다, 괴롭다

**6-7급** **估计** gūjì 아마도 ~일 것이다, 추측하다 | **着凉** zháo liáng 감기에 걸리다 | ★ **要不** yàobù 아니면(선택) | ★ **情况** qíngkuàng 상황 | **实在** shízài 정말, 확실히

## 第4部分

## 问题 1

### 你每天都写日记吗？

당신은 매일 일기를 씁니까?

**4-5급**

我每天都写日记。我觉得写日记是一个很好的习惯，因为它能记录生活、留下回忆。此外，也可以通过写日记回顾一天的生活，从中总结经验，反省自己的不足。

저는 매일 일기를 씁니다. 저는 일기를 쓰면 생활을 기록하고, 추억을 남길 수 있기 때문에 일기를 쓰는 것이 매우 좋은 습관이라고 생각합니다. 또한 일기를 씀으로써 하루의 생활을 돌아보고 그 안에서 경험을 정리하여 스스로의 부족함을 반성할 수 있습니다.

**6-7급**

我每天都写日记，写日记有很多好处。第一，能记录我生活里的细节。第二，能减轻压力。因为日记能把我所有的心情写进去，想写什么就写什么，所以能消除压力。我觉得写日记让我的生活更加充实。

저는 매일 일기를 쓰는데, 일기를 쓰면 좋은 점이 많습니다. 첫째, 내 생활 속 작은 부분을 기록할 수 있습니다. 둘째, 스트레스를 줄일 수 있습니다. 일기는 나의 모든 감정을 다 적을 수 있고, 쓰고 싶은 대로 쓸 수 있기 때문에 스트레스 해소가 가능합니다. 저는 일기를 쓰는 일이 제 생활을 더욱 보람차게 만들어 준다고 생각합니다.

**어휘** **질문** 日记 rìjì 일기

**4-5급** 记录 jìlù 기록하다 | ★ 生活 shēnghuó 생활(하다) | 留下 liúxià 남기다 | 回忆 huíyì 추억, 회상 | ★ 此外 cǐwài 또한, 이 밖에 | ★ 通过 tōngguò ~을 통해서 | 回顾 huígù 돌아보다, 회상하다 | 总结 zǒngjié 총정리하다 | ★ 经验 jīngyàn 경험 | 反省 fǎnxǐng 반성하다 | 不足 bùzú 부족하다

**6-7급** ★ 好处 hǎochù 좋은 점 | 细节 xìjié 작은 부분, 사소한 부분 | ★ 减轻 jiǎnqīng (정도, 수량 등을) 줄이다, 덜다 | ★ 压力 yālì 스트레스 | ★ 心情 xīnqíng 감정, 기분 | 消除 xiāochú 해소하다 | 充实 chōngshí 보람차다, 풍부하다

## 问题 2

### 有空的时候，你一般看书还是看报纸？

시간이 있을 때, 당신은 보통 책을 봅니까 아니면 신문을 봅니까?

**4-5급**

有空的时候，我一般看书。我的爱好就是看书。看书不仅可以让我获得很多知识，而且可以缓解压力。所以我经常去图书馆看书。

시간이 있을 때, 저는 보통 책을 봅니다. 저의 취미는 독서입니다. 책을 읽으면 많은 지식을 얻을 수 있을 뿐만 아니라, 스트레스도 풀 수 있습니다. 그래서 저는 자주 도서관에 가서 책을 봅니다.

| | |
|---|---|
| 6-7급 | 有空的时候，我一般会看报纸。报纸内容丰富，政治、经济、文化、生活等方面的信息应有尽有。看报纸可以了解国内外的最新信息，而且报纸价格也便宜，所以我每天早上都会在家看报纸。<br><br>시간이 있을 때, 저는 보통 신문을 봅니다. 신문은 내용이 풍부해서, 정치, 경제, 문화, 생활 등 여러 분야의 정보가 없는 것 없이 다 있습니다. 신문을 읽으면 국내외 최신 정보들을 알 수 있고, 게다가 신문은 가격 또한 저렴합니다. 그래서 저는 매일 아침 집에서 신문을 봅니다. |

**어휘** 질문 ★ 空 kòng 시간, 여유, 틈

4-5급 ★ 不仅 bùjǐn ~일 뿐만 아니라 | ★ 获得 huòdé 얻다 | ★ 知识 zhīshi 지식 | ★ 缓解 huǎnjiě 풀다, 완화시키다

6-7급 丰富 fēngfù 풍부하다 | 政治 zhèngzhì 정치 | ★ 经济 jīngjì 경제 | 文化 wénhuà 문화 | ★ 方面 fāngmiàn 분야, 방면 | ★ 信息 xìnxī 정보 | 应有尽有 yīngyǒujìnyǒu 없는 것이 없다, 모두 있다 | ★ 了解 liǎojiě 알다 | 国内外 guónèiwài 국내외 | ★ 价格 jiàgé 가격

---

**问题 3**

## 你喜欢吃肉还是吃蔬菜?
당신은 고기 먹는 것을 좋아합니까 아니면 야채 먹는 것을 좋아합니까?

| | |
|---|---|
| 4-5급 | 我喜欢吃肉。鸡肉、牛肉、猪肉我都喜欢。肉又好吃又便宜，所以我每个周末都会跟家人去家附近的餐厅吃肉。<br><br>저는 고기 먹는 것을 좋아하고, 닭고기, 소고기, 돼지고기 모두 좋아합니다. 고기는 맛있고 저렴해서 저는 매 주말마다 가족들과 집 근처 식당에 고기를 먹으러 갑니다. |
| 6-7급 | 我喜欢吃蔬菜。我是个容易变胖的人，为了保持身材，我常吃蔬菜。蔬菜的热量很低，并含有丰富的维生素。而且蔬菜对健康有益，可以预防多种疾病。所以我每天中午都会吃一份蔬菜沙拉。<br><br>저는 야채 먹는 것을 좋아합니다. 저는 살이 쉽게 찌는 편이라, 몸매를 유지하기 위해서 야채를 자주 먹습니다. 야채는 칼로리가 낮고, 풍부한 비타민이 함유되어 있습니다. 게다가 야채는 건강에 유익하고 여러 질병들을 예방할 수 있습니다. 그래서 저는 매일 점심에 야채 샐러드를 먹습니다. |

**어휘** 질문 蔬菜 shūcài 야채

4-5급 鸡肉 jīròu 닭고기 | 牛肉 niúròu 소고기 | 猪肉 zhūròu 돼지고기

6-7급 保持 bǎochí 유지하다 | ★ 身材 shēncái 몸매 | ★ 热量 rèliàng 열량 | 含有 hányǒu 함유하다 | 维生素 wéishēngsù 비타민 | 有益 yǒuyì 유익하다 | ★ 预防 yùfáng 예방하다 | ★ 疾病 jíbìng 질병 | 沙拉 shālā 샐러드

---

**问题 4**

## 你觉得复习重要还是预习重要?
당신은 복습이 중요하다고 생각합니까 아니면 예습이 중요하다고 생각합니까?

| 4-5급 | 我觉得复习更重要。上完课把当天学的东西复习一下，有助于巩固学过的知识，使学习效果更好。所以我每天下课后会去图书馆复习当天学的内容。 |
|---|---|
| | 저는 복습이 더 중요하다고 생각합니다. 수업이 끝난 후 그날 배운 것을 복습하면 배운 지식을 공고히 하는데 도움이 되고, 학습 효과를 더욱 좋게 만들어 줍니다. 그래서 저는 매일 수업이 끝난 후 도서관에 가서 그날 배운 내용을 복습합니다. |
| 6-7급 | 我觉得预习和复习同样重要。提前预习能对即将学习的内容有一个大致的了解，因此听课时会理解得更快，也会觉得更有意思。课后复习则能把学过的东西重新整理一遍，会加深记忆。因此我认为预习和复习都是必不可少的。 |
| | 저는 예습과 복습이 똑같이 중요하다고 생각합니다. 미리 예습을 하면 곧 공부할 내용을 대략적으로 파악할 수 있기 때문에 수업을 들을 때 더욱 이해가 빠르고 또한 훨씬 재미를 느낄 수 있습니다. 수업 후 복습은 배운 내용을 다시 한번 정리함으로써 기억을 심화시킬 것입니다. 따라서 저는 예습과 복습 모두 꼭 필요하다고 생각합니다. |

**어휘** 질문 ★ 复习 fùxí 복습하다 | ★ 预习 yùxí 예습하다

4-5급 当天 dāngtiān 그날, 당일 | ★ 有助于 yǒuzhù yú ~에 도움이 되다 | 巩固 gǒnggù 공고히 하다 | 效果 xiàoguǒ 효과

6-7급 同样 tóngyàng 같다 | 提前 tíqián 미리, 사전에 | 即将 jíjiāng 곧, 머지않아 | 大致 dàzhì 대략적으로 | 则 zé 그러나, 오히려 | 重新 chóngxīn 다시, 새로 | 整理 zhěnglǐ 정리하다 | 遍 biàn 번(처음부터 끝까지 횟수를 세는 단위) | 加深 jiāshēn 심화되다 | 记忆 jìyì 기억(하다) | ★ 必不可少 bì bú kě shǎo 반드시 필요하다, 없어서는 안 된다

---

## 问题 5

### 你觉得一日三餐中，哪一顿最重要?
당신은 하루 세 끼 중에서 어느 식사가 가장 중요하다고 생각합니까?

| 4-5급 | 我觉得一日三餐中，午餐最重要。午餐是一天当中为人们提供营养和能量的最重要的一餐，吃饱才有体力和精力完成工作和学习。所以我认为午餐一定要吃。 |
|---|---|
| | 저는 하루 세 끼 중에서 점심 식사가 가장 중요하다고 생각합니다. 점심 식사는 하루 중 사람에게 영양과 에너지를 공급해주는 가장 중요한 한 끼로, 배불리 잘 먹어야 체력과 에너지가 생겨서 업무와 공부를 할 수 있습니다. 그래서 저는 점심을 꼭 먹어야 한다고 생각합니다. |
| 6-7급 | 我觉得一日三餐中，早餐最重要，不吃早餐对身体很不好。人体经过一晚上的新陈代谢，早上时胃里没有任何食物，早餐可以补充人体所需的营养，保持工作或学习的精力，所以说早餐非常重要。 |
| | 저는 하루 세 끼 중에서 아침 식사가 가장 중요하고, 아침을 거르는 것은 건강에 좋지 않다고 생각합니다. 사람의 몸은 밤 사이 신진대사를 통해 아침에는 위에 어떠한 음식물도 없게 되는데, 아침 식사는 인체가 필요로 하는 영양분을 보충해 주고, 업무나 공부를 할 수 있는 에너지를 유지시켜 줍니다. 그래서 아침 식사는 매우 중요하다고 할 수 있습니다. |

**어휘** 질문 餐 cān 끼(식사를 세는 단위) | 顿 dùn 끼(식사를 세는 단위)

4-5급 午餐 wǔcān 점심(식사) | ★ 提供 tígōng 제공하다 | ★ 营养 yíngyǎng 영양 | 能量 néngliàng 에너지 | 吃饱 chī bǎo 배불리 먹다 | ★ 体力 tǐlì 체력 | ★ 精力 jīnglì 에너지, 정력

6-7급 早餐 zǎocān 아침(식사) | 人体 réntǐ 사람의 몸, 인체 | 新陈代谢 xīnchén dàixiè 신진대사 | ★ 胃 wèi 위(신체기관) | 任何 rènhé 어떠한 | 食物 shíwù 음식물 | 补充 bǔchōng 보충하다 | 所需 suǒ xū 필요로 하다

## 第5部分

## 问题 1

### 你觉得在你们国家对找工作最有帮助的证书是什么?

당신이 생각하기에 당신 나라에서는 어떤 증서를 가지고 있는 것이 취업에 가장 도움이 되는 것 같습니까?

**4-5급**

我觉得在我们国家拥有语言证书最有利于就业。近来,许多企业都优先聘用外语人才,因此很多学生为了就业,考取英语、中文以及日语等语言类证书。最近在外语补习班学习各种外语的学生也越来越多。

우리 나라에서는 언어 증서를 갖고 있는 것이 취업에 가장 유리하다고 생각합니다. 최근 수많은 기업들이 외국어 인재를 우선적으로 채용하고 있습니다. 이 때문에 많은 학생들이 취업하기 위해서 영어, 중국어 그리고 일본어 등의 언어 증서를 취득하고 있고, 요즘 외국어 학원에서 각종 외국어를 배우는 학생들도 점점 늘어나고 있습니다.

**6-7급**

我认为对于不同职位来说,对就业有帮助的资格证也不同。例如,贸易公司会优先考虑有外语证书的人。而要想去银行工作,有金融方面的证书会更有利。因此,在找工作时,取得所应聘领域的相关证书会有利于就业。

저는 각기 다른 직무별로 취업에 도움이 되는 증서 역시 다르다고 생각합니다. 예를 들어, 무역회사는 외국어 증서가 있는 사람을 우선 고려하겠지만, 은행에서 일하고자 한다면 금융방면의 증서가 더 유리할 것입니다. 따라서 취업 시에는 지원하는 분야와 관련된 증서를 취득하는 것이 취업에 도움이 될 것입니다.

**어휘** **질문** 证书 zhèngshū 증서, 증명서

**4-5급** 语言 yǔyán 언어 | ★近来 jìnlái 최근, 요즘 | 许多 xǔduō 수많은 | ★企业 qǐyè 기업 | 优先 yōuxiān 우선적으로 | ★聘用 pìnyòng 채용하다 | 人才 réncái 인재 | ★因此 yīncǐ 이 때문에, 그래서 | ★考取 kǎo qǔ (시험을 통해) 취득하다, 합격하다 | 各种 gè zhǒng 각종, 여러 종류 | ★越来越 yuèláiyuè 점점, 갈수록

**6-7급** 对于～来说 duìyú~lái shuō ~의 입장에서 | 职位 zhíwèi 직무, 직위 | ★例如 lìrú 예를 들면 | 贸易 màoyì 무역, 교역 | ★考虑 kǎolǜ 고려하다, 생각하다 | 金融 jīnróng 금융 | ★方面 fāngmiàn 방면, 분야 | 有利 yǒulì 유리하다 | 应聘 yīngpìn 지원하다 | 领域 lǐngyù 분야, 영역 | ★相关 xiāngguān 관련되다

## 问题 2

### 有人说网络新闻的可信度不高。请谈谈你对此的看法。

누군가는 인터넷 뉴스의 신뢰도가 높지 않다고 이야기합니다. 이에 대한 당신의 견해를 말해보세요.

**4-5급**

有人说网络新闻的可信度不高,我也这样认为。现在网络上有很多人传播一些没有经过核实的信息,导致许多虚假新闻的产生。所以我觉得网络新闻的可信度很低。

어떤 사람들은 인터넷 뉴스의 신뢰도가 높지 않다고 하는데, 저도 그렇게 생각합니다. 현재 인터넷 상에는 많은 이들이 사실 확인을 거치지 않은 채 퍼트린 정보가 많고, 이는 수많은 허위 뉴스를 만들어 냈습니다. 그래서 저는 인터넷 뉴스의 신뢰도가 매우 낮다고 생각합니다.

| 6-7급 | 我认为网络上的一些新闻或信息可信度不高。主要有以下几个原因：一是传播者众多，而这些传播者的素质与教育背景参差不齐，缺乏权威性及专业性。二是媒体间的恶性竞争。为了保障新闻的时效性，很多媒体对信息来源未经仔细审查就在网络上发布，所以我认为网上的新闻不可信。 |
|---|---|

저는 인터넷 상의 일부 뉴스 혹은 정보의 신뢰도가 높지 않다고 생각하는데, 다음의 몇 가지가 주된 이유가 있습니다. 첫째, 게시자가 너무 많고, 이런 게시자들의 교양 (수준)과 교육 배경이 천차만별이다보니 권위성 및 전문성이 부족합니다. 둘째, 매체 간의 악의적인 경쟁입니다. 뉴스의 시효성을 보장하기 위해서 많은 매체들은 정보의 출처를 꼼꼼히 심사하지 않은 채 인터넷에 발표합니다. 그래서 저는 인터넷 뉴스는 믿을 수 없다고 생각합니다.

**어휘** 질문 ★ **网络** wǎngluò 인터넷, 네트워크 | ★ **看法** kànfǎ 견해, 소견

4-5급 ★ **传播** chuánbō 퍼트리다, 전파하다 | ★ **核实** héshí 사실을 확인하다, 실태를 조사하다 | **导致** dǎozhì 초래하다, 야기하다 | **虚假** xūjiǎ 허위, 거짓 | ★ **产生** chǎnshēng 생기다

6-7급 ★ **原因** yuányīn 이유, 원인 | **范围** fànwéi 범위 | **素质** sùzhì 교양, 소양 | **背景** bèijǐng 배경 | **参差不齐** cēncībùqí 천차만별이다, 제각각이다 | **缺乏** quēfá 부족하다 | **权威** quánwēi 권위적인 | ★ **媒体** méitǐ 매체, 미디어 | **恶性** èxìng 악의적인, 악성의 | ★ **竞争** jìngzhēng 경쟁 | **保障** bǎozhàng 보장하다 | **时效性** shíxiàoxìng 시효성 | **来源** láiyuán 출처, 근원 | **未经** wèi jīng (과정을) 거치지 않다 | **审查** shěnchá 심사하다, 심의하다 | **发布** fābù 발표하다

---

**问题 3**

## 你认为在年轻时就应为老年生活做准备吗？
당신은 젊었을 때 노년 생활을 위해 준비해야 한다고 생각합니까?

| 4-5급 | 我认为在年轻时不用为老年生活做准备。年轻的时候努力过好自己的每一天，那么到老的时候你也可以生活得很幸福。因此与其考虑未知的将来，不如把握现在的每一天。 |
|---|---|

저는 젊었을 때 노년 생활을 위해 준비할 필요가 없다고 생각합니다. 젊을 때 자신의 하루하루를 열심히 산다면, 나이가 들어서도 행복하게 살 수 있다고 생각합니다. 따라서 아직 모르는 미래를 고려하기보다는 현재의 매일을 제대로 살아가는 편이 낫습니다.

| 6-7급 | 我认为在年轻的时候应该提前为自己的老年生活做准备。现在的人越来越长寿，如果不提前做准备的话，老年生活会很困难。因此我现在正在通过养老保险、医疗保险以及储蓄等多种理财方式，为自己的老年生活做准备。 |
|---|---|

저는 젊었을 때 자신의 노년 생활을 위해 미리 준비를 해야 한다고 생각합니다. 요즘 사람들은 갈수록 장수하기 때문에 미리 준비하지 않을 경우 노년 생활이 힘들어질 것입니다. 그래서 저는 현재 양로보험과 의료보험, 그리고 저축 등 다양한 재테크 방법을 통해 스스로의 노후를 준비하고 있습니다.

**어휘** | 질문 ★ **生活** shēnghuó 생활(하다)

**4-5급** **与其A, 不如B** yǔqí A, bùrú B A하느니 차라리 B하다 | ★ **考虑** kǎolǜ 고려하다, 생각하다 | **未知** wèizhī 아직 모르다 | **将来** jiānglái 미래 | **把握** bǎwò 장악하다, 잡다

**6-7급** **提前** tíqián (시간, 기한 등을) 앞당기다 | **长寿** chángshòu 장수하다 | ★ **困难** kùnnan 힘들다, 어렵다 | ★ **通过** tōngguò ~을 통해서 | **养老** yǎng lǎo 양로하다, 노년을 편안하게 보내다 | ★ **保险** bǎoxiǎn 보험 | **医疗** yīliáo 의료 | ★ **储蓄** chǔxù 저축(하다) | ★ **理财** lǐcái 재테크 | ★ **方式** fāngshì 방법, 방식

---

**问题 4**

## 为了让孩子接受更好的教育，很多家长在孩子很小的时候就送他们出国留学，请谈一下你对这种现象的看法。

자녀로 하여금 더 좋은 교육을 받게 하고자 많은 부모들이 아이가 어렸을 때 해외로 유학을 보냅니다. 이러한 현상에 대해 당신의 견해를 말해보세요.

**4-5급**

为了让孩子接受更好的教育，我赞成早期留学。我认为早期留学不但可以快速习得当地的语言，而且可以学习多种多样的文化，拓展视野。因此我觉得早期留学对子女的教育有很多好处。

자녀로 하여금 더 좋은 교육을 받게 하기 위해서 저는 조기 유학에 찬성합니다. 저는 조기 유학은 현지의 언어를 빠르게 습득할 수 있을 뿐만 아니라, 다양한 문화를 배우고 시야를 넓힐 수 있다고 생각합니다. 그래서 저는 조기 유학은 자녀의 교육에 있어 장점이 많다고 생각합니다.

**6-7급**

我反对早期留学。孩子独自前往国外学习，可能会因为没有家人的关心和照顾而无法适应当地的环境，从而产生很大的压力。并且，在充满诱惑的环境中很可能无法集中精力学习，甚至会学坏。所以，我认为对所有的父母和孩子来说，早期留学都不是一个好的选择。

저는 조기 유학을 반대합니다. 아이가 혼자 해외에 나가 공부하게 되면, 가족의 관심과 보살핌을 받지 못해 현지 환경에 적응할 수 없고, 이로 인해 커다란 스트레스가 생길 것입니다. 뿐만 아니라, 유혹 가득한 환경 속에서 학업에 집중하기 힘들고, 심지어 나쁜 것을 배울 가능성도 매우 많습니다. 그래서 저는 모든 부모 및 아이에게 있어서 조기 유학은 좋은 선택이 아니라고 생각합니다.

---

**어휘** | 질문 **接受** jiēshòu 받다 | ★ **教育** jiàoyù 교육 | ★ **家长** jiāzhǎng 부모, 학부모 | **出国** chū guó 출국하다 | ★ **现象** xiànxiàng 현상

**4-5급** ★ **赞成** zànchéng 찬성하다 | **早期** zǎoqī 조기 | **快速** kuàisù 빠르다, 신속하다 | ★ **习得** xídé 습득하다 | **当地** dāngdì 현지 | **拓展** tuòzhǎn 넓히다 | **视野** shìyě 시야

**6-7급** ★ **反对** fǎnduì 반대하다 | **独自** dúzì 혼자 | **前往** qiánwǎng (~를 향해) 가다 | ★ **适应** shìyìng 적응하다 | **从而** cóng'ér 이로 인해, 그래서 | ★ **压力** yālì 스트레스 | **并且** bìngqiě 뿐만 아니라, 또한 | **充满** chōngmǎn 가득하다 | **诱惑** yòuhuò 유혹하다 | ★ **集中** jízhōng 집중하다 | ★ **甚至** shènzhì 심지어

## 问题 1

你和朋友决定去国外旅游。你想跟团游，但你朋友想自助游。请你说服朋友跟你一起跟团游。

당신과 친구는 해외 여행을 가기로 했습니다. 당신은 패키지 여행을 가고 싶지만, 친구는 자유 여행을 가고 싶어합니다. 친구에게 함께 패키지 여행을 가자고 설득해 보세요.

**4-5급**

丽丽，我知道你想自助游，但我觉得还是跟团去会比较好。以前我有过自由行的经历，那需要很长的准备时间，很费事。我希望你这次能听我的，下次我一定听你的。

리리, 네가 자유 여행 가고 싶어 하는 거 아는데 내 생각에는 그래도 패키지로 가는 게 좋을 것 같아. 예전에 내가 자유 여행 다녀온 경험이 있는데, 준비 시간이 오래 걸리고 손이 많이 갔어. 이번에는 네가 내 말대로 해주면 좋겠어. 다음 번에는 꼭 네 의견에 따를게.

**6-7급**

丽丽，我们这次跟团去旅行吧，怎么样？虽然自由行很好，但是住宿、交通、机票以及了解观光地等太多的事情都需要我们自己准备。这次我们不是短期旅行而是超过两周时间的旅行，所以我觉得跟团旅游会比较好。这次我们跟团，下次再自由行吧！

리리, 우리 이번에는 패키지로 여행 가자, 어때? 물론 자유 여행이 좋긴 하지, 하지만 숙소랑 교통, 비행기표 그리고 관광지 알아보는 것 등등 우리가 직접 준비해야 하는 게 너무 많아. 이번에 우리 단기 여행이 아니라 2주가 넘는 여행이잖아. 그래서 내 생각에는 패키지 여행이 더 나을 것 같거든. 이번에는 패키지로, 다음 번에는 자유 여행으로 가자!

**어휘** 질문 ★ **决定** juédìng 결정(하다) | ★ **跟团游** gēntuányóu 패키지 여행(을 하다) | ★ **自助游** zìzhùyóu 자유 여행(을 하다) | ★ **说服** shuō fú 설득하다

4-5급 ★ **跟团** gēntuán 패키지로, 단체로 | ★ **自由行** zìyóuxíng 자유 여행(을 하다) | ★ **经历** jīnglì 경험 | **费事** fèi shì 손이 많이 가다, 귀찮다

6-7급 ★ **住宿** zhùsù 숙소 | ★ **交通** jiāotōng 교통 | **机票** jīpiào 비행기표 | **以及** yǐjí 그리고, 및 | **观光地** guānguāngdì 관광지 | **短期** duǎnqī 단기, 짧은 시간 | **超过** chāoguò 초과하다

## 问题 2

你的朋友喜欢吃快餐。请你向朋友说明常吃快餐的害处，劝他吃健康食品。

당신의 친구가 패스트푸드 먹는 것을 좋아합니다. 친구에게 패스트푸드의 나쁜 점을 설명하고, 건강식품을 먹도록 권해 보세요.

<table>
<tr>
<td>4-5급</td>
<td>小张，看你最近好像经常吃快餐啊。快餐又没有营养，卡路里又高，经常吃的话对你身体一点都不好。今晚你有约吗？没有的话和我一起去吃沙拉吧。今天我请客！<br><br>샤오장, 보니까 너 요즘 패스트푸드 자주 먹는 것 같더라. 패스트푸드는 영양가도 없고, 칼로리는 또 높아서 자주 먹으면 몸에 좋을 것이 하나도 없어. 오늘 저녁에 약속 있니? 없으면 나랑 같이 샐러드 먹으러 가자. 오늘 내가 살게!</td>
</tr>
<tr>
<td>6-7급</td>
<td>小张，你今天中午又吃汉堡了？我知道你喜欢吃快餐，但是经常吃的话对身体不好。快餐都是油炸的，卡路里很高，很容易长胖，也不能为身体提供所需的营养。要是不从现在开始改变饮食习惯，以后生病就不好了。从今天开始，每天吃一点米饭和蔬菜吧。<br><br>샤오장, 너 오늘 점심 때 또 햄버거 먹었어? 네가 패스트푸드를 좋아하는 건 알지만, 자주 먹으면 건강에 안 좋아. 패스트푸드는 다 튀긴 거라서 칼로리가 높고 쉽게 살쪄. 또 몸이 필요로 하는 영양분도 공급할 수 없고 말야. 지금부터 식습관을 바꾸지 않아서 나중에 아프면 안 좋잖아. 오늘부터는 매일 밥과 야채를 조금씩 먹도록 해봐.</td>
</tr>
</table>

**어휘**  질문  ★**害处** hàichù 나쁜 점, 폐해  |  ★**劝** quàn 권하다  |  **食品** shípǐn 식품

4-5급  ★**好像** hǎoxiàng (아마도) ~인 것 같다  |  ★**营养** yíngyǎng 영양  |  ★**卡路里** kǎlùlǐ 칼로리  |  ★**约** yuē 약속하다  |  **沙拉** shālā 샐러드

6-7급  **油炸** yóuzhá 기름에 튀기다  |  **长胖** zhǎng pàng 살찌다  |  ★**提供** tígōng 공급하다, 제공하다  |  **所需** suǒ xū 필요로 하다  |  ★**改变** gǎibiàn 바꾸다  |  **饮食** yǐnshí (음식을) 섭취하다, 먹고 마시다  |  **蔬菜** shūcài 야채

---

**问题 3**

**你的室友是一个中国留学生，他向你咨询宿舍附近的交通情况。请你向他介绍一下。**

당신의 룸메이트는 중국 유학생입니다. 그가 당신에게 숙소 근처의 교통 상황에 대해 물어보네요. 친구에게 소개해 주세요.

<table>
<tr>
<td>4-5급</td>
<td>小张，咱们学校附近交通很方便，从学校正门出去后右转就有地铁站，离地铁站不远还有公交车站。那里都是去市内的车，随便坐哪一趟都可以。<br><br>샤오장, 우리 학교 근처는 교통이 아주 편리해. 학교 정문으로 나가서 우회전하면 바로 지하철역이 있고, 거기서 멀지 않은 곳에는 또 버스 정류장이 있어. 거기는 전부 시내로 가는 버스라서 아무거나 타도 돼.</td>
</tr>
<tr>
<td>6-7급</td>
<td>咱们学校这儿交通挺方便的。图书馆对面有公交车站，从学校正门出去直走200米有地铁站。想在学校周围活动的话，坐公交车最方便。想去远一点的地方的话，最好坐地铁。对了！坐公交车和地铁都需要有公交卡，在校内的便利店就可以买到。<br><br>우리 학교는 교통이 진짜 편리해. 도서관 맞은편에 버스 정류장이 있고, 정문에서 200m만 쭉 걸어가면 지하철역이 있어. 학교 주변에서 움직이려면 버스 타는 게 가장 편하고, 좀 멀리 가고 싶으면 지하철 타는 게 좋아. 참! 버스랑 지하철을 타려면 교통카드가 있어야 하는데, 교내 편의점에서 살 수 있어.</td>
</tr>
</table>

**어휘** · 질문 ★ **室友** shìyǒu 룸메이트 | ★ **咨询** zīxún 물어보다, 상담하다 | ★ **情况** qíngkuàng 상황

4-5급 ★ **右转** yòuzhuǎn 우회전하다 | ★ **随便** suíbiàn 편한대로, 마음대로 | **趟** tàng 편, 번(정기운행하는 교통수단을 세는 단위)

6-7급 ★ **对面** duìmiàn 맞은편 | **周围** zhōuwéi 주변, 주위 | **活动** huódòng 움직이다, 활동하다

| 4-5급 | 1 | 星期一早上，丽丽准备去学校。<br>월요일 아침, 리리가 학교에 가려고 준비합니다. |
|---|---|---|
| | 2 | 妈妈告诉丽丽今天会下雨，让她把雨伞带上，但是丽丽嫌麻烦拒绝了。<br>엄마가 리리에게 오늘 비가 올테니 우산을 가져가라고 했지만, 리리는 귀찮아서 거절했습니다. |
| | 3 | 下午最后一节课的时候，丽丽望着窗外的倾盆大雨，很后悔没有听妈妈的话。<br>오후 마지막 수업 시간, 리리가 창 밖의 장대비를 바라보며 엄마 말을 듣지 않은 것을 후회합니다. |
| | 4 | 没办法，她只能淋着雨回到家里，浑身都湿透了。妈妈看着淋湿的丽丽，觉得又生气又心疼。<br>어쩔 수 없이 그녀는 비를 맞으며 집에 돌아올 수 밖에 없었고, 온몸은 흠뻑 젖었습니다. 엄마는 비에 젖은 리리를 보자 화가 나면서도 마음이 아팠습니다. |
| 6-7급 | 1 | 星期一早上，丽丽背上书包准备去上学。她正要穿鞋出门时，妈妈拿出雨伞，让她带上。<br>월요일 아침, 리리가 가방을 메고 학교에 갈 준비를 합니다. 그녀가 신발을 신고 막 문을 나서려던 순간, 엄마가 우산을 꺼내서 그녀에게 가져가라고 했습니다. |
| | 2 | 因为天气预报说今天有雨，妈妈担心丽丽淋雨，可丽丽觉得麻烦，没听妈妈的。<br>일기 예보에서 오늘 비가 온다고 했기 때문에 엄마는 리리가 비에 맞을 까봐 걱정되었습니다. 하지만 리리는 귀찮아서 엄마 말을 듣지 않았습니다. |
| | 3 | 下午上课时，外面就开始下雨了，而且越下越大。丽丽看着窗外的雨，很后悔没拿妈妈准备的伞。<br>오후 수업시간, 밖에 비가 내리기 시작했고, 게다가 점점 더 많이 내렸습니다. 리리는 창 밖의 비를 보며 엄마가 챙겨준 우산을 가지고 오지 않은 것을 후회했습니다. |
| | 4 | 她只能淋着雨回家。到家后，妈妈看着浑身湿透了的丽丽，无奈地叹了口气。<br>리리는 비를 맞으며 집에 갈 수 밖에 없었습니다. 집에 도착하자 엄마는 온몸이 비에 흠뻑 젖은 리리를 보며 어쩔 수 없다는 듯이 한숨을 쉬었습니다. |

**어휘**  4-5급  **嫌麻烦** xián máfan 귀찮아하다  |  ★ **拒绝** jùjué 거절하다  |  **节** jié 수업 시간을 세는 단위  |  **望** wàng 바라보다  |  **倾盆** qīngpén 퍼붓다, 억수 같다  |  ★ **后悔** hòuhuǐ 후회하다  |  **淋** lín (비에) 젖다  |  **浑身** húnshēn 온몸  |  **湿透** shītòu 흠뻑 젖다  |  ★ **心疼** xīnténg 마음이 아프다, 안타까워하다

6-7급  **背** bēi (물건을) 메다, 지다  |  ★ **预报** yùbào 예보(하다)  |  **无奈** wúnài 어찌 할 도리가 없다  |  **叹口气** tàn kǒuqì 한숨 쉬다

# Test of Spoken Chinese

음원 바로 듣기

# 모범 답안 및 해석 04

## 问题 1

### 你叫什么名字?
당신의 이름은 무엇입니까?

| 4-5급 | 我叫朴元硕，我的名字是我爸爸给我起的。<br>저는 박원석이라고 하고, 저의 이름은 아버지께서 지어 주신 것입니다. |
|---|---|
| 6-7급 | 我姓李，叫宣英。宣传的宣，英国的英。<br>제 성은 이이고, 이름은 선영으로, '선전하다'의 '선', '영국'의 '영'입니다. |

**어휘** ▶ 4-5급 给 gěi ~에게 | ★ 起 qǐ (이름을) 짓다

6-7급 ★ 姓 xìng 성이 ~이다 | 宣传 xuānchuán 선전하다 | 英国 Yīngguó 영국

## 问题 2

### 请说出你的出生年月日。
당신의 생년월일을 말해주세요.

| 4-5급 | 我是1998年3月8号出生的，今年二十二岁，属虎。<br>저는 1998년 3월 8일에 태어났고, 올해 22살로 호랑이띠입니다. |
|---|---|
| 6-7급 | 我出生于1995年12月14号，今年二十五岁，属猪。<br>저는 1995년 12월 14일에 태어났고, 올해 25살로 돼지띠입니다. |

**어휘** ▶ 질문 ★ 出生 chūshēng 태어나다, 출생하다

4-5급 ★ 属 shǔ (십이지의) ~띠이다 | 虎 hǔ 호랑이

6-7급 ★ 于 yú ~에, ~에서(시간 또는 장소를 나타냄) | 猪 zhū 돼지

## 问题 3

### 你家有几口人?
당신의 가족은 몇 명입니까?

| 4-5급 | 我家有五口人，爸爸、妈妈、妹妹、弟弟和我。我是老大。 |
| | 우리 가족은 다섯 명으로, 아빠, 엄마, 여동생, 남동생 그리고 저입니다. 저는 첫째입니다. |
| 6-7급 | 我家有三口人，我和我丈夫，还有我们的儿子。我们很幸福。 |
| | 우리 가족은 세 명으로, 저와 제 남편 그리고 아들입니다. 우리는 매우 행복합니다. |

**어휘** 질문 ★ **口** kǒu 명(식구를 세는 단위)

4-5급 ★ **妹妹** mèimei 여동생 | ★ **弟弟** dìdi 남동생 | ★ **老大** lǎodà 첫째, 맏이

6-7급 ★ **丈夫** zhàngfu 남편 | **还** hái 또 | ★ **儿子** érzi 아들 | **幸福** xìngfú 행복하다

---

## 问题 4

### 你在什么地方工作？或者你在哪个学校上学？

당신은 어느 곳에서 일합니까? 혹은 당신은 어느 학교에 다닙니까?

| | 직장인 | 我在一家外语补习班工作，我是英文老师。我很喜欢我的职业。 |
| | | 저는 외국어 학원에서 일하고, 영어 선생님입니다. 저는 제 직업이 무척 좋습니다. |
| 4-5급 | 재학생 | 我在韩国大学读书，是贸易系一年级的学生。我觉得我的专业很难。 |
| | | 저는 한국대학교에서 공부하고 있고, 무역학과 1학년 학생입니다. 저는 제 전공이 무척 어렵다고 생각합니다. |
| | 졸업생 | 我今年二月份刚毕业，最近在为就业做准备。 |
| | | 저는 올해 2월달에 막 졸업했고, 요즘은 취업을 하기 위해서 준비하고 있습니다. |
| | 직장인 | 我在广告公司工作。我是新人，要学习的很多，所以每天很忙。 |
| | | 저는 광고회사에서 일합니다. 저는 신입이고 배워야 할 것이 많아서 매일 바쁩니다. |
| 6-7급 | 재학생 | 我在韩国大学读研究生，我的专业是观光经营学。我明年就要毕业了。 |
| | | 저는 한국대학교 대학원에 다니고 있고, 전공은 관광 경영학입니다. 저는 내년이면 곧 졸업합니다. |
| | 졸업생 | 我已经毕业了，现在一边打工，一边在补习班学习英语。 |
| | | 저는 이미 졸업을 했고, 현재는 아르바이트를 하면서 학원에서 영어를 공부하고 있습니다. |

**어휘** 질문 **地方** dìfang 곳, 장소 | **或者** huòzhě 혹은, 아니면 | **上学** shàng xué 학교에 다니다, 등교하다

4-5급 **外语** wàiyǔ 외국어 | ★ **补习班** bǔxíbān 학원 | **英文** Yīngwén 영어 | **职业** zhíyè 직업 | ★ **读书** dú shū 공부하다 | **贸易** màoyì 무역 | ★ **系** xì 학과, 과 | ★ **年级** niánjí 학년 | ★ **专业** zhuānyè 전공 | ★ **难** nán 어렵다 | **月份** yuèfèn 월(달) | ★ **刚** gāng 막, 방금 | ★ **毕业** bì yè 졸업하다 | ★ **最近** zuìjìn 요즘 | **为** wèi ~을 (하기) 위하여 | **就业** jiù yè 취업하다 | **准备** zhǔnbèi 준비(하다)

6-7급 **广告** guǎnggào 광고 | ★ **公司** gōngsī 회사 | **新人** xīnrén 신입, 신참, 초년생 | ★ **每天** měitiān 매일 | **读研究生** dú yánjiūshēng 대학원에 다니다 | **观光** guānguāng 관광하다 | **经营** jīngyíng 경영하다 | **就要~了** jiùyào~le 곧 ~하다 | ★ **已经** yǐjīng 이미, 벌써 | ★ **一边A，一边B** yìbiān A, yìbiān A하면서 (동시에) B하다 | ★ **打工** dǎ gōng 아르바이트 하다

## 第2部分

## 问题 1

### 花瓶旁边有什么?
꽃병 옆에는 무엇이 있습니까?

| 4-5급 | 花瓶旁边有杂志。<br>꽃병 옆에는 잡지가 있습니다. |
| --- | --- |
| 6-7급 | 花瓶旁边有一本杂志，那是一本电影杂志。<br>꽃병 옆에는 잡지가 한 권 있고, 그것은 영화 잡지입니다. |

**어휘** 질문 **花瓶** huāpíng 꽃병 | ★ **旁边** pángbiān 옆(쪽)

4-5급 **杂志** zázhì 잡지

6-7급 **电影** diànyǐng 영화

## 问题 2

### 她在骑摩托车吗?
그녀는 오토바이를 타고 있습니까?

| 4-5급 | 不，她在骑自行车。<br>아니요, 그녀는 자전거를 타고 있습니다. |
| --- | --- |
| 6-7급 | 不，她在骑一辆黄色的自行车，她看起来很开心。<br>아니요, 그녀는 노란색 자전거를 타고 있습니다. 그녀는 즐거워 보입니다. |

**어휘** 질문 ★ **骑** qí 타다 | **摩托车** mótuōchē 오토바이

4-5급 ★ **自行车** zìxíngchē 자전거

6-7급 **辆** liàng 대(차량을 셀 때 쓰는 양사) | **黄色** huángsè 노란색 | ★ **看起来** kànqǐlai ~해 보이다, 보아하니 |
**开心** kāi xīn 즐겁다

## 问题 3

### 他们在超市吗?
그들은 마트에 있습니까?

| | |
|---|---|
| 4-5급 | 不，他们在咖啡厅。<br>아니요, 그들은 카페에 있습니다. |
| 6-7급 | 不，他们在咖啡厅边喝咖啡边聊天儿。<br>아니요, 그들은 카페에서 커피를 마시면서 수다를 떨고 있습니다. |

**어휘** | 질문 ★ **超市** chāoshì 마트

4-5급 ★ **咖啡厅** kāfēitīng 카페

6-7급 **边A边B** biān A biān B A하면서 (동시에) B하다 ┃ ★ **聊天儿** liáo tiānr 수다 떨다, 이야기를 나누다

## 问题 4

### 这家餐厅几点开门?
이 식당은 몇 시에 문을 엽니까?

| | |
|---|---|
| 4-5급 | 这家餐厅早上八点开门。<br>이 식당은 아침 8시에 문을 엽니다. |
| 6-7급 | 这家餐厅早上八点开门，晚上十点关门。<br>이 식당은 아침 8시에 문을 열고, 밤 10시에 문을 닫습니다. |

**어휘** | 질문 ★ **餐厅** cāntīng 식당 ┃ **开门** kāi mén 문을 열다

4-5급 ★ **早上** zǎoshang 아침

6-7급 ★ **晚上** wǎnshang 저녁 ┃ **关门** guān mén 문을 닫다

## 第3部分

## 问题 1

### 你看过这本小说吗？听说很有意思。
너 이 소설책 본 적 있니? 듣자 하니 무척 재미있대.

**4-5급**

我还没看呢。我本来打算这个月看，但是一直没有时间。等下周考试结束，我一定要找个时间看。

아직 못 봤어. 원래 이번 달에 읽을 계획이었는데, 계속 시간이 없었네. 다음 주에 시험 끝나면 꼭 시간 내서 읽어 볼 거야.

**6-7급**

看过，我也觉得很有趣。本来我不喜欢推理小说，但是这本小说的内容不是很难，就算是第一次接触推理小说的人，也能读懂。

봤는데, 나도 재미있다고 생각해. 원래 나는 추리 소설을 안 좋아하는데, 이 책은 내용이 어렵지 않아서 처음 추리 소설을 접하는 사람일지라도 이해할 수 있을거야.

**어휘** 질문 **小说** xiǎoshuō 소설(책) | ★ **听说** tīngshuō 듣자 하니 | ★ **有意思** yǒu yìsi 재미있다

4-5급 ★ **本来** běnlái 원래 | ★ **打算** dǎsuàn ～할 계획이다 | ★ **一直** yìzhí 계속, 줄곧, 쭉 | ★ **结束** jiéshù 끝나다 | ★ **一定** yídìng 꼭, 반드시

6-7급 ★ **有趣** yǒuqù 재미있다 | **推理** tuīlǐ 추리(하다) | **内容** nèiróng 내용 | ★ **难** nán 어렵다 | **就算** jiùsuàn 설령 ～라도 | **接触** jiēchù 접하다

## 问题 2

### 今天我请客，你要喝什么？
오늘은 내가 살게요, 뭐 마실래요?

**4-5급**

太好了！谢谢你。那我就不客气了。天气太热了，我想要一杯冰美式。下次我请你！

너무 좋아요! 고마워요, 그럼 사양하지 않을게요. 날이 너무 더워서 아이스 아메리카노가 마시고 싶어요. 다음 번에는 제가 살게요!

**6-7급**

真的吗？谢谢。听说这里新出的饮料酸酸甜甜的，很不错，我想来一杯尝尝，正好解解午饭的腻。你呢？你喝什么？

정말요? 고마워요. 듣자 하니 여기 새로 나온 음료가 새콤달콤하고 괜찮다던데, 한번 먹어 보고 싶어요. 마침 점심식사의 느끼함도 없애고요. 당신은요? 뭐 마실 거예요?

**어휘** 질문 ★ **请客** qǐng kè 한턱 내다

4-5급 ★ **客气** kèqi 사양하다 | **冰** bīng 아이스, 얼음 | **美式** měishì 아메리카노(美式咖啡의 준말) |
**请** qǐng 대접하다

6-7급 ★ **饮料** yǐnliào 음료 | **酸** suān 시다 | **甜** tián 달다 | ★ **不错** búcuò 괜찮다, 좋다 | ★ **尝**
cháng 먹어 보다, 맛보다 | **正好** zhènghǎo 마침 | **解** jiě 없애다, 풀다, 제거하다 | **午饭** wǔfàn 점심(밥) |
**腻** nì 느끼하다

---

## 问题 3

### 你想买白色的还是黑色的?
당신은 흰색을 사고 싶어요 아니면 검은색을 사고 싶어요?

| | |
|---|---|
| 4-5급 | 我想买黑色的帽子。白色的帽子太容易脏了，黑色的不容易脏，而且很好搭配。你觉得呢?<br><br>저는 검은색 모자를 사고 싶어요. 흰색 모자는 때가 너무 잘 타서요. 검은색이 때도 잘 안 타고 매칭하기도 쉬워요. 당신 생각은요? |
| 6-7급 | 我有点儿拿不定主意，两个颜色我都喜欢。你觉得哪个颜色更适合我? 要不我两个颜色都买了，换着戴吧。<br><br>결정을 못 하겠어요. 두 색 모두 제가 좋아하거든요. 당신이 볼 때는 어떤 색이 저에게 더 잘 어울리는 것 같아요? 아니면 두 가지 색상 다 사서 바꿔가면서 써야겠어요. |

**어휘** 질문 **白色** báisè 흰색 | ★ **还是** háishi 아니면(선택의문문) | **黑色** hēisè 검은색

4-5급 **帽子** màozi 모자 | ★ **容易** róngyì ~하기 쉽다 | **脏** zāng 더럽다 | ★ **而且** érqiě 게다가 | **搭配**
dāpèi 매칭하다, 조합하다

6-7급 **拿不定** nábudìng 결정하지 못하다 | **主意** zhǔyi 생각, 아이디어 | ★ **适合** shìhé 어울리다, 알맞다 |
★ **要不** yàobù 아니면(선택) | **换** huàn 바꾸다 | **戴** dài 쓰다, 끼다, 착용하다

---

## 问题 4

### 你每天怎么去学校?
너는 매일 뭐 타고 학교에 가니?

| | |
|---|---|
| 4-5급 | 我每天骑自行车上学。学校离我家很近，骑自行车的话只需要10分钟。你也骑车上学吗?<br><br>나는 매일 자전거를 타고 학교에 가. 학교가 집에서 가까워서, 자전거 타면 10분 밖에 안 걸려. 너도 자전거 타고 학교에 가니? |

| | |
|---|---|
| **6-7급** | 我每天坐地铁上学。虽然也可以坐公交车，但是我担心早上堵车，所以一般都是坐地铁。 |
| | 나는 매일 지하철 타고 학교에 가. 물론 버스를 타도 되긴 하는데, 난 아침에 차 막히는 것이 걱정돼서 보통 지하철을 타는 편이야. |

어휘 | 질문 | ★ **每天** měitiān 매일

**4-5급** | ★ **骑** qí 타다 | ★ **自行车** zìxíngchē 자전거 | **上学** shàng xué 학교에 가다, 등교하다 | ★ **~的话** ~de huà ~한다면 | **只** zhǐ 오직, 단지 | ★ **需要** xūyào (시간이) 걸리다, 필요하다 | ★ **分钟** fēnzhōng 분(시간을 세는 단위)

**6-7급** | **地铁** dìtiě 지하철 | ★ **左右** zuǒyòu 정도, 쯤 | ★ **公交车** gōngjiāochē 버스 | **担心** dān xīn 걱정하다 | **堵车** dǔ chē 차가 막히다 | ★ **一般** yìbān 보통

---

### 问题 5

## 时间不早了，我们回家吧。
시간이 늦었어, 우리 집에 가자.

| | |
|---|---|
| **4-5급** | 好吧，这么快就10点了。你怎么回家？如果要坐公交车，和我一起去公交车站吧。 |
| | 그래, 이렇게 빨리 10시가 됐네. 너는 집에 어떻게 갈 거야? 만약 버스 탈 거면, 나랑 같이 버스 정류장에 가자. |
| **6-7급** | 哇，天都黑了，可是我还没复习完考试的内容。明天就考试了，我想看完再走。要不你先走吧，路上小心，明天见。 |
| | 와, 날이 벌써 어두워졌구나. 그런데 나 아직 시험 (볼) 내용 공부를 다하지 못 했거든. 내일이 시험이라 다 보고 가고 싶어. 너 먼저 가. 조심히 가고, 내일 보자. |

어휘 | **4-5급** | **这么** zhème 이렇게 | ★ **如果** rúguǒ 만약
**6-7급** | **哇** wa 와, 우와(감탄을 나타냄) | ★ **复习** fùxí (시험)공부하다, 복습하다 | **小心** xiǎoxīn 조심하다

## 第4部分

### 问题 1

## 你有丢东西的经历吗?
당신은 물건을 잃어버린 경험이 있습니까?

**4-5급**

我有丢东西的经历,我经常丢银行卡。一般是在买完东西结账之后忘在店里,有时候也会掉在公交车或地铁上。所以我最近买了挂脖卡包。

저는 물건을 잃어버린 경험이 있습니다. 저는 체크카드를 자주 잃어버리는데, 보통 물건을 다 사고 결제한 후에 가게에 빠뜨리거나, 아니면 버스나 지하철에 두고 내립니다. 그래서 저는 최근 목걸이 카드지갑을 샀습니다.

**6-7급**

我几乎没有丢过东西。因为我比较细心,通常会在出门之前确认包里都有什么东西,外出的时候也时不时会检查一下随身物品。尤其是下地铁或出租车时,我一定会再次确认有没有落在座位上的东西。

저는 물건을 잃어버린 적이 거의 없습니다. 저는 비교적 꼼꼼한 편이라서, 보통 외출 전에 가방에 무슨 물건들이 있는지 확인하고, 밖에 나가서도 수시로 소지품을 체크하기 때문입니다. 특히, 지하철이나 택시에서 내릴 때 저는 자리에 두고 내리는 물건은 없는지 꼭 재차 확인합니다.

**어휘** ▸ 질문 ▸ 丢 diū 잃어버리다 | ★ 经历 jīnglì 경험

**4-5급** 银行卡 yínhángkǎ 체크카드, 은행카드 | 结账 jié zhàng 결제하다, 계산하다 | 之后 zhīhòu ~후, 다음 | 忘 wàng 빠뜨리다, 잊다 | 掉 diào 빠뜨리다, 흘리다 | 挂脖 guà bó 목걸이(형), 목에 걸다 | 卡包 kǎbāo 카드지갑

**6-7급** 细心 xìxīn 꼼꼼하다, 세심하다 | 通常 tōngcháng 보통 | 之前 zhīqián ~전, 이전 | 确认 quèrèn 확인하다 | 外出 wàichū 외출하다 | 时不时 shíbùshí 수시로, 자주 | 随身物品 suíshēn wùpǐn 소지품 | 尤其 yóuqí 특히 | 再次 zàicì 재차, 거듭 | ★ 落 là (놓아) 두다, 빠뜨리다 | 座位 zuòwèi 자리

### 问题 2

## 你一般去书店买书看还是去图书馆借书看?
당신은 보통 서점에 가서 책을 사서 봅니까 아니면 도서관에 가서 책을 빌려서 봅니까?

**4-5급**

我一般都是去图书馆借书看。虽然买书来看也很不错,但因为我还是学生,没有足够的零用钱买下所有我想看的书,所以我去图书馆借书看。

저는 보통 도서관에 가서 책을 빌려서 봅니다. 비록 책을 사서 보는 것도 매우 좋지만, 저는 아직 학생이기 때문에 보고 싶은 책 전부를 살 충분한 용돈이 없습니다. 그래서 저는 도서관에 가서 책을 빌려서 봅니다.

| | |
|---|---|
| 6-7급 | 我一般都是去书店买书来看。因为我读书的时候习惯在喜欢的句子下面划横线、做标注，如果去图书馆借书来看的话，不能随便做标注。另外，我的房间里有一个很大的书架，我很享受慢慢将书架摆满的过程，所以我喜欢买书看。<br><br>저는 보통 서점에 가서 책을 사서 봅니다. 왜냐하면 저는 책을 읽을 때 좋아하는 문장 아래 밑줄을 긋고 표시하는 습관이 있는데, 도서관에서 책을 빌려서 볼 경우 마음대로 표시하면 안 되기 때문입니다. 이 외에도, 제 방에는 커다란 책장이 하나 있는데, 저는 천천히 책장을 채워가는 과정을 즐기기 때문에 책을 사서 보는 것을 좋아합니다. |

**어휘** 　4-5급　足够 zúgòu 충분하다 ｜ 零用钱 língyòngqián 용돈 ｜ 所有 suǒyǒu 전부, 모든

6-7급　划 huà 긋다 ｜ 横线 héngxiàn 밑줄, 가로줄 ｜ 标注 biāozhù 표시하다, 적다 ｜ ★ 随便 suíbiàn 마음대로 ｜ ★ 另外 lìngwài 이 외에, 그 밖에 ｜ 书架 shūjià 책장 ｜ ★享受 xiǎngshòu 즐기다 ｜ 将 jiāng ~을/를 ｜ 摆满 bǎi mǎn 가득 채우다 ｜ 过程 guòchéng 과정

---

**问题 3**

## 你有定期检查身体的习惯吗?

당신은 정기적으로 건강 검진을 하는 습관이 있습니까?

| | |
|---|---|
| 4-5급 | 我没有定期检查身体的习惯。因为我觉得我很健康，所以到现在为止我还没有做过健康检查。等以后上了年纪，身体出现异常的时候我会做。<br><br>저는 정기적으로 건강 검진을 하는 습관이 없습니다. 저는 제가 매우 건강하다고 생각하기 때문에 지금까지 아직 건강 검진을 해보지 않았습니다. 나중에 나이가 들고 몸에 이상이 나타났을 때 할 것입니다. |
| 6-7급 | 我有定期检查身体的习惯。我觉得定期做健康检查是有必要的，可以尽早发现病情，防止病情变严重。而且现在的体检不像以前那么复杂，可以只做自己想做的检查，非常方便。所以我一般一年做一次。<br><br>저는 정기적으로 건강 검진을 하는 습관이 있습니다. 저는 정기적인 건강 검진은 되도록 일찍 병을 발견해서 병세가 심해지는 것을 막을 수 있기 때문에 필요하다고 생각합니다. 게다가 요즘 건강검진은 예전처럼 그렇게 복잡하지 않고, 자기가 하고 싶은 검사만 할 수 있어서 굉장히 편리합니다. 그래서 저는 보통 1년에 한 번씩 합니다. |

**어휘**　질문　定期 dìngqī 정기적인

4-5급　到～为止 dào~wéizhǐ ～까지 ｜ 健康检查 jiànkāng jiǎnchá 건강 검진 ｜ 上 shàng (일정한 정도, 수량에) 이르다, 도달하다 ｜ 年纪 niánjì 나이 ｜ ★ 出现 chūxiàn 나타나다, 출현하다 ｜ 异常 yìcháng 이상하다

6-7급　必要 bìyào 필요하다 ｜ 尽早 jìnzǎo 되도록 일찍 ｜ ★ 发现 fāxiàn 발견하다 ｜ ★ 病情 bìngqíng 병(세) ｜ ★ 防止 fángzhǐ 막다, 방지하다 ｜ ★ 严重 yánzhòng 심각하다, 위급하다 ｜ 体检 tǐjiǎn 신체검사(体格检查의 준말) ｜ 复杂 fùzá 복잡하다

---

**问题 4**

## 请你介绍一下你们国家重要的节日。

당신 나라의 중요한 명절을 소개해 주십시오.

| 4-5급 | 我来介绍一下我们国家重要的节日。我们国家最重要的节日是春节，也就是阴历的新年。每年春节的时候，全家人都聚在一起喝年糕汤，聊一聊新年的计划。<br><br>우리 나라의 중요한 명절을 소개하겠습니다. 우리 나라에서 가장 중요한 명절은 설날로, 바로 음력 새해입니다. 매년 설날에는 온 가족이 함께 모여서 떡국을 먹고 신년 계획을 이야기합니다. |
|---|---|
| 6-7급 | 我们国家重要的节日有中秋节和春节，这些都是全家团圆的节日。中秋的时候全家人会聚在一起做松饼吃。而春节的时候人们会穿上韩服回老家，虽然现在不重视穿韩服的传统了，但全家人聚在一起喝年糕汤、互相拜年的习俗并没有改变。<br><br>우리 나라의 가장 중요한 명절로는 추석과 설날이 있는데, 모두 온 가족이 한 자리에 모이는 명절입니다. 추석 때는 가족 모두가 함께 모여 송편을 만들어 먹고, 설에는 한복을 입고 고향에 내려갑니다. 비록 지금은 한복 입는 전통을 중시하지 않지만, 온 가족이 한데 모여 떡국을 먹고, 서로 새해 인사를 하는 풍습은 바뀌지 않았습니다. |

**어휘** ▶ 4-5급 ★ **春节** Chūnjié 설날, 구정 | ★ **阴历** yīnlì 음력 | **新年** xīnnián 새해, 신년 | ★ **聚** jù 모이다 | **年糕汤** niángāotāng 떡국 | ★ **计划** jìhuà 계획

6-7급 ★ **中秋节** Zhōngqiūjié 추석 | ★ **全家** quánjiā 온 가족 | ★ **团圆** tuányuán 한 자리에 모이다 | **松饼** sōngbǐng 송편 | **韩服** hánfú 한복 | **老家** lǎojiā 고향 | **重视** zhòngshì 중시하다 | ★ **传统** chuántǒng 전통 | ★ **互相** hùxiāng 서로 | **拜年** bài nián 새해 인사를 하다, 세배하다 | **习俗** xísú 풍습 | ★ **改变** gǎibiàn 바뀌다, 변하다

---

**问题 5**

## 学生时期，你有过转学的经历吗?
학생 때 당신은 전학을 간 경험이 있습니까?

| 4-5급 | 学生时期，我没有转学的经历。因为我从小一直生活在一个地方，所以没有转学的必要。我在那里有很多朋友，我们现在也经常见面。<br><br>학생 때 저는 전학을 간 경험이 없습니다. 저는 어렸을 때부터 쭉 한 곳에서만 살았기 때문에 전학을 갈 필요가 없었습니다. 저는 그곳에 많은 친구들이 있고, 우리는 지금도 자주 만납니다. |
|---|---|
| 6-7급 | 我上小学的时候转过学。我爸爸以前是军人，每当爸爸被调到其他部队的时候，我就必须跟着转学。虽然我很难适应，也很舍不得和同学们分离，但转学让我认识了许多新朋友，积累了更多经验，也留下了很多美好的回忆。<br><br>저는 초등학교에 다닐 때 전학을 간 적이 있습니다. 제 아버지는 예전에 군인이었는데, 아버지가 다른 부대로 옮겨가실 때마다 저도 따라서 전학을 가야 했습니다. 비록 적응하기 힘들었고 친구들과도 헤어지기 아쉬웠지만, 전학을 가면서 저는 새로운 친구들을 많이 알게 되었고, 더 많은 경험을 쌓으며 아름다운 추억도 많이 남겼습니다. |

**어휘** ▶ 질문 **时期** shíqī 때, 시기 | **转学** zhuǎn xué 전학 가다

4-5급 ★ **生活** shēnghuó 살다, 생활하다

6-7급 **军人** jūnrén 군인 | **每当** měi dāng (매번) ~할 때마다 | **调** diào 옮기다, 이동하다 | **部队** bùduì 부대 | ★ **适应** shìyìng 적응하다 | **舍不得** shěbude 아쉽다 | **分离** fēnlí 헤어지다 | **许多** xǔduō 많은 | ★ **积累** jīlěi 쌓다, 축적하다 | ★ **经验** jīngyàn 경험 | **留下** liúxià 남기다 | **回忆** huíyì 추억

## 第5部分

## 问题 1

### 你觉得买二手货好处多还是坏处多？
당신은 중고품을 사는 것은 장점이 많다고 생각합니까 아니면 단점이 많다고 생각합니까?

**4-5급**

我认为买二手货的坏处更多。二手货是别人用过的东西，所以物品质量没有办法得到保障。尤其是一些电子产品，虽然从外观上看不出任何问题，但是很有可能内部的一些零件已经坏掉了。因此我更喜欢购买全新的产品。

저는 중고품을 사는 것은 단점이 더 많다고 생각합니다. 중고품은 다른 사람이 사용했던 물건이기 때문에 품질을 보장받을 방법이 없습니다. 특히 일부 전자제품의 경우, 비록 외관상으로는 아무런 문제가 없어 보이지만, 안의 일부 부품들은 이미 망가져 있을 가능성이 있습니다. 그래서 저는 새 제품을 구매하는 것을 더 좋아합니다.

**6-7급**

我认为买二手货的好处更多。二手产品最大的优点是价格便宜，特别是像车或者高端电子产品，用较低的价格就能购买到。虽然有些人觉得二手产品的质量没有办法得到保障，但是最近不管是在网上还是实体店都能先试用产品再购买。因此仔细检查后再购买的话不会出现大问题。

저는 중고품을 사는 것은 장점이 더 많다고 생각합니다. 중고 제품의 가장 큰 장점은 가격이 저렴하다는 것입니다. 특히 자동차나 고가의 전자제품 같은 것을 비교적 저렴한 가격으로 살 수 있습니다. 어떤 사람들은 중고 제품의 품질을 보장받을 방법이 없다고 생각합니다. 하지만 요즘은 인터넷이든 오프라인 매장이든 먼저 제품을 직접 테스트해 본 후에 구매하는 것이 가능합니다. 따라서 꼼꼼히 살펴보고 산다면 큰 문제가 생기지 않을 것입니다.

**어휘** | 질문 ★ **二手货** èrshǒuhuò 중고품 | ★ **好处** hǎochù 장점 | ★ **坏处** huàichù 단점

4-5급 ★ **质量** zhìliàng 품질 | **保障** bǎozhàng 보장 | **尤其** yóuqí 특히 | ★ **产品** chǎnpǐn 제품 | **外观** wàiguān 외관 | **任何** rènhé 아무런, 그 어떤 | **内部** nèibù 내부 | **零件** língjiàn 부품 | **坏掉** huàidiào 망가지다, 상하다 | ★ **因此** yīncǐ 그래서, 따라서 | ★ **购买** gòumǎi 구매하다, 사다 | **全新** quánxīn (완전히) 새롭다

6-7급 ★ **优点** yōudiǎn 장점 | ★ **价格** jiàgé 가격 | **高端** gāoduān 고가의, 최첨단의 | **不管** bùguǎn ~에 관계없이 | ★ **实体店** shítǐdiàn 오프라인 매장 | **仔细** zǐxì 꼼꼼하다, 자세하다 | ★ **出现** chūxiàn 생기다, 나타나다

## 问题 2

### 举办小型婚礼的人越来越多，你对此有什么样的看法？
스몰 웨딩을 올리는 사람들이 갈수록 많아지고 있습니다. 당신은 이에 대해 어떤 견해를 가지고 있습니까?

| 4-5급 | 最近举办小型婚礼的人越来越多，我认为这是一个好现象。以前很多人不考虑自身的经济状况，只想做给别人看，在婚礼中投入很多钱。但是现在越来越多的人选择小规模婚礼，在婚礼中投入适当的费用。我觉得这是非常正确的决定。<br><br>요즘 스몰 웨딩을 올리는 사람들이 갈수록 많아지고 있는데, 저는 이것이 좋은 현상이라고 생각합니다. 예전에는 많은 사람들이 자신의 경제 상황은 고려하지 않은 채, 남에게 보여줄 생각만으로 결혼식에 많은 돈을 들였습니다. 하지만 지금은 점점 더 많은 사람들이 소규모 웨딩을 선택하면서, 결혼식에는 적당한 비용을 투자합니다. 저는 이것이 매우 옳은 결정이라고 생각합니다. |
|---|---|
| 6-7급 | 最近选择小型婚礼的人增多了，我觉得结合自身的经济情况选择相应规模的婚礼是一个很好的想法。如果因为在意别人的看法，而盲目地举行不符合自己经济情况的婚礼，这无论是对夫妇两人来说，还是对双方家庭来说都会成为很大的经济负担。近来有更多人选择举办小规模婚礼，我觉得这是一个值得提倡的好风气。<br><br>요즘 스몰 웨딩을 택하는 사람들이 늘어났는데, 저는 자신의 경제 상황에 맞춰 그에 맞는 규모의 결혼식을 선택하는 것은 좋은 생각인 것 같습니다. 만약 다른 사람들의 생각을 신경 쓰느라 무작정 자신의 경제 상황에 맞지 않은 결혼식을 올린다면, 이는 부부 두 사람 입장에서나 양쪽 집안 입장에서나 커다란 경제적 부담이 될 것입니다. 요즘 더 많은 사람들이 소규모 웨딩을 선택하고 있는데, 저는 이것이 장려할 만한 풍조라고 생각합니다. |

**어휘** 질문 举办 jǔbàn 행하다, 개최하다 | 小型 xiǎoxíng 스몰, 소형 | ★ 婚礼 hūnlǐ 웨딩, 결혼식 | ★ 越来越 yuèláiyuè 갈수록, 점점 더 | ★ 看法 kànfǎ 견해, 생각

4-5급 ★ 现象 xiànxiàng 현상 | ★ 考虑 kǎolǜ 고려하다 | 自身 zìshēn 자신, 본인 | ★ 经济 jīngjì 경제 | 状况 zhuàngkuàng 상황 | 投入 tóurù 들이다, 투입하다 | 规模 guīmó 규모 | ★ 适当 shìdàng 적당하다 | 费用 fèiyòng 비용 | 正确 zhèngquè 옳다, 정확하다 | ★ 决定 juédìng 결정(하다)

6-7급 增多 zēngduō 늘어나다 | 结合 jiéhé 맞추다, 결합하다 | ★ 情况 qíngkuàng 상황 | ★ 相应 xiāngyìng 알맞다, 상응하다 | ★ 在意 zài yì 신경 쓰다, 마음에 두다 | 盲目 mángmù 무작정, 맹목적인 | 举行 jǔxíng (식을) 올리다, 행하다 | 符合 fúhé 맞다, 부합하다 | 无论 wúlùn ~을 막론하고 | ★ 夫妇 fūfù 부부 | 双方 shuāngfāng 양쪽, 쌍방 | ★ 家庭 jiātíng 가정 | ★ 成为 chéngwéi ~이/가 되다 | ★ 负担 fùdān 부담 | ★ 近来 jìnlái 요즘, 최근 | ★ 值得 zhí dé ~할 만하다 | 提倡 tíchàng 장려하다, 제창하다 | 好风 fēngqì 풍조, 기풍

---

**问题 3**

## 你对AA制怎么看？请简单谈谈你的看法。

당신은 더치페이를 어떻게 봅니까? 간단하게 당신의 견해를 말해보십시오.

| 4-5급 | 我喜欢AA制。AA制的结账方式是各付各的，谁都不用有压力。如果吃完饭结账时由一个人来掏钱的话，他会感到有负担，而且一起吃饭的人也会觉得有些不好意思。因此我赞成AA制。<br><br>저는 더치페이를 좋아합니다. 더치페이 결제 방식은 각자 계산하는 것으로, 누구도 스트레스를 받을 필요가 없습니다. 만약 식사 후 계산할 때 한 사람이 돈을 내게 된다면, 그 사람은 부담을 느낄 것이고 함께 식사한 사람 역시 미안하게 생각할 수 있습니다. 따라서 저는 더치페이에 찬성합니다. |
|---|---|

| 6-7급 | 我不喜欢AA制。我觉得AA制不利于人际交往。在社会生活中，与比自己职位低或者年纪小的人AA的话，很难拉近彼此的距离。而和关系亲近的朋友AA的话会显得斤斤计较，很伤感情。所以虽然AA制是合理的，但是会让人觉得有距离感，因此我不赞成AA制。 |
|---|---|

저는 더치페이를 좋아하지 않습니다. 저는 더치페이가 대인 관계에 좋지 않다고 생각합니다. 사회 생활을 하면서 자기보다 직급이 낮거나 혹은 나이 어린 사람들과 더치페이를 하게 되면, 서로 간의 거리를 좁히기 어렵습니다. 또 가까운 친구와 더치페이를 할 경우 지나치게 따지는 것처럼 보여서 감정이 상할 수도 있습니다. 그러므로 더치페이는 합리적이지만, 사람으로 하여금 거리감을 느끼게 할 수 있으므로, 저는 더치페이를 찬성하지 않습니다.

**어휘** | 질문 | ★ **AA制** AA zhì 더치페이

4-5급 **结账** jié zhàng 계산하다, 결제하다 | ★ **方式** fāngshì 방식 | **付** fù (돈을) 지불하 | ★ **压力** yālì 스트레스 | **由** yóu ~이/가(동작의 주체를 나타냄) | **掏钱** tāo qián 돈을 내다 | ★ **感到** gǎndào 느끼다 | ★ **赞成** zànchéng 찬성하다

6-7급 ★ **不利于** búlì yú ~에 좋지 않다, ~에 불리하다 | **人际** rénjì 인간, 사람과 사람 사이 | ★ **交往** jiāowǎng 교류, 교제 | ★ **社会** shèhuì 사회 | ★ **生活** shēnghuó 생활(하다) | **与** yǔ ~와/과 | **职位** zhíwèi 직급, 직위 | **拉近** lājìn 좁히다, 끌어당기다 | **彼此** bǐcǐ 서로 | **距离** jùlí 거리 | ★ **关系** guānxi 사이, 관계 | **亲近** qīnjìn 가깝다 | **显得** xiǎnde ~하게 보이다 | **斤斤计较** jīnjīn jìjiào 지나치게 따지다 | **伤感情** shāng gǎnqíng 감정을 상하다 | ★ **合理** hélǐ 합리적이다 | **距离感** jùlígǎn 거리감

---

### 问题 4

## 最近跟别人组成学习小组一起学习的人比较多，你觉得和一个人学习相比，哪个方式比较好？

최근 다른 사람과 스터디 모임을 만들어 함께 공부하는 사람이 비교적 많은데, 당신은 혼자 공부하는 것과 비교했을 때 어느 방식이 좋다고 생각합니까?

| 4-5급 | 最近跟别人组成小组一起学习的人比较多，但我觉得一个人学习会更好。我认为进入学习小组结识朋友后，在学习的时候难免会因闲聊而分散注意力、降低学习效率。所以我更喜欢独自学习。 |
|---|---|

최근 다른 사람과 스터디 모임을 구성하여 함께 공부하는 사람들이 비교적 많은데, 저는 혼자 공부하는 것이 더 좋다고 생각합니다. 저는 스터디에 들어와 친구를 사귄 후에는 공부할 때 수다를 떨 수 밖에 없기 때문에 집중력이 분산되고 학습 효율이 떨어진다고 생각합니다. 그래서 저는 혼자 공부하는 것을 더 좋아합니다.

| 6-7급 | 比起一个人学习我更喜欢组成学习小组学习。加入学习小组，可以和其他人相互学习、一起讨论并解决不明白的问题。而且，与有着各种经历的朋友们交流的话，可以获取自己不知道的信息，从而拓宽自己的知识面。因此我赞成加入学习小组学习。 |
|---|---|

혼자 공부하는 것과 비교했을 때, 저는 스터디 모임을 만들어 공부하는 것을 더 좋아합니다. 스터디 모임에 가입하면 다른 사람과 서로 공부하고 같이 토론하며 모르는 문제를 해결할 수 있습니다. 또한 다양한 경험을 가진 친구들과 사귈 경우, 몰랐던 정보를 얻을 수 있고 이로써 자신의 지식을 넓힐 수 있습니다. 그래서 저는 스터디 모임에 가입해서 공부하는 것에 찬성합니다.

**어휘** **질문** **组成** zǔchéng 만들다, 구성하다 ｜ **小组** xiǎozǔ (소)모임, 동아리 ｜ ★ **和~相比** hé~xiāngbǐ ~와 비교하다

**4-5급** **结识** jiéshí 사귀다, 친분을 맺다 ｜ **难免** nánmiǎn ~하기 마련이다, 불가피하다 ｜ **闲聊** xiánliáo 수다떨다, 잡담하다 ｜ **分散** fēnsàn 분산하다 ｜ ★ **注意力** zhùyìlì 집중력, 주의력 ｜ **降低** jiàngdī 떨어지다, 하락하다 ｜ **效率** xiàolǜ 효율 ｜ **独自** dúzì 혼자서

**6-7급** ★ **比起** bǐqǐ ~와 비교하다 ｜ **加入** jiārù 가입하다 ｜ ★ **相互** xiānghù 서로 ｜ **讨论** tǎolùn 토론하다 ｜ ★ **解决** jiějué 해결하다 ｜ **明白** míngbai 알다, 이해하다 ｜ **各种** gè zhǒng 여러 종류, 각종 ｜ ★ **经历** jīnglì 경험 ｜ ★ **交流** jiāoliú 사귀다, 교류하다 ｜ ★ **获取** huòqǔ 얻다 ｜ ★ **信息** xìnxī 정보 ｜ **拓宽** kuò kuān 넓히다 ｜ **知识面** zhīshimiàn 지식(범위)

## 第6部分

## 问题 1

你的朋友邀你周末一起去博物馆，但是你觉得天气很适合做户外活动，请跟朋友建议改一下计划。

당신의 친구가 주말에 같이 박물관에 가자고 당신을 초대합니다. 하지만 당신 생각에는 날씨가 야외 활동하기에 알맞은 것 같군요. 친구에게 계획을 바꾸자고 제안해 보세요.

**4-5급**

王丹，我们本来约好了一起去博物馆嘛，但是听说周末天气会很好，要不这个周末我们一起去公园骑自行车、吃美食，下周我们再去博物馆，怎么样？

왕단, 우리 원래 같이 박물관 가기로 약속했잖아. 그런데 듣자 하니 주말에 날씨가 무척 좋을 거래. 우리 이번 주말에는 같이 공원에 가서 자전거 타고 맛있는 것도 먹고 박물관은 다음 주에 가면 어때?

**6-7급**

王丹，我们本来约好了一起去博物馆嘛，但是天气预报说周末天气晴朗最适合出游。最近这段时间一直下雨，终于等到了大晴天，我们去奥林匹克公园玩吧。我们可以去那儿散步，还可以坐在草地上一边吃零食一边聊天，怎么样？

왕단, 우리 원래 같이 박물관 가기로 약속했잖아. 그런데 일기 예보에서 주말에 날씨가 화창해서 놀러 가기 딱 좋대. 요즘 한동안 계속 비 왔는데 드디어 맑은 날이 되었으니 우리 올림픽 공원 가서 놀자. 가서 산책도 할 수 있고, 잔디에 앉아서 간식 먹으면서 수다도 떨 수 있어. 어때?

**어휘** 질문 ★ **邀** yāo 초대하다 ┃ **博物馆** bówùguǎn 박물관 ┃ ★ **适合** shìhé 알맞다, 적합하다, 어울리다 ┃ **户外** hùwài 야외, 실외 ┃ ★ **活动** huódòng 활동, 행사 ┃ ★ **建议** jiànyì 제안하다 ┃ ★ **计划** jìhuà 계획

4-5급 ★ **本来** běnlái 원래 ┃ ★ **约** yuē 약속하다 ┃ ★ **听说** yàobù 듣자 하니 ┃ ★ **要不** yàobù 아니면(선택) ┃ **美食** měishí 맛있는 음식

6-7급 ★ **预报** yùbào 예보(하다) ┃ **晴朗** qínglǎng 화창하다 ┃ **出游** chūyóu 놀러 가다, 여행가다 ┃ **晴天** qíngtiān 맑은 날 ┃ **草地** cǎodì 잔디 ┃ **零食** língshí 간식

## 问题 2

你的同屋不爱打扫，影响你的生活。请你劝朋友改掉这个坏习惯。

당신의 룸메이트가 청소하는 것을 싫어해서 당신의 생활에 영향을 미칩니다. 친구에게 이 나쁜 습관을 고치라고 충고해 보세요.

**4-5급**

王明，我有话要对你说，我希望你也能打扫一下房间。你用完的东西总是不放回原处，我不得不替你收拾。我觉得你应该自己整理，这样对咱们都有好处。

왕밍, 너한테 할 말이 있는데, 나는 너도 방을 좀 치웠으면 좋겠어. 네가 항상 다 쓴 물건을 제자리에 놓지 않다보니 어쩔 수 없이 내가 대신 치우거든. 난 네가 직접 정리해야 하고 그렇게 하는 게 우리 모두에게 좋을 거라고 생각해.

| 6-7급 | 王明，有时间的话我们谈一谈，好吗？我们一起使用一个房间已经快一年了，但你几乎不怎么打扫。我们当初说好了一周打扫一次卫生，但是这些约定你都没有遵守。这是我们两个人共同的生活空间，再忙也希望你能遵守我们约好的事情，拜托啦。<br><br>왕밍, 시간 있으면 우리 대화 좀 하자, 괜찮아? 우리 방 같이 쓴지 벌써 곧 일 년인데, 너는 청소를 거의 하지 않더라. 우리 처음에 일주일에 한 번씩 청소하기로 약속했는데, 이런 약속들을 넌 지키지 않았어. 여기는 우리 두 사람 공통의 생활공간이니까, 아무리 바쁘더라도 우리가 약속 한 것은 지켜줬으면 좋겠어. 부탁할게. |
|---|---|

**어휘** 질문 ★ **同屋** tóngwū 룸메이트 | ★ **生活** shēnghuó 생활(하다) | ★ **劝** quàn 충고하다 | **改掉** gǎidiào 고치다

4-5급 **原处** yuánchù 제자리 | ★ **不得不** bùdébù 어쩔 수 없이 | **替** tì 대신하다 | **收拾** shōushi 치우다, 정리하다 | **整理** zhěnglǐ 정리하다 | ★ **好处** hǎochù 좋은 점

6-7급 **当初** dāngchū 처음에, 애당초 | ★ **约定** yuēdìng 약속 | ★ **遵守** zūnshǒu 지키다, 준수하다 | **共同** gòngtóng 함께 | **空间** kōngjiān 공간 | ★ **拜托** bàituō 부탁하다

---

### 问题 3

你不小心把新买的衣服落在百货商店的洗手间里了，请跟职员说明情况并请他帮你找衣服。

당신은 실수로 새로 산 옷을 백화점 화장실에 두고 왔습니다. 직원에게 상황을 설명하고 그에게 옷을 찾아달라고 부탁해 보세요.

| 4-5급 | 您好，我不小心把新买的衣服落在洗手间里了，回去找的时候已经不见了。您能帮我找一下吗？这是我的电话号码，如果找到了的话，请联系我。谢谢。<br><br>안녕하세요, 제가 실수로 새로 산 옷을 화장실에 두고 왔는데, 찾으러 가보니 이미 사라졌어요. 혹시 좀 찾아봐 주실 수 있나요? 이건 제 전화번호예요. 만약 찾으시면 연락주세요. 감사합니다. |
|---|---|
| 6-7급 | 您好，30分钟之前，我把购物袋落在你们商场4楼的卫生间里了，回去找的时候已经不见了，请问可不可以帮我找一下？那是要送给朋友的礼物，一定要找到，拜托您了。我会留下我的名片，如果找到了，请联系我。谢谢。<br><br>안녕하세요, 30분 전에 제가 쇼핑백을 이 쇼핑몰 4층 화장실에 두고 나왔는데, 찾으러 가보니 이미 없네요. 혹시 찾아주실 수 있나요? 친구에게 줄 선물이라서 꼭 찾아야 해요. 부탁 드리겠습니다. 명함 남기고 갈게요, 혹시 찾으면 연락주세요. 감사합니다. |

**어휘** 질문 **不小心** bù xiǎoxīn 실수로 | ★ **落** là (놓아) 두다, 빠뜨리다 | ★ **说明** shuōmíng 설명하다 | ★ **情况** qíngkuàng 상황 | **并** bìng 그리고

4-5급 ★ **联系** liánxì 연락하다

6-7급 **购物袋** gòuwùdài 쇼핑백 | **卫生间** wèishēngjiān 화장실 | **留下** liúxià 남기다 | **名片** míngpiàn 명함

| 4-5급 | 1 | 在书店收款台前面，人们按顺序排着队。小红也排在其中，耐心地等着结账。这个时候，有一个男子插在了小红的前面。<br><br>서점 계산대 앞에 사람들이 순서대로 줄을 서 있습니다. 샤오홍도 그 줄에 서서 참을성 있게 계산을 기다리고 있습니다. 이때, 한 남자가 샤오홍 앞으로 끼어들었습니다. |
|---|---|---|
| | 2 | 小红看着插队的这个男子，心里有点儿不高兴。虽然很想说他两句，但是忍住了。<br><br>샤오홍은 새치기한 남자를 보면서 기분이 좋지 않았습니다. 그에게 뭐라고 하고 싶었지만 참았습니다. |
| | 3 | 终于轮到小红了，结完账职员送了小红一个蛋糕和几本书。了解之后才知道，今天书店有活动，要给第100位客人送礼物。<br><br>마침내 샤오홍 차례가 되었습니다. 계산이 끝나자 직원이 샤오홍에게 케이크와 책 몇 권을 선물했습니다. 알고 보니 오늘 서점에서 100번째 손님에게 선물을 주는 이벤트가 있었습니다. |
| | 4 | 小红高兴地拿着礼物出了书店，插队的男子因为自己没有成为第100位客人而感到可惜，他用羡慕的目光看着小红。<br><br>샤오홍은 기쁘게 선물을 들고 서점을 나갔고, 새치기한 남자는 본인이 100번째 손님이 되지 못한 것을 아쉬워하며 부러운 눈빛으로 샤오홍을 쳐다보았습니다. |
| 6-7급 | 1 | 小红为了买专业书去了家附近的书店。可能因为是周日的缘故，收款台前面排队的人很多。这个时候，一个男子插在了小红的前面。<br><br>샤오홍은 전공 서적을 사기 위해 집 근처 서점에 갔습니다. 일요일이라서 그런지 계산대 앞에 줄을 선 사람들이 많았습니다. 이때, 한 남자가 샤오홍 앞으로 끼어들었습니다. |
| | 2 | 小红非常生气地看着这个插队的男子，想说他两句，但话到嘴边又咽下了。<br><br>샤오홍은 매우 화가 나서 새치기한 이 남자를 쳐다보며 뭐라고 하고 싶었지만, 입가에까지 올라온 말을 다시 삼켰습니다. |
| | 3 | 终于轮到小红结账了。小红结完账准备离开的时候，职员送了她一个蛋糕和几本书。小红一脸疑惑，问了职员之后才知道这是书店的活动，要给今天的第100位客人送礼物。<br><br>드디어 샤오홍이 계산할 차례가 되었습니다. 샤오홍이 계산을 마치고 가려고 할 때, 직원이 그녀에게 케이크와 책 몇 권을 선물하였습니다. 샤오홍은 의아한 얼굴로 직원에게 물어본 후에야 이것이 오늘의 100번째 손님에게 선물을 주는 이벤트임을 알게 되었습니다. |

| | |
|---|---|
| **4** | 刚才小红的心情虽然受到了插队男子的影响，但小红也因为那个人而成为了书店的第100位客人，她高兴地回家了。刚刚插队的男子只能眼睁睁地望着小红离去的背影，为自己的行为感到后悔。 |

조금 전에는 새치기한 남자 때문에 샤오훙의 기분이 영향을 받았지만, 또 그 사람 때문에 서점의 100번째 손님이 되었습니다. 그녀는 기쁘게 집으로 돌아갔고, 방금 전 새치기한 남자는 그저 샤오훙이 떠나는 뒷모습을 빤히 바라보며 자신의 행동을 후회할 수 밖에 없었습니다.

**어휘** **4-5급** **收款台** shōukuǎntái 계산대 │ **按** àn ~대로, ~에 따라서 │ **顺序** shùnxù 순서 │ **排队** pái duì 줄을 서다 │ ★ **耐心** nàixīn 참을성이 있다, 인내심이 있다 │ **结账** jié zhàng 계산하다, 결제하다 │ **插** chā 끼어들다 │ **插队** chā duì 새치기하다 │ **忍住** rěnzhù 참다 │ **轮到** lúndào ~차례가 되다 │ **了解** liǎojiě 알다, 이해하다 │ ★ **活动** huódòng 이벤트, 행사 │ ★ **成为** chéngwéi ~이/가 되다 │ ★ **感到** gǎndào 느끼다 │ ★ **可惜** kěxī 아쉽다, 애석하다 │ ★ **羡慕** xiànmù 부러워하다 │ **目光** mùguāng 눈빛

**6-7급** **缘故** yuángù 이유, 까닭 │ **咽** yàn (말을) 삼키다, 거두다 │ ★ **疑惑** yíhuò 의아하다, 미심쩍다 │ ★ **心情** xīnqíng 기분, 심정 │ **受影响** shòu yǐngxiǎng 영향을 받다 │ **刚刚** gānggāng 방금 전 │ **眼睁睁** yǎnzhēngzhēng 빤히 바라보다 │ **望** wàng 바라보다 │ **背影** bèiyǐng 뒷모습 │ ★ **行为** xíngwéi 행동 │ ★ **后悔** hòuhuǐ 후회

# Test of Spoken Chinese

# 모범 답안 및 해석 05

---

问题 1

## 你叫什么名字?
당신의 이름은 무엇입니까?

| | |
|---|---|
| 4-5급 | 我姓张，叫恩惠，是我爷爷给我起的名字。<br>제 성은 장이고, 이름은 은혜로, 할아버지께서 저에게 지어 주신 이름입니다. |
| 6-7급 | 我叫刘秀珍，优秀的秀，珍贵的珍。<br>저는 유수진이라고 하고, '우수하다'의 '수', '진귀하다'의 '진'입니다. |

**어휘** 4-5급 ★ **姓** xìng 성이 ~이다 | ★ **爷爷** yéye 할아버지 | **给** gěi ~에게 | ★ **起名字** qǐ míngzi 이름을 짓다

6-7급 **优秀** yōuxiù 우수하다, 뛰어나다 | **珍贵** zhēnguì 진귀하다, 귀하다

---

问题 2

## 请说出你的出生年月日。
당신의 생년월일을 말해주세요.

| | |
|---|---|
| 4-5급 | 我是1993年10月4号出生的，今年二十七岁，属鸡。<br>저는 1993년 10월 4일에 태어났고, 올해 27살로 닭띠입니다. |
| 6-7급 | 我出生于1976年8月8号，今年四十四岁，属龙。<br>저는 1976년 8월 8일에 태어났고, 올해 44살로 용띠입니다. |

**어휘** 질문 ★ **出生** chūshēng 태어나다, 출생하다

4-5급 ★ **属** shǔ (십이지의) ~띠이다 | **鸡** jī 닭

6-7급 ★ **于** yú ~에, ~에서(시간 또는 장소를 나타냄) | **龙** lóng 용

---

问题 3

## 你家有几口人?
당신의 가족은 몇 명입니까?

| 4-5급 | 我家有四口人，爸爸、妈妈、哥哥和我。我家很和睦。 |
|---|---|
|  | 우리 가족은 네 명으로, 아빠, 엄마, 오빠 그리고 저입니다. 우리 집은 화목합니다. |
| 6-7급 | 我家有四口人，我妻子、儿子、女儿和我。我已经结婚十年了。 |
|  | 우리 가족은 네 명으로, 아내, 아들, 딸 그리고 저입니다. 저는 결혼한 지 벌써 10년 되었습니다. |

어휘 ▶ 질문 ★ 口 kǒu 명(식구를 세는 단위)

4-5급 ★ 哥哥 gēge 오빠, 형 | 和睦 hémù 화목하다

6-7급 ★ 妻子 qīzi 아내 | ★ 儿子 érzi 아들 | ★ 女儿 rǔ'ér 딸 | ★ 已经 yǐjīng 벌써, 이미 | 结婚 jiéhūn 결혼하다

---

## 问题 4

### 你在什么地方工作？或者你在哪个学校上学？
당신은 어느 곳에서 일합니까? 혹은 당신은 어느 학교에 다닙니까?

| 4-5급 | 직장인 | 我在电子公司工作。我是代理，今年升职了。 |
|---|---|---|
|  |  | 저는 전자 회사에서 일합니다. 저는 대리이고, 올해 승진했습니다. |
|  | 재학생 | 我在韩国大学读书，我的专业是历史。我很喜欢我的专业。 |
|  |  | 저는 한국대학교에서 공부하고 있고, 전공은 역사입니다. 저는 제 전공을 매우 좋아합니다. |
|  | 졸업생 | 我去年已经毕业了，最近在学习外语。 |
|  |  | 저는 작년에 이미 졸업했고, 요즘 외국어를 공부하고 있습니다. |
| 6-7급 | 직장인 | 我在一家游戏公司工作，主要负责日语翻译。 |
|  |  | 저는 게임 회사에서 일하고, 주로 일본어 통번역을 맡고 있습니다. |
|  | 재학생 | 我是韩国大学经济系二年级的学生。我对中国经济特别感兴趣。 |
|  |  | 저는 한국대학교 경제학과 2학년 학생입니다. 저는 중국경제에 특히 관심이 많습니다. |
|  | 졸업생 | 我已经毕业了，现在一边找工作，一边在咖啡厅打工。 |
|  |  | 저는 이미 졸업을 했고, 현재는 일자리를 찾으면서 카페에서 아르바이트를 하고 있습니다. |

어휘 ▶ 질문 地方 difang 곳, 장소 | 或者 huòzhě 혹은, 아니면 | 上学 shàng xué 학교에 다니다, 등교하다

4-5급 电子 diànzǐ 전자 | ★ 公司 gōngsī 회사 | 代理 dàilǐ 대리 | 升职 shēngzhí 승진하다, 진급하다 | ★ 读书 dú shū 공부하다 | ★ 专业 zhuānyè 전공 | 历史 lìshǐ 역사 | ★ 毕业 bì yè 졸업하다 | ★ 最近 zuìjìn 요즘 | 外语 wàiyǔ 외국어

6-7급 游戏 yóuxì 게임 | 主要 zhǔyào 주로 | 负责 fùzé 맡다, 책임지다 | 翻译 fānyì 통번역하다 | 经济 jīngjì 경제 | 系 xì 학과, 과 | ★ 年级 niánjí 학년 | 对~感兴趣 duì~gǎn xìngqu ~에 관심이 있다, ~을 좋아하다 | 特别 tèbié 특히 | ★ 一边A, 一边B yìbiān A, yìbiān B A하면서 (동시에) B하다 | ★ 找 zhǎo 찾다 | ★ 咖啡厅 kāfēitīng 카페 | ★ 打工 dǎ gōng 아르바이트 하다

## 第2部分

### 问题 1

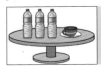

**桌子上有几杯咖啡?**
책상 위에 커피가 몇 잔 있습니까?

| 4-5급 | 桌子上有一杯咖啡。<br>책상 위에는 커피가 한 잔 있습니다. |
| --- | --- |
| 6-7급 | 桌子上有一杯咖啡，咖啡旁边还有三瓶水。<br>책상 위에는 커피가 한 잔 있고, 커피 옆에는 물도 세 병 있습니다. |

**어휘** ▶ 질문 ★ **杯** bēi 잔(컵에 담긴 것을 세는 단위)  |  ★ **咖啡** kāfēi 커피

6-7급 ★ **旁边** pángbiān 옆(쪽)  |  ★ **还** hái 또, 더  |  ★ **瓶** píng 병(병에 담긴 것을 세는 단위)

### 问题 2

**他在做什么?**
그는 무엇을 하고 있습니까?

| 4-5급 | 他在吃葡萄。<br>그는 포도를 먹고 있습니다. |
| --- | --- |
| 6-7급 | 他在吃葡萄，葡萄看起来很好吃。<br>그는 포도를 먹고 있습니다. 포도가 아주 맛있어 보입니다. |

**어휘** ▶ 4-5급 **葡萄** pútáo 포도

6-7급 ★ **看起来** kànqǐlai ~해 보이다, 보아하니

### 问题 3

**谁的包比较大?**
누구의 가방이 비교적 큽니까?

| 4-5급 | 女人的包比较大。 |
|---|---|
| | 여자의 가방이 비교적 큽니다. |

| 6-7급 | 女人的包比男人的包大，女人的包是橘黄色的。 |
|---|---|
| | 여자의 가방이 남자의 가방보다 큽니다. 여자의 가방은 주황색입니다. |

**어휘** 질문 **包** bāo 가방 ｜ ★ **比较** bǐjiào 비교적

4-5급 **女人** nǚrén 여자

6-7급 ★ **比** bǐ ~보다 ｜ **男人** nánrén 남자 ｜ **橘黄色** júhuángsè 주황색

---

## 问题 4

# 外面在下雨吗?
밖에 비가 오고 있습니까?

| 4-5급 | 不，外面在下雪。 |
|---|---|
| | 아니요, 밖에는 눈이 내리고 있습니다. |

| 6-7급 | 不，外面在下雪，天气特别冷。 |
|---|---|
| | 아니요, 밖에는 눈이 내리고 있습니다. 날씨가 무척 춥습니다. |

**어휘** 질문 ★ **外面** wàimiàn 밖

4-5급 ★ **下雪** xià xuě 눈이 내리다

6-7급 **特别** tèbié 무척, 특히

## 第3部分

## 问题 1

### 今天放学后一起去玩儿怎么样?
오늘 학교 끝나고 같이 놀러 가는 거 어때?

**4-5급**

好的，那我们今天放学后在学校正门见面，怎么样? 我们先去吃饭，然后去喝饮料吧。

좋아, 그럼 우리 오늘 학교 끝나고 학교 정문에서 만나는 거 어때? 밥 먼저 먹고, 그런 다음 음료수 마시러 가자.

**6-7급**

不好意思，我也很想跟你一起玩儿，但是今天放学后我要去图书馆准备明天的汉语考试。我们下周再一起玩儿吧。

미안, 나도 너랑 같이 놀고 싶어. 하지만 오늘은 학교 끝나고 도서관에 가서 내일 있을 중국어 시험을 준비해야 해. 우리 다음주에 같이 놀자.

**어휘** 질문 ★ **放学** fàng xué 학교가 끝나다, 하교하다

4-5급 **正门** zhèngmén 정문 | ★ **先A, 然后B** xiān A, ráhòu B 먼저 A하고, 그런 다음 B하다 | ★ **饮料** yǐnliào 음료(수)

6-7급 ★ **不好意思** bù hǎo yìsi 미안하다 | ★ **图书馆** túshūguǎn 도서관 | **考试** kǎoshì 시험

## 问题 2

### 我们怎么回宿舍好呢?
우리 어떻게 기숙사로 돌아가는 게 좋을까?

**4-5급**

我们坐地铁吧，前边就有地铁站。从这儿到宿舍坐地铁只需要十分钟，比坐公交车快多了。

우리 지하철 타자. 앞쪽에 바로 지하철역이 있어. 여기서 기숙사까지 지하철 타면 10분 밖에 안 걸리니, 버스 타는 것 보다 훨씬 빨라.

**6-7급**

我们坐出租车吧。要是坐公交车或者地铁的话需要换乘，不仅麻烦还浪费时间。坐出租车的话，十分钟就能到。

우리 택시 타자. 버스나 지하철을 타면 환승해야 해서 번거로울 뿐만 아니라 시간낭비거든. 택시 타면 10분이면 도착할 거야.

## 问题 3

### 我们明天什么时候去看电影?
우리 내일 언제 영화 보러 갈까요?

**4-5급**

明天下午5点，怎么样？最近天气太热了，等太阳下山了再出去会比较好。我们明天看完电影后一起去吃晚饭吧。

내일 오후 5시 어때요? 요즘 날씨가 너무 더워서 해가 지고 난 뒤에 나가는 것이 비교적 좋을 것 같아요. 우리 내일 영화 보고 나서 같이 저녁 먹으러 가요.

**6-7급**

看明天早上9点半的早场电影怎么样？结束后我们刚好可以一起吃午饭。我有早场电影的打折卡，票就由我来买吧。

내일 아침 9시 반 조조 영화 보는 거 어때요? 끝나고 나면 우리 같이 점심 먹기에도 딱 좋아요. 저에게 조조영화 할인 카드가 있으니, 표는 제가 살게요.

## 问题 4

### 我想买台新电脑，你觉得我买哪种好?
새 컴퓨터를 사고 싶은데, 당신 생각에는 내가 어떤 것을 사는 게 좋을 것 같아요?

**4-5급**

你买三星的怎么样？听说上个月三星新出的电脑性价比很高，而且颜色种类也很多。我觉得买那个比较好。

삼성 제품을 사는 게 어때요? 듣자 하니 지난 달에 삼성에서 새로 나온 컴퓨터가 가성비가 좋고, 색상 종류도 다양하대요. 제 생각에는 그걸 사는 게 좋을 것 같아요.

| 6-7급 | 你买LG的怎么样？听说上个月LG新出的电脑内存很大。因为你的工作与图片有关，要经常用修图软件，所以我觉得容量大的电脑比较适合你。 |
|---|---|
| | LG 제품을 사는 게 어때요? 듣자 하니 지난 달에 LG에서 새로 나온 컴퓨터가 메모리 용량이 크대요 당신 업무는 그림과 관련 있고 수시로 포토샵을 사용하니까 제 생각에는 용량이 큰 컴퓨터가 당신에게 적당할 것 같아요. |

**어휘** ▶ 질문 **台** tái 대(기계를 세는 단위)

4-5급 **三星** Sānxīng 삼성(회사명) | ★ **听说** tīngshuō 듣자 하니 | ★ **性价比** xìngjiàbǐ 가성비(가격 대비 성능) | ★ **而且** érqiě 게다가 | **种类** zhǒnglèi 종류

6-7급 **内存** nèicún 메모리 | **与** yǔ ~와/과 | **图片** túpiàn 그림 | **有关** yǒu guān 관련이 있다 | ★ **经常** jīngcháng 수시로, 자주 | ★ **用** yòng 사용하다, 쓰다 | **修图** xiū tú 사진, 그림 등을 편집하다, 수정하다 | **容量** róngliàng 용량 | ★ **适合** shìhé 적당하다, 알맞다

---

### 问题 5

## 您需要我帮忙吗?
도움이 필요하신가요?

| 4-5급 | 不用，谢谢。我还在等人，等大家都到齐了就去房间。到时候有需要我再找你。 |
|---|---|
| | 괜찮아요, 감사합니다. 제가 아직 일행을 기다리고 있는 중인데요, 모두들 도착하면 방에 갈 거예요. 그때 가서 도움이 필요하면 다시 요청할게요. |
| 6-7급 | 是的，你能帮我把行李拿到我的房间吗？我现在要去便利店买一点东西，我的房间是805号。拜托你了，谢谢。 |
| | 네, 짐을 좀 제 방까지 가져다 주시겠어요? 제가 지금 편의점에 물건을 좀 사러 가야 해서요. 제 방은 805호예요. 부탁 드려요, 감사합니다. |

**어휘** ▶ 질문 ★ **帮忙** bāng máng 돕다

4-5급 **不用** bú yòng 괜찮다, ~할 필요가 없다 | **到齐** dàoqí 모두 도착하다

6-7급 **行李** xíngli 짐 | **拿** ná 들다 | ★ **便利店** biànlìdiàn 편의점 | ★ **拜托** bàituō 부탁하다

# 第4部分

## 问题 1

### 你喜欢做什么运动?
당신은 어떤 운동하는 것을 좋아합니까?

**4-5급**

我喜欢瑜伽和普拉提。这两个运动都能有效地锻炼身心。瑜伽能缓解压力；普拉提可以矫正姿势。所以我一有时间就练瑜伽和普拉提。

저는 요가와 필라테스를 좋아합니다. 이 두 운동은 효과적으로 몸과 마음을 단련시킬 수 있습니다. 요가를 하면 스트레스를 풀 수 있고, 필라테스는 자세를 교정할 수 있습니다. 그래서 저는 시간만 나면 요가와 필라테스를 합니다.

**6-7급**

我不喜欢运动，因为我特别不喜欢出汗的感觉。但是为了健康，我觉得运动是必要的。所以我一般去我家附近的公园做一些简单的伸展运动，不做那些剧烈运动。

저는 운동을 좋아하지 않습니다. 왜냐하면 저는 땀나는 느낌을 무척 싫어하기 때문입니다. 하지만 건강을 위해서 운동은 필요하다고 생각합니다. 그래서 저는 보통 집 근처 공원에 가서 간단한 스트레칭을 하고, 격렬한 운동은 하지 않습니다.

**어휘** 4-5급 **瑜伽** yújiā 요가 | **普拉提** pǔlātí 필라테스 | ★ **有效** yǒuxiào 효과가 있다 | **身心** shēnxīn 몸과 마음 | ★ **缓解** huǎnjiě 풀다, 완화시키다 | ★ **压力** yālì 스트레스 | **矫正** jiǎozhèng 교정하다 | **姿势** zīshì 자세 | **练** liàn 연습하다, 단련하다

6-7급 **出汗** chū hàn 땀이 나다 | ★ **感觉** gǎnjué 느낌 | ★ **必要** bìyào 필요하다 | **伸展运动** shēnzhǎn yùndòng 스트레칭 | **剧烈** jùliè 격렬하다

## 问题 2

### 你听过中国歌曲吗?
당신은 중국노래를 들어 본 적이 있습니까?

**4-5급**

我听过中国歌曲。我记得刚开始听的时候，不知道歌词的意思，后来能听懂是什么意思了，就觉得更好听了。我觉得中国歌曲很有魅力。

저는 중국노래를 들어본 적이 있습니다. 제 기억으로는, 막 듣기 시작했을 때는 가사의 뜻을 몰랐는데 나중에 무슨 뜻인지 알아듣고 나서 더 듣기 좋았던 것 같습니다. 저는 중국노래가 매력적이라고 생각합니다.

**6-7급**

我听过中国歌曲。我刚开始学中文的时候，最好奇的是中国人在唱歌的时候，是不是也得注意声调。后来我发现中文歌曲中声调并不是那么明显，但是大家都能听懂，所以我觉得很神奇。

저는 중국노래를 들어본 적이 있습니다. 제가 막 중국어를 배우기 시작했을 무렵, 가장 궁금했던 것이 중국인은 노래 부를 때도 성조를 신경 써야 할까였습니다. 후에 중국노래 안에서 성조가 그렇게 명확하지 않은데도 사람들이 다 알아들을 수 있다는 것을 발견하고 저는 매우 신기했었습니다.

**어휘** 질문 **歌曲** gēqǔ 노래

**4-5급** **记得** jìde 기억하고 있다 | ★ **刚** gāng 막 | **歌词** gēcí 가사 | **魅力** mèilì 매력

**6-7급** **好奇** hàoqí 궁금하다, 호기심이 많다 | ★ **得** děi ~해야 한다 | **声调** shēngdiào 성조 | ★ **发现** fāxiàn 발견하다 | **并** bìng 결코, 전혀(예상과 반대됨을 나타냄) | **明显** míngxiǎn 명확하다, 분명하다 | **神奇** shénqí 신기하다

---

**问题 3**

## 你跟邻居之间的关系好吗?

당신과 이웃간의 관계는 좋습니까?

| | |
|---|---|
| 4-5급 | 我平时跟邻居没有交流。在繁忙的日常生活中，我几乎没有见到邻居的机会，更没有对话的机会。但如果有机会互相认识的话，我愿意跟邻居和睦相处。<br><br>저는 평소 이웃과 교류가 없습니다. 바쁜 일상 생활 속에서 저는 이웃을 만날 기회가 거의 없고 대화를 나눌 기회는 더욱 없습니다. 하지만 만약 서로 알게 될 기회가 생긴다면, 저는 이웃과 화목하게 지내고 싶습니다. |
| 6-7급 | 我平时跟邻居没有交流。在繁忙的日常生活中，我几乎没有机会和邻居碰面。我只知道邻居长什么样子，但是我们没有说过话。不过要是有机会互相认识的话，我希望我们能够经常交流，和睦相处。<br><br>저는 평소 이웃과 교류가 없습니다. 바쁜 일상 생활 속에서 저는 이웃과 마주칠 기회가 거의 없습니다. 저는 이웃의 얼굴만 알 뿐, 우리는 이야기를 나눠본 적이 없습니다. 하지만 만약 서로 알고 지낼 기회가 생긴다면, 저는 우리가 자주 교류하며 화목하게 지낼 수 있기를 바랍니다. |

**어휘** 질문 **邻居** línjū 이웃 | **之间** zhījiān 사이 | ★ **关系** guānxi 관계, 사이

**4-5급** ★ **平时** píngshí 평소, 평상시 | ★ **交流** jiāoliú 교류(하다) | **繁忙** fánmáng (눈코 뜰 새 없이) 바쁘다 | **日常** rìcháng 일상 | ★ **生活** shēnghuó 생활(하다) | **对话** duìhuà 대화하다 | ★ **互相** hùxiāng 서로 | **和睦** hémù 화목하다 | ★ **相处** xiāngchǔ (함께) 지내다

**6-7급** **碰面** pèng miàn 마주치다, 만나다 | **样子** yàngzi 모양 | ★ **不过** búguò 그러나 | ★ **要是~的话** yàoshì~de huà 만약 ~한다면 | **能够** nénggòu ~할 수 있다

---

**问题 4**

## 你买鞋的时候，最看重什么?

당신은 신발을 살 때, 무엇을 가장 중시합니까?

| | |
|---|---|
| 4-5급 | 我买鞋的时候，最看重价格。因为我是刚刚毕业的社会新人，经济上不宽裕，所以我比较喜欢买价格低廉、质量也有保证的鞋子。<br><br>저는 신발을 살 때 가격을 가장 중시합니다. 저는 이제 막 졸업한 사회 초년생이라 경제적으로 여유롭지 않기 때문입니다. 그래서 저는 가격이 저렴하고 품질도 보장되는 신발 구입을 선호하는 편입니다. |

| 6-7급 | 我觉得鞋是否舒适最重要。从出门到回家，我们要长时间穿着鞋，所以我觉得最重要的是舒适感。如果穿的鞋子不舒服，不仅脚疼，甚至会影响到整个人的精神状态。所以我买鞋的时候，第一个考虑的就是舒适感。 |
|---|---|

저는 신발이 편한지 안 편한지가 가장 중요하다고 생각합니다. 외출해서 집에 돌아올 때까지 우리는 오랜 시간 신발을 신고 있기에, 가장 중요한 것은 편안함이라고 생각합니다. 만약 신고 있는 신발이 불편하다면, 발이 아플 뿐만 아니라 사람의 정신상태까지 영향을 미칠 수 있습니다. 그래서 제가 신발을 살 때 가장 먼저 고려하는 것은 편안함입니다.

**어휘** ▶ 질문 ★ **看重** kànzhòng 중시하다

4-5급 ★ **价格** jiàgé 가격 | **刚刚** gānggāng 막 | ★ **社会** shèhuì 사회 | **新人** xīnrén 초년생, 신참, 신인 | ★ **经济** jīngjì 경제 | **宽裕** kuānyù 여유롭다 | ★ **低廉** dīlián 저렴하다 | ★ **质量** zhìliàng 품질 | **保证** bǎozhèng 보장하다

6-7급 **是否** shìfǒu ~인지 아닌지 | ★ **舒适** shūshì 편하다 | **出门** chū mén 외출하다 | ★ **不仅** bùjǐn ~일 뿐만 아니라 | ★ **甚至** shènzhì 심지어 | **精神** jīngshén 정신 | **状态** zhuàngtài 상태 | ★ **考虑** kǎolǜ 고려하다

---

## 问题 5

### 请介绍一下你的饮食习惯。
당신의 식습관을 소개해 보십시오.

| 4-5급 | 我来介绍一下我的饮食习惯。我的饮食习惯不太好，平时喜欢吃方便食品和辣的东西。因此我经常胃痛，消化也不好。 |
|---|---|

저의 식습관을 소개하겠습니다. 제 식습관은 그다지 좋지 않습니다. 평소 인스턴트 식품과 매운 음식을 즐겨 먹는데, 그러다 보니 저는 위가 자주 아프고 소화도 잘 되지 않습니다.

| 6-7급 | 我来介绍一下我的饮食习惯。我每天都会按时吃三顿饭，而且一般以清淡的食物为主。为了减少胃的负担，我尽量在晚上7点以前吃晚饭。我认为好的饮食习惯让我在工作和学习的时候更能集中注意力，身体也更健康。 |
|---|---|

저의 식습관을 소개하겠습니다. 저는 매일 제때 세 끼 식사를 하고, 주로 담백한 음식을 위주로 먹습니다. 위의 부담을 줄이기 위해서 저는 되도록 저녁 7시 이전에 식사를 합니다. 제 생각에 좋은 식습관은 일을 하거나 공부를 할 때 주의력을 더욱 집중할 수 있게 해주고, 몸에도 더 건강한 것 같습니다.

**어휘** ▶ 질문 ★ **饮食** yǐnshí (음식을) 섭취하다, 먹고 마시다

4-5급 ★ **方便食品** fāngbiàn shípǐn 인스턴트 식품 | ★ **因此** yīncǐ 그래서 | **胃** wèi 위(신체기관) | ★ **痛** tòng 아프다 | ★ **消化** xiāohuà 소화(하다)

6-7급 **按时** ànshí 제때, 제시간에 | **顿** dùn 끼(끼니를 세는 단위) | **以~为主** yǐ~wéi zhǔ ~을 위주로 하다 | **清淡** qīngdàn 담백하다 | **食物** shíwù 음식 | ★ **减少** jiǎnshǎo (숫자, 정도 등이) 줄다 | ★ **负担** fùdān 부담 | **尽量** jǐnliàng 되도록, 최대한 | ★ **集中** jízhōng 집중하다 | ★ **注意力** zhùyìlì 주의력

## 第5部分

## 问题 1

### 很多人认为换货或退货给人们的消费带来了很大的便利，你同意这种观点吗？

많은 사람들이 물건을 교환하거나 반품하는 것이 사람들의 소비 생활에 큰 편리함을 가져다주었다고 생각합니다. 당신은 이런 관점에 동의합니까?

**4-5급**

我同意这种观点。在购物的时候如果买到自己不喜欢或者尺寸不合适的东西，我就会换货或退货。在退货的时候一定要有发票，所以我习惯把发票保管起来。

저는 이런 의견에 동의합니다. 쇼핑할 때 만약 마음에 들지 않거나 치수가 맞지 않는 물건을 사게 되면, 저는 교환하거나 반품합니다. 환불할 때는 반드시 영수증이 있어야 하기 때문에 저는 영수증을 보관해 두는 습관이 있습니다.

**6-7급**

我同意这种观点。买衣服或鞋的时候，尺寸不合适的情况最多。尤其是在网上买的时候，有些网店标明的尺寸和实际尺寸不符。收货后如果遇到这样的情况，我会要求换货或者退货。我认为换货和退货是为消费者提供的便利。

저는 이런 관점에 동의합니다. 옷이나 신발을 살 때, 치수가 안 맞는 경우가 가장 많습니다. 특히 인터넷에서 살 경우, 일부 온라인 상점은 명시된 치수와 실제 치수가 다릅니다. 물건을 받은 후 이러한 상황이 생기면, 저는 교환이나 반품을 요청합니다. 저는 교환과 반품은 소비자를 위해 제공하는 편의라고 생각합니다.

**어휘**　**질문**　★ **换货** huàn huò 물건을 교환하다 ｜ **或** huò 혹은, 아니면 ｜ ★ **退货** tuì huò 반품하다 ｜ **消费** xiāofèi 소비하다 ｜ ★ **便利** biànlì 편리하다 ｜ ★ **观点** guāndiǎn 관점, 견해

**4-5급** ★ **购物** gòu wù 쇼핑하다, 물건을 사다 ｜ **尺寸** chǐcùn 치수 ｜ ★ **合适** héshì 알맞다, 적당하다 ｜ ★ **发票** fāpiào 영수증 ｜ **保管** bǎoguǎn 보관하다

**6-7급** ★ **情况** qíngkuàng 상황 ｜ **尤其** yóuqí 특히 ｜ ★ **网店** wǎngdiàn 온라인 상점 ｜ **标明** biāomíng 명시하다, 표시하다 ｜ **实际** shíjì 실제 ｜ **不符** bùfú 다르다, 부합하지 않다 ｜ **收货** shōu huò 물건을 받다 ｜ ★ **要求** yāoqiú 요청하다, 요구하다 ｜ **消费者** xiāofèizhě 소비자 ｜ ★ **提供** tígōng 제공하다

## 问题 2

### 你认为创业的好处多还是坏处多？

당신은 창업의 장점이 많다고 생각합니까 아니면 단점이 많다고 생각합니까?

**4-5급**

我认为创业的好处更多。创业的话，大多数事情都是自己做主，虽然很累，但是比起在公司上班会更自由，而且还可以做自己想做的事情。所以我赞成自己创业。

저는 창업의 장점이 훨씬 많다고 생각합니다. 창업을 할 경우, 대부분의 일은 스스로 결정하게 됩니다. 비록 힘들지만 회사에 출근할 때와 비교하면 훨씬 자유롭고, 또한 자신이 하고 싶은 일을 할 수 있습니다. 그래서 저는 스스로 창업하는 것을 찬성합니다.

| 6-7급 | 我认为创业的坏处更多。比起在公司上班，创业时自己需要负责的事情更多，压力难免更大。尤其是创业初期，连周末也得工作，属于自己的时间就会减少。因此我不太赞成自己创业。 |
|---|---|

저는 창업의 단점이 더 많다고 생각합니다. 회사에 출근하는 것과 비교했을 때, 창업을 하면 자신이 책임져야 하는 일들이 훨씬 많고 스트레스도 더 크기 마련입니다. 특히 창업 초기에는 주말에도 일을 해야 하기 때문에 자기만의 시간이 줄어들게 됩니다. 그래서 저는 스스로 창업하는 것을 그다지 찬성하지 않습니다.

**어휘** 질문 ★ **创业** chuàngyè 창업하다 │ ★ **好处** hǎochù 장점 │ ★ **坏处** huàichù 단점

4-5급 **做主** zuò zhǔ 결정하다, 책임지다, 주관하다 │ ★ **比起** bǐqǐ ~와 비교하다 │ **自有** zìyóu 자유롭다 │ ★ **赞成** zànchéng 찬성하다

6-7급 ★ **负责** fùzé 책임지다 │ ★ **压力** yālì 스트레스 │ **难免** nánmiǎn ~하기 마련이다, 불가피하다 │ **初期** chūqī 초기 │ **连** lián ~조차도 │ ★ **得** děi ~해야 한다 │ **属于** shǔyú ~에 속하다 │ ★ **减少** jiǎnshǎo (숫자, 정도 등이) 줄다 │ ★ **因此** yīncǐ 그래서, 그러므로

---

### 问题 3

## 最近很多中学生过分注重打扮，你对此有什么看法？

요즘 많은 중고생들이 외모를 꾸미는 데 지나치게 치중합니다. 이에 대해 당신은 어떤 견해를 가지고 있습니까?

| 4-5급 | 最近很多中学生过分注重打扮，我认为学生不应该这样。比起外表，中学生更应该把精力集中在学业上，如果把太多心思放在打扮上，学习成绩自然就会受到影响。因此我不支持中学生过分注重打扮。 |
|---|---|

요즘 많은 중고생들은 외모를 꾸미는 데 지나치게 치중하는데, 저는 학생은 그러면 안 된다고 생각합니다. 중고생들은 겉모습보다 학업에 에너지를 더욱 집중해야 합니다. 만약 꾸미는 데에 너무 많은 마음을 쏟는다면, 학업 성적은 자연스레 영향을 받게 될 것입니다. 따라서 저는 중고생들이 외모에 지나치게 치중하는 것을 지지하지 않습니다.

| 6-7급 | 我认为中学生把太多时间和精力投入到打扮上是错误的。如今，人们可以通过SNS等各种渠道，迅速获取时尚方面的信息。这让许多学生沉迷于追随流行趋势，从而耽误了学习。我觉得好好学习才是学生最重要的任务。 |
|---|---|

저는 중고생들이 너무 많은 시간과 에너지를 외모를 꾸미는 데에 투자하는 것은 잘못되었다고 생각합니다. 오늘날, 사람들은 SNS 등 각종 루트를 통해 유행 (분야) 정보를 재빠르게 얻을 수 있습니다. 이는 수많은 학생들로 하여금 유행 트렌드를 쫓는 것에 빠지게 함으로써 학업에 지장을 주었습니다. 저는 열심히 공부하는 것이야 말로 학생의 가장 중요한 임무라고 생각합니다.

**어휘** 질문 **中学生** zhōngxuéshēng 중고생, 중고등학생 │ **过分** guòfèn 지나치다, 과하다 │ **注重** zhùzhòng 치중하다, 중시하다 │ **打扮** dǎ ban 꾸미다, 치장하다 │ ★ **看法** kànfǎ 견해

4-5급 **外表** wàibiǎo 겉모습, 외모 │ ★ **精力** jīnglì 에너지 │ ★ **集中** jízhōng 집중하다 │ ★ **学业** xuéyè 학업 │ **心思** xīnsi 마음, 생각 │ ★ **成绩** chéngjì 성적 │ **自热** zìrán 자연스럽다 │ **受** shòu 받다 │ ★ **支持** zhīchí 지지하다

6-7급 **投入** tóurù 투자하다 │ **错误** cuòwù 잘못되다, 틀리다 │ **如今** rújīn 오늘날 │ ★ **通过** tōngguò ~을 통해서 │ **各种** gè zhǒng 각종, 여러 종류 │ **渠道** qúdào 루트, 경로 │ **迅速** xùnsù 재빠르다 │ ★ **获取** huòqǔ 얻다 │ **时尚** shíshàng 유행 │ ★ **方面** fāngmiàn 분야, 방면 │ ★ **信息** xìnxī 소식 │ **许多** xǔduō 수많은 │ **沉迷于** chénmí yú ~에 빠지다 │ **追随** zhuīsuí 쫓다, 뒤따르다 │ **流行** liúxíng 유행 │ **趋势** qūshì 트렌드, 경향, 추세 │ **从而** cóng'ér 따라서 │ **耽误** dānwu 지장을 주다, 일을 그르치다 │ **好好** hǎohāo 열심히, 잘 │ **任务** rènwu 임무

## 近年来，一人家庭越来越多，请你谈谈对此的看法。

최근 몇 년 사이, 일인 가정이 점점 많아졌습니다. 이에 대해 당신의 견해를 말해보세요.

**4-5급**

近年来，一人家庭越来越多，我认为这种现象是正常的。由于巨大的经济压力及人生观的改变等，很多人选择单身，我认为过自己想过的生活才是最重要的。

최근 몇 년 사이, 일인 가정이 점점 늘어나고 있는데, 저는 이런 현상이 정상이라고 생각합니다. 엄청난 경제적 부담과 인생관의 변화 등으로 인해 많은 이들이 싱글을 선택하는데, 저는 자신이 살고 싶은 삶을 사는 것이야말로 가장 중요하다고 생각합니다.

**6-7급**

近来一人家庭越来越多，这是工作不稳定、就业难、房价上涨快等问题所导致的现象。人们由于压力过大，不得不放弃很多东西。从过去放弃恋爱、放弃结婚、放弃生育的"三抛时代"到现在连梦想都要放弃的"N抛时代"，这也是无奈之举。

요즘 일인 가정이 갈수록 많아지는데, 이는 불안정한 일자리, 취업난, 빠른 집값 상승 등의 문제가 야기한 현상입니다. 사람들은 스트레스가 과도한 탓에 어쩔 수 없이 많은 것들을 포기합니다. 연애, 결혼, 출산을 포기하던 과거의 '삼포세대'에서 꿈조차 포기하려고 하는 지금의 'N포세대'까지, 이 역시 어쩔 수 없는 것입니다.

---

**어휘** 질문 ★ 家庭 jiātíng 가정 │ ★ 越来越 yuèláiyuè 점점, 갈수록

**4-5급** ★ 现象 xiànxiàng 현상 │ 正常 zhèngcháng 정상(적)이다 │ 由于 yóuyú ~로 인해 │ 巨大 jùdà 엄청나다, 거대하다 │ ★ 经济 jīngjì 경제 │ 及 jí 그리고, 및 │ 人生观 rénshēngguān 인생관 │ ★ 改变 gǎibiàn 변하다, 바뀌다 │ 单身 dānshēn 싱글, 독신 │ ★ 生活 shēnghuó 생활(하다)

**6-7급** ★ 近来 jìnlái 요즘, 최근 │ 稳定 wěndìng 안정적이다 │ ★ 就业难 jiùyènán 취업난 │ 房价 fángjià 집값 │ 上涨 shàngzhǎng 상승하다, 오르다 │ 导致 dǎozhì 야기하다 │ 过大 guòdà 과도하다, 지나치다 │ ★ 不得不 bùdébù ~할 수 밖에 없다 │ 放弃 fàngqì 포기하다 │ 恋爱 liàn'ài 연애하다 │ 生育 shēngyù 출산하다 │ 梦想 mèngxiǎng 꿈 │ 抛 pāo 버리다, 내팽겨치다 │ 时代 shídài 시대 │ 无奈之举 wúnài zhī jǔ 어쩔 수 없는 행동

# 第6部分

## 问题 1

你有两张免费的话剧票，请给朋友打电话邀请她一起去看话剧。

당신에게 공짜 연극 티켓이 두 장 있습니다. 친구에게 전화를 걸어 같이 연극을 보러 가자고 초대해 보세요.

**4-5급**

喂，小张，我有两张免费的话剧票，我想跟你一起去看。你不是也很喜欢看话剧吗？这个话剧有你喜欢的演员参演，我们一起去看，怎么样？

여보세요, 샤오장, 나에게 공짜 연극 티켓이 두 장 있는데, 너랑 같이 보러 가면 좋을 것 같아. 너도 연극 보는 거 좋아하지 않니? 이 연극에 네가 좋아하는 배우가 출연하는데, 우리 같이 보러 가자, 어때?

**6-7급**

喂，小张，这个周末打算做什么呀？我有两张免费的话剧票，是评分很高的推理剧，要和我一起去看吗？剧场在江南地铁2号出口附近，很好找，离你家也很近。周六和周日下午4点各有一场，你什么时间方便？

여보세요, 샤오장, 이번 주말에 뭐 할 계획이야? 나 공짜 연극 티켓이 두 장 있는데, 평점이 아주 높은 추리극이야. 나랑 같이 보러 갈래? 극장이 강남역 2번 출구 근처라 찾기 쉽고, 너네 집에서도 가까워. 토요일이랑 일요일 오후 4시에 각각 공연이 있는데, 넌 언제가 편해?

**어휘** | **질문** ★ **免费** miǎn fèi 공짜이다, 무료로 하다 | **话剧** huàjù 연극 | ★ **邀请** yāoqǐng 초대하다

**4-5급** **演员** yǎnyuán 배우 | **参演** cān yǎn 출연하다, 공연에 참여하다

**6-7급** **评分** píngfēn 평점 | **推理** tuīlǐ 추리(하다) | **剧** jù 극(연극 등의 예술작품) | **剧场** jùchǎng 극장 | **出口** chūkǒu 출구 | **好找** hǎo zhǎo 찾기 쉽다

**你住的酒店房间突然上不了网了，请你给前台打电话说明情况并要求解决问题。**

당신이 묵고 있는 호텔 방에 갑자기 인터넷 접속이 안 됩니다. 데스크에 전화를 걸어 상황을 설명하고 문제 해결을 요청해 보세요.

| | |
|---|---|
| 4-5급 | 喂，你好，是前台吗？我是1104号房间的客人，我的房间突然上不了网了，试了几次都不行。希望你们派人来检查一下，看看到底是什么问题，谢谢。<br><br>여보세요, 데스크인가요? 저는 1104호에 묵고 있는 사람인데요, 제 방 인터넷이 갑자기 접속되지 않습니다. 몇 번을 시도해봐도 안 되네요. 사람을 보내서 도대체 무슨 문제인지 좀 봐주시면 좋겠습니다. 감사합니다. |
| 6-7급 | 喂，你好，是前台吗？我是501号房间的客人，我房间的网突然连不上了。只有我的房间网络不行吗？我有重要的文件要发送，但是因为网络问题现在什么也做不了。请你现在派人来帮我检查一下是什么问题，谢谢。<br><br>여보세요, 데스크인가요? 저는 501호에 묵고 있는 사람인데요, 제 방 인터넷이 갑자기 연결되지 않습니다. 제 방만 인터넷이 안 되는 건가요? 제가 중요한 문서를 보내야 하는데. 인터넷 문제 때문에 현재 아무것도 할 수가 없네요. 지금 사람을 보내서 무슨 문제인지 확인 좀 부탁 드립니다. 감사합니다. |

**어휘** 질문 酒店 jiǔdiàn 호텔 | 前台 qiántái 데스크 | ★ 说明 shuōmíng 설명하다 | ★ 情况 qíngkuàng 상황 | 并 bìng 그리고 | ★ 要求 yāoqiú 요청하다 | ★ 解决 jiějué 해결하다

4-5급 ★ 派人 pài rén 사람을 보내다, 파견하다 | ★ 检查 jiǎnchá 점검하다, 확인하다 | 到底 dàodǐ 도대체

6-7급 连上 lián shàng 연결되다 | 只有 zhǐyǒu 오직, 다만 | ★ 网络 wǎngluò 인터넷, 네트워크 | 文件 wénjiàn 문서 | 发送 fāsòng 보내다, 발송하다

## 问题 3

你在健身房办了六个月的会员卡，但是你突然要长期出差。请你给健身房打电话说明情况，并要求退款。

당신이 헬스장에서 6개월짜리 회원 카드를 만들었는데, 갑자기 장기 해외 출장을 가게 되었습니다. 헬스장에 전화를 걸어 상황을 설명하고, 환불을 요청해 보세요.

**4-5급**

喂，您好，是美美健身房吗？不久之前我在你们那儿办了6个月的会员卡。但是我突然要长期出差，短时间内不能去锻炼了。我有发票，请问可不可以退款呢？

여보세요, 메이메이 헬스장인가요? 제가 얼마 전에 거기서 6개월짜리 회원 카드를 만들었는데요, 갑자기 장기 출장을 가게 되어서 당분간 운동을 하러 갈 수 없게 되었습니다. 영수증이 있는데, 혹시 환불 가능한지요?

**6-7급**

喂，您好，是好好健身房吗？我上周办了6个月的会员卡。但是今天突然接到了去国外长期出差的命令，我不能去锻炼了。请问现在可不可以退款？如果不能退款，可不可以转让给别人使用？

여보세요, 하오하오 헬스장인가요? 제가 지난 주에 6개월짜리 회원 카드를 끊었는데요, 갑자기 오늘 장기 해외 출장 발령을 받아서 운동하러 갈 수 없게 되었습니다. 혹시 지금 환불을 할 수 있을까요? 만약 환불이 안 된다면, 다른 사람에게 양도할 수 있나요?

**어휘** 질문 **健身房** jiànshēnfáng 헬스장 | **会员卡** huìyuánkǎ 회원 카드 | **长期** chángqī 장기, 장기간 | **出差** chū chāi 출장하다 | ★ **退款** tuì kuǎn 환불하다

4-5급 ★ **发票** fāpiào 영수증

6-7급 **接到** jiēdào 받다 | **命令** mìnglìng 명령 | **转让** zhuǎnràng 양도하다 | ★ **使用** shǐyòng 사용하다

| | | |
|---|---|---|
| 4-5급 | 1 | 一天下午，人们在咖啡厅里喝咖啡，在这里兼职的小丽在一旁弹着钢琴。<br><br>어느 날 오후, 사람들이 카페에서 커피를 마시고 있고, 여기에서 아르바이트를 하는 샤오리는 한쪽에서 피아노를 치고 있습니다. |
| | 2 | 这时，一个孩子端着饮料走向座位，走到钢琴边时，孩子不小心摔倒了，饮料洒在了小丽的衣服上。<br><br>이때, 한 아이가 음료를 들고 자리로 가다가 피아노 근처를 지날 무렵 실수로 넘어졌고, 음료를 샤오리의 옷에 쏟았습니다. |
| | 3 | 小丽一脸惊慌，她停下演奏，连忙去洗手间清理自己的衣服。<br><br>샤오리는 놀라 당황하여 연주를 멈추고 옷을 닦으러 급히 화장실에 갔습니다. |
| | 4 | 这个时候神奇的事情发生了。弹钢琴的小丽去了洗手间，但是咖啡厅里仍然响着钢琴曲。原来，小丽不是真的在弹琴，而是将音乐通过扩音器放出来，然后假装弹琴。<br><br>그 순간 신기한 일이 일어났습니다. 피아노를 치던 샤오리가 화장실을 갔는데도 카페 안에는 여전히 피아노 소리가 흐르고 있던 것입니다. 알고 보니, 샤오리는 진짜로 연주한 것이 아니라 음악을 스피커로 틀어 놓고 피아노를 치는 척 했던 것이었습니다. |
| 6-7급 | 1 | 小丽在家附近的咖啡厅做弹钢琴的兼职。今天也和往常一样，她坐在椅子上认真地弹着钢琴。<br><br>샤오리는 집 근처 카페에서 피아노 치는 아르바이트를 하고 있습니다. 오늘도 평소와 똑같이 의자에 앉아서 열심히 피아노를 연주하고 있었습니다. |
| | 2 | 这个时候，有一个孩子端着饮料摇摇晃晃地向小丽走来，突然，孩子踩空摔倒了，他手上的饮料洒到了小丽的衣服上。<br><br>이때, 한 아이가 음료를 들고 흔들흔들거리며 샤오리를 향해 걸어 오다가 갑자기 발을 헛디디며 넘어졌고, 손에 있던 음료가 샤오리의 옷에 쏟아졌습니다. |
| | 3 | 小丽非常惊慌，没有弹完钢琴曲就跑去洗手间清理自己的衣服。孩子感到非常抱歉，不知如何是好。<br><br>샤오리는 너무나 당황하여 피아노 곡 연주를 끝내지 않은 채 옷을 닦으러 화장실로 뛰어갔습니다. 아이는 매우 미안해하며 어떻게 해야 좋을지 몰라 했습니다. |

**4**

这时，人们开始窃窃私语起来。因为小丽去了洗手间，但是大家仍然能听见钢琴曲。原来小丽不是真的在弹钢琴，而是把音乐用扩音器放出来，自己在一旁假装弹钢琴。

이때 사람들이 수군대기 시작했습니다. 왜냐하면 샤오리가 화장실에 갔는데도 사람들은 여전히 피아노 곡을 들을 수 있었기 때문입니다. 알고 보니, 샤오리는 진짜로 피아노를 연주한 것이 아니라 스피커로 음악을 틀어 놓고, 자신은 옆에서 피아노 치는 척을 했던 것이었습니다.

**어휘**

**4-5급** **兼职** jiān zhí 아르바이트하다, 겸직하다 | **一旁** yìpáng 한쪽, 옆 | **弹** tán (악기를) 치다, 연주하다 | **钢琴** gāngqín 피아노 | ★ **这时** zhèshí 이때 | **端** duān (두 손으로) 들다, 들어 나르다 | **座位** zuòwèi 자리 | **不小心** bù xiǎoxīn 실수로 | **摔倒** shuāidǎo 넘어지다, 엎어지다 | **洒** sǎ 엎지르다 | ★ **惊慌** jīnghuāng 당황하다 | **演奏** yǎnzòu 연주하다 | **连忙** liánmáng 급히 | **清理** qīnglǐ 깨끗하게 (정리)하다 | **神奇** shénqí 신기하다 | ★ **发生** fāshēng 생기다, 발생하다 | ★ **仍然** réngrán 여전히 | **响** xiǎng (소리가) 울리다 | **扩音器** kuòyīnqì 스피커, 확성기 | **假装** jiǎzhuāng ～인 척 하다

**6-7급** **往常** wǎngcháng 평소, 평상시 | **摇摇晃晃** yáoyaohuànghuàng 흔들흔들하다 | **踩空** cǎi kōng 헛디디다 | ★ **感到** gǎndào 느끼다 | ★ **抱歉** bàoqiàn 미안하게 생각하다 | **如何** rúhé 어떻게 하면 | **窃窃私语** qièqièsīyǔ 수군대다, 속삭이다 | ★ **原来** yuánlái 알고 보니 | **不是A, 而是B** bú shì A, ér shì B A가 아니고 B이다

# Test of Spoken Chinese

# 모범 답안 및 해석 06

问题 1

## 你叫什么名字?
당신의 이름은 무엇입니까?

| 4-5급 | 我的名字叫李美娜，是我爷爷给我起的名字。<br>제 이름은 이미나이고, 할아버지께서 저에게 지어주신 이름입니다. |
| 6-7급 | 我姓金，叫成宇。成功的成，宇宙的宇。<br>제 성은 김이고, 이름은 성우로, '성공하다'의 성, '우주'의 우입니다. |

어휘   4-5급   ★ 爷爷 yéye 할아버지   |   给 gěi ~에게   |   ★ 起名字 qǐ míngzi 이름을 짓다

　　　　6-7급   ★ 姓 xìng 성이 ~이다   |   成功 chénggōng 성공하다   |   宇宙 yǔzhòu 우주


问题 2

## 请说出你的出生年月日。
당신의 생년월일을 말해주세요.

| 4-5급 | 我是1980年5月10号出生的，今年四十岁，属猴。<br>저는 1980년 5월 10일에 태어났고, 올해 40살로 원숭이띠입니다. |
| 6-7급 | 我出生于1982年1月20号，今年三十八岁，属狗。<br>저는 1982년 1월 20일에 태어났고, 올해 38살로 개띠입니다. |

어휘   질문   ★ 出生 chūshēng 태어나다, 출생하다

　　　　4-5급   ★ 属 shǔ (십이지의) ~띠이다   |   猴 hóu 원숭이

　　　　6-7급   ★ 于 yú ~에, ~에서(시간 또는 장소를 나타냄)   |   狗 gōu 개


问题 3

## 你家有几口人?
당신의 가족은 몇 명입니까?

| 4-5급 | 我家有四口人，爸爸、妈妈、姐姐和我。我和姐姐是双胞胎。<br>우리 가족은 네 명으로, 아빠, 엄마, 언니 그리고 저입니다. 언니와 저는 쌍둥이입니다. |
| 6-7급 | 我家有两口人，我爱人和我。我们今年刚结婚，是新婚夫妇。<br>우리 가족은 두 명으로, 제 아내와 저입니다. 저희는 올해 막 결혼한 신혼부부입니다. |

**어휘** 질문 ★ 口 kǒu 명(식구를 세는 단위)

4-5급 ★ 姐姐 jiějie 언니, 누나 | 双胞胎 shuāngbāotāi 쌍둥이

6-7급 ★ 爱人 àiren 배우자(아내, 남편을 지칭) | ★ 刚 gāng 막 | ★ 结婚 jié hūn 결혼하다 | 新婚夫妇 xīnhūn fūfù 신혼부부

---

### 问题 4

## 你在什么地方工作？或者你在哪个学校上学？

당신은 어느 곳에서 일합니까? 혹은 당신은 어느 학교에 다닙니까?

| 4-5급 | 직장인 | 我在电子公司工作，是科长。最近我很忙，经常出差。<br>저는 전자 회사에서 일하고 있고, 과장입니다. 요즘 저는 매우 바쁘고 출장이 잦습니다. |
| | 재학생 | 我在韩国大学读书，我的专业是历史，我想当历史老师。<br>저는 한국대학교에서 공부하고 있고, 전공은 역사입니다. 저는 역사선생님이 되고 싶습니다. |
| | 졸업생 | 我已经毕业了，可是还没找到工作，所以正在努力准备。<br>저는 이미 졸업을 했습니다. 하지만 아직 취업을 하지 못해서 열심히 준비 중입니다. |
| 6-7급 | 직장인 | 我在一家制药公司的销售部工作。最近我工作特别忙，几乎每天加班。<br>저는 제약 회사의 판매팀에서 일하고 있습니다. 요즘 저는 일이 너무 바빠서 거의 매일 야근하고 있습니다. |
| | 재학생 | 我是韩国大学哲学系三年级的学生，我很喜欢我的专业。<br>저는 한국대학교 철학과 3학년 학생입니다. 저는 제 전공을 매우 좋아합니다. |
| | 졸업생 | 我已经毕业了，我想当一名空中乘务员，所以最近在学习汉语和英语。<br>저는 이미 졸업을 했습니다. 저는 항공 승무원이 되고 싶어서 요즘 중국어와 영어를 공부하고 있습니다. |

**어휘** 질문 地方 dìfang 곳, 장소 | 或者 huòzhě 혹은, 아니면 | 上学 shàng xué 학교에 다니다, 등교하다

4-5급 电子 diànzǐ 전자 | ★ 公司 gōngsī 회사 | 科长 kēzhǎng 과장 | ★ 最近 zuìjìn 요즘 | ★ 经常 jīngcháng 자주 | 出差 chū chāi 출장하다 | ★ 读书 dú shū 공부하다 | ★ 专业 zhuānyè 전공 | 历史 lìshǐ 역사 | 当 dāng ~이 되다 | ★ 已经 yǐjīng 이미 | ★ 毕业 bì yè 졸업하다 | 还 hái 아직 | 找 zhǎo 찾다 | 所以 suǒyǐ 그래서 | 努力 nǔlì 열심이다, 노력하다 | 准备 zhǔnbèi 준비(하다)

6-7급 制药 zhì yào 약을 만들다, 제약하다 | 销售部 xiāoshòu bù 판매팀, 세일즈팀 | ★ 特别 tèbié 너무, 특히 | ★ 几乎 jīhū 거의 | ★ 每天 měitiān 매일 | ★ 加班 jiā bān 야근하다 | 哲学 zhéxué 철학 | ★ 系 xì 과, 학과 | ★ 年级 niánjí 학년 | 空中乘务员 kōngzhōng chéngwùyuán 항공 승무원

## 第2部分

**问题 1**

### 现在几点?
지금은 몇 시입니까?

| 4-5급 | 现在下午两点四十五分。<br>지금은 오후 2시 45분입니다. |
| --- | --- |
| 6-7급 | 现在下午两点三刻，快要下课了。<br>지금은 오후 2시 45분이고, 곧 수업이 끝납니다. |

**어휘** 6-7급 ★ 刻 kè 15분 ┃ 快要~了 kuàiyào~le 곧 ~하다

---

**问题 2**

### 便利店的电话号码是多少?
편의점 전화번호는 몇 번입니까?

| 4-5급 | 电话号码是零二幺二三四五六七。<br>전화번호는 02-123-4567입니다. |
| --- | --- |
| 6-7급 | 便利店的电话号码是零二幺二三四五六七，很好记。<br>편의점 전화번호는 02-123-4567입니다. 외우기 쉽습니다. |

**어휘** 질문 ★ 便利店 biànlìdiàn 편의점 ┃ ★ 电话号码 diànhuà hàomǎ 전화번호
4-5급 ★ 幺 yāo 숫자 1(전화번호, 버스노선, 방 호수 등을 말할 때 쓰임)
6-7급 好记 hǎo jì 외우기 쉽다

---

**问题 3**

6kg  5kg

### 猫有多重?
고양이는 체중이 얼마나 됩니까?

| 4-5급 | 猫五公斤。<br>고양이는 5kg입니다. |
|---|---|
| 6-7급 | 猫五公斤，旁边的狗六公斤。<br>고양이는 5kg이고, 옆의 강아지는 6kg입니다. |

**어휘**  4-5급  ★ **公斤** gōngjīn 킬로그램(kg)

6-7급  ★ **旁边** pángbiān 옆(쪽)

---

**问题 4**

## 花瓶里有几朵花?
꽃병 안에는 몇 송이의 꽃이 있습니까?

| 4-5급 | 花瓶里有三朵花。<br>꽃병 안에는 꽃이 세 송이 있습니다. |
|---|---|
| 6-7급 | 花瓶里有三朵玫瑰花，很漂亮。<br>꽃병 안에는 장미꽃 세 송이가 있고, 매우 아름답습니다. |

**어휘**  질문  **花瓶** huāpíng 꽃병  |  **朵** duǒ 송이(꽃을 세는 단위)  |  ★ **花** huā 꽃

6-7급  **玫瑰化** méiguīhuā 장미꽃

## 第3部分

## 问题 1

### 你常喝饮料吗?
당신은 음료를 자주 마시나요?

**4-5급**

我不常喝饮料。饮料中的糖分很多，会觉得越喝越渴，所以我一般喝水。你喜欢喝饮料吗?

저는 음료를 자주 마시지 않아요. 음료수에는 당분이 많아서 마시면 마실수록 갈증을 느끼게 되거든요. 그래서 저는 보통 물을 마셔요. 당신은 음료수 마시는 것을 좋아해요?

**6-7급**

我常喝饮料。我喜欢喝咖啡、果汁、酸奶等各种各样的饮料。其中我最喜欢的是果汁。果汁不仅对健康很好，而且让人有饱腹感。

저는 음료를 자주 마시고, 커피, 과일주스, 요구르트 등 다양한 음료를 즐겨 마셔요. 그중 제가 가장 좋아하는 것은 과일 주스예요. 과일 주스는 건강에 좋을 뿐만 아니라, 포만감을 갖게 해주거든요.

**어휘** 질문 ★ **饮料** yǐnliào 음료(수)

**4-5급** **糖分** tángfèn 당분 | **越A越B** yuè A yuè B A할수록 B하다 | ★ **渴** kě 갈증 나다, 목 마르다 |
★ **一般** yìbān 보통, 일반적으로

**6-7급** ★ **果汁** guǒzhī 과일주스 | **酸奶** suānnǎi 요구르트 | ★ **各种各样** gè zhǒng gè yàng 다양하다,
각양각색이다 | ★ **其中** qízhōng 그중 | ★ **不仅** bùjǐn ~일 뿐만 아니라 | ★ **而且** érqiě 게다가 |
**饱腹感** bǎofùgǎn 포만감

## 问题 2

### 这是我昨天新买的鞋，你看怎么样?
이거 내가 어제 새로 산 신발인데, 당신 보기에 어때요?

**4-5급**

很漂亮，也很适合你。在哪儿买的? 我也要买一双新鞋，你今天下午有空的话，能陪我一起去看看吗?

예쁘고 당신에게 잘 어울리네요. 어디에서 샀어요? 나도 새 신발 하나 사려고 하거든요. 오늘 오후에 시간 있으면, 나랑 같이 가서 좀 봐줄 수 있어요?

**6-7급**

很漂亮，看起来挺舒服的，设计也很时尚。在哪儿买的? 我也打算买一双鞋，可以把详细地址告诉我吗?

예뻐요. 굉장히 편안해 보이고, 디자인도 세련되었어요. 어디에서 산 거예요? 나도 신발 하나 살 계획인데, 자세한 주소 좀 알려줄 수 있어요?

---

**问题 3**

## 你知道学校附近哪儿有书店吗?

당신은 학교 근처에 서점이 어디 있는지 아나요?

---

**4-5급**

我知道，从学校正门出去往左拐，然后一直走到银行那儿就能看到一家书店。离这儿不远，大概五分钟就能到。

알아요, 학교 정문으로 나가서 좌회전하고, 그런 다음 은행까지 쭉 걸어가면 서점이 보일 거예요. 여기서 멀지 않아서 대략 5분이면 도착할 수 있어요.

---

**6-7급**

知道，我告诉你怎么走。你从学校正门出去，然后过到马路对面，那儿有一家咖啡厅，从那里右转就是书店。走路去大概要十分钟。

알아요, 어떻게 가는지 알려 줄게요. 학교 정문으로 나간 다음, 맞은편으로 길을 건너면 거기에 카페가 하나 있어요. 거기서 우회전하면 바로 서점이에요. 걸어가면 10분 정도 걸려요.

---

---

**问题 4**

## 你们学校的期中考试什么时候结束?

너희 학교 중간고사는 언제 끝나?

---

**4-5급**

明天就结束了，但结束后我还要考一个汉语口语考试，压力很大。你们学校呢？已经结束了吗？

내일이면 끝나. 하지만 끝나고 나서 중국어 회화시험을 또 봐야 해서 스트레스가 많아. 너희 학교는? 벌써 끝났어?

---

**6-7급**

还剩下三天，目前难的科目已经考完了，感觉轻松多了。不过剩下的全是需要背的科目，所以从今天开始我要努力背书才行。

아직 3일 남았어. 현재 어려운 과목은 이미 다 끝나서 마음이 훨씬 가볍긴 하지만, 남은 게 전부 암기해야 하는 과목이라서 오늘부터 열심히 책을 외워야만 해.

---

## 问题 5

# 修好需要一个星期左右。
다 고치려면 일주일 정도 걸립니다.

| 4-5급 | 没关系，我不急。修好后请给我打个电话或发个短信。对了，在保修期之内维修是免费的吧？ |
| | 괜찮습니다, 급하지 않아요. 수리 끝나면 저에게 전화나 문자 주세요. 맞다, 보증 수리 기간 내에는 무료인 거죠? |
| 6-7급 | 需要那么长时间吗？如果是加急修理，费用是多少呢？另外，在手机修理期间可不可以提供备用机？ |
| | 그렇게나 오래 걸려요? 만약 긴급 수리 맡기면, 비용이 얼마예요? 그리고 휴대폰 수리 기간에 임대폰 제공이 가능한가요? |

## 第4部分

## 问题 1

### 你跟谁最谈得来?

당신은 누구와 대화가 가장 잘 통합니까?

**4-5급**

我跟我的朋友小高最谈得来。我们的性格很相似，爱好也相同。小高和我都喜欢运动，有空儿我们会一起去看体育比赛。

저는 제 친구 샤오가오와 가장 대화가 잘 통합니다. 우리는 성격이 비슷하고, 취미도 같습니다. 샤오가오와 저는 모두 운동을 좋아해서 시간이 있으면 우리는 같이 스포츠 경기를 보러 갑니다.

**6-7급**

我和妈妈最谈得来。妈妈非常了解我的性格，就算我不细说，她也比谁都清楚我的心情和处境。所以每当我有烦恼的时候，都会和妈妈一起去我家附近的咖啡厅谈心。

저는 엄마와 가장 대화가 잘 통합니다. 엄마는 제 성격을 굉장히 잘 알고 계셔서 설령 제가 자세하게 이야기하지 않는다 해도, 누구보다 제 기분과 상황을 이해해 주십니다. 그래서 저는 고민이 있을 때마다 엄마와 함께 집 근처 카페에 가서 마음을 터놓고 이야기를 나눕니다.

**어휘** | 질문 | ★ **谈得来** tán de lái 대화가 통하다

4-5급 | ★ **性格** xìnggé 성격 | ★ **相似** xiāngsì 비슷하다 | ★ **相同** xiāngtóng 서로 같다 | ★ **空儿** kòngr 시간, 여유, 틈

6-7급 | **就算** jiùsuàn 설령 ~라도 | **细说** xì shuō 자세히 말하다, 하나하나 설명하다 | ★ **心情** xīnqíng 기분, 심정 | **处境** chǔjìng (처한) 상황, 처지 | **每当** měidāng ~할 때마다 | ★ **烦恼** fánnǎo 고민, 걱정 | **谈心** tán xīn 마음을 터놓고 이야기하다

## 问题 2

### 在你们国家，教师节的时候学生们一般会为老师做些什么?

당신 나라에서는 스승의 날에 학생들이 선생님을 위해서 보통 무엇을 합니까?

**4-5급**

在我们国家，教师节的时候学生们会通过多种方式来表达对老师的感谢。有的学生会给老师写信，有的学生给老师唱歌。每当这时，老师们都会感到自己的付出很值得。

우리 나라에서는 스승의 날에 학생들이 여러 가지 방식으로 선생님께 감사함을 표현합니다. 어떤 학생은 선생님께 편지를 쓰고, 어떤 학생은 노래를 불러 드립니다. 이때마다 선생님들은 자신의 고생이 가치가 있었다고 느낍니다.

**6-7급**

我们国家的教师节是5月15日。这一天学生们会给老师准备惊喜。例如，上课之前大家会在黑板上写上感谢老师的话，然后用气球等道具装饰黑板和整个教室。虽然以前也送礼物，但是现在法律禁止给老师送礼。不过，学生们向老师表达感激之情的传统一直没有改变。

우리나라 스승의 날은 5월 15일로, 이날 학생들은 선생님께 깜짝 이벤트를 준비합니다. 예를 들면, 수업 전 칠판에 선생님께 감사 인사를 적은 다음, 풍선 등의 소품들로 칠판과 교실 전체를 장식합니다. 비록 예전에는 선물도 했지만, 지금은 선생님께 선물하기가 법으로 금지되어 있습니다. 하지만 학생들이 선생님께 감사함을 전하는 전통은 변하지 않았습니다.

**어휘** **질문** 教师节 Jiàoshī Jié 스승의 날

**4-5급** ★ 通过 tōngguò ~을 통해서 | ★ 方式 fāngshì 방식 | 表达 biǎodá 표현하다, 나타내다 | ★ 感谢 gǎnxiè 감사하다, 고맙게 생각하다 | 信 xìn 편지 | ★ 感到 gǎndào 느끼다 | ★ 付出 fùchū 고생, 노력, 지출 | ★ 值得 zhí dé 가치가 있다

**6-7급** 惊喜 jīngxǐ 깜짝 이벤트, 서프라이즈 | ★ 例如 lìrú 예를 들면 | ★ 之前 zhīqián ~전, 이전 | 气球 qìqiú 풍선 | 道具 dàojù 소품, 도구 | 装饰 zhuāngshì 장식하다, 꾸미다 | 法律 fǎlǜ 법 | 禁止 jìnzhǐ 금지하다 | 送礼 sòng lǐ 선물을 하다 | 感激之情 gǎnjī zhī qíng 감사함 | ★ 传统 chuántǒng 전통 | ★ 改变 gǎibiàn 변하다, 달라지다

---

**问题 3**

## 你是个做事积极的人吗？
당신은 일을 할 때 적극적인 사람입니까?

**4-5급**

我不是个做事积极的人。因为做决定这件事会让我有很大的负担。所以我在做事情的时候，通常只是遵从别人的决定，而不是积极地站在前面。

저는 일을 함에 있어 적극적인 사람이 아닙니다. 왜냐하면 결정을 내리는 일은 저에게 큰 부담을 주기 때문입니다. 그래서 저는 일을 할 때 보통 다른 이의 결정에 따를 뿐, 적극적으로 앞에 서지 않습니다.

**6-7급**

是，我无论做什么事情都很积极。做事情的时候，比起等别人下决定，我更喜欢积极地提出自己的意见，成为团队的主导者。我最近也在一个项目中担任了组长，希望这次也可以做一个让组员信任的优秀的组长。

네, 저는 무슨 일을 하든지 매우 적극적입니다. 일을 할 때 저는 다른 사람이 결정하기를 기다리기보다는 적극적으로 자기의 의견을 내놓고 팀의 리더가 되는 것을 더욱 선호합니다. 저는 최근에도 한 프로젝트에서 팀장을 맡았는데, 이번에도 팀원들이 신뢰하는 우수한 팀장이 될 수 있길 바랍니다.

**어휘** **질문** ★ 积极 jījí 적극적이다

**4-5급** ★ 决定 juédìng 결정(하다) | ★ 负担 fùdān 부담 | 通常 tōngcháng 보통 | 遵从 zūncóng 따르다

**6-7급** ★ 无论 wúlùn ~을 막론하고 | ★ 比起 bǐqǐ ~보다 | 下决定 xià juédìng 결정하다, 결정을 내리다 | ★ 提出 tíchū 내놓다, 제안하다 | ★ 意见 yìjiàn 의견 | ★ 成为 chéngwéi ~가 되다 | 团队 tuánduì 팀, 단체 | 主导者 zhǔdǎozhě 리더, 주장 | 项目 xiàngmù 프로젝트 | 担任 dānrèn 맡다 | 组长 zǔzhǎng 팀장, 조장 | 组员 zǔyuán 팀원, 조원 | 信任 xìnrèn 신임하다, 믿다 | 优秀 yōuxiù 우수하다

## 问题 4

### 你喜欢冬天还是夏天？

당신은 겨울을 좋아합니까 아니면 여름을 좋아합니까?

**4-5급**

我喜欢夏天。在炎热的夏天，我可以去海边玩儿。而且夏天还有暑假，可以去远一点的地方旅行，所以我喜欢夏天。

저는 여름을 좋아합니다. 무더운 여름날에는 해변에 놀러 갈 수 있고, 뿐만 아니라 여름에는 여름 휴가가 있어서 조금 먼 곳으로 여행을 갈 수도 있습니다. 그래서 저는 여름이 좋습니다.

**6-7급**

我喜欢冬天。因为比起游泳、冲浪等夏季运动，我更喜欢滑雪等冬季运动。冬天的时候，我会和朋友买滑雪季票，一有空就一起去滑雪，这是我冬天最大的乐趣。

저는 겨울을 좋아합니다. 왜냐하면 수영, 서핑 등의 여름철 스포츠와 비교했을 때 저는 스키 등의 겨울철 스포츠를 더욱 좋아하기 때문입니다. 겨울에 저는 친구와 스키 시즌권을 구입해서 시간만 나면 같이 스키를 타러 갑니다. 이것은 겨울철 저의 가장 큰 즐거움입니다.

**어휘** **4-5급** 炎热 yánrè 무덥다, (날씨가) 찌다 | 海边 hǎibiān 해변, 바닷가 | ★ 暑假 shǔjià 여름 휴가 | ★ 旅行 lǚxíng 여행하다

**6-7급** 冲浪 chōnglàng 서핑, 파도타기 | 夏季 xiàjì 여름철, 하계 | 滑雪 huá xuě 스키 타다 | 冬季 dōngjì 겨울철, 동계 | 季票 jìpiào 시즌권 | ★ 空 kòng 시간, 여유, 틈 | 乐趣 lèqù 즐거움

## 问题 5

### 你在意别人对你的看法吗？

당신은 당신에 대한 타인의 생각을 중요하게 생각합니까?

**4-5급**

我不太在意别人对我的看法。比起别人怎么看待我，我自己怎么看待自己更加重要。我认为只要不影响别人，我的人生应该由我来做主，所以我平时不太在乎别人对我的看法。

저는 저에 대한 남의 생각을 그다지 신경 쓰지 않습니다. 다른 사람이 나를 어떻게 보는지 보다는 내 스스로가 나를 어떻게 생각하는지가 훨씬 중요합니다. 저는 다른 사람에게 피해만 주지 않는다면, 내 인생은 내가 결정해야 한다고 생각합니다. 그래서 저는 평소 저에 대한 남의 시선에 크게 신경 쓰지 않습니다.

**6-7급**

我很在意别人怎么看待我。做重要决定的时候，我都会先考虑别人会不会赞成我的决定，然后才考虑这是不是自己想要的。我觉得过于在意别人的看法是个缺点，我正在努力改变自己。

저는 남이 나를 어떻게 보는지를 매우 중요하게 생각합니다. 중요한 결정을 할 때 저는 우선 다른 사람이 나의 결정에 찬성할지 안 할지를 고민하고, 그런 다음에야 비로소 이것이 스스로 원하는 것인지 아닌지를 생각합니다. 저는 지나치게 남의 생각을 신경 쓰는 것이 단점이라고 생각하기에 현재 스스로를 바꾸려고 열심히 노력 중입니다.

**어휘** ▶ 질문 ★ **在意** zàiyì 중요하게 생각하다, 신경쓰다 │ ★ **看法** kànfǎ 생각, 견해

4-5급 **看待** kàndài (어떤 견해로) 보다, 대하다 │ **更加** gèngjiā 훨씬, 더욱 │ **人生** rénshēng 인생 │ **由** yóu ~이/가(동작의 주체를 나타냄) │ **做主** zuò zhǔ 결정하다, 책임지다, 주관하다 │ ★ **在乎** zàihū 신경쓰다

6-7급 ★ **考虑** kǎolǜ 고려하다, 생각하다, 고민하다 │ ★ **赞成** zànchéng 찬성하다 │ **过于** guòyú 지나치게 │ ★ **缺点** quēdiǎn 단점

## 第5部分

### 问题 1

## 你们国家的大学生就业压力大吗?

당신 나라의 대학생들은 취업스트레스가 큽니까?

**4-5급**

我们国家的大学生就业压力很大。为了就业，他们不仅要保证自己的学分，还要考取相关资格证、积累实际经验等。因此，很多学生的心理压力非常大。

우리 나라 대학생들은 취업스트레스가 매우 큽니다. 취업하기 위해서 그들은 자신의 학점을 확실하게 만들어야 할 뿐만 아니라, 관련 자격증을 취득하고 실제 경험을 쌓아야 합니다. 이 때문에 많은 학생들의 심리적 스트레스는 엄청납니다.

**6-7급**

我们国家的大学生在就业方面有很大的压力。近年来，国家为了创造更多的工作岗位而出台了各项政策，但是在解决青年人就业难问题上仍然不足。再加上青年人都想要年薪高、福利好的工作，这让竞争更加激烈，青年人也因此受到更大的压力。

우리 나라 대학생들은 취업 방면에 있어 큰 스트레스를 받습니다. 최근 몇 년 사이, 국가에서 더 많은 일자리를 창출하기 위해 갖가지 정책을 내놓았지만, 청년들의 취업난을 해결하기에는 여전히 부족합니다. 거기다가 청년들은 모두 연봉이 높고 복지가 좋은 일자리를 원하기 때문에 경쟁은 더욱 치열해지고, 청년들도 이로 인해 더 큰 스트레스를 받습니다.

**어휘** | 질문 | ★ 就业 jiù yè 취업하다 | ★ 压力 yālì 스트레스

4-5급 ★ 不仅 bùjǐn ~일 뿐만 아니라 | 保证 bǎozhèng 확실히 하다, 보장하다 | ★ 学分 xuéfēn 학점 | 考取 kǎo qǔ (시험을 통해) 취득하다, 합격하다 | ★ 相关 xiāngguān 관련되다 | 资格证 zīgézhèng 자격증 | ★ 积累 jīlěi 쌓다, 축적하다 | 实际 shíjì 실제 | 经验 jīngyàn 경험 | ★ 因此 yīncǐ 이 때문에, 그래서

6-7급 ★ 方面 fāngmiàn 방면, 분야 | 创造 chuàngzào 창출하다, 창조하다 | 工作岗位 gōngzuò gǎngwèi 일자리, 직장 | 出台 chū tái (정책, 방안 등을) 내놓다, 공포하다 | 项 xiàng 가지, 항(목) | 政策 zhèngcè 정책 | 青年人 qīngniánrén 청년 | ★ 就业难 jiùyènán 취업난 | ★ 仍然 réngrán 여전히 | 不足 bùzú 부족하다 | ★ 年薪 niánxīn 연봉 | ★ 福利 fúlì 복지 | ★ 竞争 jìngzhēng 경쟁(하다) | ★ 激烈 jīliè 치열하다

### 问题 2

## 你找工作时，最重视什么?

당신은 일자리를 구할 때, 무엇을 가장 중시합니까?

**4-5급**

我在找工作时，最重视的是上下班需要的时间。因为我觉得个人时间也很重要，要是把过多的时间用在路上，那么我的个人时间就会减少。要是公司离家的车程超过一个小时，我就不会考虑。

제가 일자리를 구할 때 가장 중시하는 것은 출퇴근 시 걸리는 시간입니다. 왜냐하면 저는 개인 시간도 매우 중요하다고 생각하는데, 너무 많은 시간을 길에서 보낼 경우 저의 개인 시간이 줄어들기 때문입니다. 만약 회사가 집에서 차로 한 시간이 넘는다면 저는 고려하지 않을 것입니다.

| | |
|---|---|
| 6-7급 | 我在找工作的时候，最重视的是公司的年薪和福利。无论工作多辛苦，只要薪水和福利能让自己满意，我都可以接受。我现在的公司就是这样，虽然工作很多，要经常加班，但是一想到有很高的薪水和很好的福利，我就充满战斗力。 |
| | 제가 일자리를 구할 때 가장 중시하는 것은 회사의 연봉과 복지입니다. 일이 아무리 고생스럽다 해도 급여와 복지만 만족스럽다면 저는 모두 받아들일 수 있습니다. 저의 현재 회사가 바로 이렇습니다. 비록 일이 많고 야근도 자주 해야 하지만, 높은 급여와 훌륭한 복지를 생각하면 저는 전투력으로 가득차게 됩니다. |

**어휘** ▶ 질문 ★ **重视** zhòngshì 중시하다

4-5급 **减少** jiǎnshǎo (숫자, 정도 등이) 줄다 | ★ **要是** yàoshi 만약 | **车程** chēchéng 주행거리 | **超过** chāoguò 넘다, 초과하다 | ★ **考虑** kǎolǜ 고려하다, 고민하다

6-7급 **无论** wúlùn ~을 막론하고 | **辛苦** xīnkǔ 고생스럽다, 힘들다 | ★ **只要** zhǐyào ~하기만 하면 | ★ **薪水** xīnshui 급여, 봉급 | **接受** jiēshòu 받아들이다 | **充满** chōngmǎn 가득하다, 충만하다 | **战斗力** zhàndòulì 전투력

---

**问题 3**

## 你认为父母应该控制孩子玩儿的时间吗?

당신은 부모가 아이의 노는 시간을 통제해야 한다고 생각합니까?

| | |
|---|---|
| 4-5급 | 我认为父母应该控制孩子玩儿的时间。因为孩子还小，肯定没有办法自己判断和控制。尤其在孩子觉得很有趣的时候，更没办法停下来。因此父母应该用合理的方式来控制孩子玩儿的时间。 |
| | 저는 부모가 아이의 노는 시간을 통제해야 한다고 생각합니다. 왜냐하면 아이는 아직 어려서 절대로 스스로 판단하고 통제할 방법이 없습니다. 특히, 아이가 재미를 느낄 때는 더욱 더 멈출 방법이 없습니다. 그렇기 때문에 부모는 합리적인 방식으로 아이가 노는 시간을 컨트롤해줘야 합니다. |
| 6-7급 | 我觉得父母应该适当地控制其玩耍的时间。因为孩子们的自控能力不足，如果没有父母的监督，孩子很难自觉地做自己应该做的事。父母应该告诉孩子如何管理时间，这样才能培养其管理时间的能力。等孩子养成了习惯，并且有了自制能力以后，就不需要家长再监督了。 |
| | 저는 부모가 적절하게 놀이 시간을 통제해야 한다고 생각합니다. 왜냐하면 아이들은 자제력이 부족해서 부모의 감독이 없을 경우 아이들은 자신이 해야 할 일을 자발적으로 하기 어렵기 때문입니다. 부모는 아이에게 어떻게 시간을 관리해야 하는지 알려줘야 하고, 그래야만 비로소 시간 관리 능력을 기를 수 있습니다. 아이가 습관을 기르고 또한 자제력이 생긴 다음에는 부모의 감독이 더 이상 필요하지 않게 됩니다. |

**어휘** ▶ 질문 **控制** kòngzhì 통제하다, 컨트롤하다

4-5급 ★ **肯定** kěndìng 절대로, 확실히 | **判断** pànduàn 판단하다 | ★ **尤其** yóuqí 특히 | ★ **有趣** yǒuqù 재미있다 | ★ **合理** hélǐ 합리적이다 | ★ **方式** fāngshì 방식, 방법

6-7급 ★ **适当** shìdàng 적절하다, 알맞다 | **玩耍** wánshuǎ 놀다 | **自控** zìkòng 자제하다, 스스로 억제하다 | **监督** jiāndū 감독(하다) | **自觉** zìjué 자발적이다 | **如何** rúhé 어떻게 | **管理** guǎnlǐ 관리하다 | **养成** yǎngchéng 몸에 배다, 기르다, 양성하다 | **并且** bìngqiě 또한 | **自制** zìzhì 자제하다, 스스로 억제하다

## 问题 4

### 你认为科技的发展给人类生活带来的好处多还是坏处多？

당신은 과학 기술의 발전이 인류의 생활에 가져온 장점이 많다고 생각합니까 아니면 단점이 많다고 생각합니까?

**4-5급**

我觉得科技的发展给人类生活带来了很多好处，也影响着人们生活的方方面面。比如，智能手机、人工智能家电等都是科技发展的代表性产品。科学技术的发展让我们的生活更加便利。所以我认为科技为人们带来的好处非常多。

저는 과학 기술의 발전이 인류의 생활에 많은 장점을 가져왔고, 사람들의 생활 곳곳에도 영향을 미치고 있다고 생각합니다. 예를 들면, 스마트폰, 인공지능 가전 등 모두 과학 기술 발전의 대표적 제품입니다. 과학 기술의 발전은 우리 생활을 더욱 편리하게 만들어 주었습니다. 그래서 저는 과학 기술이 우리에게 가져온 장점이 굉장히 많다고 생각합니다.

**6-7급**

我觉得科学技术的发展给人类生活带来的好处更多。第一，信息通信的发展、无线网络的建设让我们比以前更容易获取信息。第二，智能家电让生活更加舒适和便利。除此之外，还有很多。所以我认为科技为人们带来的好处非常多。

저는 과학 기술의 발전이 인류의 생활에 가져온 장점이 훨씬 많다고 생각합니다. 첫째, 정보 통신의 발전과 무선 인터넷 구축은 우리가 예전보다 더 쉽게 정보를 얻을 수 있도록 해줬습니다. 둘째, 스마트 가전은 생활을 더욱 편하고 편리하게 만들어 주었습니다. 이 밖에도 많이 있습니다. 그래서 저는 과학 기술이 우리에게 가져온 장점이 굉장히 많다고 생각합니다.

**어휘** 질문 ★科技 kējì 과학 기술 | ★发展 fāzhǎn 발전(하다) | 人类 rénlèi 인류 | ★生活 shēnghuó 생활(하다) | ★好处 hǎochù 장점 | ★坏处 huàichù 단점

4-5급 方方面面 fāngfāng miànmiàn 곳곳, 모든 방면 | ★比如 bǐrú 예를 들면 | 人工智能 réngōng zhìnéng 인공지능 | ★家电 jiādiàn 가전 | ★产品 chǎnpǐn 제품 | 更加 gèngjiā 더욱, 훨씬 | ★便利 biànlì 편리하다

6-7급 ★科学 kēxué 과학 | ★技术 jìshù 기술 | ★信息 xìnxī 정보 | ★通信 tōngxìn 통신 | ★无线网络 wúxiàn wǎngluò 무선 인터넷 | 建设 jiànshè 구축하다, 건설하다 | ★获取 huòqǔ 얻다 | 舒适 shūshì 편하다, 쾌적하다 | 除此之外 chú cǐ zhī wài 이 밖에

## 第6部分

## 问题 1

你想去打保龄球，但是你的朋友想去看电影。请你说服朋友一起去打保龄球。

당신은 볼링을 치러 가고 싶은데, 당신의 친구는 영화 보러 가기를 원합니다. 친구에게 같이 볼링을 치러 가자고 설득해 보세요.

**4-5급**

丽丽，我们今天还是去打保龄球吧。前几天你不是说很想去打保龄球吗？我有两张免费券，今天可以使用。你喜欢的电影正好下周上映，到时候我陪你一起去看，好不好？

리리, 우리 오늘은 그래도 볼링 치러 가자. 며칠 전에 너 볼링 치러 가고 싶다고 말하지 않았니? 나한테 무료 쿠폰이 두 장 있는데, 오늘 쓸 수 있거든. 네가 좋아하는 영화가 마침 다음주에 상영하니까 그때 내가 너랑 같이 보러 가줄게, 어때?

**6-7급**

丽丽，我们下次再去看电影吧，今天打保龄球怎么样？你不是经常说想学打保龄球吗？借这次机会，我可以教你打保龄球，你应该很快就能学会。下周我一定陪你一起去看你想看的电影，好不好？

리리, 우리 영화는 다음에 보러 가고, 오늘은 볼링 치는 거 어때? 너 볼링 배우고 싶다고 자주 말했잖아? 이번 기회에 내가 볼링 치는 거 가르쳐줄게. 너는 분명 금방 배울 거야. 다음주에는 꼭 네가 보고 싶어 하는 영화 같이 보러 가줄게, 어때?

**어휘** 질문 ★ 保龄球 bǎolíngqiú 볼링 | ★ 说服 shuō fú 설득하다

**4-5급** ★ 免费券 miǎnfèiquàn 무료 쿠폰 | ★ 使用 shǐyòng 쓰다, 사용하다 | ★ 正好 zhènghǎo 마침, 때마침 | 上映 shàngyìng 상영하다 | 陪 péi 동반하다, 모시다

**6-7급** ★ 应该 yīnggāi 분명히, 응당(확신을 나타냄) | 学会 xuéhuì 배우다

## 问题 2

你的朋友邀你一起去看棒球比赛，但是你正要去图书馆复习。请你跟朋友说明情况并委婉地拒绝他。

당신의 친구가 함께 야구 경기를 보러 가자고 당신을 초대합니다. 하지만 당신은 공부를 하러 막 도서관에 가려던 참입니다. 친구에게 상황을 설명하고 완곡하게 거절해 보세요.

**4-5급**

张明，我也很想和你去看棒球比赛，但是我今天得去图书馆复习。明天就开始期末考试了，等我期末考试结束后再去看棒球赛吧！你等我一周，好吗？

장밍, 나도 너와 야구 경기 보러 가고 싶은데, 오늘은 도서관에 가서 복습을 해야 해. 내일 바로 기말고사가 시작하거든. 나 기말고사 끝난 다음에 야구 경기 보러 가자. 일주일만 기다려 줄래?

| | |
|---|---|
| 6-7급 | 张明，我真的很想去看棒球比赛，但是今天我得去图书馆准备明天的考试。你们学校期末考试结束得早。不过我们从明天才开始考，而且重要的科目都集中在前三天。等下周考试结束了我们再去看棒球赛吧。下周是决赛，肯定会更有趣的。<br><br>장밍, 나 정말 야구 경기 보러 가고 싶은데, 오늘은 도서관에 가서 내일 있을 시험을 준비해야 해. 너네 학교는 기말 고사가 일찍 끝났지만, 우리는 내일에야 시작하거든. 게다가 중요한 과목들 전부 초반 3일에 몰려 있어. 다음주에 시험 끝나면 우리 야구 경기 보러 가자. 다음주가 결승이니까 분명 훨씬 재미있을 거야. |

**어휘** 질문 ★邀 yāo 초대하다 | 正要 zhèngyào 막 ~하려던 참이다 | ★说明 shuōmíng 설명하다 | ★情况 qíngkuàng 상황 | 并 bìng 그리고 | 委婉 wěiwǎn 완곡하다 | ★拒绝 jùjué 거절하다

4-5급 ★期末考试 qīmò kǎoshì 기말고사 | ★结束 jiéshù 끝나다

6-7급 科目 kēmù 과목 | ★集中 jízhōng 모이다, 집중하다 | 决赛 juésài 결승전 | ★肯定 kěndìng 분명히, 틀림없이 | ★有趣 yǒuqù 재미있다

---

## 问题 3

为了举办同学聚会，你预订了一家餐厅，但是聚会突然取消了。请你给餐厅打电话说明情况。

동창회를 열기 위해 당신이 식당을 예약했는데, 갑자기 모임이 취소되었습니다. 식당에 전화를 걸어서 상황을 설명해 보세요.

| | |
|---|---|
| 4-5급 | 喂，是好好餐厅吗？我想取消上周一预订的包间。我预订的是这周五下午5点，一共11人，预订人是小陈。因为聚会突然办不了了，只能麻烦你帮我取消预订，谢谢。<br><br>여보세요, 하오하오 식당인가요? 지난주 월요일에 예약한 룸을 취소하고 싶은데요. 제가 예약한 것은 이번 주 금요일 오후 5시로, 총 11명이고, 예약자는 샤오천입니다. 모임을 갑자기 할 수 없게 되어서 어쩔 수 없이 예약 취소 부탁 드려요. 감사합니다. |
| 6-7급 | 喂，是美美餐厅吗？非常抱歉，我想取消我的预约。我上周预订了这周六下午6点2楼的两个包间，预订人是小李。因为聚会突然延期了，所以只能取消这次预订了。3天前可以无条件取消预约，对吧？麻烦你帮我取消一下，谢谢。<br><br>여보세요, 메이메이 식당이인가요? 죄송하지만, 예약을 취소하고 싶어서요. 지난주에 이번 주 토요일 오후 6시로 2층 룸을 2개 예약했고, 예약자는 샤오리입니다. 모임이 갑자기 연기되어서 어쩔 수 없이 이번 예약을 취소하게 되었어요. 3일 전에는 조건 없이 예약 취소가 가능한 거 맞죠? 번거로우시겠지만 취소 부탁 드립니다. 감사합니다. |

**어휘** 질문 举办 jǔbàn 열다, 개최하다 | ★聚会 jùhuì 모임 | ★预订 yùdìng 예약하다 | ★取消 qǔxiāo 취소하다

4-5급 ★包间 bāojiān (음식점의) 룸, 독방 | ★麻烦 máfan 번거롭게 하다, 번거롭다

6-7급 ★抱歉 bào qiàn 미안하게 생각하다 | ★预约 yùyuē 예약(하다) | 延期 yánqī 연기하다 | 条件 tiáojiàn 조건

| | | |
|---|---|---|
| 4-5급 | 1 | 傍晚，东东有点儿饿了，他让妈妈给自己煮方便面。于是，妈妈来到厨房开始煮方便面。<br><br>저녁 무렵, 둥둥은 약간 허기가 져서 엄마에게 라면을 끓여 달라고 했습니다. 그래서 엄마는 주방에 와서 라면을 끓이기 시작했습니다. |
| | 2 | 这时，爸爸加完班回到家里。他忙了一整天，还没有吃晚饭，觉得特别饿。<br><br>이때, 아빠가 야근을 마치고 집에 돌아왔습니다. 그는 하루 종일 바빴던 탓에 아직 저녁을 먹지 못해서 굉장히 배가 고팠습니다. |
| | 3 | 妈妈煮完方便面后去叫东东，爸爸看到桌上的方便面，以为是给自己的，便拿起筷子吃了起来。<br><br>엄마는 라면을 다 끓인 후 둥둥을 부르러 갔습니다. 아빠는 식탁 위 라면을 보고 자신에게 주는 것이라 생각하고는 바로 젓가락을 들어 먹기 시작했습니다. |
| | 4 | 东东过来时，爸爸已经把那碗方便面吃完了。东东站在原地看着爸爸，爸爸搞清楚状况之后，不好意思地笑了。<br><br>둥둥이 왔을 때, 아빠는 이미 그 라면을 다 먹은 상태였습니다. 둥둥은 그 자리에 서서 아빠를 쳐다보았고, 아빠는 상황을 파악한 후 멋쩍게 웃었습니다. |
| 6-7급 | 1 | 一天晚上，东东在房间看书，他突然觉得有点儿饿，就让妈妈帮自己煮一袋泡面。于是，妈妈来到厨房开始煮泡面。<br><br>어느 날 저녁, 둥둥은 방에서 책을 읽다 갑자기 배고픔을 느꼈고, 엄마에게 라면을 한 봉지 끓여 달라고 했습니다. 그래서 엄마는 주방에 와서 라면을 끓이기 시작했습니다. |
| | 2 | 这时候，爸爸从公司回来了。他在公司忙了一整天，根本没有时间吃晚饭，肚子饿得不得了。<br><br>이때, 아빠가 회사에서 돌아왔습니다. 그는 회사에서 하루 종일 바빠서 저녁 먹을 시간조차 없었기에 배가 무척 고팠습니다. |
| | 3 | 妈妈煮完方便面后去房间叫东东。爸爸闻到厨房里的香味儿便走了进去，他看到桌上的泡面，还以为是妻子给自己准备的，便狼吞虎咽地吃了起来。<br><br>엄마가 라면을 다 끓인 후 둥둥을 부르러 방에 갔습니다. 아빠는 주방에서 나는 맛있는 냄새를 맡고 (주방으로) 들어갔습니다. 그는 식탁 위의 라면을 보고 아내가 자신에게 준비해 준 것이라 생각하며 게 눈 감추듯 먹기 시작했습니다. |

**4**

东东来到厨房时，爸爸已经把泡面吃得一干二净了，东东满脸惊讶。后知后觉的爸爸觉得有些不好意思。

둥둥이 주방에 왔을 때, 아빠는 이미 라면을 깨끗이 비운 상태였습니다. 둥둥은 깜짝 놀란 얼굴이었고 뒤늦게 (상황을) 알게 된 아빠는 미안했습니다.

**어휘**

**4-5급** ★ **傍晚** bàngwǎn 저녁 무렵, 해질 무렵 | **煮** zhǔ 끓이다 | **方便面** fāngbiànmiàn 라면 | ★ **于是** yúshì 그래서 | **厨房** chúfáng 주방 | ★ **这时** zhè shí 이때 | **一整天** yì zhěng tiān 하루 종일 | ★ **以为** yǐwéi ~인 줄 알다 | **便** biàn 바로 | **原地** yuándì 제자리 | ★ **搞清楚** gǎo qīngchu 제대로 알다, 분명하게 하다 | **状况** zhuàngkuàng 상황 | **之后** zhīhòu ~(한) 후

**6-7급** **泡面** pàomiàn 라면 | **根本** gēnběn 전혀, 아예 | **不得了** bùdéliǎo 매우 심하다 | **闻** wén 냄새를 맡다 | **香味儿** xiāngwèir (좋은) 냄새 | **狼吞虎咽** lángtūnhǔyàn 게 눈 감추 듯 하다 | **一干二净** yìgān'èrjìng 깨끗이 | **满脸** mǎn liǎn 온 얼굴 | ★ **惊讶** jīngyà 깜짝 놀라다 | **后知后觉** hòu zhī hòu jué 뒤늦게 알다, 뒤늦게 깨닫다

# Test of Spoken Chinese

# 모범 답안 및 해석 07

## 问题 1

# 你叫什么名字?
당신의 이름은 무엇입니까?

**4-5급**
我姓郑，叫智薰，是我妈妈给我起的名字。
제 성은 정이고, 이름은 지훈으로, 어머니께서 지어 주신 이름입니다.

**6-7급**
我姓刘，叫刘旻景，我的外号是小兔子。
제 성은 유이고, 이름은 민경입니다. 저의 별명은 토끼입니다.

**어휘** 4-5급 ★ **姓** xìng 성이 ~이다 │ **给** gěi ~에게 │ ★ **起名字** qǐ míngzi 이름을 짓다
6-7급 ★ **外号** wàihào 별명 │ **小兔子** xiǎotùzi 토끼

## 问题 2

# 请说出你的出生年月日。
당신의 생년월일을 말해주세요.

**4-5급**
我是1975年1月21号出生的，今年四十五岁，属兔。
저는 1975년 1월 21일에 태어났고, 올해 45살로 토끼띠입니다.

**6-7급**
我出生于1997年5月6号，今年二十三岁，属牛。
저는 1997년 5월 6일에 태어났고, 올해 23살로 소띠입니다.

**어휘** 질문 ★ **出生** chūshēng 태어나다, 출생하다
4-5급 ★ **属** shǔ (십이지의) ~띠이다 │ **兔** tù 토끼
6-7급 ★ **于** yú ~에, ~에서(시간 또는 장소를 나타냄) │ **牛** niú 소

## 问题 3

# 你家有几口人?
당신의 가족은 몇 명입니까?

| 4-5급 | 我家有三口人，爸爸、妈妈和我。我非常爱我的家人。 |
| | 우리 가족은 세 명으로, 아빠, 엄마 그리고 저입니다. 저는 제 가족을 매우 사랑합니다. |
| 6-7급 | 我家有六口人，爷爷、奶奶、爸爸、妈妈、姐姐和我。我们很幸福。 |
| | 우리 가족은 여섯 명으로, 할아버지, 할머니, 아빠, 엄마, 누나 그리고 저입니다. 우리는 매우 행복합니다. |

**어휘** 질문 ★ 口 kǒu 명(식구를 세는 단위)

6-7급 ★ 爷爷 yéye 할아버지 | ★ 奶奶 nǎinai 할머니 | 幸福 xìngfú 행복하다

---

## 问题 4

### 你在什么地方工作？或者你在哪个学校上学？

당신은 어느 곳에서 일합니까? 혹은 당신은 어느 학교에 다닙니까?

| 4-5급 | 직장인 | 我在酒店工作。现在是旅游旺季，所以我特别忙。 |
| | | 저는 호텔에서 일합니다. 지금은 여행 성수기라서, 굉장히 바쁩니다. |
| | 재학생 | 我在韩国大学读书，我的专业是航空服务。我想当空中乘务员。 |
| | | 저는 한국대학교에서 공부하고 있고, 전공은 항공 서비스입니다. 저는 항공 승무원이 되고 싶습니다. |
| | 졸업생 | 我已经毕业了，最近在准备去美国留学的事情。 |
| | | 저는 이미 졸업했고, 요즘은 미국으로 유학 갈 일들을 준비하고 있습니다. |
| 6-7급 | 직장인 | 我在一家免税店的宣传部工作，主要负责中文翻译。我平时工作很忙。 |
| | | 저는 면세점 홍보팀에서 일하고 있고, 주로 중국어 통번역을 맡고 있습니다. 저는 평소 일이 바쁩니다. |
| | 재학생 | 我是韩国大学心理学系二年级的学生，我觉得我的专业很难。 |
| | | 저는 한국대학교 심리학과 2학년 학생입니다. 저는 제 전공이 어려운 것 같습니다. |
| | 졸업생 | 我上个月刚毕业，现在一边找工作，一边在咖啡厅打工。 |
| | | 저는 지난 달에 막 졸업을 했고, 현재는 일자리를 찾으면서 카페에서 아르바이트를 하고 있습니다. |

**어휘** 질문 地方 dìfang 곳, 장소 | 或者 huòzhě 혹은, 아니면 | 上学 shàng xué 학교에 다니다, 등교하다

4-5급 酒店 jiǔdiàn 호텔 | 旅游 lǚyóu 여행(하다) | 旺季 wàngjì 성수기 | ★ 特别 tèbié 굉장히, 특히 | ★ 读书 dú shū 공부하다 | ★ 专业 zhuānyè 전공 | 航空服务 hángkōng fúwù 항공 서비스 | 当 dāng ~이 되다 | 空中乘务员 kōngzhōng chéngwùyuán 항공 승무원 | 已经 yǐjing 이미, 벌써 | ★ 毕业 bì yè 졸업하다 | ★ 最近 zuìjìn 요즘 | 准备 zhǔnbèi 준비하다 | 美国 Měiguó 미국 | 留学 liú xué 유학하다 | 事情 shìqing 일

6-7급 免税店 miǎnshuìdiàn 면세점 | 宣传部 xuānchuán bù 홍보팀 | 主要 zhǔyào 주로 | 负责 fùzé 맡다, 책임지다 | 翻译 fānyì 통번역하다 | ★ 系 xì 과, 학과 | ★ 年级 niánjí 학년 | ★ 难 nán 어렵다 | ★ 刚 gāng 막, 방금 | ★ 找 zhǎo 찾다 | ★ 一边A，一边B yìbiān A, yìbiān B A하면서 (동시에) B하다 | 咖啡厅 kāfēitīng 카페 | ★ 打工 dǎ gōng 아르바이트 하다

## 第2部分

## 问题 1

30元　15元

### 哪种水果比较便宜?
어느 종류의 과일이 비교적 저렴합니까?

| 4-5급 | 香蕉比较便宜。<br>바나나가 비교적 저렴합니다. |
|---|---|
| 6-7급 | 香蕉比西瓜便宜，香蕉十五块，旁边的西瓜三十块。<br>바나나가 수박보다 저렴합니다. 바나나는 15위안이고, 옆의 수박은 30위안입니다. |

**어휘** 질문　★ **比较** bǐjiào 비교적　|　★ **便宜** piányi 저렴하다, 싸다

4-5급　**香蕉** xiāngjiāo 바나나

6-7급　★ **比** bǐ ~보다　|　**西瓜** xīguā 수박　|　★ **旁边** pángbiān 옆(쪽)

## 问题 2

### 女的在做什么?
여자는 무엇을 하고 있습니까?

| 4-5급 | 女的在厨房做饭呢。<br>여자는 주방에서 밥을 하고 있습니다. |
|---|---|
| 6-7급 | 女的在做饭，男的在看电视。<br>여자는 밥을 하고 있고, 남자는 TV를 보고 있습니다. |

**어휘** 질문　**女的** nǚde 여자

4-5급　**厨房** chúfáng 주방　|　★ **做饭** zuò fàn 밥을 하다

6-7급　**男的** nánde 남자

## 问题 3

### 书在哪儿?
책은 어디에 있습니까?

| 4-5급 | 书在桌子上，那是汉语书。<br>책은 테이블 위에 있고, 그것은 중국어 책입니다. |
| 6-7급 | 书在桌子上，旁边还有一支铅笔。<br>책은 테이블 위에 있고, 옆에는 또 연필이 1자루 있습니다. |

**어휘** 6-7급 ★ **还** hái 또, 더 │ **支** zhī 자루(가늘고 긴 물건을 세는 단위) │ ★ **铅笔** qiānbǐ 연필

---

**问题 4**

## 她坐的是几路公交车？
여자가 탄 것은 몇 번 버스입니까?

| 4-5급 | 她坐的是114路公交车。<br>그녀가 탄 것은 114번 버스입니다. |
| 6-7급 | 她坐的是114路公交车，她每天坐这趟公交车上班。<br>그녀가 탄 것은 114번 버스입니다. 그녀는 매일 이 버스를 타고 출근합니다. |

**어휘** 질문 ★ **路** lù 번(노선) │ ★ **公交车** gōngjiāochē 버스

6-7급 ★ **每天** měitiān 매일 │ **趟** tàng 편, 번(정기운행하는 교통 수단을 세는 단위) │ **上班** shàng bān 출근하다

## 第3部分

## 问题 1

### 最近怎么没见到小李?
요즘 왜 샤오리를 못 봤지?

| 4-5급 | 小李生病住院了，听说他还得住一个星期左右。我们明天一起去看看他，怎么样？ |
|---|---|
| | 샤오리는 병 나서 입원했어. 듣자 하니 아직 일주일 정도는 더 입원해야 한다는데, 우리 내일 같이 보러 가는 게 어때? |
| 6-7급 | 小王说，小李家里突然有事儿，开学第二天就回老家了。听说他这个学期申请休学了，可能明年才会复学呢。 |
| | 샤오왕이 그러는데, 샤오리네 집에 갑자기 일이 생겨서 개강 이튿날 바로 고향에 돌아갔대. 듣자니까 이번 학기는 휴학 신청했고 내년에야 복학할 수 있다더라. |

어휘 4-5급 ★ 住院 zhù yuàn 입원하다 | ★ 听说 tīngshuō 듣자 하니 | ★ 还 hái 아직 | ★ 得 děi ~해야 한다 | ★ 左右 zuǒyòu 정도, 쯤

6-7급 突然 tūrán 갑자기 | ★ 开学 kāi xué 개강하다, 개학하다 | 老家 lǎojiā 고향 | ★ 学期 xuéqī 학기 | ★ 申请 shēnqǐng 신청하다 | ★ 休学 xiū xué 휴학하다 | 才 cái 비로소 | 复学 fù xué 복학하다

## 问题 2

### 您要冰的还是热的?
차가운 것 드릴까요 아니면 따뜻한 것 드릴까요?

| 4-5급 | 我要冰的，少放点儿冰，多加点儿水，我要在这儿喝。请帮我把小票扔掉。 |
|---|---|
| | 아이스로 주시고, 얼음은 적게, 물은 좀 많이 넣어주세요. 여기서 마실 거예요. 영수증은 버려주세요. |
| 6-7급 | 美式要冰的，多加点儿冰，拿铁要热的，把牛奶换成豆奶，两杯都打包带走。对了，我有免费券，可以用吗？ |
| | 아메리카노는 아이스로, 얼음 많이 넣어주시고, 라떼는 따뜻한 걸로, 우유는 두유로 바꿔주세요. 두 잔 다 가지고 갈 거예요. 참, 저한테 무료 쿠폰이 있는데 사용할 수 있나요? |

**어휘** 질문 冰 bīng 차갑다, 얼음 | ★ 还是 háishì 아니면(선택의문문) | 热 rè 뜨겁다, 덥다

4-5급 放 fàng 넣다, 놓다 | ★ 小票 xiǎopiào 영수증 | 扔掉 rēngdiào 버리다

6-7급 美式 měishì 아메리카노(美式咖啡의 준말) | 拿铁 nátiě 라떼 | 换成 huànchéng ～으로 바꾸다 | 豆奶 dòunǎi 두유 | ★ 打包 dǎ bāo 포장하다 | ★ 带走 dài zǒu 가지고 가다 | ★ 免费券 miǎnfèiquàn 무료 쿠폰 | ★ 用 yòng 사용하다, 쓰다

## 问题 3

### 我要去超市买东西，你有什么需要的吗？
나 마트에 물건 사러 갈 건데, 뭐 필요한 거 있어?

**4-5급**
有，帮我买一听雪碧和一听可乐。现在外面在下大雨，你别忘了带伞啊。

있어, 스프라이트 하나랑 콜라 한 캔만 사다 줘. 지금 밖에 비가 많이 오니깐 우산 가지고 가는 거 잊지 말고.

**6-7급**
太好了，你能帮我买一瓶牛奶和一袋面包吗？明天早上没有吃的了，我正打算出去买点呢，太谢谢你了。

너무 잘됐다, 우유 한 병이랑 빵 한 봉지만 사다 줄 수 있어? 내일 아침에 먹을 게 없어서, 마침 나가서 뭐 좀 사오려고 했는데, 너무 고마워.

**어휘** 질문 ★ 超市 chāoshì 마트 | ★ 需要 xūyào 필요하다

4-5급 听 tīng 캔(깡통 등에 담긴 것을 세는 단위) | 雪碧 xuěbì 스프라이트 | 可乐 kělè 콜라 | 外面 wàimiàn 밖, 바깥 | 忘 wàng 잊다 | 带 dài 지니다 | 伞 sǎn 우산

6-7급 袋 dài 봉지(봉지에 담긴 것을 세는 단위) | ★ 打算 dǎsuàn ～하려고 하다, ～할 계획이다

## 问题 4

### 你没有看到我的手机吗？
내 휴대전화 못 봤어요?

**4-5급**
没有啊，你的手机找不到了？你放哪儿了？要不我给你打个电话试试吧！

못 봤어요, 휴대전화 못 찾겠어요? 어디에 두었어요? (아니면) 내가 전화 한번 걸어 볼게요!

**6-7급**
没看到啊，你没给自己手机打个电话试试吗？是不是落在餐厅里了？我记得你把手机放在杯子旁边了，我们再回餐厅找一找吧。

못 봤는데요, 당신 휴대전화에 전화 안 해봤어요? 식당에 두고 온 거 아닌가요? 제 기억엔 당신이 휴대전화를 컵 옆에 두었던 것 같은데, 우리 다시 식당에 돌아가서 찾아봐요.

**어휘** 4-5급 ★ 要不 yàobù 아니면(선택) | ★ 试试 shìshi 한번 해보다

6-7급 落 là (놓아) 두다, 빠뜨리다 | ★ 餐厅 cāntīng 식당 | 记得 jìde 기억하다

# 今天中午我们一起去吃饭吧。
오늘 점심에 우리 같이 밥 먹으러 가요.

**4-5급**

不好意思，我从今天早上开始胃一直不舒服，现在什么都不想吃。我得去医院看看，我们下次再一起吃饭吧。

미안하지만, 오늘 아침부터 위가 계속 아파서 지금은 아무것도 먹고 싶지가 않아요. 저는 병원에 진찰받으러 가야 하니, 우리 다음 번에 같이 식사해요.

**6-7급**

好的，我们一起去公司正门附近新开的日本餐厅吧。听说现在那家餐厅搞活动，消费满10000韩币返3000的代金券。

좋아요, 우리 같이 회사 정문 근처에 새로 오픈한 일식당에 가죠. 듣자 하니 지금 그 식당에서 행사 중인데, (한화) 만원을 쓰면 3000원 쿠폰을 준데요.

**어휘** | **4-5급** ★ **不好意思** bù hǎo yìsi 미안하다 | **胃** wèi 위(신체기관) | ★ **一直** yìzhí 계속, 줄곧, 쭉 | ★ **不舒服** bù shūfu 아프다, 불편하다

**6-7급** **正门** zhèngmén 정문 | ★ **附近** fùjìn 근처, 부근 | ★ **搞活动** gǎo huódòng 행사를 하다, 이벤트를 하다 | **消费** xiāofèi 쓰다, 소비하다 | **满** mǎn 꽉 채우다 | **韩币** hánbì 한화 | **返** fǎn 돌아오다 | ★ **代金券** dàijīnquàn 쿠폰, 상품권

## 第4部分

## 问题 1

### 你第一次出国旅行去了哪个国家?

당신은 어느 나라로 첫 해외여행을 갔습니까?

**4-5급**

我第一次出国旅行去的是日本。我跟家人一起去了温泉，在那儿我们不仅泡了温泉还欣赏了美景。如果有机会，我想再去玩儿一次。

제가 맨 처음 해외여행을 간 곳은 일본입니다. 저는 가족들은 함께 온천을 갔었는데, 거기에서 우리는 온천에 몸을 담갔을 뿐만 아니라, 아름다운 풍경도 감상했습니다. 만약 기회가 있다면, 다시 한 번 놀러 가고 싶습니다.

**6-7급**

我第一次出国旅行去的是美国。那时我还在上大学，终于亲眼见到了那些曾经只在照片上看过的地方，感觉既新奇又特别。我在美国观光时，还交了很多来自不同国家的朋友，我们到现在还保持着联系。

제가 맨 처음 해외여행을 간 곳은 미국입니다. 그때 저는 아직 대학교에 재학 중이었는데, 이전에 사진으로만 보던 장소들을 마침내 직접 보게 되니 신기하고도 특별한 느낌이었습니다. 미국에서 관광할 때 저는 다른 나라에서 온 여러 친구들도 사귀었는데, 지금까지도 연락하며 지내고 있습니다.

**어휘** | **질문** 出国 chū guó 해외로 가다, 출국하다

**4-5급** 温泉 wēnquán 온천 | ★ 不仅 bùjǐn ~뿐만 아니라 | 泡 pào (물에) 담그다 | 欣赏 xīnshǎng 감상하다 | 美景 měijǐng 아름다운 풍경

**6-7급** 亲眼 qīnyǎn 직접 | 曾经 céngjīng 이전에 | ★ 感觉 gǎnjué 느낌 | 既A又B jì A yòu B A하기도 하고 B하기도 하다 | 新奇 xīnqí 신기하다 | 观光 guānguāng 관광하다 | ★ 交 jiāo 사귀다 | 来自 láizì ~에서 오다 | 保持 bǎochí 유지하다 | ★ 联系 liánxì 연락하다

## 问题 2

### 买东西的时候，你会考虑很长时间吗?

물건을 살 때, 당신은 오랫동안 고민합니까?

**4-5급**

我买东西的时候，不会考虑很长时间。我比较喜欢买导购推荐的商品，而不是比较好几个同类商品后再购买，所以我买东西一般比较快。

저는 물건을 살 때 오랜 시간 고민하지 않습니다. 저는 판매자가 추천하는 제품을 사는 걸 좋아하는 편으로, 같은 종류의 제품들을 여러 개 비교해 보고 사지 않습니다. 그래서 저는 물건을 사는 게 빠른 편입니다.

| | |
|---|---|
| 6-7급 | 我买东西的时候，一般会考虑很长时间。因为我不喜欢买完东西后换货或者退货。所以要是有需要购买的东西，我会先在网上查一下人们的评价，然后去实体店看看实物，最后再决定是否购买。这样就不会发生换货或者退货的情况了。<br><br>저는 물건을 살 때 보통 오랫동안 고민하는 편입니다. 왜냐하면 저는 물건 구입 후 교환이나 반품하는 것을 좋아하지 않기 때문입니다. 그래서 저는 만약 사야 할 물건이 있으면, 먼저 인터넷에서 사람들의 후기를 찾아봅니다. 그런 다음 매장에 가서 실물을 살펴본 후 구매여부를 결정합니다. 이렇게 하면 교환하거나 반품하는 상황이 생기지 않을 것입니다. |

**어휘** **질문** ★ 考虑 kǎolǜ 고민하다, 생각하다

4-5급 ★ 导购 dǎogòu 판매자, 쇼핑가이드 | ★ 推荐 tuījiàn 추천하다 | 同类 tónglèi 같은 종류 | ★ 购买 gòu mǎi 사다, 구매하다

6-7급 ★ 换货 huàn huò 교환하다 | ★ 退货 tuì huò 반품하다 | ★ 要是 yàoshì 만약 | ★ 网上 wǎngshàng 인터넷 | ★ 评价 píngjià 후기, 평가 | 实体店 shítǐdiàn 오프라인 매장 | 实物 shíwù 실물 | ★ 决定 juédìng 결정(하다) | 是否 shìfǒu ~인지 아닌지 | ★ 发生 fāshēng 생기다, 발생하다 | ★ 情况 qíngkuàng 상황

---

**问题 3**

## 你对运动感兴趣吗?
당신은 운동에 흥미가 있습니까?

| | |
|---|---|
| 4-5급 | 我对运动很感兴趣。我从小就喜欢跟朋友们踢足球、打篮球、打棒球。我觉得运动不仅对身体好，而且有助于减轻压力。所以我爱做运动。<br><br>저는 운동에 매우 흥미가 있습니다. 어렸을 때부터 저는 친구들과 축구, 농구, 야구하는 것을 좋아했습니다. 저는 운동이 건강에 좋을 뿐만 아니라, 스트레스를 푸는데도 도움이 된다고 생각합니다. 그래서 저는 운동 하는 것을 무척 좋아합니다. |
| 6-7급 | 我对运动不感兴趣，但是为了健康运动是必不可少的。问题是我平时经常加班没有时间运动，而且我腰不太好，一做运动就酸痛。所以我只能偶尔去公园散散步。<br><br>저는 운동에 흥미가 없습니다. 하지만 건강을 위해서 운동은 필수입니다. 문제는 평소 자주 야근을 해서 운동할 시간이 없고, 또 허리가 좋지 않아서 운동을 하면 쑤시고 아픕니다. 그래서 저는 가끔씩 공원에 가서 산책을 할 수 밖에 없습니다. |

**어휘** **질문** 对~感兴趣 duì~gǎn xìngqu ~에 흥미가 있다, ~을 좋아하다

4-5급 ★ 有助于 yǒuzhù yú ~에 도움이 되다 | ★ 减轻 jiǎnqīng (정도, 무게 등이) 줄다, 내려가다 | ★ 压力 yālì 스트레스

6-7급 ★ 必不可少 bì bù kě shǎo 반드시 필요하다, 없어서는 안 된다 | ★ 平时 píngshí 평소 | ★ 加班 jiā bān 야근하다 | 腰 yāo 허리 | 酸痛 suāntòng 쑤시고 아프다 | ★ 偶尔 ǒu'ěr 가끔 | 散步 sàn bù 산책하다

## 问题 4

### 你多久去剪一次头发?

당신은 얼마 만에 한 번씩 머리를 자르러 갑니까?

**4-5급**

我一个月去剪一次头发。因为我比较喜欢短发，所以一觉得头发有点儿长了就去家附近的美发厅剪头发。

저는 한 달에 한 번 머리를 자르러 갑니다. 저는 짧은 머리를 좋아하는 편이라서, 머리가 조금 길었다 싶으면 바로 집 근처 미용실에 가서 머리를 자릅니다.

**6-7급**

我半年去剪一次头发。因为我比较喜欢长发。每隔半年我都会去美发厅将发梢部分剪掉一点儿，基本上看不出发型有什么太大的变化。但我自己觉得很整齐、很舒服。

저는 반년에 한 번 머리를 자르러 갑니다. 왜냐하면 저는 긴 머리를 좋아하는 편이기 때문입니다. 6개월마다 저는 미용실에 가서 머리 끝부분을 조금 잘라내는데, 헤어스타일에 있어 어떤 큰 변화는 거의 볼 수 없지만 제 스스로는 깔끔하고 상쾌하게 느껴집니다.

**어휘** ▶ **질문** 剪 jiǎn 자르다 | 头发 tóufà 머리(카락)

**4-5급** 美发厅 měifàtīng 미용실

**6-7급** 隔 gé (시간, 공간적으로) 간격을 두다 | 将 jiāng ～을/를 | 发梢 fàshāo 머리카락 끝 | ★部分 bùfen 부분 | 基本上 jīběnshàng 거의, 대체로 | 发型 fàxíng 헤어스타일 | 整齐 zhěngqí 깔끔하다

## 问题 5

### 请你介绍一下你的父亲。

당신의 아버지를 소개해 보십시오.

**4-5급**

我来介绍一下我的父亲。我的父亲是个安静的人，平时喜欢读书、听音乐。我和父亲的爱好相同，所以我们两个人常去听音乐会或演唱会。

저의 아버지를 소개하겠습니다. 아버지는 조용하신 분으로, 평소 독서와 음악 감상을 즐기십니다. 저와 아버지의 취미가 같아서, 둘이 자주 음악회나 콘서트에 갑니다.

**6-7급**

我来介绍一下我的父亲。我的父亲性格很大方，身材高大魁梧。我和父亲不仅长得很像，而且有很多共同爱好。我们都喜欢运动，有空儿我们会一起去看体育比赛。他既是我的父亲，也是我最好的朋友。

저의 아버지를 소개하겠습니다. 아버지는 성격이 시원시원하고, 풍채가 좋으십니다. 저와 아버지는 생김새가 닮았을 뿐만 아니라, 공통된 취미도 많습니다. 우리는 운동을 좋아해서 시간이 있으면 같이 스포츠 경기를 보러 갑니다. 그는 나의 아버지이자 또한 저의 가장 좋은 친구입니다.

**어휘** ▶ **질문** 父亲 fùqin 아버지, 부친

**4-5급** ★安静 ānjìng 조용하다, 고요하다 | ★相同 xiāngtóng 서로 같다 | 音乐会 yīnyuèhuì 음악회 | 演唱会 yǎnchànghuì 콘서트

**6-7급** ★性格 xìnggé 성격 | ★大方 dàfang 시원시원하다, 대범하다 | ★身材 shēncái 체격, 몸매 | 高大 gāodà 높고 크다, 거대하다 | 魁梧 kuíwu 건장하다 | 共同 gòngtóng 공통의 | ★空儿 kòngr 시간, 여유, 틈 | 既是A，也是B jìshì A, yěshì B A이자 B이다

## 第5部分

## 问题 1

### 近年来高中毕业后直接找工作的人越来越多了，你对此有什么看法？

최근 들어 고교 졸업 후 바로 일자리를 찾는 사람들이 점점 많아졌습니다. 이에 대해 당신은 어떤 견해를 가지고 있습니까?

**4-5급**

有的人高中毕业后不上大学而是直接找工作，我赞成这种做法。我认为上大学不是人生的必选项。比起学历，发挥自己的优点，在社会上积累经验，从而取得进步是更重要的。因此我赞成高中毕业后找工作。

어떤 사람은 고교 졸업 후 대학에 가지 않고 바로 일자리를 찾는데, 저는 이렇게 하는 것에 찬성합니다. 저는 대학에 가는 것이 인생의 필수사항은 아니라고 생각합니다. 학벌보다는 자신의 장점을 발휘하여 사회에서 경험을 쌓고, 이로써 발전해 나가는 것이 더 중요하다고 생각합니다. 따라서 저는 고등학교 졸업 후 취업하는 것에 찬성합니다.

**6-7급**

有的人高中毕业后不上大学而是直接找工作，我不太赞成这种做法。我们的国家很重视学历，我觉得如果想要在找工作的时候有更多的选择，那就应该上大学。因为在大学里你可以经历许多在高中没有经历过的事情，并且有充足的时间来考虑和寻找适合自己的工作。因此，我还是认为先上大学，丰富自己的知识更好。

어떤 사람은 고교 졸업 후 대학에 가지 않고 바로 일자리를 찾는데, 저는 이렇게 하는 것에 그다지 찬성하지 않습니다. 우리 나라는 학력을 매우 중시하기에, 구직 시 더 많은 선택지를 가지고 싶다면 대학에 가야 한다고 생각합니다. 왜냐하면 대학에서 당신은 고등학교 때 경험하지 못한 많은 것들을 경험할 수 있고, 또한 충분한 시간을 가지고 자신에게 맞는 일을 고민하고 찾을 수 있습니다. 그래서 저는 일단 대학에 진학해서 자신의 지식을 풍부하게 만드는 것이 더 좋다고 생각합니다.

**어휘**

**질문** 高中 gāozhōng 고교, 고등학교(高级中学의 준말) | ★ 毕业 bìyè 졸업하다 | 直接 zhíjiē 바로, 직접적으로 | ★ 看法 kànfǎ 견해, 생각

**4-5급** ★ 赞成 zànchéng 찬성하다 | ★ 做法 zuòfǎ (하는) 방법 | 人生 rénshēng 인생 | 必选项 bìxuǎnxiàng 필수 사항 | ★ 比起 bǐqǐ ~보다 | ★ 学历 xuélì 학력 | 发挥 fāhuī 발휘하다 | ★ 优点 yōudiǎn 장점 | ★ 社会 shèhuì 사회 | ★ 积累 jīlěi 쌓다 | ★ 经验 jīngyàn 경험 | 从而 cóng'ér 이로써, 그리하여 | 取得 qǔdé 얻다 | 进步 jìnbù 발전(하다), 진보(하다)

**6-7급** ★ 重视 zhòngshì 중시하다 | ★ 经历 jīnglì 경험하다, 겪다 | 许多 xǔduō 대단히 많은 | 并且 bìngqiě 또한 | 充足 chōngzú 충분하다 | ★ 考虑 kǎolǜ 고민하다, 생각하다 | 寻找 xúnzhǎo 찾다 | ★ 适合 shìhé 알맞다, 적당하다 | ★ 因此 yīncǐ 그래서, 그러므로 | 丰富 fēngfù 풍부하게 하다 | ★ 知识 zhīshi 지식

## 问题 2

### 如何才能建立良好的人际关系，请你谈谈你的看法。

어떻게 해야 좋은 인간 관계를 만들 수 있는지 당신의 견해를 말해보세요.

**4-5급**

我认为想要建立良好的人际关系，要学会换位思考。这是人与人之间交往的基础。在与别人相处时，最重要的是站在对方的角度考虑对方的感受。我相信这样做就不会发生矛盾。

저는 좋은 인간 관계를 만들고 싶다면, 역지사지를 배워야 한다고 생각합니다. 이것은 사람과 사람 사이 교류에 있어 기본입니다. 타인과 지낼 때 가장 중요한 것은 상대방의 입장에서 상대방의 감정을 헤아리는 것입니다. 저는 이렇게 하면 갈등이 생기지 않을 것이라고 믿습니다.

**6-7급**

我认为想要建立良好的人际关系，首先要学会倾听。在与对方交谈时，不要光顾着自己说，也要耐心地听别人诉说，因为这样可以了解对方的想法。还有，要遵守与他人的约定，因为任何关系都建立在互相信任的基础上。我觉得注意这两点，就可以建立良好的人际关系。

저는 좋은 인간 관계를 만들고 싶다면, 먼저 경청하는 것을 배워야 한다고 생각합니다. 상대방과 대화할 때는 자기만 이야기하려 들지 말고, 다른 사람이 하는 말도 인내심을 가지고 들어야 합니다. 그렇게 해야 상대방의 생각을 알 수 있기 때문입니다. 그리고 타인과의 약속을 지켜야 하는데, 어떤 관계든 서로 신뢰하는 바탕 위에서 형성되기 때문입니다. 저는 이 두 가지만 주의한다면 좋은 인간 관계를 만들 수 있다고 생각합니다.

**어휘** | 질문 | **如何** rúhé 어떻게 | **建立** jiànlì 만들다, 형성하다 | **良好** liánghǎo 좋다, 양호하다 | ★ **人际关系** rénjì guānxi 인간 관계, 대인 관계

**4-5급** **学会** xuéhuì 배우다 | **换位思考** huàn wèi sīkǎo 역지사지, 입장을 바꿔서 생각하다 | **与** yǔ 와/과 | ★ **交往** jiāowǎng 교류하다, 사귀다 | **基础** jīchǔ 바탕, 토대, 기초 | ★ **相处** xiāngchǔ (함께) 지내다 | **对方** duìfāng 상대방 | **角度** jiǎodù 입장, 각도 | ★ **思考** sīkǎo 생각하다 | ★ **感受** gǎnshòu 감정, 느낌 | **发生** fāshēng 생기다, 발생하다 | ★ **矛盾** máodùn 갈등, 문제

**6-7급** ★ **首先** shǒuxiān 먼저, 우선 | **倾听** qīngtīng 경청하다, 귀 기울이다 | **交谈** jiāotán 대화하다 | **光** guāng ~만, 오직 | **顾** gù 신경 쓰다, 관심을 두다 | ★ **耐心** nàixīn 인내심이 있다, 참을성이 있다 | **诉说** sùshuō (간절히) 말하다, 하소연하다 | ★ **了解** liǎojiě 알다, 이해하다 | ★ **想法** xiǎngfǎ 생각 | ★ **遵守** zūnshǒu 지키다 | ★ **约定** yuēdìng 약속 | **任何** rènhé 어떤, 무슨 | **互相** hùxiāng 서로 | **信任** xìnrèn 신뢰하다, 믿다 | **注意** zhùyì 주의하다

---

问题 3

## 你同意小学生带手机上学吗?

당신은 초등학생이 휴대전화를 가지고 등교하는 것에 동의합니까?

**4-5급**

我同意小学生带手机上学。因为在上学和放学的路上，孩子有可能发生意外。这时需要联系上父母或者老师，这样可以保证孩子的安全。因此我觉得小学生带手机上学是有必要的。

저는 초등학생이 휴대전화를 가지고 등교하는 것에 동의합니다. 왜냐하면 등하굣길에 아이에게 예상치 못한 상황이 생길 수 있기 때문입니다. 이때 부모님이나 선생님께 연락해야 하고, 그래야 아이의 안전을 보장할 수 있습니다. 따라서 저는 초등학생이 휴대전화를 소지하고 등교하는 것은 필요하다고 생각합니다.

| 6-7급 | 我同意小学生带手机上学。因为他们需要和父母保持联系，这样有助于家长随时确认孩子的安全。虽然有些人说带手机上学会影响学习，但是现在很多学校都规定上课时把手机交给老师保管。所以我觉得不用担心影响学生学习。 |
|---|---|
| | 저는 초등학생이 휴대전화를 가지고 등교하는 것에 동의합니다. 왜냐하면 그들은 부모와 연락을 유지해야 하고, 그래야만 부모가 언제든 아이의 안전을 확인하는데 도움이 되기 때문입니다. 어떤 사람들은 휴대전화를 가지고 학교에 가면 학업에 영향을 줄 것이라고 말합니다. 하지만 현재 많은 학교에서는 수업 시 선생님이 보관하게끔 제출하도록 규정하고 있습니다. 저는 학생들이 공부하는데 영향을 미칠까 걱정할 필요가 없다고 생각합니다. |

**어휘** 　4-5급　**意外** yìwài 예상치 못하다, 의외이다 ｜ ★**联系** liánxì 연락하다 ｜ **保证** bǎozhèng 보장하다 ｜ ★**安全** ānquán 안전 ｜ **必要** bìyào 필요하다

　6-7급　**保持** bǎochí 유지하다 ｜ ★**有助于** yǒuzhù yú ～에 도움이 되다 ｜ ★**首先** shǒuxiān 먼저, 우선 ｜ ★**家长** jiāzhǎng 부모, 학부모 ｜ **随时** suíshí 언제든, 아무 때나 ｜ **确认** quèrèn 확인하다 ｜ ★**规定** guīdìng 규정하다 ｜ **交** jiāo 제출하다, 건네다 ｜ **保管** bǎoguǎn 보관하다

---

## 问题 4

### 你认为名牌大学的毕业生找工作会更容易吗?

당신은 명문대 졸업생이 일을 찾는 게 더 쉬울 거라고 생각합니까?

| 4-5급 | 我认为从名牌大学毕业会更容易找工作。我们常常会听到有人由于学历低而连简历都没有通过，失去面试机会。如果学历低，即使再出众，也没有机会展现能力。因此我觉得名牌大学的毕业生更容易找到工作。 |
|---|---|
| | 저는 명문대를 졸업하면 더 쉽게 일자리를 찾을 거라고 생각합니다. 우리는 누군가가 학벌이 낮다는 이유로 이력서조차 통과하지 못해서 면접의 기회를 잃었다는 이야기를 자주 들었을 것입니다. 학벌이 낮을 경우, 아무리 출중하다고 해도 그 능력을 보여줄 기회조차 갖지 못하는 게 됩니다. 그래서 저는 명문대 졸업생이 더 쉽게 취업할 거라고 생각합니다. |
| 6-7급 | 我认为从名牌大学毕业不一定容易找工作。近来有许多公司在招聘的时候，只接收自我介绍书而不收履历表。另外也有通过实习和对外活动而就职的方法，所以大学生利用业余时间做与理想职业相关的兼职来积累经验。我觉得只要有丰富的经验与知识，即使不是从名牌大学毕业也能找到理想的工作。 |
| | 저는 명문대를 졸업한다고 꼭 쉽게 일자리를 찾는다고 생각하지 않습니다. 최근 많은 기업들이 사람을 채용할 때 자기소개서만 받고 이력서는 받지 않습니다. 또한 인턴과 대외 활동을 통한 취업 방법도 있기 때문에 대학생들은 여가 시간을 활용하여 원하는 직업과 관련된 아르바이트를 통해 경험을 쌓습니다. 저는 풍부한 경험과 지식만 있다면 설령 명문대를 졸업하지 않았더라도 원하는 일을 찾을 수 있을 거라고 생각합니다. |

**어휘** 　질문　★**名牌** míngpái 명문, 유명 상표

　4-5급　**由于** yóuyú ～로 인해 ｜ ★**学历** xuélì 학력 ｜ ★**简历** jiǎnlì 이력서 ｜ ★**通过** tōngguò 통과하다, ～을 통해서 ｜ **失去** shīqù 잃다 ｜ ★**面试** miànshì 면접 ｜ **出众** chūzhòng 출중하다, 남보다 뛰어나다 ｜ **展现** zhǎnxiàn 보여주다, 드러내다, (눈앞에) 펼치다

　6-7급　**近来** jìnlái 최근, 요즘 ｜ ★**招聘** zhāopìn 채용하다, 모집하다 ｜ **接收** jiēshōu 받다 ｜ **履历表** lǚlìbiǎo 이력서 ｜ ★**实习** shíxí 인턴 ｜ **对外活动** duìwài huódòng 대외활동 ｜ **就职** jiù zhí 취업하다, 취직하다 ｜ **利用** lìyòng 이용하다 ｜ **业余** yèyú 여가의, 업무 외의 ｜ ★**理想** lǐxiǎng 원하는 바다, 이상적이다 ｜ ★**职业** zhíyè 직업 ｜ ★**兼职** jiān zhí 아르바이트(하다) ｜ **即使** jíshǐ 설령 ～하더라도

## 第6部分

### 问题 1

你的朋友来你居住的城市旅游，请你向她介绍一下你家附近有哪些景点。

당신의 친구가 당신이 사는 도시에 여행을 옵니다. 그녀에게 집 근처에 어떤 명소들이 있는지 소개해주세요.

**4-5급**

王丽，我家附近有个很有名的传统市场，叫广藏市场。那里有很多特色小吃，你肯定会喜欢的。还有那儿附近有东大门市场，我们可以先去广藏市场吃点儿东西，然后再去东大门市场逛街。

왕리, 우리 집 근처에는 '광장시장'이라고 하는 아주 유명한 전통 시장이 있어. 거기에는 이색 먹거리가 많은데, 넌 분명 좋아할 거야. 그리고 그 근처에는 동대문 시장이 있어. 우리 일단 광장시장에 가서 뭐 좀 먹은 다음 동대문 시장에 쇼핑하러 가면 될 것 같아.

**6-7급**

王丽，欢迎你来到这里，一路上辛苦了。我家周围有很多好玩的地方，其中最有名的是仁寺洞和景福宫。仁寺洞有很多漂亮的咖啡厅，还有租韩服的小店。景福宫就在仁寺洞附近，穿韩服去的话不要门票，我们去那儿玩儿怎么样？

왕리, 이곳에 온 걸 환영해. 오느라 고생했어. 우리 집 주변에 재미있는 곳이 많은데, 그중 가장 유명한 곳이 '인사동'이랑 '경복궁'이야. 인사동에는 예쁜 카페가 많고, 한복을 빌려주는 가게도 있어. 경복궁은 바로 인사동 근처에 있는데, 한복을 입고 가면 입장권이 필요 없어. 우리 거기 가서 노는 거 어때?

**어휘** 질문 **居住** jūzhù 살다, 거주하다 | ★ **景点** jǐngdiǎn 명소

4-5급 ★ **传统** chuántǒng 전통적이다 | **市场** shìchǎng 시장 | **特色** tèsè 이색, 특색 | **小吃** xiǎochī 먹거리, 간식 | ★ **肯定** kěndìng 분명히, 틀림없이

6-7급 **周围** zhōuwéi 주변, 주위 | ★ **其中** qízhōng 그중 | **仁寺洞** Rénsìdòng 인사동(지명) | **景福宫** Jǐngfúgōng 경복궁 | **租** zū 빌려 주다, 빌리다 | **韩服** hánfú 한복 | **小店** xiǎodiàn 가게 | ★ **门票** ménpiào 입장권

你的朋友因为生病，考试没考好，作为他最好的朋友，你来安慰安慰他。

당신의 친구가 아파서 시험을 잘 보지 못했습니다. 그의 가장 좋은 친구로서 위로해주세요.

**4-5급**

民浩，你这次是因为身体原因才没考好，不要太过自责。你先养好身体，然后再努力学习，期末考试时好好考，我相信你肯定没问题。

민호야, 이번엔 네가 건강 때문에 시험을 잘 못 본 거니까, 너무 자책하지 마. 일단 몸조리 잘하고, 그런 다음 다시 열심히 공부해서 기말고사 때 잘 보면 돼. 난 네가 틀림없이 잘 해낼 거라 믿어.

**6-7급**

民浩，我知道你现在很难过。但这是因为你生病了所以没考好，并不是因为你能力不足，别太伤心了。今后只要好好完成课后作业，课上好好表现，就不会对你的总分有太大的影响。现在你要养好身体，别的事情都可以先放一放。

민호야, 네가 지금 많이 속상하다는 거 알아. 하지만 이번엔 네가 아파서 시험을 못 본 거지, 결코 너의 능력이 부족해서가 아니니까, 너무 상심하지 마. 지금부터 과제 잘 하고, 수업 태도 좋게 하면, 총점에는 그리 큰 영향을 미치지 않을 거야. 지금은 몸조리 잘하고 다른 일들은 일단 내려놔.

**어휘** | **질문** ★ **作为** zuòwéi (~신분, 자격)으로 | ★ **安慰** ānwèi 위로하다

**4-5급** ★ **原因** yuányīn 원인 | ★ **自责** zìzé 자책하다 | **养** yǎng 몸조리하다, 보양하다 | ★ **期末考试** qīmò kǎoshì 기말고사

**6-7급** **并** bìng 결코, 전혀(예상과 반대됨을 나타냄) | **能力** nénglì 능력 | **不足** bùzú 부족하다 | ★ **伤心** shāng xīn 상심하다, 슬퍼하다 | ★ **只要** zhǐyào ~하기만 하면 | **表现** biǎoxiàn 태도를 보이다, 표현하다 | **总分** zǒngfēn 총점

## 问题 3

你在书店买了本书，但是回家后发现内页有几张破了。请你给书店打电话说明情况并要求解决问题。

당신이 서점에서 책을 한 권 샀는데, 집에 돌아온 뒤 내지 몇 장이 찢어져 있는 것을 발견했습니다. 서점에 전화를 걸어서 상황을 설명하고 문제 해결을 요청해 보세요.

**4-5급**

喂，是新华书店吗？我昨天在你们书店买了一本书，到家后才发现里面有几页被撕破了。如果我拿着小票去的话，可不可以给我换一本或者退款？

여보세요, 신화서점인가요? 제가 어제 거기서 책을 한 권 샀는데, 집에 온 다음에 안에 몇 장이 찢어져 있는 걸 발견했어요. 영수증을 가지고 가면 새 책으로 교환하거나 혹은 환불이 가능한가요?

**6-7급**

喂，是新华书店吗？刚才我在你们书店买了一本书，到家后才发现里面有几页被撕破了，影响阅读。我想换一本新的，但是我家离你们书店比较远，如果通过邮寄的方式换书，大概几天能收到新书呢？

여보세요, 신화서점인가요? 방금 제가 거기서 책을 한 권 샀는데, 집에 온 뒤 안에 몇 장이 찢어져 있는 걸 발견했어요. 읽는데 방해가 돼서 새것으로 교환하고 싶은데, 집이 서점에서 좀 멀어서요. 만약 우편 (방식)으로 책을 교환할 경우, 대략 며칠 정도면 새 책을 받을 수 있을까요?

**어휘** 질문 ★ **发现** fāxiàn 발견하다 | **内页** nèiyè 내지, 속지 | **破** pò 찢어지다, 찢다 | ★ **说明** shuōmíng 설명하다 | ★ **情况** qíngkuàng 상황 | ★ **并** bìng 그리고 | ★ **要求** yāoqiú 요구하다 | ★ **解决** jiějué 해결하다

**4-5급** **撕破** sīpò 찢다 | ★ **小票** xiǎopiào 영수증 | ★ **退款** tuì kuǎn 환불하다

**6-7급** **阅读** yuèdú 읽다 | ★ **通过** tōngguò ~을 통해서 | **邮寄** yóujì 우편 | ★ **方式** fāngshì 방식 | ★ **大概** dàgài 대략

| 4-5급 | 1 | 星期天早上，王明去家附近的商场，打算选一条连衣裙作为礼物送给妻子。这时，他对面有个女人在看一条黄色的儿童连衣裙。 |
| | | 일요일 아침, 왕밍이 집 근처의 쇼핑몰에 갑니다. (그는) 원피스 한 벌을 아내에게 선물로 줄 생각입니다. 이때, 그의 맞은편에서는 한 여자가 노란색 아동 원피스를 보고 있습니다. |
| | 2 | 过了一会儿，两个人各自选好了想买的衣服，结完账离开了商场。 |
| | | 잠시 후, 두 사람은 각자 사고 싶은 옷을 골라서 계산을 마치고 쇼핑몰을 떠났습니다. |
| | 3 | 那天晚上，王明为爱人准备了蛋糕和美味的饭菜，并把包装好的礼物摆在妻子面前。 |
| | | 그날 저녁, 왕밍은 아내를 위해 케이크와 맛있는 음식을 준비했고, 포장된 선물을 아내 앞에 꺼내 놓았습니다. |
| | 4 | 妻子打开盒子后，发现里面竟然是一条儿童连衣裙，夫妻俩都很惊讶，女儿在一旁哈哈大笑起来。原来商场的职员把王明和对面的女人买的衣服弄错了。 |
| | | 아내는 상자를 열어본 뒤 안에 담긴 것이 아동 원피스라는 것을 알아챘습니다. 부부는 둘 다 깜짝 놀랐고, 딸은 옆에서 하하거리며 크게 웃기 시작했습니다. 알고 보니 쇼핑몰 직원이 왕밍과 맞은편 여자가 산 옷을 실수로 잘못 주었던 것이었습니다. |
| 6-7급 | 1 | 下班后，王明为了给爱人买礼物去了购物中心。他挑选了妻子喜欢的粉红色的连衣裙，这时另一边有一个女人正在为女儿挑选黄色的连衣裙。 |
| | | 퇴근 후, 왕밍은 아내에게 선물을 사주기 위해 쇼핑센터에 갔습니다. 그는 아내가 좋아하는 분홍색 원피스를 골랐고, 이때 다른 쪽에서는 한 여자가 딸을 위해서 노란색 원피스를 고르고 있었습니다. |
| | 2 | 过了一会儿，两个人同时去收银台结账，他们都要求售货员给包得漂亮一些。结完账后，两人各自离开了卖场。 |
| | | 잠시 후, 두 사람은 동시에 결제하러 계산대로 갔고, 판매원에게 예쁘게 포장해 달라고 요청했습니다. 계산을 마친 뒤 둘은 각자 매장을 떠났습니다. |
| | 3 | 那天晚上，王明准备了妻子喜欢的食物和蛋糕，和女儿一起为妻子庆祝生日。在蛋糕上点上蜡烛后，王明拿出了为妻子准备的礼物。 |
| | | 그날 저녁, 왕밍은 아내가 좋아하는 음식과 케이크를 준비했고, 딸과 함께 아내의 생일을 축하했습니다. 케이크에 촛불을 붙인 뒤, 왕밍은 아내를 위해 준비한 선물을 꺼냈습니다. |

**4**

妻子怀着喜悦的心情打开盒子一看，竟是一条黄色的儿童连衣裙，她有些吃惊。旁边的王明发现这不是自己买的东西，也吓了一大跳。而女儿觉得这个情况很好笑，忍不住笑了起来。王明后来才知道，包装的时候商场职员不小心将他和别人买的衣服装错了。

아내는 기쁜 마음으로 상자를 열어 봤는데 뜻밖에 아동 원피스여서 그녀는 조금 놀랐습니다. 옆에 있던 왕밍은 자신이 산 물건이 아니라는 것을 알아차리고 역시 깜짝 놀랐습니다. 하지만 딸은 이 상황이 재미있단 생각에 참지 못하고 웃기 시작했습니다. 왕밍은 나중에야 포장할 때 쇼핑몰 직원이 실수로 그와 다른 사람이 산 옷을 잘못 넣었다는 것을 알게 되었습니다.

**어휘**　**4-5급**　商场 shāngchǎng 쇼핑몰　|　连衣裙 liányīqún 원피스　|　★ 作为 zuòwéi ~로 삼다, ~로 여기다　|　★ 对面 duìmiàn 맞은편　|　黄色 huángsè 노란색　|　儿童 értóng 아동　|　★ 各自 gèzì 각자　|　结账 jiézhàng 계산하다, 결제하다　|　美味 měiwèi 맛있다　|　饭菜 fàncài 음식, 식사　|　包装 bāozhuāng 포장(하다)　|　摆 bǎi 놓다, 진열하다　|　盒子 hézi (작은) 상자　|　★ 发现 fāxiàn 발견하다　|　★ 竟然 jìngrán 의외로, 뜻밖에도　|　★ 惊讶 jīngyà 놀라다, 의아해하다　|　★ 原来 yuánlái 알고 보니　|　职员 zhíyuán 직원　|　★ 弄错 nòngcuò 실수하다

**6-7급**　购物中心 gòu wù zhōngxīn 쇼핑센터　|　挑选 tiāoxuǎn 고르다　|　粉红色 fěnhóngsè 분홍색　|　★ 这时 zhèshí 이때　|　★ 同时 tóngshí 동시에　|　收银台 shōuyíntái 계산대　|　★ 要求 yāoqiú 요구하다　|　售货员 shòuhuòyuán 판매원　|　包 bāo 포장하다, 싸다　|　卖场 màichǎng 매장　|　食物 shíwù 음식(물)　|　★ 庆祝 qìngzhù 축하하다　|　蜡烛 làzhú 촛불　|　★ 怀 huái (마음 속에 감정을) 품다, 갖다　|　★ 喜悦 xǐyuè 기쁘다　|　★ 心情 xīnqíng 기분　|　★ 竟 jìng 뜻밖에도　|　★ 吃惊 chī jīng 놀라다　|　★ 情况 qíngkuàng 상황　|　★ 好笑 hǎo xiào 재미있다, 웃기다, 우습다　|　★ 忍不住 rěn bu zhù 참지 못하다　|　装 zhuāng (용기에) 넣다, 담다　|　不小心 bù xiǎoxīn 실수로

# Test of
# Spoken
# Chinese

음원 바로 듣기

# 모범 답안 및 해석 08

## 问题 1

### 你叫什么名字?
당신의 이름은 무엇입니까?

| | |
|---|---|
| 4-5급 | 我姓张,叫然在,是我父母给我起的名字。<br>제 성은 장이고, 이름은 연재이며, 부모님께서 저에게 지어주신 이름입니다. |
| 6-7급 | 我叫李正恩,正确的正,恩惠的恩。<br>저는 이정은이이라고 하고, '정확하다'의 정, '은혜'의 은입니다. |

**어휘** 4-5급 ★ **姓** xìng 성이 ~이다 | **父母** fùmǔ 부모 | **给** gěi ~에게 | ★ **起名字** qǐ míngzi 이름을 짓다

6-7급 **正确** zhèngquè 정확하다 | **恩惠** ēnhuì 은혜

## 问题 2

### 请说出你的出生年月日。
당신의 생년월일을 말해주세요.

| | |
|---|---|
| 4-5급 | 我是1983年6月20号出生的,今年三十七岁,属猪。<br>저는 1983년 6월 20일에 태어났고, 올해 37살로 돼지띠입니다. |
| 6-7급 | 我出生于1987年9月25号,今年三十三岁,属兔。<br>저는 1987년 9월 25일에 태어났고, 올해 33살로 토끼띠입니다. |

**어휘** 질문 ★ **出生** chūshēng 태어나다, 출생하다

4-5급 ★ **属** shǔ (십이지의) ~띠이다 | **猪** zhū 돼지

6-7급 ★ **于** yú ~에, ~에서(시간 또는 장소를 나타냄) | **兔** tù 토끼

## 问题 3

### 你家有几口人?
당신의 가족은 몇 명입니까?

| 4-5급 | 我家有四口人，爸爸、妈妈、哥哥和我。我和哥哥关系特别好。 |
|---|---|
| | 우리 가족은 네 명으로, 아빠, 엄마, 형 그리고 저입니다. 저와 형은 사이가 특히 좋습니다. |
| 6-7급 | 我家有五口人，爸爸、妈妈、姐姐、妹妹和我。我家很和睦。 |
| | 우리 가족은 다섯 명으로, 아빠, 엄마, 누나, 여동생 그리고 저입니다. 우리 집은 화목합니다. |

**어휘** 질문 ★ **口** kǒu 명(식구를 세는 단위)

4-5급 ★ **哥哥** gēge 형, 오빠 | **关系** guānxi 사이, 관계 | **特别** tèbié 특히, 아주

6-7급 ★ **姐姐** jiějie 누나, 언니 | ★ **妹妹** mèimei 여동생 | **和睦** hémù 화목하다

---

**问题 4**

## 你在什么地方工作？或者你在哪个学校上学？

당신은 어느 곳에서 일합니까? 혹은 당신은 어느 학교에 다닙니까?

| 4-5급 | 직장인 | 我在一家电子公司的人事部工作，工作很多，有的时候周末也要上班。 |
|---|---|---|
| | | 저는 전자회사 인사팀에서 일하고 있습니다. 일이 많아서 어떨 때는 주말에도 출근을 해야 합니다. |
| | 재학생 | 我是韩国大学数学教育系一年级的学生，我很喜欢我的专业。 |
| | | 저는 한국대학교 수학 교육학과 1학년 학생입니다. 저는 제 전공이 좋습니다. |
| | 졸업생 | 我上个月刚毕业，最近在准备研究生考试。 |
| | | 저는 지난 달에 막 졸업했고, 요즘은 대학원 시험을 준비하고 있습니다. |
| 6-7급 | 직장인 | 我在贸易公司工作。我是部长，要负责很多事情，所以压力很大。 |
| | | 저는 무역회사에서 일하고 있습니다. 저는 부장이고, 많은 일들을 책임져야 하다 보니 스트레스가 큽니다. |
| | 재학생 | 我在韩国大学读书，我的专业是观光经营。所以我最近在补习班学习英语和汉语。 |
| | | 저는 한국대학교에서 공부하고 있고, 전공은 관광 경영입니다. 그래서 저는 요즘 학원에서 영어와 중국어를 공부하고 있습니다. |
| | 졸업생 | 我已经毕业了，现在一边准备考汉语水平考试，一边找工作。 |
| | | 저는 이미 졸업을 했고, 현재는 HSK 시험을 준비하면서 일자리를 찾고 있습니다. |

**어휘** 질문 **地方** dìfang 곳, 장소 | **或者** huòzhě 혹은, 아니면 | **上学** shàng xué 학교에 다니다, 등교하다

4-5급 **电子** diànzǐ 전자 | ★ **公司** gōngsī 회사 | **人事部** rénshì bù 인사팀 | ★ **周末** zhōumò 주말 | **上班** shàng bān 출근하다 | ★ **系** xì 학과, 과 | ★ **年级** niánjí 학년 | ★ **专业** zhuānyè 전공 | ★ **刚** gāng 막, 방금 | ★ **毕业** bì yè 졸업하다 | **准备** zhǔnbèi 준비하다 | **研究生** yánjiūshēng 대학원생 | **考试** kǎoshì 시험

6-7급 **贸易** màoyì 무역 | **部长** bùzhǎng 부장 | **负责** fùzé 책임지다, 맡다 | **事情** shìqing 일 | **所以** suǒyǐ 그래서 | ★ **压力** yālì 스트레스 | ★ **读书** dú shū 공부하다 | **观光** guānguāng 관광하다 | **经营** jīngyíng 경영하다 | ★ **最近** zuìjìn 요즘 | ★ **补习班** bǔxíbān 학원 | ★ **已经** yǐjing 이미 | **一边A, 一边B** yìbiān A, yìbiān B A하면서 (동시에) B하다 | **考** kǎo 시험 치다 | ★ **汉语水平考试** Hànyǔ shuǐpíng kǎoshì HSK, 중국어 능력 시험 | **找** zhǎo 찾다

## 第2部分

## 问题 1

### 男的在跑步吗?
남자는 조깅을 하고 있습니까?

| 4-5급 | 不，男的在游泳。<br>아니요, 남자는 수영하고 있습니다. |
|---|---|
| 6-7급 | 不，男的在游泳，他的爱好是游泳。<br>아니요, 남자는 수영하고 있습니다. 그의 취미는 수영입니다. |

**어휘** | 질문 ★ **跑步** pǎo bù 조깅하다, 달리다
　　　　 4-5급 ★ **游泳** yóu yǒng 수영하다
　　　　 6-7급 ★ **爱好** àihào 취미

## 问题 2

### 报纸的上面有什么?
신문 위에는 무엇이 있습니까?

| 4-5급 | 报纸的上面有书。<br>신문 위에는 책이 있습니다. |
|---|---|
| 6-7급 | 报纸的上面有书，那是一本小说。<br>신문 위에는 책이 있습니다. 그것은 소설 책입니다. |

**어휘** | 질문 ★ **报纸** bàozhǐ 신문(지) | ★ **上面** shàngmiàn 위(쪽)
　　　　 6-7급 **小说** xiǎoshuō 소설

## 问题 3

### 从银行到电影院有多远?
은행에서 영화관까지 얼마나 멉니까?

| 4-5급 | 从银行到电影院有三百八十米。 |
| --- | --- |
| | 은행에서 영화관까지 380m입니다. |

| 6-7급 | 从银行到电影院大概有三百八十米，不太远。 |
| --- | --- |
| | 은행에서 영화관까지 대략 380m로, 그다지 멀지 않습니다. |

**어휘** 질문 ★ **从A到B** cóng A dào B A에서 B까지 | ★ **银行** yínháng 은행 | ★ **电影院** diànyǐngyuàn 영화관 |
★ **远** yuǎn 멀다

4-5급 ★ **米** mǐ 미터(m)

6-7급 ★ **大概** dàgài 대략

---

> 问题 4

 **他住在几号房间?**
그는 몇 호실에 살고 있습니까?

| 4-5급 | 他住在1104号房间。 |
| --- | --- |
| | 그는 1104호실에 살고 있습니다. |

| 6-7급 | 他住在1104号房间，他在这儿住了一年多了。 |
| --- | --- |
| | 그는 1104호실에 살고 있고, 여기에 산지 일년이 넘었습니다. |

**어휘** 질문 ★ **住** zhù 살다 | ★ **号** hào 호 | **房间** fángjiān 방, 룸

## 第3部分

## 问题 1

### 您要买什么款式的?
어떤 디자인을 사시겠어요?

**4-5급**

我想买件华丽一点儿的。我喜欢那件衣服的款式，多少钱？现在买有什么优惠吗？

저는 좀 화려한 것을 사고 싶어요. 저 옷의 디자인이 마음에 드는데, 얼마예요? 지금 사면 어떤 혜택이 있나요?

**6-7급**

我想买一件没有花纹的衣服。我喜欢那件白色的衣服，多少钱？听说有会员卡的话可以打折，能打几折？

저는 무늬가 없는 옷을 사고 싶어요. 저 하얀색 옷이 마음에 드는데, 얼마예요? 듣자 하니 멤버십카드가 있으면 할인된다던데, 몇 퍼센트 되나요?

**어휘** ▶ 질문 ★ **款式** kuǎnshì 디자인

**4-5급** **华丽** huálì 화려하다 | ★ **优惠** yōuhuì 혜택의, 우대의

**6-7급** **花纹** huāwén 무늬 | **白色** báisè 하얀색 | ★ **听说** tīngshuō 듣자 하니 | **会员卡** huìyuánkǎ 멤버십카드, 회원카드 | ★ **打折** dǎ zhé 할인하다

## 问题 2

### 听说你明天要去中国出差，去几天?
당신 내일 중국에 출장 간다고 들었는데, 며칠 (동안) 가요?

**4-5급**

去4天。我坐明天早上八点的飞机去，坐周五晚上六点的飞机回来。这次出差是我一个人去，所以有点紧张。

4일 가요. 내일 아침 8시 비행기 타고 가서, 금요일 저녁 6시 비행기로 돌아와요. 이번 출장은 저 혼자 가는 거라서 조금 긴장돼요.

**6-7급**

去一个星期，这次我们部门要参加在北京举行的贸易博览会。出差之前要准备的东西很多，所以最近经常加班。

일주일 가요. 이번에 우리 부서가 베이징에서 열리는 무역 박람회에 참가하거든요. 출장 가기 전에 준비 할 게 많아서 요즘 자주 야근하고 있어요.

질문 ★ **出差** chū chāi 출장하다

4-5급 ★ **紧张** jǐnzhāng 긴장되다, 불안하다

6-7급 ★ **部门** bùmén 부서, 팀 | ★ **参加** cānjiā 참가하다, 참석하다 | **举行** jǔxíng 열리다, 개최하다 | **贸易** màoyì 무역 | **博览会** bólǎnhuì 박람회 | **之前** zhīqián ~전, 이전 | ★ **最近** zuìjìn 요즘 | ★ **经常** jīngcháng 자주 | ★ **加班** jiā bān 야근하다

---

### 问题 3

## 今天下课后你要去图书馆学习吗?
오늘 수업 끝나고 도서관에 가서 공부할 거야?

---

**4-5급**

不，今天下课后我想马上回家。昨天我学到很晚，现在太累了，想早点回去休息。你要去学习吗?

아니, 오늘은 수업 끝나고 바로 집에 가고 싶어. 어제 늦게까지 공부했더니 지금 너무 피곤해서 일찍 가서 쉬고 싶거든. 넌 공부하러 갈 거야?

---

**6-7급**

嗯，下周有汉语考试，我还没准备好，今天得去背背单词。如果你也要去图书馆的话，下课后我们一起去吧。

응, 다음주에 중국어 시험이 있는데, 아직 준비를 다 못했거든. 오늘 가서 단어 좀 외워야 해. 만약 너도 도서관 갈 거면, 수업 끝나고 같이 가자.

---

어휘 질문 ★ **图书馆** túshūguǎn 도서관

4-5급 ★ **马上** mǎshàng 바로, 당장

6-7급 **还** hái 아직 | ★ **得** děi ~해야 한다 | ★ **背** bèi 외우다, 암기하다 | **单词** dāncí 단어 | ★ **如果~的话** rúguǒ~de huà 만약 ~한다면

---

### 问题 4

## 你的脸色看起来不太好，哪儿不舒服?
너 안색이 별로 안 좋아 보여, 어디 아파?

---

**4-5급**

我今天身体不太舒服，好像感冒了。如果你下午有空的话，能陪我一起去医院吗?

나 오늘 몸이 별로 안 좋은 게 감기 걸린 것 같아. 만약 너 오후에 시간 있으면, 나랑 같이 병원에 가줄 수 있어?

---

**6-7급**

我从昨天开始一直头疼、发烧，应该是感冒了。今天我想跟老师请个病假，在宿舍休息。最近天气冷，你也小心点儿，别感冒了。

어제부터 계속 머리가 아프고 열이 나는 게 감기 걸렸나 봐. 오늘은 선생님께 병가 신청하고, 기숙사에서 쉬고 싶어. 요즘 날씨가 추우니까, 너도 감기 걸리지 않게 조심해.

---

**어휘 ▶ 질문** ★ **脸色** liǎnsè 안색 | ★ **看起来** kànqǐlai ~해 보이다, 보아하니 | ★ **不舒服** bù shūfu 아프다, 불편하다
**4-5급** ★ **好像** hǎoxiàng (아마도) ~인 것 같다 | ★ **感冒** gǎnmào 감기에 걸리다 | ★ **空** kòng 시간, 여유, 틈
| **陪** péi 동반하다, 모시다

**6-7급** ★ **一直** yìzhí 계속, 줄곧 | ★ **头疼** tóu téng 머리가 아프다 | ★ **发烧** fā shāo 열이 나다 | ★ **应该**
yīnggāi 분명히, 응당(확신을 나타냄) | **病假** bìngjià 병가 | **宿舍** sùshè 기숙사 | **小心** xiǎoxīn 조심하다

---

## 问题 5

### 我们尝尝这道菜怎么样?
우리 이 요리 먹어보는 거 어때요?

**4-5급**
好，看起来很好吃啊。我们点这个菜，再点一碗汤，应该就够了。饮料呢，你想喝
什么？

좋아요, 맛있어 보이네요. 우리 이 요리 시키고, 탕도 하나 시키면 충분할 것 같아요. 음료는요, 뭐 마시고 싶어요?

**6-7급**
好吧，我以前在这家餐厅吃过这道菜，味道很不错，酸酸甜甜的，应该会合你的口
味。除了这道菜，还有别的想吃的吗？

그래요, 저 예전에 여기서 이 요리 먹어 본 적 있는데 굉장히 맛있었어요. 새콤달콤한 게 당신 입맛에 분명 잘 맞을 거예
요. 이 요리 말고 또 다른 거 먹고 싶은 거 있어요?

---

**어휘 ▶ 질문** ★ **尝** cháng 먹어 보다, 맛보다 | **道** dào 음식을 세는 단위

**4-5급** ★ **碗** wǎn 그릇, 사발(그릇을 세는 단위) | **汤** tāng 탕, 국 | **够** gòu 충분하다 | ★ **饮料** yǐnliào 음료(수)

**6-7급** ★ **以前** yǐqián 예전, 이전 | ★ **餐厅** cāntīng 식당 | ★ **味道** wèidao 맛 | ★ **不错** búcuò 좋다,
괜찮다 | **酸** suān 시다 | **甜** tián 달다 | ★ **合~口味** hé~kǒuwèi ~의 입맛에 맞다 | **除了** chúle ~을
제외하고

## 第4部分

## 问题 1

### 你觉得一个人住的好处多还是坏处多?

당신은 혼자 살면 좋은 점이 많다고 생각합니까 아니면 나쁜 점이 많다고 생각합니까?

**4-5급**

我觉得一个人住的好处更多。一个人住很自由,不会因为其他人妨碍自己而有压力。所以我更喜欢一个人生活。

저는 혼자 살면 좋은 점이 더 많다고 생각합니다. 혼자 살면 자유롭고, 다른 사람이 자신을 방해하는 것 때문에 스트레스를 받지 않을 수 있습니다. 그래서 저는 혼자 생활하는 것을 더 좋아합니다.

**6-7급**

我觉得一个人住的坏处更多。自己一个人住时,需要自己缴纳房租及各项费用,还要自己做家务等,要考虑的事情很多。另外,一个人住的话,有时会感到很孤独。所以我更喜欢跟别人一起住。

저는 혼자 살면 나쁜 점이 더 많다고 생각합니다. 혼자 살 때는 직접 집세 및 각종 비용들을 납부하고 집안일을 해야 하는 등 신경 쓸 일이 매우 많습니다. 그 밖에도 혼자 살 경우 가끔 외로움을 느낄 것입니다. 그래서 저는 다른 사람과 함께 사는 것을 더 선호합니다.

**어휘** | 질문 ★ **好处** hǎochù 좋은 점 | ★ **坏处** huàichù 나쁜 점

4-5급 **自由** zìyóu 자유롭다 | **妨碍** fáng'ài 방해하다 | ★ **压力** yālì 스트레스 | ★ **生活** shēnghuó 생활(하다)

6-7급 ★ **需要** xūyào 필요하다 | **缴纳** jiǎonà 납부하다 | **房租** fángzū 집세 | **及** jí 및 | **项** xiàng 가지, 항(목) | **费用** fèiyòng 비용 | **家务** jiāwù 집안일 | ★ **考虑** kǎolǜ 신경쓰다, 고려하다 | ★ **另外** lìngwài 그 밖에 | ★ **感到** gǎndào 느끼다 | **孤独** gūdú 외롭다, 고독하다

## 问题 2

### 在你们国家,人们怎么过新年的第一天?

당신 나라에서는 사람들이 새해의 첫날을 어떻게 보냅니까?

**4-5급**

在我们国家,人们一般过阴历的新年。那天全家人聚在一起,喝年糕汤、聊天。此外,我们有拜年文化,小孩儿会给长辈拜年,长辈会给孩子压岁钱。

우리 나라에서는 사람들이 일반적으로 음력 새해를 보냅니다. 그날은 온 가족이 함께 모여 떡국을 먹고 대화를 나눕니다. 이 밖에도 우리에게는 세배문화가 있는데, 아이는 어른에게 세배를 하고, 어른은 아이에게 세뱃돈을 줍니다.

<table>
<tr><td>6-7급</td><td>在我们国家，人们更重视阴历的新年。那天全家人会聚在一起吃美味的食物、玩儿游戏，度过愉快的时光，有些家庭还会去扫墓。虽然每个家庭过节的方式不尽相同，但与家人团聚的传统是不变的。</td></tr>
</table>

우리 나라에서는 모두가 음력 새해를 더 중시합니다. 그날은 온 가족이 한데 모여서 맛있는 음식을 먹고 게임을 하며 즐거운 시간을 보냅니다. 어떤 가족들은 성묘를 가기도 합니다. 비록 매 집마다 명절을 보내는 방식이 완전히 같지는 않지만, 가족과 한자리에 모이는 전통은 변하지 않았습니다.

**어휘**

**질문** 过 guò (시간, 세월 등을) 보내다, 지내다 | ★新年 xīnnián 새해

4-5급 阴历 yīnlì 음력 | 聚 jù 모이다 | ★年糕汤 niángāotāng 떡국 | ★此外 cǐwài 이 밖에 | ★拜年 bài nián 세배하다 | 长辈 zhǎngbèi 어른, 연장자 | ★压岁钱 yāsuìqián 세뱃돈

6-7급 ★重视 zhòngshì 중시하다 | 美味 měiwèi 맛있는 음식 | 度过 dùguò (시간을) 보내다 | 时光 shíguāng 시간 | ★家庭 jiātíng 가정 | 扫墓 sǎo mù 성묘하다 | ★过节 guò jié 명절을 보내다 | ★方式 fāngshì 방식 | 不尽 bújìn 완전히 ~하지 않다 | ★相同 xiāngtóng 서로 같다 | 团聚 tuánjù 한자리에 모이다 | ★传统 chuántǒng 전통

---

## 问题 3

### 买衣服时，你重视品牌吗？
옷을 살 때, 당신은 브랜드를 중요하게 생각합니까?

<table>
<tr><td>4-5급</td><td>买衣服时，我更重视价格。因为我还是个学生，经济上不宽裕，所以我比较喜欢买价格低廉、质量好的衣服。</td></tr>
</table>

옷을 살 때, 저는 가격을 더 중요하게 생각합니다. 왜냐하면 저는 아직 학생이라 경제적으로 여유롭지 못하기 때문입니다. 그래서 저는 가격이 저렴하고 품질이 좋은 옷을 사는 것을 비교적 좋아합니다.

<table>
<tr><td>6-7급</td><td>买衣服时，比起牌子，我更重视人们的评价。因为我不喜欢买完衣服后换货或退货，如果购买评价好的产品就不会发生这种情况。所以买衣服的时候，如果产品评价不好的话，再有名、再漂亮我也不会买。</td></tr>
</table>

옷을 살 때, 저는 브랜드보다는 후기를 더욱 중요하게 생각합니다. 저는 옷을 사고 나서 교환이나 반품하는 것을 좋아하지 않는데, 후기가 좋은 제품을 사면 그런 상황이 생기지 않기 때문입니다. 그래서 옷을 살 때, 제품 후기가 좋지 않으면 아무리 유명하고 예쁘더라도 저는 사지 않습니다.

**어휘**

**질문** ★品牌 pǐnpái 브랜드

4-5급 ★价格 jiàgé 가격 | ★经济 jīngjì 경제 | 宽裕 kuānyù 여유롭다, 풍부하다 | ★低廉 dīlián 저렴하다 | ★质量 zhìliàng 품질

6-7급 ★比起 bǐqǐ ~보다 | ★牌子 páizi 브랜드 | ★评价 píngjià 후기, 평가 | ★换货 huàn huò 교환하다 | ★退货 tuì huò 반품하다 | 购买 gòumǎi 사다, 구매하다 | ★产品 chǎnpǐn 제품, 상품 | ★发生 fāshēng 생기다, 발생하다 | ★情况 qíngkuàng 상황

## 问题 4

### 休息时，你通常做些什么?
쉴 때, 당신은 보통 무엇을 합니까?

**4-5급**

休息时，我通常去健身房运动。因为运动能减轻压力，还能锻炼身体。所以下班后有时间的话，我会去家附近的健身房运动一两个小时。

쉴 때, 저는 보통 헬스장에 가서 운동을 합니다. 운동을 하면 스트레스를 줄일 수 있고, 또한 신체를 단련할 수도 있기 때문입니다. 그래서 퇴근 후 시간이 있다면 저는 집 근처 헬스장에 가서 한두 시간 운동을 합니다.

**6-7급**

休息的时候，我最常做的事就是看电影，每个月至少会看5部。我喜欢看各种电影，其中最喜欢的是动作片。除了看电影以外，我还喜欢和朋友一起去听音乐会或看音乐剧。

쉴 때, 제가 가장 자주 하는 일은 바로 영화 보기인데, 매달 적어도 5편은 봅니다. 저는 여러 종류의 영화를 좋아하는데요, 그중 가장 좋아하는 것은 액션 영화입니다. 영화 보는 것 외에도, 저는 친구와 함께 음악회를 들으러 가거나 뮤지컬 보러 가는 것 역시 좋아합니다.

**어휘** 질문 通常 tōngcháng 보통

4-5급 ★ 健身房 jiànshēnfáng 헬스장 | ★ 减轻 jiǎnqīng (정도, 무게 등이) 줄다, 내려가다 | ★ 压力 yālì 스트레스

6-7급 至少 zhìshǎo 적어도, 최소 | ★ 各种 gè zhǒng 여러 종류, 각종 | ★ 其中 qízhōng 그중 | 动作片 dòngzuòpiàn 액션 영화 | 除了~以外 chúle~yǐwài ~을 제외하고 | 音乐会 yīnyuèhuì 음악회 | 音乐剧 yīnyuèjù 뮤지컬

## 问题 5

### 碰到困难时，你会自己解决还是会找人帮忙?
어려움에 부딪혔을 때, 당신은 혼자 해결합니까 아니면 다른 사람에게 도움을 요청합니까?

**4-5급**

碰到困难时，我会自己解决。从小时候开始，无论发生什么事情，我都是自己想办法解决，这已经成了我的习惯。所以我一般不会寻求别人的意见和帮助。

어려움에 부딪혔을 때, 저는 혼자 해결합니다. 어렸을 때부터 저는 무슨 일이 생기든 상관없이 혼자 방법을 생각해서 해결했고, 이것은 이미 저의 습관이 되었습니다. 그래서 저는 타인의 의견과 도움을 구하지 않는 편입니다.

**6-7급**

碰到困难时，我一般会向别人求助或征求他们的意见。虽然有些困难自己也能够解决，但比起自己一个人思考解决办法，寻求别人的意见和帮助时，事情通常解决得比较快。因此遇到困难时，我一般会找人帮忙。

어려움에 부딪혔을 때, 저는 보통 다른 사람들에게 도움을 요청하거나 그들의 의견을 구합니다. 물론 어떤 어려움들은 혼자서도 해결할 수 있습니다. 하지만, 혼자서 해결 방법을 생각하는 것보다는 다른 사람의 도움을 구했을 때 보통 일이 빠르게 해결됩니다. 그래서 저는 어려움을 만나면 보통 다른 사람에게 도움을 요청하는 편입니다.

**어휘** 질문 碰到 pèngdào 부딪히다, 맞닥뜨리다 | ★ 困难 kùnnán 어려움 | 帮忙 bāng máng 돕다

4-5급 无论 wúlùn ~이든 상관없이 | 寻求 xúnqiú 구하다, 모색하다, 찾다 | ★ 意见 yìjiàn 의견

6-7급 求助 qiúzhù 도움을 요청하다 | 征求 zhēngqiú (의견 등을) 구하다, 묻다 | 能够 nénggòu ~할 수 있다 | ★ 思考 sīkǎo 생각하다, 사고하다 | ★ 因此 yīncǐ 그래서, 그러므로

# 第5部分

## 问题 1

### 你认为大家庭的好处多还是坏处多?

당신은 대가족의 장점이 많다고 생각합니까 아니면 단점이 많다고 생각합니까?

**4-5급**

我认为大家庭的好处更多。大家庭里几辈人都生活在一起，这样更能感受到亲情的温暖。当遇到困难时，大家可以一起想办法。所以我觉得全家老小一起生活，好处比坏处更多。

저는 대가족의 장점이 더 많다고 생각합니다. 대가족 안에서는 몇 대가 함께 생활을 하는데, 이렇게 하면 가족애의 따뜻함을 더 잘 느낄 수 있고, 어려움에 부딪힐 때도 모두가 함께 방법을 생각할 수 있습니다. 그래서 저는 아이부터 어른까지 온 가족이 함께 생활하는 것은 장점이 단점보다 더 많다고 생각합니다.

**6-7급**

我认为大家庭的坏处更多。三代同堂或四代同堂会因为生活习惯和思考方式不同而产生很多矛盾。例如，老人一般习惯吃早饭，但是有很多年轻人早上只喝咖啡，不吃别的东西。除此之外还会因为作息时间不同等年代差异而产生矛盾。因此我觉得全家老小一起生活，缺点比优点更多。

저는 대가족의 단점이 더 많다고 생각합니다. 3대 혹은 4대가 함께 살면 생활 습관과 사고방식이 다름으로 인해 많은 갈등이 생길 수 있습니다. 예를 들면, 어른들은 보통 습관적으로 아침을 먹지만 많은 젊은이들은 아침에 커피만 마시고 다른 건 먹지 않습니다. 이 밖에도 일하는 시간과 쉬는 시간이 다른 등의 세대차이로 인해 갈등이 생길 수 있습니다. 그래서 저는 온 가족이 함께 생활하면 단점이 장점보다 더 많다고 생각합니다.

**어휘** | 질문 **大家庭** dàjiātíng 대가족 | ★ **好处** hǎochù 장점 | ★ **坏处** huàichù 단점

**4-5급** ★ **生活** shēnghuó 생활(하다) | ★ **感受** gǎnshòu 느끼다 | **亲情** qīnqíng 가족애, 혈육의 정 | **温暖** wēnnuǎn 따뜻하다 | ★ **困难** kùnnán 어려움 | **全家老小** quánjiā lǎo xiǎo (아이부터 어른까지) 온 가족

**6-7급** **三代同堂** sān dài tóng táng 3대가 함께 살다 | **四代同堂** sì dài tóng táng 4대가 함께 살다 | ★ **思考** sīkǎo 사고하다, 생각하다 | ★ **方式** fāngshì 방식 | ★ **产生** chǎnshēng 생기다 | ★ **矛盾** máodùn 갈등 | ★ **例如** lìrú 예를 들면 | **除此之外** chú cǐ zhī wài 이 밖에 | **作息时间** zuòxī shíjiān 일하는 시간과 쉬는 시간 | **年代** niándài 연대, 시기 | **差异** chāyì 차이 | ★ **因此** yīncǐ 그래서, 그러므로 | ★ **缺点** quēdiǎn 단점 | ★ **优点** yōudiǎn 장점

## 问题 2

### 你认为电脑给学生带来的好处多还是坏处多?

당신은 컴퓨터가 학생에게 가져다주는 장점이 많다고 생각합니까 아니면 단점이 많다고 생각합니까?

| 4-5급 | 我认为电脑给学生带来的好处更多。虽然过度使用电脑会影响学习，甚至影响健康，但是学生们可以利用电脑获取很多信息，也可以用电脑查资料、做作业。所以我觉得只要适当地使用，电脑给学生带来的好处更多。 |
|---|---|
| | 저는 컴퓨터가 학생들에게 가져다주는 장점이 더 많다고 생각합니다. 비록 지나친 컴퓨터 사용은 학습에 영향을 주고, 심지어 건강에도 영향을 끼칠 수 있지만, 학생들은 컴퓨터를 이용하여 많은 정보를 얻을 수 있고, 컴퓨터로 자료를 찾고 숙제도 할 수 있습니다. 따라서 저는 적당하게만 사용한다면, 컴퓨터가 학생들에게 가져다주는 장점이 더 많다고 생각합니다. |
| 6-7급 | 我认为电脑给学生带来的坏处更多。虽然有些学生把电脑当作学习工具，但大部分学生打开电脑只是为了上网或玩儿游戏。这些游戏网站上有不利于青少年健康成长的信息，会对他们的身心造成负面影响。所以我认为对自制力较弱的学生来说，电脑带来的坏处更多。 |
| | 저는 컴퓨터가 학생들에게 가져다주는 단점이 더 많다고 생각합니다. 일부 학생들은 컴퓨터를 학습도구로 여기지만, 대부분의 학생들은 컴퓨터를 그저 인터넷이나 게임을 하려고 켭니다. 이러한 게임사이트에는 청소년들이 건강하게 성장하는 데에 좋지 않은 정보들이 있어서 그들의 심신에 부정적인 영향을 초래할 것입니다. 그래서 저는 자제력이 비교적 약한 학생들 입장에서 보면, 컴퓨터가 가져오는 단점이 더 많다고 생각합니다. |

**어휘** 4-5급 **过度** guòdù 지나치다, 과도하다 | ★ **使用** shǐyòng 사용하다 | ★ **甚至** shènzhì 심지어 | **利用** lìyòng 이용하다 | ★ **获取** huòqǔ 얻다 | ★ **信息** xìnxī 정보 | ★ **资料** zīliào 자료 | ★ **适当** shìdàng 적절하다, 적당하다

6-7급 **当做** dāngzuò ~로 여기다, 삼다 | ★ **工具** gōngjù 도구, 수단 | **大部分** dàbùfen 대부분 | **只是** zhǐshì 그저, 단지 | ★ **网站** wǎngzhàn 인터넷 | ★ **不利于** búlì yú ~에 좋지 않다 | **成长** chéngzhǎng 성장하다 | **身心** shēnxīn 심신, 몸과 마음 | **造成** zàochéng 초래하다, 야기하다 | ★ **负面** fùmiàn 부정적인 면, 나쁜 면 | **自制力** zìzhìlì 자제력 | **弱** ruò 약하다

---

**问题 3**

## 最近上英语幼儿园的孩子越来越多，你对此有什么看法?

요즘 영어 유치원에 다니는 아이들이 점점 많아지고 있습니다. 당신은 이에 대해 어떤 견해를 가지고 있습니까?

| 4-5급 | 最近上英语幼儿园的孩子越来越多，我不太赞成这种做法。 因为他们连自己的语言都还没有学好，就开始学英文，孩子们容易因为说错而产生压力。所以我觉得早期英语教育对孩子们有消极的影响。 |
|---|---|
| | 요즘 영어 유치원에 다니는 아이들이 점점 많아지고 있는데, 저는 이렇게 하는 것에 그다지 찬성하지 않습니다. 왜냐하면 그들은 자신의 언어조차 아직 마스터하지 못했는데, 바로 영어를 배우기 시작할 경우 아이들은 틀리게 말하는 걸로 인해 스트레스가 생기기 쉽기 때문입니다. 그래서 저는 조기 영어 교육은 아이들에게 부정적인 영향을 미친다고 생각합니다. |

6-7급

最近上英语幼儿园的孩子越来越多，我觉得早期英语教育对孩子们有积极的影响。幼儿时期孩子的语言学习能力很强，在这时学习英语的话，孩子能更快地掌握。并且在幼儿时期学习英语，孩子们不会反感。所以我觉得孩子从小上英语幼儿园，对提升外语学习能力有很大的帮助。

요즘 영어 유치원을 다니는 아이들이 점점 많아지고 있는데, 저는 조기 영어 교육은 아이들에게 긍정적인 영향을 미친다고 생각합니다. 유아기에 아이들의 언어 학습 능력은 매우 뛰어나서, 이때 영어를 배운다면 아이들은 더욱 빠르게 마스터할 수 있습니다. 또한 유아기에 영어를 배우면 아이들이 거부감을 가지지 않을 것입니다. 그래서 저는 아이가 어렸을 때부터 영어 유치원을 다니는 것이 외국어 학습 능력을 향상시키는 데에 큰 도움이 된다고 생각합니다

**어휘** | **질문** ☆ **幼儿园** yòu'éryuán 유치원 | ★ **越来越** yuèláiyuè 점점, 더욱더 | ★ **看法** kànfǎ 견해

4-5급 ★ **赞成** zànchéng 찬성하다 | ★ **做法** zuòfǎ (하는) 방법 | **连A都** lián A dōu A조차도 | **语言** yǔyán 언어 | ★ **压力** yālì 스트레스 | **早期** zǎoqī 조기 | **教育** jiàoyù 교육 | ★ **消极** xiāojí 부정적인, 소극적인

6-7급 ★ **积极** jījí 긍정적인, 적극적인 | **时期** shíqī 시기 | ★ **掌握** zhǎngwò 마스터하다, 장악하다 | **并且** bìngqiě 또한 | **反感** fǎngǎn 거부감을 가지다, 반감을 느끼다 | **提升** tíshēng 향상시키다, 높이다

---

### 问题 4

## 对于通过手机银行办理业务的方式，你有什么看法?
모바일 뱅킹으로 업무를 처리하는 방식에 대해 당신은 어떤 견해를 갖고 있습니까?

4-5급

我觉得手机银行给人们的生活带来了很大的便利。自从有了手机银行后，我们就可以随时随地办理各种银行业务，节省了很多时间。因为有这样的好处，最近我也常常通过手机银行办理业务。

저는 모바일 뱅킹이 사람들 생활에 많은 편리함을 가져다주었다고 생각합니다. 모바일 뱅킹이 생긴 후로는 언제 어디서든 각종 은행 업무를 처리할 수 있게 됨으로써, 많은 시간을 절약했습니다. 이런 장점 때문에 최근에는 저 역시 자주 모바일 뱅킹을 통해 업무를 처리합니다.

6-7급

我觉得手机银行给人们的生活带来了很大的便利。用手机就能随时随地办理转账、余额查询、汇率查询等多种多样的银行业务。不用像从前那样担心网络安全，或是下载各种网络认证书，只需要几分钟就可以完成，省时又省力，非常方便。

저는 모바일 뱅킹이 사람들 생활에 많은 편리함을 가져다주었다고 생각합니다. 휴대전화를 이용해서 언제 어디서나 계좌이체, 잔액 조회, 환율 조회 등 다양한 은행 업무를 처리할 수 있습니다. 예전처럼 인터넷 보안을 걱정하거나 각종 인터넷 인증서를 다운 받을 필요없이 몇 분이면 끝낼 수 있어서 시간도 절약되고 간편해서 굉장히 편리합니다.

**어휘** | **질문** **对于** duìyú ~에 대하여 | ★ **通过** tōngguò ~를 통해서 | ★ **办理** bànlǐ 처리하다 | ★ **业务** yèwù 업무

4-5급 ★ **便利** biànlì 편리하게 하다 | **自从** zìcóng ~부터 | ★ **随时随地** suíshí suídì 언제 어디서나 | **各种** gè zhǒng 각종, 여러 종류 | ★ **节省** jiéshěng 절약하다

6-7급 **转账** zhuǎn zhàng 계좌를 이체하다 | **余额** yú'é 잔액 | **查询** cháxún 조회하다, 검색하다 | **汇率** huìlǜ 환율 | ★ **多种多样** duō zhǒng duō yàng 다양한, 여러 가지 | **从前** cóngqián 예전, 이전 | ★ **网络** wǎngluò 인터넷, 네트워크 | ★ **安全** ānquán 안전하다 | **下载** xiàzài 다운로드 받다 | **认证书** rènzhèngshū 인증서 | ★ **省时** shěng shí 시간을 절약하다 | ★ **省力** shěng lì 간편하다, 수고를 덜다 | ★ **方便** fāngbiàn 편리하다

## 第6部分

问题 1

你的好朋友新开了家咖啡厅，请打电话向他表示祝贺。

당신의 친한 친구가 카페를 새로 오픈했습니다. 친구에게 전화해서 축하해 주세요.

**4-5급**

喂，小红，你过得还好吧？听说你新开了家咖啡厅，恭喜恭喜！为了准备这些事儿，你肯定特别辛苦。这周末我跟我弟弟一起去看你，你把咖啡厅的详细地址发给我，好吗？

여보세요, 샤오홍, 잘 지내지? 너 카페 새로 오픈했다고 들었어, 너무 축하해! 준비하느라 분명 고생 많이 했을 거야. 이번 주말에 내가 남동생이랑 같이 너 보러 갈 테니, 자세한 카페 주소를 나에게 문자로 보내 줄래?

**6-7급**

喂，小红！你忙了那么久，咖啡厅终于顺利开业了，恭喜你啊！我真为你感到高兴。自己创业是一件很困难的事情，我相信你肯定付出了很多，才会有今天的结果，你真厉害！这周六我去看你，我们到时候见吧。

여보세요, 샤오홍! 그렇게 오랫동안 바쁘더니, 마침내 순조롭게 개업했네, 축하해! 정말이지 너무 기쁘다. 창업이라는 게 참 어려운 일인데, 나는 네가 분명 많은 노력을 쏟았기에 오늘의 결과가 있을 수 있다고 믿어, 정말 대단하다! 이번주 토요일에 보러 갈게, 우리 그때 만나자.

**어휘** 질문 表示 biǎoshì 나타내다 | ★祝贺 zhùhè 축하하다

4-5급 ★恭喜 gōngxǐ 축하하다 | ★肯定 kěndìng 분명히, 틀림없이 | 详细 xiángxì 자세하다 | 地址 dìzhǐ 주소 | 发 fā (문자, 메시지 등) 보내다

6-7급 顺利 shùnlì 순조롭다 | 开业 kāi yè 개업하다 | ★感到 gǎndào 느끼다 | ★创业 chuàngyè 창업하다 | ★困难 kùnnán 어렵다, 힘들다 | ★付出 fùchū (노력, 대가 등을) 쏟다, 들이다 | ★结果 jiéguǒ 결과

问题 2

你买了一台冰箱，请向职员询问送货时间以及相关事宜。

당신은 냉장고를 한 대 샀습니다. 직원에게 배송 시간 및 관련 사항을 문의하세요.

**4-5급**

你好，我刚才买的冰箱今天就能送吗？如果可以的话，请下午5点以后送货，麻烦您出发之前给我打个电话，谢谢。

안녕하세요, 제가 방금 구매한 냉장고를 오늘 배송해 주실 수 있나요? 만약 가능하다면 오후 5시 이후에 배송해 주시고, 번거로우시겠지만 출발 전에 전화 한 통 부탁 드립니다. 감사합니다.

| 6-7급 | 你好，我刚才在你们店买了台冰箱，我想问一下送货时间大概是什么时候。我可以指定送货日期和负责安装的师傅吗？平时我上班不在家，只有周末休息。你们周末也能送货吗？ |
| --- | --- |
| | 안녕하세요, 제가 방금 여기서 냉장고를 한 대 샀는데, 배송 시간이 대략 언제쯤인지 문의하고 싶어서요. 배송 날짜와 설치 기사님을 제가 지정할 수 있나요? 평상시 저는 출근해서 집에 없고 주말에만 쉬는데, 주말에도 배송 가능한가요? |

**어휘** ▶ 질문  **台** tái 대(기계를 세는 단위)  |  **职员** zhíyuán 직원  |  ★ **询问** xúnwèn 문의하다  |  ★ **送货** sòng huò 배송하다, 배달하다  |  **以及** yǐjí 및, 그리고  |  ★ **相关** xiāngguān 관련되다  |  **事宜** shìyí (관련된) 일, 사항

4-5급 ★ **麻烦** máfan 번거롭게 하다  |  **出发** chūfā 출발하다  |  **之前** zhīqián ~전, 이전

6-7급 ★ **大概** dàgài 대략  |  **指定** zhǐdìng 지정하다  |  **日期** rìqī 날짜  |  **负责** fùzé 책임지다  |  **安装** ānzhuāng 설치하다  |  **师傅** shīfu 기술자, 전문가(주로 남자에게 쓰는 호칭)  |  ★ **平时** píngshí 평상시, 평소

---

**问题 3**

你的室友常常很晚才回宿舍，影响了你的生活。请劝她早点儿回来。

당신의 룸메이트가 자주 밤 늦게 기숙사에 돌아와서 당신의 생활에 영향을 미칩니다. 그녀에게 좀 일찍 돌아오라고 권해보세요.

| 4-5급 | 王丹，我有话跟你说，我希望你能早点儿回宿舍。你很晚回到房间，再开灯换衣服，每次都会吵醒我，我很难再入睡。我希望你以后能早点儿回宿舍，好吗？ |
| --- | --- |
| | 왕단, 나 너한테 할말이 있는데, 나는 네가 기숙사에 좀 일찍 왔으면 좋겠어. 네가 밤 늦게 방에 와서 불을 켜고 옷 갈아 입을 때마다 시끄러워서 내가 잠에서 깨는데, 다시 잠들기가 너무 힘들거든. 앞으로 조금만 일찍 들어와 줄래? |

| 6-7급 | 王丹，有时间的话我们谈一谈，好吗？我们一起使用一个房间已经快一年了，但你总是很晚回宿舍，影响我休息。我们说好了最晚十一点以前回来，但是你几乎都没有遵守。这是我们两个人共同的生活空间，我希望你能遵守我们的约定，拜托啦。 |
| --- | --- |
| | 왕단, 시간 있으면 우리 대화 좀 하자, 어때? 우리 같이 방 쓴지도 벌써 곧 일 년이 되어가잖아. 그런데, 네가 항상 늦게 들어와서 내가 쉬는데 방해가 되거든. 우리 아무리 늦어도 11시 이전에는 들어오기로 약속했었는데, 넌 거의 지키지 않더라. 여기는 우리 두 사람이 함께 쓰는 생활 공간이니까, 우리가 약속 한 일은 꼭 지켜줬으면 좋겠어. 부탁할게. |

**어휘** ▶ 질문  ★ **室友** shìyǒu 룸메이트  |  ★ **劝** quàn 권하다

4-5급 **吵醒** chǎo xǐng 시끄러워 잠이 깨다  |  **入睡** rùshuì 잠들다

6-7급 **谈** tán 말하다  |  ★ **使用** shǐyòng 쓰다, 사용하다  |  ★ **遵守** zūnshǒu 지키다  |  ★ **共同** gòngtóng 공통의  |  ★ **空间** kōngjiān 공간  |  ★ **约定** yuēdìng 약속  |  ★ **拜托** bàituō 부탁하다

| 4-5급 | 1 | 星期六下午，小李和姐姐在客厅里画画儿。他们打算把画儿送给妈妈。小狗也在一旁看着他们。<br><br>토요일 오후, 샤오리와 누나가 거실에서 그림을 그립니다. 그들은 그림을 엄마께 선물할 생각입니다. 강아지도 옆에서 그들을 보고 있습니다. |
| | 2 | 大概一个小时后，小李看见妈妈从大门走了进来，小李和姐姐就一起出去迎接妈妈。<br><br>한 시간쯤 뒤, 샤오리는 엄마가 대문에서 들어오는 걸 봤습니다. 샤오리는 누나와 같이 엄마를 마중하러 나갑니다. |
| | 3 | 姐姐用手将妈妈的眼睛蒙住，小李拉着妈妈的手走向客厅。他们想给妈妈一个惊喜。<br><br>누나는 손으로 엄마의 눈을 가리고, 샤오리는 엄마의 손을 잡고 거실로 걸어옵니다. 그들은 엄마에게 깜짝 이벤트를 해드리고 싶었습니다. |
| | 4 | 可是，三个人到客厅的时候看见的是被撕碎的画儿。原来小狗把小李和姐姐画的画儿咬碎了。<br><br>하지만 세 사람이 거실에 도착했을 때 본 것은 찢어진 그림이었습니다. 알고 보니, 강아지가 샤오리와 누나가 그린 그림을 갈기갈기 찢어 놓았던 것이었습니다. |
| 6-7급 | 1 | 星期日早上，小李和姐姐在客厅里画妈妈最喜欢的花和风景。今天是妈妈的生日，他们打算将画儿作为礼物送给妈妈。小狗在旁边看着他们。<br><br>일요일 아침, 샤오리와 누나가 거실에서 엄마가 가장 좋아하는 꽃과 풍경을 그립니다. 오늘이 엄마의 생신이라 그들은 그림을 엄마께 선물로 드릴 계획입니다. 강아지는 옆에서 그들을 보고 있습니다. |
| | 2 | 刚画完，小李就发现妈妈回来了。他叫上姐姐，两人蹦蹦跳跳地从屋里跑出去迎接妈妈。<br><br>막 그림을 다 그렸을 때, 샤오리는 엄마가 돌아온 것을 발견했습니다. 그는 누나를 불렀고, 둘은 깡총깡총 방에서 뛰어나가 엄마를 마중했습니다. |
| | 3 | 为了给妈妈一个惊喜，姐姐用手蒙住妈妈的眼睛，两人带妈妈走向客厅。妈妈猜到孩子们的用意，她很开心。<br><br>엄마에게 서프라이즈를 해주기 위해 누나가 손으로 엄마의 눈을 가린 채 둘은 엄마를 모시고 거실로 왔습니다. 엄마는 아이들의 마음을 알아차리고 기뻤습니다. |

| 4 | 到了客厅之后，三个人都被眼前的情景惊呆了。因为小狗把小李和姐姐为妈妈画的画儿全都咬碎了。看着满地纸片，三个人哭笑不得。 |
| | 거실에 도착한 후, 세 사람은 눈앞의 상황에 놀라서 어리둥절했습니다. 왜냐하면 샤오리와 누나가 엄마를 위해 그린 그림을 강아지가 모두 찢어 놓았기 때문입니다. 바닥 가득한 종이 조각을 보면서 세 사람은 울 수도 웃을 수도 없었습니다. |

**어휘**

**4-5급** ★ **客厅** kètīng 거실 | **一旁** yìpáng 옆, 한쪽, 곁 | ★ **大概** dàgài 대략 | **大门** dàmén 대문, 정문 | **迎接** yíngjiē 마중하다, 맞이하다 | **将** jiāng ~을/를 | **蒙住** méng zhù 가리다, 덮다 | **拉** lā 끌다 | **惊喜** jīngxǐ 깜짝 이벤트, 서프라이즈 | ★ **撕** sī (종이, 천 등을) 찢다 | **碎** suì 부서지다, 깨지다, 온전치 못하다 | ★ **原来** yuánlái 알고 보니 | **咬** yǎo 물다, 깨물다

**6-7급** **风景** fēngjǐng 풍경 | ★ **作为** zuòwéi ~로 삼다, ~로 여기다 | ★ **刚** gāng 막 | **蹦蹦跳跳** bèngbèng tiàotiào 깡총깡총(활발하게 뛰는 모양) | **屋** wū 방, 집 | **猜** cāi 추측하다 | **用意** yòngyì 의도 | **之后** zhīhòu 후에 | ★ **情景** qíngjǐng 상황 | ★ **惊呆** jīng dāi 놀라 어리둥절하다 | **满地** mǎndì 바닥 가득, 온 사방 | **纸片** zhǐpiàn 종이 조각 | **哭笑不得** kūxiàobùdé 웃을 수도 울 수도 없다

# Test of Spoken Chinese

# 모범 답안 및 해석 09

## 问题 1

### 你叫什么名字?
당신의 이름은 무엇입니까?

| 4-5급 | 我叫金慧景，智慧的慧，风景的景。<br>저는 김혜경이라고 하고, '지혜'의 혜, '풍경'의 '경'입니다. |
|---|---|
| 6-7급 | 我的名字叫徐秀珍。我的外号是马大哈。<br>제 이름은 서수진입니다. 저의 별명은 덜렁이입니다. |

어휘 ▶ 4-5급 智慧 zhìhuì 지혜 | 风景 fēngjǐng 풍경
6-7급 ★ 外号 wàihào 별명 | 马大哈 mǎdàhā 덜렁이

## 问题 2

### 请说出你的出生年月日。
당신의 생년월일을 말해주세요.

| 4-5급 | 我是1999年10月11号出生的，今年二十一岁，属兔。<br>저는 1999년 10월 11일에 태어났고, 올해 21살로 토끼띠입니다. |
|---|---|
| 6-7급 | 我出生于1990年5月19号，今年三十岁，属马。<br>저는 1990년 5월 19일에 태어났고, 올해 30살로 말띠입니다. |

어휘 ▶ 질문 ★ 出生 chūshēng 태어나다, 출생하다
4-5급 ★ 属 shǔ (십이지의) ~띠이다 | 兔 tù 토끼
6-7급 ★ 于 yú ~에, ~에서(시간 또는 장소를 나타냄) | 马 mǎ 말

## 问题 3

### 你家有几口人?
당신의 가족은 몇 명입니까?

| 4-5급 | 我家有三口人，爸爸、妈妈和我。我爸爸是警察，我妈妈是老师。 |
| | 우리 가족은 세 명으로, 아빠, 엄마 그리고 저입니다. 저희 아빠는 경찰이고, 엄마는 선생님입니다. |
| 6-7급 | 我家有三口人，爸爸、妈妈和我。我是独生子，我家很幸福。 |
| | 우리 가족은 세 명으로, 아빠, 엄마 그리고 저입니다. 저는 외아들이고, 우리집은 행복합니다. |

**어휘** 질문 ★ 口 kǒu 명(식구를 세는 단위)

4-5급 警察 jǐngchá 경찰

6-7급 ★独生子 dúshēngzǐ 외아들 ｜ 幸福 xìngfú 행복하다

**问题 4**

## 你在什么地方工作？或者你在哪个学校上学？
당신은 어느 곳에서 일합니까? 혹은 당신은 어느 학교에 다닙니까?

| | 직장인 | 我在一家外语补习班工作，我是日语老师。 |
| | | 저는 외국어 학원에서 일하고 있는 일본어 선생님입니다. |
| 4-5급 | 재학생 | 我是韩国大学英文系四年级的学生，我平时喜欢看美剧。 |
| | | 저는 한국대학교 영문과 4학년 학생입니다. 저는 평소 미드 보는 것을 좋아합니다. |
| | 졸업생 | 我已经毕业了，最近一边打工，一边找工作。 |
| | | 저는 이미 졸업했고, 요즘 아르바이트를 하면서, 일자리를 찾고 있습니다. |
| | 직장인 | 我在仁川机场工作，是大韩航空公司的职员。我会说三种外语，汉语、英语和西班牙语。 |
| | | 저는 인천공항에서 일하고 있고, 대한항공 직원입니다. 저는 3가지 외국어를 할 줄 아는데, 중국어, 영어 그리고 스페인어입니다. |
| 6-7급 | 재학생 | 我在韩国大学读书，我的专业是法学。以后我想当一名优秀的法官。 |
| | | 저는 한국대학교에서 공부하고 있고. 전공은 법학입니다. 앞으로 저는 훌륭한 법관이 되고 싶습니다. |
| | 졸업생 | 我上个月已经毕业了，现在一边找工作，一边在餐厅打工。 |
| | | 저는 지난달에 이미 졸업을 했고, 현재는 일자리를 찾으면서, 식당에서 아르바이트 하고 있습니다. |

질문 **地方** dìfang 곳, 장소 | **或者** huòzhě 혹은, 아니면 | **上学** shàng xué 학교에 다니다, 등교하다

4-5급 **外语** wàiyǔ 외국어 | ★ **补习班** bǔxíbān 학원 | **日语** Rìyǔ 일본어 | ★ **系** xì 과, 학과 | ★ **年级** niánjí 학년 | ★ **平时** píngshí 평소, 평상시 | **美剧** měijù 미드(美国电视剧의 준말) | ★ **已经** yǐjīng 이미, 벌써 | ★ **毕业** bì yè 졸업하다 | ★ **最近** zuìjìn 요즘 | ★ **一边A, 一边B** yìbiān A, yìbiān B A하면서 (동시에) B하다 | ★ **打工** dǎ gōng 아르바이트 하다 | ★ **找** zhǎo 찾다

6-7급 **仁川** Rénchuān 인천(지명) | **机场** jīchǎng 공항 | **大韩航空** Dàhán hángkōng 대한항공 | ★ **公司** gōngsī 회사 | **职员** zhíyuán 직원 | **种** zhǒng 종류 | **西班牙语** Xībānyáyǔ 스페인어 | ★ **读书** dúshū 공부하다 | ★ **专业** zhuānyè 전공 | **法学** fǎxué 법학 | **以后** yǐhòu 앞으로, 이후 | **当** dāng ~이 되다 | **优秀** yōuxiù 훌륭하다, 우수하다 | **法官** fǎguān 법관, 판사 | ★ **餐厅** cāntīng 식당

## 第2部分

## 问题 1

### 女的几点吃饭?
여자는 몇 시에 식사를 합니까?

| 4-5급 | 女的早上七点四十五分吃早饭。<br>여자는 아침 7시 45분에 아침밥을 먹습니다. |
|---|---|
| 6-7급 | 女的早上七点三刻吃饭，然后九点半看书。<br>여자는 아침 7시 45분에 식사를 하고, 그런 다음 9시 반에 책을 봅니다. |

**어휘**　4-5급 ★ **早上** zǎoshang 아침　|　★ **早饭** zǎofàn 아침밥, 아침 식사
　　　6-7급 ★ **刻** kè 15분　|　★ **然后** ránhòu 그런 다음

## 问题 2

### 外面在下雪吗?
밖에는 눈이 내리고 있습니까?

| 4-5급 | 不，外面在刮风。<br>아니요, 밖에는 바람이 불고 있습니다. |
|---|---|
| 6-7급 | 不，外面在刮大风，看起来很冷。<br>아니요, 밖에는 강풍이 불고 있고, 매우 추워 보입니다. |

**어휘**　질문 ★ **外面** wàimiàn 밖, 바깥
　　　4-5급 ★ **刮风** guā fēng 바람이 불다
　　　6-7급 ★ **看起来** kànqǐlai ~해 보이다, 보아하니

## 问题 3

### 学校的楼有多高?
학교 건물은 높이가 얼마나 됩니까?

| 4-5급 | 学校的楼十一米。<br>학교 건물의 높이는 11m입니다. |
|---|---|
| 6-7급 | 学校的楼十一米，旁边电影院的楼十七米。<br>학교 건물의 높이는 11m이고, 옆에 있는 영화관 건물은 17m입니다. |

**어휘** 질문 ★ **学校** xuéxiào 학교 ｜ ★ **楼** lóu 건물

4-5급 ★ **米** mǐ 미터(m)

6-7급 ★ **旁边** pángbiān 옆(쪽) ｜ ★ **电影院** diànyǐngyuàn 영화관

## 问题 4

80元　12.0元

### 棒球多少钱?
야구공은 얼마인가요?

| 4-5급 | 棒球八十块。<br>야구공은 80위안입니다. |
|---|---|
| 6-7급 | 棒球八十块，旁边的足球一百二十块。<br>야구공은 80위안이고, 옆의 축구공은 120위안입니다. |

**어휘** 질문 **棒球** bàngqiú 야구공

6-7급 **足球** zúqiú 축구공

## 第3部分

## 问题 1

### 你喜欢运动吗?
당신 운동하는 거 좋아해요?

**4-5급**

我喜欢运动，这是我的爱好。我有时候去公园跑步，有时候去游泳馆游泳。你也喜欢运动吗?

저는 운동하는 거 좋아하고, 제 취미이기도 해요. 어떨 때는 공원에 가서 달리기 하고, 어떨 때는 수영장에 가서 수영해요. 당신도 운동하는 거 좋아해요?

**6-7급**

我很喜欢运动。运动不仅可以缓解压力，而且还可以减肥，一举两得。你呢? 你也喜欢做运动吗?

저는 운동을 아주 좋아해요. 운동을 하면 스트레스를 풀 수 있을 뿐만 아니라, 다이어트도 할 수 있어서 일거양득이에요. 당신은요? 당신도 운동하는 거 좋아해요?

**어휘** **4-5급** ★ 爱好 àihào 취미 | ★ 公园 gōngyuán 공원 | 游泳馆 yóuyǒngguǎn 수영장

**6-7급** ★ 不仅 bùjǐn ~뿐만 아니라 | ★ 缓解 huǎnjiě 풀다, 완화시키다 | ★ 压力 yālì 스트레스 | ★ 而且 érqiě 게다가 | ★ 减肥 jiǎn féi 다이어트 하다 | 一举两得 yìjǔliǎngdé 일거양득(하다)

## 问题 2

### 你听过金老师的英语课吗?
너는 김 선생님 영어 수업을 들어 본 적 있니?

**4-5급**

我没听过，我很想听一听，但一直没有机会申请。听说金老师的课很有趣，下个学期我一定要申请他的英语课。

안 들어봤어. 너무 들어보고 싶었는데, 계속 신청할 기회가 없었어. 듣자니까 김 선생님 수업이 아주 재미있다던데, 다음 학기에는 꼭 그 선생님 영어 수업을 신청할 거야.

**6-7급**

我听过。金老师的课讲得很有趣。但是老师给我们留的作业太多了，所以我每天下课后都要去图书馆学习到很晚。

들어봤어. 김 선생님 수업은 재미있어. 하지만 선생님이 내주시는 숙제가 너무 많아서 나는 매일 수업이 끝난 후 도서관에 가서 늦게까지 공부를 해야 했어.

어휘 ▶ 4-5급 ★ 一直 yìzhí 계속, 쭉 | ★ 机会 jīhuì 기회 | ★ 申请 shēnqǐng 신청하다 | ★ 听说 tīngshuō 듣자하니 | ★ 有趣 yǒuqù 재미있다 | ★ 学期 xuéqī 학기 | ★ 一定 yídìng 꼭, 반드시
6-7급 讲 jiǎng 강의하다, 이야기하다 | 留 liú 남기다, 전하다 | ★ 作业 zuòyè 숙제 | ★ 图书馆 túshūguǎn 도서관

---

## 问题 3

### 这次放假我要去北京旅游。
이번 휴가 때 저는 베이징으로 여행을 갈 거예요.

**4-5급**

是吗？以前我也去北京旅游过，那时我去了很多旅游景点，其中长城给我留下的印象最深刻。你也一定去长城看看。

그래요? 예전에 저도 베이징에 여행 갔었어요. 그때 여러 관광지를 갔었는데, 그중 만리장성이 가장 인상 깊었어요. 당신도 꼭 가서 보세요.

**6-7급**

真的吗？我建议你跟团去北京旅游。因为自由行需要大量时间来做行程计划，很费事。但跟团去的话什么都不用考虑，很方便。

정말요? 전 패키지로 베이징에 여행 가는 것을 권할게요. 왜냐하면 자유 여행은 많은 시간을 들여서 여행 계획을 세워야 하기 때문에 번거롭거든요. 하지만 패키지로 간다면 아무것도 신경쓸 필요가 없어서 편하답니다.

어휘 ▶ 질문 ★ 放假 fàng jià (직장이) 쉬다, 방학하다
4-5급 ★ 以前 yǐqián 예전, 이전 | ★ 景点 jǐngdiǎn 명소 | ★ 其中 qízhōng 그중 | 长城 Chángchéng 만리장성 | 留下 liúxià 남기다 | 印象 yìnxiàng 인상 | 深刻 shēnkè 깊다
6-7급 ★ 建议 jiànyì 권하다, 제안하다 | ★ 跟团 gēntuán 패키지로, 단체로 | ★ 自由行 zìyóuxíng 자유 여행(을 하다) | ★ 需要 xūyào 필요하다 | ★ 行程 xíngchéng 여정, 노정 | ★ 计划 jìhuà 계획 | ★ 费事 fèi shì 번거롭다 | 不用 bú yòng ~할 필요가 없다, 괜찮다 | ★ 考虑 kǎolǜ 신경쓰다, 고려하다 | ★ 方便 fāngbiàn 편리하다

---

## 问题 4

### 这部电影很有意思。
이 영화 아주 재미있어요.

**4-5급**

是吗？我还没看呢。本来打算上个月就看这部电影，但是我一直没有时间。下个星期我一定要找个时间看。

그래요? 저는 아직 못 봤어요. 원래 지난달에 이 영화를 보려고 했었는데, 계속 시간이 없었거든요. 다음주에는 꼭 시간을 내서 봐야겠어요.

| 6-7급 | 我也觉得很有趣。本来我不喜欢看推理片，但是这部电影的内容不是很难。就算第一次接触推理电影也会觉得很有意思。<br><br>저도 정말 재미있었어요. 저는 원래 추리 영화를 좋아하지 않는데, 이 영화는 내용이 많이 어렵지 않았어요. 설령 처음 추리 영화를 접한다 해도 재미있다고 느낄 거예요. |
| --- | --- |

**어휘** 질문 部 bù 편(영화를 세는 단위) | ★ 有意思 yǒu yìsi 재미있다

4-5급 ★ 本来 běnlái 원래, 본래 | ★ 打算 dǎsuàn ~하려고 하다, ~할 계획이다

6-7급 推理片 tuīlǐpiàn 추리 영화 | 内容 nèiróng 내용 | ★ 难 nán 어렵다 | 就算 jiùsuàn 설령 ~라도 |
接触 jiēchù 접하다 | 推理 tuīlǐ 추리(하다)

---

## 问题 5

### 来吃点儿蛋糕吧。
이리 와서 케이크 좀 먹어.

| 4-5급 | 好的，我非常喜欢吃蛋糕。这块蛋糕是在哪儿买的？是在我们学校附近的面包店买的吗？<br><br>좋아, 나 케이크 굉장히 좋아하거든. 이 케이크는 어디서 산 거야? 우리 학교 근처 빵집에서 산 거야? |
| --- | --- |
| 6-7급 | 谢谢，不用了。我现在肚子不舒服，什么都不想吃。我从早上开始拉肚子、发烧，可能是昨天吃的东西坏了，我得去医院看看。<br><br>고맙지만, 괜찮아. 지금 배가 아파서 아무것도 먹고 싶지가 않아. 아침부터 설사하고 열이 났는데 아마 어제 먹은 음식이 상했던 것 같아. 병원에 진찰받으러 가 봐야겠어. |

**어휘** 질문 ★ 蛋糕 dàngāo 케이크

4-5급 面包店 miànbāodiàn 빵집

6-7급 肚子 dùzi 배 | ★ 不舒服 bù shūfu 아프다, 불편하다 | 拉肚子 lā dùzi 설사하다 | ★ 发烧 fā
shāo 열이 나다 | ★ 坏 huài 상하다, 고장나다 | ★ 得 děi ~해야 한다

## 第4部分

## 问题 1

### 你家附近有你常去的餐厅吗?

집 근처에 당신이 자주 가는 식당이 있습니까?

**4-5급**

我家附近有我常去的餐厅。那家餐厅的饭菜又好吃又便宜，而且上菜速度很快，服务也很周到。所以我几乎每个周末都会去那儿吃饭。

저희 집 근처에는 제가 자주 가는 식당이 있습니다. 그 식당 음식은 맛있고 위생적입니다. 게다가 음식 나오는 속도가 빠르고, 서비스도 매우 세심합니다. 그래서 저는 거의 매 주말마다 식사하러 그곳에 갑니다.

**6-7급**

我家附近有一家中餐馆，我经常去那儿吃饭。那家餐厅以海鲜料理为主，种类多、味道好。我最喜欢吃那儿的麻辣小龙虾。我觉得那家餐厅值得一去。

저희 집 근처에 중국집이 하나 있는데, 저는 식사하러 거기에 자주 갑니다. 그 식당은 해산물 요리가 메인인데, 종류도 많고 맛도 좋습니다. 저는 그곳의 마라샤오룽샤를 가장 즐겨 먹습니다. 제 생각에 그 식당은 한번 가볼 만합니다.

**어휘** | **질문** ★ **餐厅** cāntīng 식당

**4-5급** **饭菜** fàncài 음식, 식사 | **上菜** shàng cài 음식이 나오다 | **速度** sùdù 속도 | ★ **服务** fúwù 서비스하다 | **周到** zhōudào 세심하다, 주도면밀하다, 철저하다

**6-7급** **中餐馆** zhōngcānguǎn 중국집, 중식당 | **以A为主** yǐ A wéi zhǔ A를 중심으로 | **海鲜** hǎixiān 해산물 | **料理** liàolǐ 요리 | ★ **种类** zhǒnglèi 종류 | ★ **味道** wèidao 맛 | **麻辣小龙虾** málà xiǎo lóngxiā 마라샤오룽샤(요리명) | ★ **值得** zhí dé ~할 만하다

## 问题 2

### 你喜欢自由行还是跟团游?

당신은 자유 여행을 선호합니까 아니면 패키지 여행을 선호합니까?

**4-5급**

我喜欢自由行。因为自由行可以随意安排旅游行程，想去哪儿就去哪儿，想吃什么就吃什么。所以我每次去旅游时都会选择自助游。

저는 자유 여행을 선호합니다. 왜냐하면 자유 여행은 마음대로 여정을 짤 수 있기 때문에 가고 싶은 곳을 갈 수 있고 먹고 싶은 것을 먹을 수 있습니다. 그래서 저는 매번 여행을 갈 때마다 자유 여행을 선택합니다.

**6-7급**

我喜欢跟团游。自由行的话，住宿、交通、机票以及了解观光地信息等很多事情都需要自己准备。跟团游则不用考虑那么多，只要按照导游的安排享受旅程就行了。所以每次去旅游我都会选择跟团游。

저는 패키지 여행을 선호합니다. 자유 여행을 갈 경우, 숙박, 교통, 비행기표 및 관광지 정보 알아보기 등 직접 준비해야 하는 것들이 많습니다. 패키지 여행은 오히려 그렇게 많은 것을 신경쓸 필요 없이, 가이드의 일정에 따라 여행을 즐기기만 하면 됩니다. 그래서 여행을 갈 때마다 저는 패키지 여행을 선택합니다.

**어휘** 질문 ★ **自由行** ziyóuxíng 자유 여행(을 하다) | ★ **跟团游** gēntuányóu 패키지 여행(을 하다)

4-5급 **随意** suíyì 마음대로, 마음껏 | ★ **安排** ānpái (스케줄을) 짜다, 배분하다 | **行程** xíngchéng 여정 | ★

**自助游** zìzhùyóu 자유 여행(을 하다)

6-7급 **住宿** zhùsù 숙박하다, 묵다 | **交通** jiāotōng 교통 | **以及** yǐjí 및 | ★ **了解** liǎojiě 알다, 파악하다 | **观光地**

guānguāngdì 관광지 | ★ **信息** xìnxī 정보 | **则** zé 오히려 | **不用** bú yòng ~할 필요가 없다, 괜찮다 |

★ **考虑** kǎolǜ 신경쓰다, 고려하다 | ★ **只要** zhǐyào ~하기만 하면 | ★ **按照** ànzhào ~에 따라 | ★ **导游**

dǎoyóu 가이드 | ★ **享受** xiǎngshòu 즐기다 | **旅程** lǚchéng 여정

---

## 问题 3

### 做作业或工作时，你会在网上查资料吗?

숙제를 하거나 일을 할 때, 당신은 인터넷에서 자료를 찾습니까?

---

4-5급

做作业或工作时，我会在网上查资料。网上各种信息都有，而且只要通过手机或电脑就能快速获取想要的信息，非常方便。所以如果有需要的资料，我一般在网上查资料。

숙제를 하거나 일을 할 때, 저는 인터넷에서 자료를 찾습니다. 인터넷에는 각종 정보가 다 있고, 또한 휴대전화나 컴퓨터만 통하면 원하는 정보를 빠르게 얻을 수 있기 때문에 굉장히 편리합니다. 그래서 필요한 자료가 있을 때 저는 보통 인터넷에서 자료를 찾습니다.

---

6-7급

做作业或工作时，我一般是通过书籍获取资料的。虽然网络上有很多信息，但大部分都是未经核实的，所以我不相信网络上的资料。如果有需要的资料，我会到学校的图书馆去查阅相关书籍。

숙제를 하거나 일을 할 때, 저는 보통 책을 통해서 자료를 얻는 편입니다. 비록 인터넷상에 많은 정보가 있지만, 대부분이 사실 확인을 거치지 않은 것이기 때문에 저는 인터넷상의 자료를 믿지 않습니다. 만약 필요한 자료가 있으면, 저는 학교 도서관에 가서 관련 서적을 찾아봅니다.

---

**어휘** 질문 ★ **网上** wǎngshàng 인터넷, 온라인 | **查** chá 찾아보다, 조사하다 | ★ **资料** zīliào 자료

4-5급 **各种** gè zhǒng 각종, 여러 종류 | ★ **信息** xìnxī 정보 | ★ **通过** tōngguò ~을 통해서 | **快速** kuàisù

빠르다 | ★ **获取** huòqǔ 얻다

6-7급 **书籍** shūjí 책, 서적 | ★ **网络** wǎngluò 인터넷, 네트워크 | **未经** wèi jīng (어떤 과정을) 거치지 않다 |

★ **核实** héshí 사실인지 확인하다, 실태를 조사하다 | **查阅** cháyuè 보다, 열람하다 | ★ **相关** xiāngguān 관련되다

---

## 问题 4

### 你认为手机和平板电脑等电子产品给我们的生活带来的好处多还是坏处多?

당신은 휴대전화와 태블릿PC 등 전자제품이 우리 생활에 가져온 장점이 많다고 생각합니까 아니면 단점이 많다고 생각합니까?

| | |
|---|---|
| 4-5급 | 我认为手机和平板电脑等电子产品给我们的生活带来的好处多。通过手机或平板电脑，我们随时随地都能在网络上获取自己需要的信息。所以我觉得这些电子产品给人们的生活带来了很大的便利。<br><br>저는 휴대전화와 태블릿PC 등 전자제품이 우리 생활에 가져온 장점이 많다고 생각합니다. 휴대전화나 태블릿PC를 통해서 우리는 언제 어디서든 인터넷상에서 자신이 필요로 하는 정보를 얻을 수 있습니다. 그래서 저는 이런 전자제품이 우리 생활에 많은 편리함을 가져다 주었다고 생각합니다. |
| 6-7급 | 我认为手机和平板电脑等电子产品给我们的生活带来的坏处多。随着电子产品的普及，人们面对面沟通的机会减少了。另外，长时间使用电子产品时，电子产品中的电磁波会引起头痛、失眠等问题，影响健康。因此可以说电子产品带来的坏处比好处多得多。<br><br>저는 휴대전화와 태블릿PC 등 전자제품이 우리 생활에 가져온 단점이 많다고 생각합니다. 전자제품의 보급에 따라 사람들이 직접 얼굴을 보고 소통하는 기회가 줄어들었습니다. 그 밖에도 장시간 전자제품을 사용 시, 전자제품에서 나오는 전자파가 두통과 수면장애 등의 문제를 야기하여 건강에 영향을 줍니다. 따라서 전자제품이 가져온 단점이 장점보다 훨씬 많다고 이야기할 수 있습니다. |

**어휘** 질문 ★ **平板电脑** píngbǎn diànnǎo 태블릿PC | ★ **产品** chǎnpǐn 제품, 상품 | ★ **生活** shēnghuó 생활(하다) | ★ **好处** hǎochù 장점 | ★ **坏处** huàichù 단점

4-5급 ★ **随时随地** suíshí suídì 언제 어디서나 | ★ **便利** biànlì 편리하다

6-7급 ★ **随着** suízhe ~에 따라 | **普及** pǔjí 보급되다 | **面对面** miàn duì miàn 직접 얼굴을 보다 | ★ **沟通** gōutōng 소통하다 | ★ **减少** jiǎnshǎo (숫자, 정도 등이) 줄다 | ★ **另外** lìngwài 그 밖에 | ★ **使用** shǐyòng 사용하다 | **电磁波** diàncíbō 전자파 | ★ **引起** yǐnqǐ 야기하다 | ★ **头痛** tóutòng 두통 | ★ **失眠** shīmián 수면장애, 잠을 이루지 못하다 | **因此** yīncǐ 따라서, 그래서

---

**问题 5**

## 请谈一谈你的生活习惯。
당신의 생활 습관에 대해 이야기해 보십시오.

| | |
|---|---|
| 4-5급 | 我有每天吃早餐的习惯。吃早餐不仅有利于健康，还能让自己在学习和工作中注意力更集中。所以我每天早上起床后，都会先吃早饭，然后再开始一天的学习和工作。<br><br>저는 매일 아침을 먹는 습관이 있습니다. 아침을 먹으면 건강에 좋을 뿐만 아니라, 공부하고 일할 때 더욱 주의력을 집중할 수 있게 해줍니다. 그래서 저는 매일 아침 일어나서 먼저 아침을 먹고, 그 다음 하루의 공부와 일을 시작합니다. |
| 6-7급 | 我有早睡早起的习惯。我每天晚上十点睡觉，早晨五点就起床。起床后会先去家附近的公园散步，然后回到家边喝咖啡边看报纸。这使得我一整天心情舒畅、充满活力。<br><br>저는 일찍 자고 일찍 일어나는 습관이 있습니다. 저는 매일 저녁 10시에 자고, 새벽 5시에 일어납니다. 기상 후에는 먼저 집 근처 공원에 가서 산책을 한 다음, 집으로 돌아와 커피를 마시면서 신문을 봅니다. 이 습관은 저로 하여금 하루 종일 기분이 상쾌하고 활력이 넘치도록 해 줍니다. |

**어휘** 4-5급 **早餐** zǎocān 아침(식사) | ★ **不仅** bùjǐn ~뿐만 아니라 | ★ **有利于** yǒulì yú ~에 좋다, 도움이 되다 | ★ **注意力** zhùyìlì 주의력 | ★ **集中** jízhōng 집중하다

6-7급 **早睡早起** zǎo shuì zǎo qǐ 일찍 자고 일찍 일어나다 | **早晨** zǎochén 새벽, (이른) 아침 | **使得** shǐde (~로 하여금) ~하게 하다 | **一整天** yì zhěng tiān 하루 종일 | ★ **心情** xīnqíng 기분, 마음 | **舒畅** shūchàng 상쾌하다 | **充满** chōngmǎn 넘치다, 충만하다 | **活力** huólì 활력

## 第5部分

## 问题 1

### 你认为通过二手书店买书的好处多还是坏处多?
당신은 중고 서점을 통해서 책을 사는 것은 장점이 많다고 생각합니까 아니면 단점이 많다고 생각합니까?

**4-5급**

我认为通过二手书店买书好处更多。在二手书店里可以用低廉的价格买到书。有些人担心书太旧影响阅读而不愿意购买二手书,但其实二手书店是根据书的新旧程度来决定价格的,所以可以用合理的价格买到相应的书。

저는 중고 서점을 통해서 책을 사는 것은 장점이 더 많다고 생각합니다. 중고 서점에서는 저렴한 가격으로 책을 구입할 수 있습니다. 어떤 사람들은 책이 너무 낡아서 읽는 데 영향을 미칠 것을 걱정하여 중고 서적을 사고 싶어하지 않습니다. 하지만 사실 중고 서점은 책의 낡은 정도에 따라 가격을 책정하기 때문에 합리적인 가격으로 그에 맞는 책을 구매할 수 있습니다.

**6-7급**

我认为通过二手书店买书既有好处也有坏处。好处是在二手书店可以用低廉的价格买到书,即使一次性买好几本书,也不会有太大的经济负担。坏处是二手书总是不那么干净,特别是习题本之类的书,即使书店职员做过检查,也还是会出现已经做过的题,如果买到这样的书籍,就有可能给学习带来不便。

저는 중고 서점을 통해서 책을 사는 것은 장점도 있고 단점도 있다고 생각합니다. 장점은 중고 서점에서는 저렴한 가격으로 책을 구입할 수 있어서, 한번에 여러 권의 책을 사더라도 그리 큰 경제적인 부담은 없을 것입니다. 단점은 중고 서적은 항상 그리 깨끗하지 않은데, 특히나 문제집 종류의 책들이 그렇습니다. 설령 서점 직원이 검수를 했을지라도 여전히 이미 문제가 풀려 있는 책들이 보일 수 있고, 이런 책을 사게 되면 학습에 불편함을 가져다줄 수 있습니다.

**어휘** 질문 ★ 通过 tōngguò ~을 통해서 | ★ 二手 èrshǒu 중고 | ★ 好处 hǎochù 장점 | ★ 坏处 huàichù 단점

4-5급 ★ 低廉 dīlián 저렴하다 | ★ 价格 jiàgé 가격 | 阅读 yuèdú 읽다 | ★ 购买 gòumǎi 사다, 구입하다 | 新旧 xīn jiù 새것과 낡은 것 | 程度 chéngdù 정도 | ★ 决定 juédìng 결정(하다) | ★ 合理 hélǐ 합리적이다 | ★ 相应 xiāngyìng 알맞다, 적절하다

6-7급 既A也B jì A yě B A하고 (또) B하다 | 即使 jíshǐ 설령 ~하더라도 | 一次性 yícìxìng 한번에, 단번에 | ★ 经济 jīngjì 경제 | ★ 负担 fùdān 부담 | 习题本 xítíběn 문제집 | 职员 zhíyuán 직원 | ★ 检查 jiǎnchá 검사하다 | ★ 出现 chūxiàn 보이다, 나타나다 | 书籍 shūjí 책, 서적 | ★ 不便 búbiàn 불편하다

## 问题 2

### 要想获得成功的话,你觉得运气和努力哪个更重要?
성공을 얻고 싶다면, 운과 노력 중 당신은 어느 것이 더 중요하다고 생각합니까?

| | |
|---|---|
| 4-5급 | 要想获得成功的话，我觉得努力更重要。因为如果平时不努力，遇到再多机会，也没有能力抓住。就算抓住了机会，不努力，也不可能成功。所以我认为想要成功必须要付出相应的努力才行。<br><br>성공을 얻고 싶다면, 저는 노력이 더 중요하다고 생각합니다. 왜냐하면 만약 평소에 노력하지 않는다면, 아무리 많은 기회를 마주한다 해도 (그걸) 잡을 능력이 없기 때문입니다. (또한) 설령 기회를 잡았다 하더라도, 노력하지 않으면 역시 성공할 수 없습니다. 그래서 저는 성공하기 위해서는 반드시 그에 맞는 노력을 해야 한다고 생각합니다. |
| 6-7급 | 要想获得成功的话，我觉得运气和努力两个都很重要。运气再好，不努力的话，成功也很难持久。反之，虽然坚持不懈地努力了，但是运气却很差，没有机会，那也无法收获胜利的果实。所以我认为想要获得成功，努力和运气二者缺一不可。<br><br>성공을 얻고 싶다면, 저는 운과 노력 둘 다 중요하다고 생각합니다. 운이 아무리 좋아도 노력하지 않으면 성공도 오래 지속되기 어렵습니다. 반대로, 비록 끊임없이 노력하더라도 운이 너무 나쁘면 기회가 없고, 그러면 역시 성공의 결실을 거둘 방법이 없습니다. 그래서 저는 성공하려면 노력과 운 둘 다 없어서는 안 된다고 생각합니다. |

**어휘** 질문 ★ **获得** huòdé 얻다 | ★ **成功** chénggōng 성공하다 | ★ **运气** yùnqi 운, 운수

4-5급 ★ **平时** píngshí 평소 | ★ **能力** nénglì 능력 | ★ **抓住** zhuāzhù 잡다 | **必须** bìxū 반드시 ~해야 한다 | ★ **付出** fùchū (노력, 대가 등을) 쏟다, 들이다

6-7급 **持久** chíjiǔ 오래 지속하다(유지하다) | **反之** fǎnzhī 이와 반대로 | ★ **坚持不懈** jiānchí búxiè 끊임없이 하다, 게으름 없이 끝까지 견지해 나가다 | **无法** wúfǎ ~할 방법이 없다 | **收获** shōuhuò 거두다, 수확하다 | **胜利** shènglì 성공, 승리 | **果实** guǒshí 결실, 성과 | ★ **缺一不可** quē yī bù kě 하나라도 부족해서는 안 된다

---

## 问题 3

### 在你们国家，拥有私家车的家庭多吗?

당신의 나라에는 자가용을 소유하고 있는 가정이 많습니까?

| | |
|---|---|
| 4-5급 | 在我们国家，大部分的家庭都拥有私家车。一般一个家庭拥有一台汽车，拥有二到三台的也越来越多。此外，我国汽车相关产业也非常发达，而且每年都会举办汽车博览会。<br><br>우리나라에서는 대부분의 가정이 자가용을 소유하고 있습니다. 보통 한 가정이 한 대의 차량을 가지고 있고, 2대에서 3대까지 소유한 집도 갈수록 늘어나고 있습니다. 이 밖에도 우리나라는 자동차 관련 산업 역시 굉장히 발달했을 뿐만 아니라, 해마다 자동차 박람회도 열리고 있습니다. |
| 6-7급 | 我们国家大部分的家庭都拥有私家车。随着经济的发展，人们的收入水平也提高了，有些家庭甚至拥有多台私家车。虽然私家车给人们的生活带来了很大便利，但同时也引发了行车难、停车难等问题。为了解决这些问题，政府鼓励大家多利用公共交通工具。<br><br>우리나라 대부분의 가정은 자가용을 소유하고 있습니다. 국가 경제가 발전함에 따라 사람들의 소득 수준이 높아지면서 어떤 집은 심지어 여러 대의 자가용을 가지고 있습니다. 비록 자가용은 사람들의 생활에 편리함을 가져다 주었지만, 동시에 교통난과 주차난 등의 문제를 일으켰습니다. 이 문제들을 해결하기 위해서 정부는 사람들에게 대중교통 수단을 많이 이용할 것을 권장하고 있습니다. |

01 02 03 04 05 06 07 08 09 10

**어휘** 질문 ★ 拥有 yōngyǒu 소유하다, 가지다 | 私家车 sījiāchē 자가용 | ★ 家庭 jiātíng 가정, 집

4-5급 台 tái 대(차량을 세는 단위) | ★ 越来越 yuèláiyuè 갈수록, 점점 | ★ 此外 cǐwài 이 밖에 | ★ 相关 xiāngguān 관련되다 | 产业 chǎnyè 산업 | ★ 发达 fādá 발달하다 | 举办 jǔbàn 열다, 개최하다 | 博览会 bólǎnhuì 박람회

6-7급 ★ 随着 suízhe ~에 따라 | ★ 发展 fāzhǎn 발전하다 | ★ 收入 shōurù 수입 | ★ 甚至 shènzhì 심지어 | ★ 便利 biànlì 편리하다 | ★ 同时 tóngshí 동시에 | 引发 yǐnfā 일으키다, 초래하다 | 行车难 xíngchēnán 교통난 | 停车难 tíngchēnán 주차난 | 政府 zhèngfǔ 정부 | 鼓励 gǔlì 권장하다, 격려하다 | 利用 lìyòng 이용하다 | 公共交通 gōnggòng jiāotōng 대중교통 | ★ 工具 gōngjù 수단

## 问题 4

### 你认为睡眠对健康有影响吗?

당신은 수면이 건강에 영향을 미친다고 생각합니까?

4-5급

我认为睡眠对健康有很大影响。睡眠质量差的话，睡的时间再长，也依然会感到疲惫。人的大脑和肝脏会在睡觉时进行新陈代谢，长时间睡不好，身体也会出现问题。所以现在越来越多的人在为提升自己的睡眠质量而努力。

저는 수면이 건강에 커다란 영향을 미친다고 생각합니다. 수면의 질이 낮으면, 수면시간이 아무리 길더라도 여전히 피곤함을 느낄 것입니다. 사람의 대뇌와 간은 잘 때 신진대사를 하는데, 장시간 잠을 잘 못 자면 몸에도 문제가 생깁니다. 그래서 요즘 점점 더 많은 사람들이 자신의 수면의 질을 높이기 위해 노력하고 있습니다.

6-7급

我认为健康状况与睡眠质量有很密切的关系。古话说"睡觉是补药"。这句话的意思是好好睡觉对身体健康的改善效果相当于吃补药。人通过睡眠来为身体充电，在良好的睡眠状态下，人体内会出现一系列生理变化，这些变化有助于恢复体力、增强免疫力。因此我们要养成良好的睡眠习惯。

저는 건강 상태와 수면의 질은 아주 밀접한 관계가 있다고 생각합니다. 옛말에 '잠이 보약'이란 말이 있습니다. 이 말은 잠을 잘 자면 신체 건강의 개선 효과가 보약을 먹은 것과 비슷하다는 뜻입니다. 사람은 수면을 통해 몸을 충전하고, 좋은 수면 상태에서 인체 내에 일련의 생리 변화가 나타나는데, 이런 변화는 체력을 회복하고, 면역력을 강화시키는데 도움이 됩니다. 그러므로 우리는 좋은 수면 습관을 길러야 합니다.

**어휘** 질문 ★ 睡眠 shuìmián 수면

4-5급 ★ 质量 zhìliàng 질 | 依然 yīrán 여전히 | ★ 感到 gǎndào 느끼다 | ★ 疲惫 píbèi 피곤하다 | 大脑 dànǎo 대뇌 | 肝脏 gānzàng 간(신체기관) | 进行 jìnxíng 하다, 진행하다 | 新陈代谢 xīnchéndàixiè 신진대사 | 提升 tíshēng 높이다

6-7급 状况 zhuàngkuàng 상태, 상황 | 密切 mìqiè 밀접하다 | 古话 gǔhuà 옛말 | 补药 bǔyào 보약 | 改善 gǎishàn 개선하다 | ★ 效果 xiàoguǒ 효과 | ★ 相当于 xiāngdāng yú ~와 비슷하다 | 充电 chōng diàn 충전하다 | 良好 liánghǎo 좋다, 양호하다 | 状态 zhuàngtài 상태 | 一系列 yíxìliè 일련의, 시리즈 | 生理 shēnglǐ 생리 | ★ 有助于 yǒuzhù yú ~에 도움이 되다 | 恢复 huīfù 회복하다 | ★ 体力 tǐlì 체력 | 增强 zēngqiáng 강화하다 | ★ 免疫力 miǎnyìlì 면역력 | ★ 因此 yīncǐ 그러므로 | 养成 yǎngchéng 기르다, 양성하다

## 第6部分

### 问题 1

你想去中国餐厅吃饭，请你邀请朋友跟你一块儿去。

당신은 중국 식당에 가서 식사를 하고 싶습니다. 친구에게 당신과 함께 가자고 초대해 보세요.

**4-5급**

小红，这周日我们一起去中国餐厅吃饭吧。你不是很喜欢中餐吗？我家附近新开了一家中餐馆，听说那里的麻婆豆腐盖饭很好吃。咱们一起去尝尝吧。

샤오훙, 이번 주 일요일에 우리 같이 중국 식당에 밥 먹으러 가자. 너 중국 요리 좋아하지 않아? 우리 집 근처에 중식당이 하나 새로 오픈했는데, 거기 마파두부 덮밥이 맛있다더라. 우리 같이 먹으러 가보자.

**6-7급**

小红，如果你这周五没有安排的话，我们一起去中国餐厅吃饭吧。你最近不是一直说想吃中国菜吗？有一家中国餐厅不久前上过电视节目，我们一起去尝尝吧。去晚了人多，我们周五中午早点儿过去吧。

샤오훙, 만약 너 이번 주 금요일에 스케줄 없으면, 우리 같이 중국 식당에 밥 먹으러 가자. 너 요즘 계속 중국 요리 먹고 싶다고 하지 않았어? 중식당 한 곳이 얼마 전에 TV 프로그램에 나온 적이 있거든. 우리 한번 먹으러 가보자. 늦게 가면 사람이 많으니까, 금요일 점심에 일찍 가자.

**어휘** 질문 ★ 餐厅 cāntīng 식당 ┃ ★ 邀请 yāoqǐng 초대하다

**4-5급** 中餐馆 zhōngcānguǎn 중식당 ┃ 麻婆豆腐 mápó dòufǔ 마파두부(요리명) ┃ 盖饭 gàifàn 덮밥 ┃
★ 尝 cháng 먹어 보다, 맛보다

**6-7급** ★ 安排 ānpái 스케줄, 일정 ┃ 上 shàng (TV, 무대 등에) 나오다, 등장하다 ┃ 节目 jiémù 프로그램

### 问题 2

这个星期六是你的生日。请你给朋友打电话说明情况并邀请他们来你家玩儿。

이번 주 토요일은 당신의 생일입니다. 친구에게 전화해서 상황을 설명하고 집에 놀러 오라고 초대해 보세요.

**4-5급**

喂，小李，这周六是我的生日，我想请几个朋友来我家玩儿。小王说他能来，希望你也能过来玩儿。我们很长时间没有见面了，趁这次机会大家聚在一起热闹热闹吧。

여보세요, 샤오리, 이번 주 토요일이 내 생일인데, 친구들 몇 명 집에 초대할 생각이야. 샤오왕은 올 수 있다는데, 나는 너도 올 수 있으면 좋겠어. 우리 오랫동안 못 만났잖아, 이번 기회에 다같이 모여서 신나게 보내자.

**6-7급**

喂，小李，这周六你做什么？那天是我的生日，我想趁这次机会邀请朋友们来家里玩儿，你能来吗？我刚给小红打完电话，她说能来。如果你也能来参加我的生日派对就更好了。我们那天聚在一起热闹热闹吧。

여보세요, 샤오리, 이번 주 토요일에 뭐해? 그날이 내 생일이라서, 이번 기회에 친구들을 집에 초대해서 놀려고 하거든. 너 올 수 있어? 내가 방금 샤오홍이랑 통화했는데, 올 수 있대. 너도 내 생일파티에 올 수 있다면 더 좋을 것 같아. 우리 그날 다같이 모여서 신나게 보내자.

**어휘** 질문 ★ 说明 shuōmíng 설명하다 ｜ ★ 情况 qíngkuàng 상황 ｜ 并 bìng 그리고

4-5급 ★ 趁 chèn (시간, 기회 등을) 이용해서, ~을 틈타 ｜ 聚 jù 모이다 ｜ ★ 热闹 rènao 신나게 놀다, 즐겁게 하다

6-7급 ★ 刚 gāng 방금, 막 ｜ ★ 派对 pàiduì 파티

---

**问题 3**

你想在补习班学习汉语，请你给补习班打电话询问上课时间和费用。

당신은 학원에서 중국어를 배우고 싶습니다. 학원에 전화해서 수업 시간과 비용을 문의해 보세요.

**4-5급**

喂，是PAGODA补习班吗？我想听基础汉语课，晚上一般几点有课？学费是多少呢？可以先试听吗？

여보세요, 파고다학원인가요? 제가 기초 중국어 수업을 듣고 싶은데요, 저녁에는 보통 몇 시에 수업이 있어요? 수업료는 얼마예요? 먼저 청강해볼 수 있나요?

**6-7급**

喂，是PAGODA补习班吗？你们那儿有TSC课程吗？我想准备汉语口语考试，可是我从来没有接触过TSC，完全不了解。如果我直接去咨询课程的话，需要提前预约吗？

여보세요, 파고다학원인가요? 거기 TSC 과정 있어요? 제가 중국어 회화시험을 준비하고 싶은데, 지금까지 TSC를 접해본 적이 없어서 전혀 몰라서요. 만약 직접 가서 커리큘럼 문의하려면, 미리 예약해야 하나요?

**어휘** 질문 ★ 询问 xúnwèn 문의하다 ｜ ★ 费用 fèiyòng 비용

4-5급 基础 jīchǔ 기초 ｜ 学费 xuéfèi 수업료 ｜ 试听 shì tīng 청강하다

6-7급 ★ 课程 kèchéng 과정, 커리큘럼 ｜ ★ 从来 cónglái 지금까지, 여태껏 ｜ 接触 jiēchù 접하다 ｜ 完全 wánquán 전혀, 완전히 ｜ ★ 了解 liǎojiě 알다 ｜ 直接 zhíjiē 직접 ｜ ★ 咨询 zīxún 문의하다 ｜ 提前 tíqián 사전에, 미리 ｜ ★ 预约 yùyuē 예약하다

| 4-5급 | 1 | 星期天下午，小王和女朋友在公园见面后开始商量做些什么。 |
| | | 일요일 오후, 샤오왕과 여자친구가 공원에서 만난 뒤 무엇을 할지 상의하기 시작했습니다. |
| | 2 | 小王建议在公园里骑自行车，女朋友建议去附近的咖啡厅边喝咖啡边聊天儿。 |
| | | 샤오왕은 공원에서 자전거를 타자고 했고, 여자친구는 근처 카페에 가서 커피 마시면서 이야기를 나누자고 제안했습니다. |
| | 3 | 最后女朋友决定听小王的，一起去骑自行车。但是没骑多久，突然下起了大雨。 |
| | | 결국 여자친구는 샤오왕의 말에 따르기로 하고 같이 자전거를 타러 갔습니다. 그런데 (자전거를) 탄지 얼마 지나지 않아, 갑자기 많은 비가 내리기 시작했습니다. |
| | 4 | 两人的衣服都湿了，他们赶紧跑到树下躲雨。小王很后悔没听女朋友的建议，去咖啡厅。他觉得对不起女朋友。 |
| | | 두 사람의 옷은 모두 젖었고, 그들은 재빨리 나무 밑으로 뛰어가 비를 피했습니다. 샤오왕은 카페에 가자는 여자친구의 의견을 듣지 않은 것을 후회했습니다. 그는 여자친구에게 미안함을 느꼈습니다. |
| 6-7급 | 1 | 星期六下午，小王和女朋友约好了一起去公园玩儿，然后再去看电影。 |
| | | 토요일 오후, 샤오왕과 여자친구는 같이 공원에 놀러갔다가 영화를 보러 가기로 약속했습니다. |
| | 2 | 小王提议教女朋友骑自行车。但是女朋友却想去公园里面的咖啡厅吃蛋糕。 |
| | | 샤오왕은 여자친구에게 자전거를 가르쳐 주겠다고 제안했습니다. 하지만 여자친구는 공원 안에 있는 카페에 가서 케이크가 먹고 싶었습니다. |
| | 3 | 两人讨论了半天，最后决定听小王的，一起去骑自行车。不过刚骑了不久，天就阴了，不一会儿就下起了大雨。于是两人急忙寻找可以避雨的地方。 |
| | | 두 사람은 한참을 의논했고, 결국 샤오왕의 말대로 같이 자전거를 타러 가기로 했습니다. 그런데 막 (자전거를) 탄지 얼마 지나지 않아 날씨가 흐려지더니 이윽고 많은 비가 내리기 시작했습니다. 그래서 둘은 급히 비를 피할 수 있는 곳을 찾았습니다. |
| | 4 | 他们跑到一棵大树下躲雨。小王觉得是自己害得女朋友淋了雨，因此感到非常抱歉。他愧疚地对女朋友说："要是去咖啡厅吃蛋糕就不会被雨淋了。" |
| | | 그들은 큰 나무 밑으로 뛰어가서 비를 피했습니다. 샤오왕은 자기때문에 여자친구가 비를 맞은 거란 생각에 굉장히 미안했습니다. 그는 미안해하며 여자친구에게 '카페에 가서 케이크를 먹었더라면 비를 맞지 않았을 텐데'라고 말했습니다. |

**어휘**

**4-5급** ★ 商量 shāngliang 상의하다 | ★ 建议 jiànyì 제안하다 | ★ 最后 zuìhòu 결국 | ★ 决定 juédìng 결정(하다) | 湿 shī 젖다, 축축하다 | 赶紧 gǎnjǐn 재빨리, 서둘러 | 躲 duǒ 피하다, 숨다 | ★ 后悔 hòuhuǐ 후회하다

**6-7급** ★ 约 yuē 약속하다 | ★ 讨论 tǎolùn 얘기하다, 토론하다 | ★ 刚 gāng 막 | 不一会儿 bùyíhuìr 이윽고, 머지않아 | 于是 yúshì 그래서 | 急忙 jímáng 급히 | 寻找 xúnzhǎo 찾다 | 避 bì 피하다, 숨다 | 害 hài 해하다, 손해를 입히다 | 淋 lín (비에) 젖다 | ★ 因此 yīncǐ 그래서 | ★ 感到 gǎndào 느끼다 | ★ 抱歉 bàoqiàn 미안해하다 | 愧疚 kuìjiù 미안해하다, 양심의 가책을 느끼다

# Test of Spoken Chinese

# 모범 답안 및 해석 10

## 问题 1

### 你叫什么名字?
당신의 이름은 무엇입니까?

| | |
|---|---|
| 4-5급 | 我姓朴，叫郝哲，这个名字是我父母给我起的。<br>제 성은 박이고, 이름은 학철입니다. 이 이름은 부모님께서 제게 지어 주신 것입니다. |
| 6-7급 | 我叫李俊荣，英俊的俊，荣幸的荣。<br>저는 이준영이라고 하고, '영준하다'의 준, '영광스럽다'의 영입니다. |

**어휘**　4-5급　★ 姓 xìng 성이 ~이다 ｜ 父母 fùmǔ 부모 ｜ 给 gěi ~에게 ｜ ★ 起 qǐ (이름을) 짓다

　　　　6-7급　英俊 yīngjùn 영준하다, 잘생기다 ｜ 荣幸 róngxìng 영광스럽다

## 问题 2

### 请说出你的出生年月日。
당신의 생년월일을 말해주세요.

| | |
|---|---|
| 4-5급 | 我是1988年4月18号出生的，今年三十二岁，属龙。<br>저는 1988년 4월 18일에 태어났고, 올해 32살로 용띠입니다. |
| 6-7급 | 我出生于1989年6月15号，今年三十一岁，属蛇。<br>저는 1989년 6월 15일에 태어났고, 올해 31살로 뱀띠입니다. |

**어휘**　질문　★ 出生 chūshēng 태어나다, 출생하다

　　　　4-5급　★ 属 shǔ (십이지의) ~띠이다 ｜ 龙 lóng 용

　　　　6-7급　★ 于 yú ~에, ~에서(시간 또는 장소를 나타냄) ｜ 蛇 shé 뱀

## 问题 3

### 你家有几口人?
당신의 가족은 몇 명입니까?

| 4-5급 | 我家有五口人，爸爸、妈妈、哥哥、姐姐和我，我是老小。<br>우리 가족은 다섯 명으로, 아빠, 엄마, 형, 누나 그리고 저입니다. 저는 막내입니다. |
|---|---|
| 6-7급 | 我家有四口人，爸爸、妈妈、姐姐和我。我跟姐姐差一岁，我们关系很好。<br>우리 가족은 네 명으로, 아빠, 엄마, 언니 그리고 저입니다. 저와 언니는 1살 차이로, 우리는 사이가 매우 좋습니다. |

**어휘** 질문 ★ **口** kǒu 명(식구를 세는 단위)

　　　 4-5급 ★ **哥哥** gēge 형, 오빠 | ★ **姐姐** jiějie 누나, 언니 | ★ **老小** lǎoxiǎo 막내

　　　 6-7급 **差** chà 차이가 나다 | ★ **关系** guānxi 사이, 관계

---

**问题 4**

## 你在什么地方工作？或者你在哪个学校上学？
당신은 어느 곳에서 일합니까? 혹은 당신은 어느 학교에 다닙니까?

| | | |
|---|---|---|
| 4-5급 | 직장인 | 我在中国银行工作，是代理。工作时使用汉语的机会很多，所以我每天都在努力学习汉语。<br>저는 중국 은행에서 일하고 있고, 대리입니다. 일할 때 중국어를 쓸 기회가 많아서 저는 매일 열심히 중국어를 공부하고 있습니다. |
| | 재학생 | 我是韩国大学机械工程系四年级的学生。我喜欢我的专业。<br>저는 한국대학교 기계공학과 4학년 학생입니다. 저는 제 전공이 마음에 듭니다. |
| | 졸업생 | 我已经毕业了，现在一边找工作，一边学习汉语。<br>저는 이미 졸업을 했습니다. 현재는 직장을 구하면서, 중국어를 배우고 있습니다. |
| 6-7급 | 직장인 | 我在一家整形医院工作，我是医生。现在是放假期间，所以客人非常多，特别忙。<br>저는 성형외과에서 일하고 있고, 의사입니다. 지금은 방학기간이라 손님이 굉장히 많고, 아주 바쁩니다. |
| | 재학생 | 我在韩国大学读书，我的专业是医学。因为要学习的东西特别多，所以我几乎每天都去图书馆看书。<br>저는 한국대학교에서 공부하고 있고, 전공은 의학입니다. 공부해야 할 것이 너무 많아서 저는 거의 매일 도서관에서 책을 봅니다. |
| | 졸업생 | 我已经毕业了，最近在一家公司实习。<br>저는 이미 졸업했고, 요즘은 회사에서 인턴을 하고 있습니다. |

**어휘** **질문** **地方** dìfang 곳, 장소 | **或者** huòzhě 혹은, 아니면 | **上学** shàng xué 학교에 다니다, 등교하다

**4-5급** ★ **银行** yínháng 은행 | **代理** dàilǐ 대리 | **使用** shǐyòng 사용하다 | **机会** jīhuì 기회 | **所以** suǒyǐ 그래서 | ★ **每天** měitiān 매일 | **努力** nǔlì 노력하다 | ★ **读书** dú shū 공부하다 | ★ **专业** zhuānyè 전공 | **医学** yīxué 의학 | **特别** tèbié 너무, 특히 | ★ **几乎** jīhū 거의 | ★ **图书馆** túshūguǎn 도서관 | ★ **已经** yǐjīng 이미 | ★ **毕业** bì yè 졸업하다 | ★ **一边A, 一边B** yìbiān A, yìbiān B A하면서 (동시에) B하다 | **找** zhǎo 찾다

**6-7급** **整形** zhěng xíng 성형수술을 하다 | **放假** fàng jià 방학하다, (직장이) 쉬다 | **期间** qījiān 기간 | **客人** kèrén 손님, 고객 | **机械工程** jīxiè gōngchéng 기계공학 | ★ **系** xì 과, 학과 | ★ **年级** niánjí 학년 | ★ **最近** zuìjìn 요즘 | ★ **公司** gōngsī 회사 | **实习** shíxí 실습하다

## 第2部分

## 问题 1

### 男人有多高?
남자의 키는 얼마나 됩니까?

| 4-5급 | 男人一米七八。<br>남자는 178cm입니다. |
| --- | --- |
| 6-7급 | 男人一米七八，旁边的女人一米六三。<br>남자는 178cm이고, 옆의 여자는 163cm입니다. |

**어휘** | 질문 **男人** nánrén 남자

　　　　4-5급 ★ **米** mǐ 미터(m)

　　　　6-7급 ★ **旁边** pángbiān 옆(쪽)　|　**女人** nǚrén 여자

## 问题 2

### 他在做什么?
그는 무엇을 하고 있습니까?

| 4-5급 | 他在爬山。<br>그는 등산을 하고 있습니다. |
| --- | --- |
| 6-7급 | 他在爬山，爬山是他的爱好。<br>그는 등산을 하고 있습니다. 등산은 그의 취미입니다. |

**어휘** 　4-5급 ★ **爬山** pá shān 등산하다

　　　　6-7급 ★ **爱好** àihào 취미

## 问题 3

### 电影院在几楼?
영화관은 몇 층에 있습니까?

| 4-5급 | 电影院在三楼。<br>영화관은 3층에 있습니다. |
|---|---|
| 6-7급 | 电影院在三楼，电影院楼下是餐厅。<br>영화관은 3층에 있고, 영화관 아래층은 식당입니다. |

**어휘** 질문 ★ **电影院** diànyǐngyuàn 영화관 ｜ ★ **楼** lóu 층

6-7급 ★ **楼下** lóuxià 아래층 ｜ ★ **餐厅** cāntīng 식당

---

**问题 4**

### 右边的是什么东西?
우측(에 있는 것)은 것은 무슨 물건입니까?

| 4-5급 | 右边的是钱包。<br>우측은 지갑입니다. |
|---|---|
| 6-7급 | 右边的是钱包，看起来质量很好。<br>우측은 지갑이고, 품질이 매우 좋아 보입니다. |

**어휘** 질문 ★ **右边** yòubian 오른쪽

4-5급 **钱包** qiánbāo 지갑

6-7급 ★ **看起来** kànqǐlai ~해 보이다, 보아하니 ｜ ★ **质量** zhìliàng 품질

第3部分

## 问题 1

### 你常吃水果吗?
당신은 과일을 자주 먹나요?

| 4-5급 | 我常吃水果。我喜欢吃苹果、橘子、香蕉、草莓等等。你呢? 你最喜欢吃什么水果?<br>저는 자주 과일을 먹어요. 저는 사과, 귤, 바나나, 딸기 등을 좋아해요. 당신은요? 당신은 어떤 과일을 가장 좋아하나요? |
|---|---|
| 6-7급 | 是的, 我每天早上都会吃许多水果。比如橙子、蓝莓、梨、葡萄、桃子等等。其中我最喜欢的是橙子。你呢? 你常吃水果吗?<br>네, 저는 매일 아침마다 많은 과일을 먹는데, 예를 들면 오렌지, 블루베리, 배, 포도, 복숭아 등이에요. 그중에서 제가 가장 좋아하는 것은 오렌지예요. 당신은요? 과일 자주 먹어요? |

**어휘** **4-5급** **橘子** júzi 귤 | **香蕉** xiāngjiāo 바나나 | **草莓** cǎoméi 딸기

**6-7급** ★ **每天** měitiān 매일 | **许多** xǔduō 많은 | ★ **比如** bǐrú 예를 들면 | **橙子** chéngzi 오렌지 | **蓝莓** lánméi 블루베리 | **梨** lí 배 | **葡萄** pútáo 포도 | **桃子** táozi 복숭아 | ★ **其中** qízhōng 그중

## 问题 2

### 请问, 邮局怎么走?
실례지만, 우체국은 어떻게 가나요?

| 4-5급 | 您从前面电影院那儿往右拐, 然后一直走到书店再往左拐就是。离这儿很近, 走三分钟就能到。<br>앞쪽(에 있는) 영화관에서 우회전하세요. 그런 다음 서점까지 쭉 걸어가셔서 다시 좌회전하면 바로예요. 여기서 아주 가까워서 3분만 걸어가시면 바로 도착할 겁니다. |
|---|---|
| 6-7급 | 从这儿一直走到银行, 然后往右拐就能看到一家咖啡厅, 咖啡厅对面就是邮局。离这儿不太远, 走过去大概要十分钟。<br>여기서 은행까지 쭉 걸어가신 다음 우회전하면 카페가 하나 보일 거예요. (그) 카페 맞은편이 바로 우체국입니다. 여기서 별로 멀지 않으니, 걸어가면 10분 정도 걸려요. |

**어휘** ▶ 질문 ★ **邮局** yóujú 우체국

4-5급 ★ **前面** qiánmiàn 앞(쪽) | ★ **电影院** diànyǐngyuàn 영화관 | ★ **往右拐** wǎng yòu guǎi 우회전하다 | ★ **然后** ránhòu 그런 다음 | ★ **一直** yìzhí 쭉, 계속 | ★ **往左拐** wǎng zuǒ guǎi 좌회전하다 | ★ **分钟** fēnzhōng 분(시간을 세는 단위)

6-7급 ★ **银行** yínháng 은행 | ★ **咖啡厅** kāfēitīng 카페 | ★ **对面** duìmiàn 맞은편 | ★ **大概** dàgài 대략

---

## 问题 3

### 我们怎么去游乐场好呢?
우리 놀이공원에 어떻게 가는 게 좋을까요?

| 4-5급 | 我们坐地铁吧，咖啡厅前边就有地铁站。从这儿到游乐场很近，坐地铁只需要十五分钟。<br>우리 지하철 타요. 카페 앞에 바로 지하철역이 있어요. 여기서 놀이공원까지 가까워서, 지하철 타면 15분 밖에 안 걸려요. |
|---|---|
| 6-7급 | 我们坐出租车吧，用软件叫车的话，车很快就会来的。从这里坐出租车去游乐场十分钟就能到，车费也很便宜。<br>우리 택시 타요. 앱으로 택시 부르면 금방 올 거예요. 여기서 택시 타고 놀이공원 가면 10분이면 도착할 수 있고, 택시비도 저렴해요. |

**어휘** ▶ 질문 **游乐场** yóulèchǎng 놀이공원

4-5급 ★ **地铁** dìtiě 지하철 | ★ **地铁站** dìtiě zhàn 지하철역 | **只** zhǐ ~밖에, 단지, 오직 | ★ **需要** xūyào (시간이) 걸리다, 필요하다

6-7급 ★ **出租车** chūzūchē 택시 | **软件** ruǎnjiàn 앱, 애플리케이션 | **叫车** jiào chē 택시를 부르다 | ★ **~的话** ~de huà ~한다면 | **车费** chēfèi 차비

---

## 问题 4

### 我们明天什么时候去博物馆?
우리 내일 언제 박물관에 갈까요?

| 4-5급 | 明天下午一点怎么样? 上午我要去银行办点儿事。下午一点在博物馆门口见吧。<br>내일 오후 1시 어때요? 오전에는 제가 은행에 일을 좀 보러 가야 하거든요. 오후 1시에 박물관 입구에서 만나요. |
|---|---|
| 6-7급 | 明天上午十点怎么样? 下午去的话，人太多，还是早点儿去比较好。我们明天先在地铁站见面，然后再一起去博物馆吧。<br>내일 오전 10시 어때요? 오후에 가면 사람이 너무 많아서, 좀 일찍 가는 게 그래도 좋을 것 같아요. 우리 내일 우선 지하철역에서 만나서 같이 박물관에 가요. |

**어휘** 질문 **博物馆** bówùguǎn 박물관

4-5급 **办事** bàn shì 일보다, 일을 처리하다 | ★ **门口** ménkǒu 입구

6-7급 **还是** háishi 그래도, 역시 | ★ **比较** bǐjiào 비교적 | ★ **先A, 然后B** xiān A, ránhòu B 먼저 A하고, 그런 다음 B하다 | **见面** jiàn miàn 만나다, 얼굴을 보다

---

## 问题 5

# 你们学校什么时候放寒假?

너희 학교는 언제 겨울 방학해?

| | |
|---|---|
| 4-5급 | 我们学校这个星期五就放假，这次寒假我要跟家人一起去中国旅游。你们学校已经放假了吗？<br><br>우리 학교는 이번 주 금요일에 방학해. 이번 겨울 방학에 나는 가족들과 같이 중국에 여행 갈 거야. 너희 학교는 이미 방학했어? |
| 6-7급 | 我们学校已经放寒假了，所以我最近每天上午都去补习班学习汉语。你们学校放假了吗？这次寒假你有什么打算？<br><br>우리 학교는 겨울 방학 벌써 했어. 그래서 나 요즘 매일 오전에 학원 가서 중국어 배워. 너희 학교는 방학했어? 이번 겨울 방학 때 넌 무슨 계획이 있니? |

**어휘** 질문 ★ **放** fàng (학교나 직장이) 쉬다, 놀다 | ★ **寒假** hánjià 겨울 방학

4-5급 ★ **放假** fàng jià 방학하다, (직장이) 쉬다

6-7급 ★ **最近** zuìjìn 요즘 | ★ **补习班** bǔxíbān 학원 | ★ **打算** dǎsuàn 계획

## 第4部分

## 问题 1

### 你有跳槽的经历吗?
당신은 이직한 경험이 있습니까?

**4-5급**

我有跳槽的经历。我以前在服务行业工作过，但是觉得不适合自己，现在在办公室做秘书。我觉得现在的工作更适合我，也更有趣。

저는 이직 경험이 있습니다. 예전에 저는 서비스 분야에서 일을 했었는데, 저에게 잘 맞지 않다고 느껴서 지금은 사무실에서 비서로 일하고 있습니다. 저는 지금 일이 저에게 훨씬 잘 맞고, 더 재미있다고 생각합니다.

**6-7급**

我没有跳槽的经历。我在现在这个公司已经上了5年班了。虽然也有过很多困难，但是坚持不懈地守着一个岗位让我积累了相关经验，还得到了公司的肯定。我觉得去哪儿上班都会很累，坚持在一个地方比经常换工作更好。

저는 이직한 경험이 없습니다. 저는 지금 이 회사에서 이미 5년째 근무 중입니다. 물론 어려움도 많았지만, 꾸준히 한 직장을 지키다 보니 (업무) 관련 경험도 쌓이고, 회사의 인정도 받게 되었습니다. 제 생각에는 어디를 가서 일하더라도 힘들 것이기에, 한 곳에서 계속 일하는 것이 자주 일을 바꾸는 것보다 더 좋은 것 같습니다.

**어휘** 질문 ★ **跳槽** tiào cáo 이직하다, 직장이나 직업을 바꾸다 | ★ **经历** jīnglì 경험, 경력

4-5급 ★ **服务** fúwù 서비스하다 | **行业** hángyè 분야, 업(종) | ★ **适合** shìhé 알맞다, 적당하다 | **秘书** mìshū 비서 | ★ **有趣** yǒuqù 재미있다

6-7급 ★ **困难** kùnnán 어려움, 곤란 | ★ **坚持不懈** jiānchí búxiè 끊임없이 하다, 게으름 없이 끝까지 견지해 나가다 | **守** shǒu 지키다, 고수하다 | **岗位** gǎngwèi 직장, 직책 | ★ **积累** jīlěi 쌓다, 축적하다 | ★ **相关** xiāngguān 관련되다 | ★ **经验** jīngyàn 경험 | **得到** dé dào 얻다 | ★ **肯定** kěndìng 인정하다, 긍정적으로 평가하다 | **坚持** jiānchí 지속하다, 고수하다

## 问题 2

### 请你介绍一下你学习汉语的方法。
당신의 중국어 공부 방법을 소개해 보십시오.

**4-5급**

我来介绍一下我学习汉语的方法。我经常看中国的电视剧和电影，看不懂的地方就停下来看字幕、查词典。另外，我会尽量多跟中国朋友聊天儿。我觉得这些方法对提高汉语水平非常有效。

저의 중국어 공부 방법을 소개하겠습니다. 저는 중국 드라마와 영화를 자주 보는데, 못 알아듣는 부분은 바로 멈춰서 자막을 보고 사전을 찾습니다. 이 외에도 저는 최대한 중국 친구와 대화를 많이 나눕니다. 저는 이런 방법들이 중국어 실력을 향상시키는데 굉장히 효과적이라고 생각합니다.

| 6-7급 | 我来介绍一下我学习汉语的方法。最近我在补习班学汉语，每次下课后我会把当天学的课文读十遍、抄五遍，然后把课文背下来。此外，上下班的路上我一定会听课文的录音。我觉得学习没有捷径，反复练习才是最好的学习方法。<br><br>저의 중국어 공부 방법을 소개하겠습니다. 요즘 저는 학원에서 중국어를 배우는데, 매번 수업이 끝난 뒤에는 그날 배운 본문을 10번씩 읽고, 5번씩 쓴 다음 본문을 암기합니다. 그 밖에도 저는 출퇴근 길에 본문 녹음(파일)을 꼭 듣습니다. 저는 공부에는 지름길이 없고, 반복연습이야말로 가장 좋은 공부방법이라고 생각합니다. |
|---|---|

**어휘** 질문 ★ **方法** fāngfǎ 방법

4-5급 **电视剧** diànshìjù 드라마 | **停下来** tíng xiàlai 멈추다 | **字幕** zìmù 자막 | ★ **查** chá 찾아보다 | ★ **尽量** jǐnliàng 최대한, 되도록 | ★ **有效** yǒuxiào 효과적이다, 유효하다

6-7급 ★ **当天** dàngtiān 그날, 당일 | ★ **课文** kèwén 본문 | ★ **遍** biàn 번(처음부터 끝까지 횟수를 세는 단위) | **抄** chāo 베껴 쓰다 | ★ **背** bèi 암기하다, 외우다 | ★ **此外** cǐwài 그 밖에 | **录音** lùyīn 녹음 | **捷径** jiéjìng 지름길 | ★ **反复** fǎnfù 반복하다

---

## 问题 3

### 你认为在一天中的哪个时间段学习或工作最有效率？

당신은 하루 중 어느 시간대에 공부나 일을 하는 것이 가장 능률이 좋다고 생각합니까?

| 4-5급 | 我认为在早晨学习或工作最有效率，因为那时候人的大脑最清醒，记忆力也最好。所以我每天早晨七点都会去图书馆学习。<br><br>저는 아침에 공부나 일을 하는 것이 가장 능률이 좋다고 생각합니다. 왜냐하면 그때가 사람의 대뇌가 가장 맑고 깨끗하며, 기억력도 가장 좋기 때문입니다. 그래서 저는 매일 아침 7시에 도서관에 가서 공부를 합니다. |
|---|---|
| 6-7급 | 我认为在早晨学习或工作最有效率。俗话说"一日之计在于晨"，经过一晚的休息，早上起来之后精力会比较旺盛，头脑也比较清醒。所以每当有重要的工作或者学习任务时，我都会放在早晨做。<br><br>저는 아침에 공부나 일을 하는 것이 가장 능률이 좋다고 생각합니다. 속담에 '하루의 계획은 아침에 있다'라고 했습니다. 밤사이 휴식을 거쳐 아침에 일어난 후에는 에너지가 왕성하고 두뇌도 비교적 맑습니다. 그래서 중요한 일이나 학습임무가 있을 때마다 저는 아침에 합니다. |

**어휘** 질문 **时间段** shíjiānduàn 시간(대) | ★ **效率** xiàolǜ 능률, 효율

4-5급 **早晨** zǎochen (이른) 아침, 새벽 | **大脑** dànǎo 대뇌 | **清醒** qīngxǐng 맑고 깨끗하다 | ★ **记忆力** jìyìlì 기억력

6-7급 **俗话** súhuà 속담 | **在于** zàiyú ~에 (달려) 있다 | **经过** jīngguò ~을 거치다 | ★ **精力** jīnglì 에너지 | **旺盛** wàngshèng 왕성하다 | **头脑** tóunǎo 두뇌 | ★ **任务** rènwu 임무

---

## 问题 4

### 你多久去外面吃一次饭？

당신은 얼마 만에 한 번씩 밖에 나가서 식사를 합니까?

| | |
|---|---|
| 4-5급 | 我几乎天天都在外面吃饭。我是学生，从早上七点到下午五点在学校学习，放学后又要马上去补习班，没有时间回家吃饭。所以我午餐在学生食堂吃，晚餐在补习班附近的韩餐厅吃。<br><br>저는 거의 매일 밖에서 식사를 합니다. 저는 학생입니다. 아침 7시부터 오후 5시까지 학교에서 공부하고, 학교가 끝나면 또 바로 학원에 가야 하기 때문에 집에 가서 밥을 먹을 시간이 없습니다. 그래서 저는 점심은 학생 식당에서 먹고, 저녁은 학원 근처의 한식당에서 먹습니다. |
| 6-7급 | 我很少在外面吃饭，一般都在家做饭吃。自己做饭虽然很麻烦，但是比外面卫生，营养也更丰富。而且我喜欢做菜，手艺也还不错。因此如果没有特别的原因，我更喜欢在家自己做饭吃。<br><br>저는 밖에서 식사하는 일이 매우 드물고, 보통은 집에서 밥을 해먹습니다. 직접 밥을 하면 귀찮기는 하지만, 바깥보다 위생적이고 영양도 더 풍부합니다. 게다가 저는 요리하는 것을 좋아하고, 요리 솜씨 역시 그런대로 괜찮습니다. 따라서 만약 특별한 이유가 없다면 저는 집에서 직접 밥을 해서 먹는 것을 더 좋아합니다. |

**어휘** 4-5급 **天天** tiāntiān 매일, 날마다 | ★ **午餐** wǔcān 점심(식사) | ★ **食堂** shítáng 식당 | **晚餐** wǎncān 저녁(식사) | ★ **韩餐厅** háncāntīng 한식당

6-7급 ★ **麻烦** máfan 귀찮다 | ★ **卫生** wèishēng 위생적이다 | ★ **营养** yíngyǎng 영양 | ★ **丰富** fēngfù 풍부하다 | **手艺** shǒuyì 솜씨 | **还** hái 그런대로, 그럭저럭 | ★ **因此** yīncǐ 따라서 | ★ **原因** yuányīn 이유, 원인

---

### 问题 5

## 你是个性格外向的人吗?
당신은 성격이 외향적인 사람입니까?

| | |
|---|---|
| 4-5급 | 我不是个性格外向的人。我喜欢一个人静静地在图书馆看书，不太喜欢去热闹的地方。而且我比较容易害羞，话也很少。我觉得我的性格很内向。<br><br>저는 성격이 외향적인 사람이 아닙니다. 저는 혼자 조용히 도서관에서 책보는 것을 좋아하고, 떠들썩한 곳을 좋아하지 않습니다. 뿐만 아니라 쉽게 부끄러움을 타고, 말수도 적은 편입니다. 저는 제 성격이 매우 내성적이라고 생각합니다. |
| 6-7급 | 我是个性格外向的人。我很喜欢跟人打交道，也喜欢参加各种各样的活动。遇到问题时，我会积极地提出自己的意见并解决问题。我还喜欢成为团队的主导者，最近也在一个小组中担任了组长。我希望这次也可以做一个令组员信任的优秀的组长。<br><br>저는 성격이 외향적인 사람입니다. 저는 사람들과 교류하는 것을 좋아하고, 다양한 활동에 참여하는 것 또한 좋아합니다. 문제에 부딪혔을 때 저는 적극적으로 의견을 내고, 문제를 해결하려고 합니다. 또 저는 팀의 리더가 되는 것을 좋아하는데, 최근에도 한 모임에서 리더를 맡았습니다. 이번에도 팀원들이 신임하는 훌륭한 리더가 되고 싶습니다. |

**어휘** 질문 ★ **性格** xìnggé 성격 | ★ **外向** wàixiàng 외향적이다

4-5급 ★ **热闹** rènao 떠들썩하다, 왁자지껄하다 | ★ **害羞** hài xiū 부끄러워하다 | ★ **内向** nèixiàng 내성적이다

6-7급 ★ **打交道** dǎ jiāodào (사람 간에) 교류하다, 왕래하다, 사귀다 | ★ **各种各样** gè zhǒng gè yàng 다양한, 각양각색 | ★ **活动** huódòng 활동(하다) | ★ **积极** jījí 적극적이다 | ★ **提出** tíchū 내다, 제안하다 | ★ **意见** yìjiàn 의견 | **并** bìng 그리고 | ★ **解决** jiějué 해결하다 | ★ **成为** chéngwéi ~가 되다 | **主导者** zhǔdǎozhě 리더, 주장 | **小组** xiǎozǔ (소)모임, 동아리 | **担任** dānrèn 맡다 | **组长** zǔzhǎng 조장, 팀장 | **令** lìng (~로 하여금) ~하게 하다 | **组员** zǔyuán 팀원, 조원 | **信任** xìnrèn 신임하다, 믿다 | **优秀** yōuxiù 훌륭하다, 우수하다

## 第5部分

### 问题 1

**有些人从年轻时就开始为退休以后的生活做准备，你对此有什么看法?**

어떤 사람들은 젊었을 때부터 퇴직 이후의 생활을 위해 준비를 시작합니다. 당신은 이에 대해 어떤 견해를 가지고 있습니까?

**4-5급**

有些人从年轻时就开始为退休以后的生活做准备，我觉得用不着这么做。如果为了准备未知的将来而错过年轻时应享受的快乐，肯定会后悔。所以我觉得现在过好每一天才是最重要的。

어떤 사람은 젊었을 때부터 퇴직 이후의 생활을 위해 준비를 시작하는데, 저는 그렇게 할 필요가 없다고 생각합니다. 만약 아직 모르는 미래를 준비하기 위해 젊을 때 누려야 할 즐거움을 놓친다면, 분명히 후회할 것입니다. 그래서 저는 지금 하루하루를 잘 보내는 것이야말로 가장 중요하다고 생각합니다.

**6-7급**

有些人从年轻时就开始为退休以后的生活做准备，我赞成这种做法。现在已经没有能干一辈子的所谓"铁饭碗"了。如果自己在年轻的时候没有提前做准备，那么退休之后的生活有可能会变得很困难。所以我觉得从年轻的时候就要未雨绸缪做好资金储备，并且坚持不懈地开发自我。

어떤 사람은 젊었을 때부터 퇴직 이후의 생활을 위해 준비를 시작하는데, 저는 이렇게 하는 것에 찬성합니다. 지금은 이미 평생 일할 수 있는 이른바 '철밥통'이라는 것이 없어졌습니다. 만약 젊었을 때 미리 준비해 두지 않는다면, 퇴직 후의 생활이 매우 힘들어 질 수 있습니다. 그래서 저는 젊었을 때부터 미리 계획을 세워 자금 저축을 잘 해두어야 하고, 또한 끊임없이 자기 개발을 해야 한다고 생각합니다.

**어휘** **질문** ★ **退休** tuì xiū 퇴직하다 | ★ **生活** shēnghuó 생활(하다) | ★ **看法** kànfǎ 견해, 생각

**4-5급** **用不着** yòng bu zháo 필요 없다, 필요치 않다 | **未知** wèi zhī 아직 모르다, 미지하다 | **将来** jiānglái 미래 | ★ **错过** cuòguò (기회를) 놓치다, 잃다 | ★ **享受** xiǎngshòu 누리다 | ★ **肯定** kěndìng 분명히, 틀림없이 | ★ **后悔** hòuhuǐ 후회하다

**6-7급** ★ **赞成** zànchéng 찬성하다 | ★ **做法** zuòfǎ (하는) 방법 | **一辈子** yíbèizi 평생, 일생 | **所谓** suǒwèi 이른바, 소위 | **铁饭碗** tiěfànwǎn 철밥통, 평생직장 | **提前** tíqián 미리, 사전에 | ★ **困难** kùnnán 어렵다 | **未雨绸缪** wèiyǔchóumóu 미리 계획을 세우다, 사전에 방비하다 | **资金** zījīn 자금 | **储备** chǔbèi 저축하다, 비축하다 | **并且** bìngqiě 또한 | ★ **坚持不懈** jiānchí búxiè 끊임없이 하다, 게으름 없이 끝까지 견지해 나가다 | **开发** kāifā 개발하다 | **自我** zìwǒ 자기 자신, 자아

## 你认为学习外语时，语法重要吗？

당신은 외국어를 공부할 때, 어법이 중요하다고 생각합니까?

**4-5급**

我认为学习外语时，语法很重要。在初级阶段，即使不懂语法，也能通过一些单词的基本意思大概了解整个句子的意思。但是随着学习难度的加深，如果不具备基本的语法知识，就很难理解整句话的意思了。所以我认为语法是学习外语时很重要的一部分。

저는 외국어를 공부할 때, 어법이 매우 중요하다고 생각합니다. 초급 단계에서는 설령 어법을 모르더라도 일부 단어의 기본적인 뜻으로도 전체 문장의 의미를 대강 알 수 있습니다. 하지만 학습의 난이도가 높아질수록 기본적인 어법 지식을 갖추지 않는다면 전체 문장의 뜻을 이해하기 어렵습니다. 그래서 전 어법이 외국어를 공부할 때 매우 중요한 부분이라고 생각합니다.

**6-7급**

我认为学习外语时，语法很重要。在外语学习中如果忽略了语法的学习，以后在理解句子的具体意思时就会遇到困难。只有掌握了语法知识，才能理解复杂的长句，并且能够在写作时准确地运用语法。所以我认为语法是外语学习中绝对不能忽略的一个部分。

저는 외국어를 공부할 때, 어법이 매우 중요하다고 생각합니다. 외국어 학습에서 만약 어법 공부를 소홀히 한다면, 나중에 문장의 구체적인 의미를 이해할 때 어려움을 겪을 수 있습니다. 어법 지식을 마스터해야만 복잡한 장문을 이해할 수 있고, 또한 작문을 할 때도 정확하게 어법을 사용할 수 있습니다. 그래서 저는 어법은 외국어 학습에서 절대 소홀히 하면 안 되는 부분이라고 생각합니다.

**어휘** 질문 ★ **语法** yǔfǎ 어법

4-5급 ★ **初级** chūjí 초급 | **阶段** jiēduàn 단계 | **即使** jíshǐ 설령 ～일지라도 | ★ **通过** tōngguò ～을 통해서 | **单词** dāncí 단어 | **基本** jīběn 기본적인 | ★ **大概** dàgài 대강, 대략 | ★ **了解** liǎojiě 알다, 파악하다 | ★ **随着** suízhe ～에 따라 | **难度** nándù 난이도 | **加深** jiāshēn 심화되다, 깊어지다 | **具备** jùbèi 갖추다 | ★ **知识** zhīshi 지식 | ★ **理解** lǐjiě 이해하다

6-7급 **忽略** hūlüè 소홀히 하다 | ★ **掌握** zhǎngwò 마스터하다, 장악하다 | ★ **复杂** fùzá 복잡하다 | **能够** nénggòu ～할 수 있다 | **写作** xiězuò 작문하다, 글을 짓다 | ★ **准确** zhǔnquè 정확하다 | **运用** yùnyòng 사용하다, 운용하다 | **绝对** juéduì 절대로

## 在你们国家，环境污染的主要原因是什么？

당신의 나라에서는 환경 오염의 주요 원인이 무엇입니까?

**4-5급**

在我们国家，环境污染的主要原因是一次性用品垃圾。因为大部分的一次性用品都不易降解，需数百年才能分解。因此我们国家最近开始禁止在咖啡厅内使用一次性杯子和吸管。

우리나라 환경 오염의 주요 원인은 일회용품 쓰레기입니다. 왜냐하면 대부분의 일회용품은 쉽게 분해되지 않고 수백 년이 지나서야 비로소 분해가 가능합니다. 그래서 우리나라에서는 최근 카페 내 일회용 컵과 빨대의 사용을 금지하고 있습니다.

| 6-7급 | 在我们国家，环境污染的主要原因是工厂排放的废气和汽车排放的尾气。工厂废气和汽车尾气中都含有大量的细微颗粒，这严重影响了空气质量。为了减少污染，政府和民众应该共同努力，还地球一片蓝天。<br><br>우리나라 환경 오염의 주요 원인은 공장에서 배출하는 폐기가스와 자동차가 배출하는 배기가스입니다. 공장 폐기가스와 자동차 배기가스 모두 다량의 미세입자를 함유하고 있는데, 이는 공기 질에 심각한 영향을 끼칩니다. 오염을 줄이기 위해서 정부와 국민들이 함께 노력하여, 지구에게 푸른 하늘을 돌려줘야 합니다. |
| --- | --- |

**어휘** 질문 ★污染 wūrǎn 오염 | ★原因 yuányīn 원인

4-5급 ★一次性用品 yícìxìng yòngpǐn 일회용품 | ★垃圾 lājī 쓰레기 | 不易 bú yì 어렵다, 쉽지 않다 | 降解 jiàngjiě 분해되다 | 分解 fēnjiě 분해하다 | ★禁止 jìnzhǐ 금지하다, 불허하다 | 吸管 xīguǎn 빨대

6-7급 工厂 gōngchǎng 공장 | 排放 páifàng 배출하다 | ★废气 fèiqì 폐기가스 | ★尾气 wěiqì 배기가스 | 含有 hányǒu 함유하다, 포함하다 | 细微 xìwēi 미세하다 | 颗粒 kēlì 입자, 알갱이 | ★严重 yánzhòng 심각하다 | ★空气 kōngqì 공기 | ★质量 zhìliàng 질, 품질 | 减少 jiǎnshǎo (숫자, 정도 등이) 줄다 | 政府 zhèngfǔ 정부 | 民众 mínzhòng 국민, 민중 | 共同 gòngtóng 함께, 다같이 | 地球 dìqiú 지구 | 片 piàn 조각 | 蓝天 lántiān 푸른 하늘, 창공

## 问题 4

### 如果你周围有人想创业，你会支持还是反对?

만약 당신 주변의 누군가가 창업을 원한다면, 당신은 지지하겠습니까 아니면 반대하겠습니까?

| 4-5급 | 如果我周围有人想创业，我会支持他。我觉得比起在公司上班，创业的好处更多。因为创业时，大多数事情都是自己做主，不用看上司的脸色，还可以做自己想做的事情，好处很多。所以如果有人要创业，我会支持的。<br><br>만약 제 주변의 누군가가 창업을 원한다면, 저는 지지하겠습니다. 저는 회사에 출근하는 것과 비교했을 때 창업의 장점이 더 많다고 생각합니다. 왜냐하면 창업할 경우 대부분의 일들은 본인이 결정권을 갖게 되고, 상사의 눈치를 볼 필요가 없으며 자신이 하고 싶은 일들을 할 수 있는 등 장점이 많기 때문입니다. 따라서 누군가 창업을 하려고 한다면 저는 지지할 것입니다. |
| --- | --- |
| 6-7급 | 如果我周围有人想创业，我会反对。因为在创业的过程中，自己需要负责的事情很多，压力也会更大。特别是创业初期，要准备的非常多，属于自己的个人时间会减少，也会影响与家人的相处。所以我觉得比起创业，在公司上班好处会更多。<br><br>만약 제 주변의 누군가가 창업을 원한다면, 저는 반대하겠습니다. 왜냐하면 창업하는 과정에서 스스로 책임져야 할 일들이 매우 많고, 스트레스 역시 훨씬 크기 때문입니다. 특히 창업 초기에는 준비할 것이 굉장히 많기 때문에 개인 시간은 줄어들 것이고, 가족들과 함께 하는 데에도 영향을 미칠 것입니다. 그래서 저는 창업보다는 회사를 다니는 것이 장점이 더 많다고 생각합니다. |

**어휘** 질문 周围 zhōuwéi 주변, 주위 | ★创业 chuàngyè 창업하다 | ★支持 zhīchí 지지하다 | ★反对 fǎnduì 반대하다

4-5급 ★比起 bǐqǐ ~와 비교하다, ~보다 | ★好处 hǎochù 장점 | 做主 zuò zhǔ 결정권을 가지다 | 看~的脸色 kàn~de liǎnsè ~의 눈치를 보다

6-7급 过程 guòchéng 과정 | 负责 fùzé 책임지다 | ★压力 yālì 스트레스 | 初期 chūqī 초기 | 属于 shǔyú ~에 속하다 | ★相处 xiāngchǔ 함께 지내다

## 第6部分

问题 1

你不小心把手机落在游乐场的咖啡厅里了，请跟职员说明情况并请他帮你找到手机。

당신은 실수로 휴대 전화를 놀이공원 카페 안에 두고 왔습니다. 직원에게 상황을 설명하고 그에게 휴대 전화를 찾아달라고 요청해 보세요.

| 4-5급 | 你好，我刚刚在你们咖啡厅喝完咖啡，离开时不小心把手机落在座位上了。请问你们的职员在收拾桌子的时候没有看到黑色的手机吗？请您帮我找一找，谢谢。<br><br>안녕하세요, 제가 방금 이 카페에서 커피를 마시고 가면서 실수로 휴대 전화를 자리에 두고 갔어요. 실례지만, 직원 분이 테이블 치우실 때 검은색 휴대 전화 못 보셨나요? 좀 찾아봐 주시면 감사하겠습니다. |
|---|---|
| 6-7급 | 你好，我十分钟前喝完咖啡，离开时不小心把手机落在座位上了。我的手机是白色的三星手机，我坐的是靠窗那边的第二个位置，现在在座位上什么也没有。请您帮我找一下吧。这是我弟弟的手机号码，找到的话，请打这个号码，谢谢。<br><br>안녕하세요, 제가 10분 전에 커피 마시고 가면서 실수로 휴대 전화를 자리에 두고 왔어요. 제 휴대 전화는 하얀색 삼성폰이고, 제가 앉았던 건 창가 쪽 두 번째 자리인데, 지금 자리에 아무것도 없네요. 좀 찾아봐 주세요. 이건 제 남동생 휴대 전화 번호이니, 찾으시면 이 번호로 전화주세요, 감사합니다. |

**어휘** 질문 ★ 落 là (놓아) 두다, 빠뜨리다 | 游乐场 yóulèchǎng 놀이공원 | 职员 zhíyuán 직원 | ★ 说明 shuōmíng 설명하다 | ★ 情况 qíngkuàng 상황 | 并 bìng 그리고

4-5급 刚刚 gānggāng 방금 | ★ 不小心 bù xiǎoxīn 실수로 | 座位 zuòwèi 자리 | 收拾 shōushi 치우다, 정리하다

6-7급 三星 Sānxīng 삼성(회사명) | 靠窗 kào chuāng 창가 쪽 | 位置 wèizhì 위치

问题 2

你们办公室的复印机突然停了，请你给售后服务中心打电话说明情况并要求解决问题。

당신 사무실의 복사기가 갑자기 멈췄습니다. AS센터에 전화를 걸어서 상황을 설명하고 문제 해결을 요청해 보세요.

| 4-5급 | 喂，是售后服务中心吗？这里是万大公司八楼的营业部。我们办公室的复印机突然停了。刚才还没问题，不知道为什么突然复印不了了。您现在能来检查一下吗？<br><br>여보세요, AS센터인가요? 여기는 완다회사 8층 영업팀인데요, 저희 사무실 복사기가 갑자기 멈췄어요. 조금 전에도 문제가 없었는데, 왜 갑자기 복사가 안 되는지 모르겠습니다. 지금 오셔서 잠깐 봐주실 수 있나요? |
|---|---|

**6-7급** 喂，是售后服务中心吗？这里是万大公司十楼的宣传部，我们办公室的复印机突然停了，关掉电源后重启也不行。我们着急要复印开会用的文件，麻烦你现在派人来检查一下是什么原因，谢谢。

여보세요, AS센터인가요? 여기는 완다회사 10층 홍보팀인데요, 저희 사무실 복사기가 갑자기 멈췄어요. 전원을 껐다가 재부팅해도 되질 않습니다. 회의에 사용할 문서를 급히 복사해야 하는데, 죄송하지만 지금 사람을 보내서 무슨 원인인지 체크 좀 부탁 드릴게요. 감사합니다.

**어휘** **질문** 复印机 fùyìnjī 복사기 | ★ 售后服务 shòuhòu fúwù 애프터 서비스(AS) | ★ 中心 zhōngxīn 센터 | ★ 要求 yāoqiú 요구하다 | ★ 解决 jiějué 해결하다

**4-5급** 营业部 yíngyè bù 영업팀 | 复印 fùyìn 복사하다 | ★ 检查 jiǎnchá 검사하다, 체크하다

**6-7급** 宣传部 xuānchuán bù 홍보팀 | 关掉 guān diào 끄다, 꺼버리다 | 电源 diànyuán 전원 | 重启 chóngqǐ 재부팅하다 | 文件 wénjiàn 문서 | ★ 麻烦 máfan 귀찮게 하다, 번거롭게 하다 | ★ 派人 pài rén 사람을 보내다, 파견하다 | ★ 原因 yuányīn 원인

### 问题 3

**你妹妹天天吃方便食品。请你向她说明吃方便食品的害处，劝她吃健康食品。**

당신의 여동생은 매일 인스턴트 식품을 먹습니다. 그녀에게 인스턴트 식품 섭취의 해로움을 설명하고, 건강식품을 먹도록 권해 보세요.

**4-5급** 小丽，看你最近好像天天吃方便食品啊。方便食品既没有营养，热量又高，经常吃的话对健康没好处。我觉得你应该多吃点蔬菜和水果，这样对身体比较好。

샤오리, 너 요즘 거의 매일 인스턴트 식품 먹는 것 같더라. 인스턴트 식품은 영양가는 없으면서 칼로리는 또 높아서, 자주 먹으면 건강에 좋을 게 없어. 내 생각에는 네가 야채랑 과일을 좀 많이 먹어야 할 것 같아, 그렇게 하는 게 건강에 좋단다.

**6-7급** 小丽，你今晚又吃方便食品了？ 你应该改变一下饮食习惯。我知道你喜欢吃方便食品，但是经常吃的话对身体不好。这些食品大都是油炸的，热量高，很容易长胖，也不能为身体提供所需的营养。你还是多吃点儿蔬菜和水果，否则以后生病就不好了。

샤오리, 너 오늘 저녁에 또 인스턴트 식품 먹었니? 넌 식습관을 좀 고쳐야 해. 네가 인스턴트 식품 좋아하는 건 알지만, 자주 먹으면 몸에 안 좋아. 이런 식품들은 대부분이 기름에 튀긴 거라서 칼로리가 높고 쉽게 살쪄. 또 몸이 필요로 하는 영양도 공급할 수 없고 말야. 야채랑 과일을 좀 많이 먹으렴. 그렇지 않고 나중에 아프면 안 좋으니까.

**어휘** **질문** 天天 tiāntiān 매일, 날마다 | ★ 方便食品 fāngbiàn shípǐn 인스턴트 (식품) | ★ 害处 hàichù 해로움, 나쁜 점 | ★ 劝 quàn 권하다, 충고하다

**4-5급** ★ 好像 hǎoxiàng (아마도) ~인 것 같다 | 既A又B jì A yòu B A하고 (또) B하다 | ★ 营养 yíngyǎng 영양(가) | ★ 热量 rèliàng 칼로리, 열량 | ★ 好处 hǎochù 좋은 점, 장점 | 蔬菜 shūcài 야채

**6-7급** ★ 改变 gǎibiàn 바꾸다 | ★ 饮食 yǐnshí (음식을) 섭취하다, 먹고 마시다 | 油炸 yóuzhá 기름에 튀기다 | ★ 长胖 zhǎng pàng 살찌다 | ★ 提供 tígòng 공급하다, 제공하다 | 所需 suǒ xū 필요로 하다 | ★ 否则 fǒuzé 그렇지 않으면

| | | |
|---|---|---|
| 4-5급 | 1 | 星期一晚上十二点，小高还在玩儿手机。虽然第二天有考试，但是他仍然沉迷于手机游戏。<br><br>월요일 밤 12시, 샤오가오는 아직도 휴대 전화를 만지고 있습니다. 비록 다음 날 시험이 있지만, 그는 여전히 모바일 게임에 푹 빠져 있습니다. |
| | 2 | 第二天考试的时候，小高觉得试卷很难。因为他没有好好儿准备考试，所以有很多题都不会做。<br><br>이튿날 시험 기간, 샤오가오는 시험이 어렵다고 생각했습니다. 그는 시험 준비를 제대로 하지 않았기 때문에 많은 문제들을 풀 수 없었습니다. |
| | 3 | 过了几天，考试结果出来了。老师手里拿着一张满分的试卷站在小高面前，小高以为那张试卷是自己的，心里又惊又喜。<br><br>며칠이 지났고 시험 결과가 나왔습니다. 선생님이 손에 만점 짜리 시험지를 한 장 들고는 샤오가오 앞에 서자 그는 그 시험지가 자신의 것인 줄 알고 속으로 놀라면서도 기뻤습니다. |
| | 4 | 但是，老师并没有把那张试卷给小高。原来那张试卷是小高身后的女同学的。<br><br>하지만 선생님은 그 시험지를 샤오가오에게 주지 않았습니다. 알고 보니 그 시험지는 샤오가오 뒤에 있는 여학생의 것이었습니다. |
| 6-7급 | 1 | 周二深夜，小高捧着手机玩儿游戏，舍不得停下来。他把第二天的考试抛在了脑后。<br><br>화요일 늦은 밤, 샤오가오는 휴대 전화를 들고 게임을 하며 차마 멈추지 못합니다. 다음 날 있는 시험은 뒷전이었습니다. |
| | 2 | 第二天考试的时候小高看到试卷就傻眼了。因为他没有认真复习，所以几乎所有的题都不会做。两个小时的考试时间，对他来说每分每秒都是煎熬。<br><br>이튿날 시험 시간에 샤오가오는 시험지를 보고 멍해졌습니다. 그는 열심히 복습하지 않았기에 거의 모든 문제를 풀 수 없었습니다. 2시간의 시험 시간이 그에게는 1분 1초가 고통이었습니다. |
| | 3 | 过了几天，考试成绩出来了，老师拿着一张满分试卷站在小高面前。小高以为那张试卷是自己的，他心想也许是自己运气好，都答对了。<br><br>며칠이 지나고, 시험 성적이 나왔습니다. 선생님이 만점 짜리 시험지를 들고 샤오가오 앞에 서자, 샤오가오는 그 시험지가 자기 것인줄 알고, 그는 속으로 어쩌면 자기가 운이 좋아서 다 맞은 거라고 생각했습니다. |

|  | 其实那张试卷是他身后的女同学的，而小高只考了20分，他非常不好意思地低下头，向老师保证下次一定好好复习。 |
| 4 | 사실 그 시험지는 샤오가오 뒤에 있는 여학생의 것이었고, 샤오가오는 20점 밖에 못 받았습니다. 그는 아주 부끄러워하며 고개를 숙이고는 선생님께 다음 번엔 꼭 열심히 복습하겠다고 약속했습니다. |

**어휘**　4-5급　**第二天** dì èr tiān 다음 날, 이튿날　｜　★ **仍然** réngrán 여전히　｜　**沉迷于** chénmí yú ～에 깊이 빠지다　｜　**试卷** shìjuàn 시험지　｜　★ **结果** jiéguǒ 결과　｜　**满分** mǎnfēn 만점　｜　★ **以为** yǐwéi ～인 줄 알다　｜　★ **惊** jīng 놀라다　｜　★ **并** bìng 결코, 전혀(예상과 반대됨을 나타냄)　｜　★ **原来** yuánlái 알고 보니

6-7급　★ **深夜** shēnyè 늦은 밤　｜　**捧** pěng (두 손으로) 받쳐 들다　｜　★ **舍不得** shěbude 차마 ～하지 못하다, ～하기 아깝다　｜　**停下来** tíng xiàlái 멈추다　｜　**抛** pāo 방치하다　｜　**脑后** nǎo hòu (생각의) 뒷전　｜　**傻眼** shǎyǎn (당황하고 놀라서) 멍해지다　｜　**秒** miǎo 초(시간 단위)　｜　**煎熬** jiān'áo 고통스럽다, 애타다　｜　★ **也许** yěxǔ 어쩌면, 아마도　｜　★ **运气** yùnqi 운, 운수　｜　**答对** dá duì (답을) 맞추다　｜　**低头** dī tóu 머리를 숙이다　｜　**保证** bǎozhèng 약속하다, 보장하다

Memo

Memo

Memo

# 파고다
# TSC
## 실전 모의고사
# 해설서